Como muestra de gratitud por su compra,

visite www.clie.es/regalos
y descargue gratis:

"Los 7 nuevos descubrimientos sobre Jesús que nadie te ha contado"

Código:
DESCU24

*Sermones temáticos sobre
hombres y mujeres de la Biblia*
de
JOHN MACARTHUR

EDITORIAL CLIE
C/ Ferrocarril, 8
08232 VILADECAVALLS
(Barcelona) ESPAÑA
E-mail: clie@clie.es
http://www.clie.es

© 2015 por John MacArthur.

Cualquier forma de reproducción, distribución, comunicación pública o transformación de esta obra solo puede ser realizada con la autorización de sus titulares, salvo excepción prevista por la ley. Diríjase a CEDRO (Centro Español de Derechos Reprográficos) si necesita fotocopiar o escanear algún fragmento de esta obra (www.conlicencia.com; 91 702 19 70 / 93 272 04 47).

© 2022 por Editorial CLIE. Todos los derechos reservados.

Traductor: Juan Antonio Ortega Montoya

Editor: José Carlos Ángeles Fernández

Sermones temáticos sobre hombres y mujeres de la Biblia
ISBN: 978-84-18810-92-3
Depósito legal: B 9789-2022
Ministerio cristiano
Predicación
REL080000

JOHN MACARTHUR nacido el 19 de Junio de 1939, hijo de un pastor bautista conservador norteamericano, estudió en el *Talbot Theological Seminary* (1969). Es pastor de *Grace Community Church* en Sun Valley (California) una de las iglesias de mayor crecimiento en Estados Unidos y cuenta con un programa de radio «*Gracia a Vosotros*» que se transmite en varios idiomas. Autor de numerosos comentarios y libros basados en sus sermones, también traducidos a diversos idiomas, figura entre los autores evangélicos conservadores más leídos y apreciados de nuestra época.

El Pastor John MacArthur es ampliamente conocido por su enfoque detallado y transparente de enseñanza bíblica. Él es un pastor de quinta generación, un escritor y conferencista conocido, y ha servido como pastor-maestro desde 1969 en **Grace Community Church** en Sun Valley, California, E.U.A.

El ministerio de púlpito del Pastor MacArthur se ha extendido a nivel mundial mediante su ministerio de radio y publicaciones, Grace to You, contando con oficinas en Australia, Canadá, Europa, India, Nueva Zelanda, Singapur y Sudáfrica. Además de producir programas radiales que se transmiten diariamente para casi 2 000 estaciones de radio por todo el mundo en inglés y en español, Grace to You distribuye libros, software y audio en CDs y formato MP3 con la enseñanza del Pastor MacArthur. En sus cincuenta años de ministerio, Grace to You ha distribuido más de trece millones de CDs y cintas de audio.

El Pastor MacArthur es el presidente de la universidad **The Master's University** y el seminario **The Master's Seminary**. Él también ha escrito cientos de libros, cada uno de los cuales son profundamente bíblicos y prácticos. Algunos de sus títulos de mayor venta son El evangelio según Jesucristo, La segunda venida, Avergonzados del evangelio, Doce hombres comunes y corrientes y La Biblia de estudio MacArthur.

Junto con su esposa Patricia, tienen cuatro hijos adultos y catorce nietos.

_Índice

I PARTE
HOMBRES DE LA BIBLIA

01_Enoc caminó con Dios 11
02_Jonatán: El Hombre que no Sería Rey 29
03_Lecciones Cruciales para un Padre Sabio 49
04_Una Advertencia para Todo Gobernante Orgulloso 71
05_¿Hasta cuándo Señor? 87
06_Jonás: El Mejor Relato del Mundo Acerca de un Pez 101
07_Una promesa fiel para un sacerdote infiel 119
08_Marcos y Onésimo: una historia de dos fugitivos 137
09_La grandeza de Juan el Bautista 155

II PARTE
MUJERES DE LA BIBLIA

01_María, la Mujer Líder de Éxodo 179
02_La fe de Rahab 201
03_Ana: Cómo ser una madre piadosa 217
04_Ester: Para Tiempos como Estos 233
05_La mujer de Proverbios 31 253
06_María y Elisabet: Confirmando la profecía angelical 275
07_La adoración de María 295

Índice de citas Bíblicas 319

Índice temático 325

I Parte
Hombres de la Biblia

22 de Abril, 2012

01_Enoc caminó con Dios

Vivió Enoc sesenta y cinco años y engendró a Matusalén. Y caminó Enoc con Dios, después que engendró a Matusalén, trescientos años; y engendró hijos e hijas. Y fueron todos los días de Enoc trescientos sesenta y cinco años. Caminó, pues, Enoc con Dios, y desapareció, porque le llevó Dios.

Génesis 5:21-24

BOSQUEJO

— Introducción

— Enoc creyó en Dios

— Enoc buscó la recompensa de Dios

— Enoc caminó con Dios

— Enoc estableció un ejemplo

— Enoc predicó la palabra de Dios

— Enoc fue llevado directamente a la presencia de Dios

— Oración final

Notas personales al bosquejo

SERMÓN

Introducción

Este es el inicio de la serie que llamaremos, *Doce Héroes Inconcebibles*. Hace unos dos años pensé que este sería un libro interesante y que lo debía hacer, esto porque a la gente le encanta estudiar a los diferentes personajes, sé que disfrutaron *Doce Hombres Comunes y Corrientes*, y *Doce Mujeres Extraordinarias*, así que pensé por qué no analizar las biografías de la Biblia bajo el título de hombres y mujeres extraordinarias o bien *Doce Héroes Inconcebibles*. Este libro estará disponible al final del próximo verano. Ya está concluido y se está preparando para que lo puedan tener para el fin del verano.

Así que voy a hacer un recorrido acerca de estos *Doce Héroes Inconcebibles*. Ellos siguen un flujo dentro de la escritura. Sabiendo esto vamos a comenzar en el Antiguo Testamento con Enoc y José, y después vamos a desarrollar todos los principales sucesos de la historia bíblica en el Nuevo Testamento, vamos a pasar un tiempo maravilloso haciendo esto.

Pero para que podamos justificar nuestro título de esta serie, *Doce Héroes Inconcebibles*, probablemente debamos hablar acerca de la palabra "héroe" un poco para al menos obtener su definición. Recordemos que para que podamos usarla adecuadamente debemos saber que esta palabra era algo diferente a lo que en nuestros días llamaríamos héroes. De hecho, podría yo decir que la palabra "héroe" lentamente está perdiendo su significado. Usamos y abusamos del uso de palabras y consecuentemente tenemos una forma de diluir su impacto, héroe es una de estas palabras que antiguamente estaba dedicada solamente a personas de un tipo muy, pero muy especial debido a sus logros y alcances. No todo mundo podría caer dentro de la categoría de héroe, no se le podía llamar héroe a cualquiera. Ahora, acerca de todos aquellos que son llamados héroes, esto es parte del legado del movimiento de auto estima. Si alguien de seis años o más se las ingenia para llevar una pelota hasta la portería, dirige a su pequeño equipo de once elementos cuando persiguen la pelota, notarás que cualquiera que meta gol se convierte en un héroe. Tu pequeño de diez años de edad se convierte en un héroe si en la escuela te dan un reconocimiento que puedas mostrar a todos en donde diga que tu hijo sacó el "primer lugar." Esto desde luego puede significar que tu hijo fue el que le dio menos problemas al maestro durante todo el mes o el año escolar. ¿No es cierto?

Ahora también tenemos versiones adultas de lo que es algún tipo de heroísmo, tenemos aquellos adultos que meten gol o que batean la pelota más allá de la cerca, que hacen una anotación y justo al cruzar la línea de gol y azotan la pelota en el suelo, esta es la versión adulta de un deporte o bien de entretenimiento. Hoy en día cualquier persona que se le considere una celebridad se convierte en un héroe. Escuchas a la gente decir, "este es mi cantante favorito," y lo llevan a ser su héroe personal.

Estaba yo pensando en esto y recordé las palabras de una canción muy popular que se llama *The Wind Beneath my Wings* (*El Viento Bajo mis Alas*). Es una especie de heroísmo contemporáneo. Sé que tal vez han escuchado esta canción, pero no sé si han prestado atención a la letra de la canción. Les voy a dar el verso principal de ella. "¿Te has dado cuenta alguna vez de que eres mi héroe? Porque te contentaste con dejarme brillar, esa es tu forma de ser. Siempre caminaste un paso atrás, así que yo fui quien recibió toda la gloria. Eres mi héroe porque te aseguraste de que yo me llevara toda la gloria." ¿Qué tipo de heroísmo es este? Lo peor es que a la sociedad le suena muy bien, al grado de ser una canción con mucho éxito.

Tan malos como son la implacable sentimentalización y el sobreuso que hace la cultura popular de la palabra héroe, nuestras ideas de heroísmo están aún más empañadas por otra obsesión ridícula con héroes imaginarios, superhéroes cuya fantasía explota todo, desde las revistas, las caricaturas de la televisión y las películas. Esto es el legado en gran parte, al menos al nivel en que se encuentra ahora, de la mejora en los efectos especiales, la animación digital, y todo aquello que ha creado fantasías bizarras y superhéroes que van más allá de la imaginación.

Así que por un lado tenemos a estos que trivializan el heroísmo y tenemos a los otros que tienden a convertir el heroísmo en un mito. Hacemos héroes de personas que en realidad no tienen nada de heroicos, en otro caso, hacemos héroes de personas que en realidad no existen; entonces ¿qué o cuál es el verdadero heroísmo?

Existen héroes, hay personas que tal vez se merezcan ese título, las personas que se encuentran en el frente de guerra o en medio de algún desastre natural, que estén en una trinchera, o en medio de algún peligro, o bien que arriesgan sus vidas para rescatar a otras personas. Hay otros héroes que se han convertido en tales debido a algún descubrimiento que han hecho y que ha servido para salvar a personas enfermas. Hay personas que han hecho actos heroicos en la sociedad para beneficio de la sociedad. Todos hemos conocido a alguno de estos, que han hecho que el bienestar social mejore y que de alguna manera han afectado al mundo entero y que han sido algo significativo en su época. El mundo ha sido diferente, o ha mejorado, o bien alguien ha conservado su vida a causa de que alguien ha cometido un acto sacrificial y por lo tanto heroico.

Pero aun desde la mejor perspectiva esos héroes que han hecho esto en el mundo sólo han tenido un impacto temporal, este tipo de heroísmo sólo es momentáneo y no trasciende. En mi juicio, los más grandes héroes son

01_Enoc caminó con Dios

aquellos a los que Dios usa para provocar en la gente un cambio eterno. Estos son los verdaderos héroes. Ellos son los que son instrumentos que Dios usa para acercar a la gente hacía Él, que los acercan a su Reino para que puedan darle a Él gloria y lo puedan servir por la eternidad. Y, para ser honesto, estos verdaderos héroes, este tipo de personas quienes han tenido un impacto eterno son invariablemente de lo más inesperado y de lo más ordinario. Sabemos que a Dios le agrada usar héroes inconcebibles. Escuchen lo que Pablo dijo en 1 de Corintios 1:26 y 27. "Pues mirad, hermanos, vuestra vocación, que no sois muchos sabios según la carne, ni muchos poderosos, ni muchos nobles; sino que lo necio del mundo escogió Dios, para avergonzar a los sabios; y lo débil del mundo escogió Dios, para avergonzar a lo fuerte."

En otras palabras, Dios trabaja por medio de personas que son consideradas por el mundo como débiles, no sabios y no calificados. Son del tipo de personas que no son auto dependientes ni auto suficientes. Son poco confiables y sin embargo cuando se les dan oportunidades únicas para tener un impacto eterno, se vuelven en alguien útil para que Dios logre completar sus fines eternos.

Nosotros podemos establecer algún tipo de criterio por medio del cual pudiéramos clasificar a este tipo de personas. Las páginas de la Escritura están llenas con muchos más que doce, eso es sólo una pequeña muestra, para ser honestos. Pero hay tres cosas que marcan a estas personas. Una de ellas sería la fe, fe en Dios. La otra sería fidelidad, esto es para decir lo que ellos han soportado en su compromiso por Dios y cómo es que han sobrevivido a todo tipo de dificultades imaginables e inimaginables. Y tercero, que fructifican. Esto sería el impacto que tienen. Esas personas de fe que fueron fieles, cuya fe soportó, providencialmente fueron usados por Dios en formas excepcionales, realmente excepcionales, en formas que van más allá de sus propias vidas y de su propio tiempo.

La primera persona de este tipo que encontramos en la Biblia es un hombre llamado Enoc. Y para que podamos adentrarnos en la historia de este hombre llamado Enoc, quiero que vayamos a Hebreos 11, donde él es mencionado. Como veremos en un momento, él también es mencionado en Génesis 5 y es referido también en la epístola de Judas, y otra referencia a su nombre ocurre en otros dos lugares del Antiguo Testamento. Y, por cierto, el Enoc que vamos a estar viendo en Hebreos 11:5 y 6 no es el único Enoc de la Biblia. De hecho, en el libro de Génesis hay dos hombres que son llamados con el mismo nombre, Enoc. El primer Enoc aparece en Génesis 4:17, y es el hijo de Caín: "Y conoció Caín a su mujer, la cual concibió y dio a luz a Enoc; y edificó una ciudad, y llamó el nombre de la ciudad del nombre de su hijo, Enoc." Esto nos muestra que era un nombre muy común al grado que se convirtió en el nombre de una ciudad.

La palabra parece significar comienzo o iniciación. Así que cuando Caín tuvo a su hijo lo llamó iniciación o comienzo. Pero el hijo que nosotros vamos a estudiar no es el hijo de Caín sino el hijo de Set, el que viene del linaje justo, del linaje de la gente buena.

Veamos el asunto en Hebreos 11, iniciando desde el versículo 1, "Es, pues, la fe la certeza de lo que se espera, la convicción de lo que no se ve. Porque por ella alcanzaron buen testimonio los antiguos.[3]Por la fe entendemos haber sido constituido el universo por la palabra de Dios, de modo que lo que se ve fue hecho de lo que no se veía. Por la fe Abel ofreció a Dios más excelente sacrificio que Caín, por lo cual alcanzó testimonio de que era justo, dando Dios testimonio de sus ofrendas; y muerto, aún habla por ella." Abel habla, pero ¿qué es lo que dice? Abel nos habla de la necesidad de ofrecer un sacrificio. Él ofreció un sacrificio que fue agradable a Dios, un sacrificio derramando la sangre de un animal inocente. Este era una figura del sacrificio que Cristo haría en un futuro. Él demostró su fe por medio de la obediencia. Caín, en contraste, fue desobediente. Se le dijo qué hacer, pero trajo el fruto de sus propias manos. Él ilustra la ilusión de la salvación por obras, por hacer algo, por lograr algo. Abel, por el contrario, ilustra la realidad de la salvación por medio de un sacrificio, y a pesar de que está muerto, él sigue comunicando ese mensaje.

Después de él vino un hombre que tuvo una influencia mucho mayor. Su nombre es Enoc, y dice de él en los versículos 5 y 6, "Por la fe Enoc fue traspuesto para no ver muerte, y no fue hallado, porque lo traspuso Dios; y antes que fuese traspuesto, tuvo testimonio de haber agradado a Dios. Pero sin fe es imposible agradar a Dios; porque es necesario que el que se acerca a Dios crea que le hay, y que es galardonador de los que le buscan."

Ahora nos movemos al segundo hombre que se encuentra dentro de la lista de Hebreos 11 el cual siempre es referido como el capítulo de los héroes de la fe. Y la influencia de Enoc es claramente identificable. Obviamente Abel es una demostración de lo que es necesario para la salvación, sacrificio, obediencia, fe y una subsecuente justicia. Él es el ejemplo de la fe, el primer ejemplo. Pero Enoc, este notable individuo, tuvo un impacto que fue básicamente revelado para las generaciones futuras, como lo veremos más adelante. Así que aquí lo tenemos enlistado dentro de Hebreos 11 como uno de esos personajes que podemos ver mostrando una fe heroica. Y para que podamos ver la historia de Enoc completa tenemos que ir al capítulo 5 de Génesis. En Génesis 5 tenemos que se nos habla de los descendientes de Adán. Esta es la genealogía que va desde Adán y continúa hasta Noé y sus hijos, Sem, Cam y Jafet. Y como podemos ver la genealogía finaliza aquí. Esta genealogía acaba aquí por obvias razones, el diluvio llega y después de este el mundo es destruido. Estos son los descendientes de Adán por medio de Set. Y más abajo, en los versículos

21-24 leemos acerca de Enoc, "Vivió Enoc sesenta y cinco años, y engendró a Matusalén. Y caminó Enoc con Dios, después que engendró a Matusalén, trescientos años, y engendró hijos e hijas. Y fueron todos los días de Enoc trescientos sesenta y cinco años. Caminó, pues, Enoc con Dios, y desapareció, porque le llevó Dios."

Como podemos ver aquí hay un cambio definitivo en el flujo; si ustedes leen a través de las genealogías, notarán una frase que se repite una y otra vez. Si vamos de regreso al versículo 5, Adán vivió novecientos treinta años y murió. El versículo 6 dice, "Vivió Set ciento cinco años, y engendró a Enós," y así continúa. Versículo 8, "Y fueron todos los días de Set novecientos doce años; y murió." Versículo 10, "Y vivió Enós, después que engendró a Cainán, ochocientos quince años, y engendró hijos e hijas." Versículo 11, "Y fueron todos los días de Enós novecientos cinco años; y murió." Y en el versículo 14, "Y fueron todos los días de Cainán novecientos diez años; y murió." Versículo 17, "Y fueron todos los días de Mahalaleel ochocientos noventa y cinco años; y murió." Versículo 20, "Y fueron todos los días de Jared novecientos sesenta y dos años; y murió." Y entonces se nos dice acerca de Enoc, "Caminó, pues, Enoc con Dios, y desapareció, porque le llevó Dios" (versículo 24). Aquí tenemos a uno que no murió; Enoc no murió. La frase "y murió" nos muestra los efectos de la caída. La corta historia de Enoc rompe con este patrón, y se convierte en el padre de Matusalén. Matusalén es una palabra o un nombre que significa el hombre que envía hacia adelante, o el hombre de la lanza, o el hombre de la jabalina. Algo nos dice que él fue un nombre que daba una profecía de Dios. Su nombre significa que él no moriría hasta que el juicio fuera enviado, hasta que llegará el juicio, él no moriría. Este es un hombre que está ligado con el juicio. El juicio divino no llegaría hasta que Matusalén muriera.

La demostración de la misericordia de Dios es, él vivió mucho más que cualquier otra persona, 969 años. Durante 969 años, hasta que murió Matusalén, el mundo estuvo siendo advertido de que el juicio estaba por llegar. El año en el que Matusalén murió —ahí en el versículo 27 dice, "y murió"— el diluvio llegó e inundó toda la tierra. Dios le permitió vivir mucho más que cualquier otra persona, la gracia fue extendida sabiendo que el juicio era una realidad futura, y cuando él murió el diluvio llegó.

Su padre fue Enoc. Se nos dice dos veces que él caminó con Dios. Esta es una descripción definitiva. Veamos el versículo 22, "Y caminó Enoc con Dios, después que engendró a Matusalén, trescientos años." Versículo 24, "Caminó, pues, Enoc con Dios."

Es tan sorprendente, que se repite dos veces. Es algo único, por eso es que se repite. Esto hace que Enoc resalte del resto de los hombres que aquí son mencionados. Se nos dice que él caminó con Dios trescientos años. Con certeza les puedo decir que caminar con Dios fielmente durante 70 u 80 años es una verdadera lucha, pero Enoc caminó 300 años con Dios. Trescientos años en medio de una sociedad horrenda y corrupta. Esta es una de las características sobresalientes acerca de Enoc. Él vivió todos estos años en contra de este tipo de sociedad.

Recordemos que el mundo entero, el mundo en el que vivió Enoc fue ahogado y así catapultado al infierno eterno. Pero la vida de Enoc era profundamente diferente. Al mirar al Antiguo Testamento y darnos cuenta de cómo era la cultura pre diluviana, la espiritualidad pre diluviana, podemos ver un cuadro muy sombrío. Había algunos muy piadosos dentro de la línea de Set, desde luego. Set mismo era un hombre muy piadoso. Esta es la razón por la que su descendencia es llamada la descendencia piadosa. Pero el tiempo transcurre y cuando Enoc tiene 65 años se nos hace notar que el juicio se encuentra a tan solo 969 años de distancia cuando Matusalén muera. Y así la advertencia continúa durante todo ese tiempo.

Cuando se nos dice que Enoc caminó con Dios, ¿cómo debemos entender esto? ¿Cómo es que debemos entender la importancia notable de esto? Y no sólo el significado de que él haya caminado con Dios, sino la consecuencia o el impacto de ello. Él simplemente caminó hacia el cielo, se nos dice en el versículo 24. Él desapareció porque Dios le llevó. Un día durante su año 365, cuando estaba caminando con Dios, simplemente continuaron caminando hasta el cielo. Sólo hay otra persona registrada en la Biblia de la que se nos dice que tampoco murió, esa persona es Elías, esto se encuentra registrado en 2 Reyes 2, y Elías fue llevado al cielo dentro de un carruaje de fuego. Enoc es notable, es una persona que sobresale del resto. Llega al mundo 57 años antes de la muerte de Adán. Se va de esta tierra justo 69 años antes del nacimiento de Noé. Noé es el nieto de Enoc. Y en el año 987 del mundo, él fue llevado al cielo. Seiscientos sesenta y seis años después llegó el diluvio.

El hecho de que haya desaparecido es algo impactante, repentino e inexplicable. La gente era gente normal y estaba acostumbrada a explicaciones normales, no era un tiempo de milagros. ¿Cómo pudieron ellos entender que nadie podía encontrar a Enoc y nadie estaba ahí para explicar a dónde se había ido? Regresemos a Hebreos 11 y quiero mostrarles las lecciones que podemos aprender acerca de su impacto espiritual, acerca de su influencia espiritual. Hay un número de cosas que son simples y que pueden moldear nuestro entendimiento acerca de este hombre. Permítanme sólo darles la lista. Luego, simplemente la desarrollaremos.

Su vida es una vida ejemplar, es una vida que sobresale como una vida de influencia. En este sentido él es un héroe espiritual porque tiene un efecto espiritual profundo en aquellos que lo rodearon, y lo tiene incluso ahora en nuestros días para nosotros. Esto debido a su ejemplo y testimonio. Aquí están los componentes, o bien las características que hacen que él tenga impacto. 1) Él creía en el Dios verdadero. 2) Buscó la recompensa de Dios. 3) Caminó con Dios. 4) Estableció un ejemplo. 5) Predicó la palabra de Dios. Como resultado, él entró en la presencia de Dios. Ésa fue la consecuencia. Tenemos, entonces, cinco características que nos obligan a hablar de él.

Enoc creyó en Dios

Comencemos en donde comienza nuestro pequeño bosquejo y vayamos al versículo 6, "Pero sin fe es imposible agradar a Dios; porque es necesario que el que se acerca a Dios…"—esto es una verdad en Enoc porque Dios caminó con él y lo llevó al cielo, él había entrado en una comunión total con Dios. "Porque es necesario que el que se acerca a Dios crea que le hay." Detengámonos aquí por un minuto.

Creer que Dios es el Dios que Él es. Esta es la base para agradar a Dios. Dice el Antiguo Testamento, dos veces, que Enoc caminó con Dios. Aquí nos dice al final del versículo 5, "tuvo testimonio de haber agradado a Dios." Esta frase es sinónimo de la otra, y en la Septuaginta, la versión griega del Antiguo Testamento, en Génesis 5, donde dice en hebreo que él caminó con Dios, el griego dice, "él agradó a Dios." Así que caminar con Dios es simplemente una indicación de que Dios lo acepta a uno. Él fue aceptable para Dios. Él agradó a Dios. Dios estuvo satisfecho de estar en su compañía, en su presencia, en comunión con él.

Y lo que establece esto es la fe. Sin fe es imposible agradar a Dios, caminar con Dios, estar en su compañía. No podemos venir a Dios con base en nuestras obras, venimos a Dios con base en nuestra fe. Esto lo sabemos y aquí es enfatizado. Aquél que se acerca a Dios debe creer que le hay. Tienes que creer en el Dios que es Dios. Esta es una profunda declaración de que Él existe. ¿Recuerdan cuál es el nombre que Dios le dio a Moisés en el libro del Éxodo para que contestara a la pregunta del pueblo acerca de su nombre? ¿Qué le dijo Dios que contestara? Que Él es "Yo soy el que soy," y da el verbo ser o estar. Y aquí lo encontramos nuevamente, que Él es "Yo soy el que soy", el eterno Yo soy, el que ha vivido eternamente. Debes creer en el Dios que verdaderamente es Dios, el que no fue creado, el eterno. No en un dios que es una criatura, no en un dios que es hecho por manos de hombre, o confeccionado en la mente humana, no en un dios inventado, no en el dios del islam, no en el dios del mormonismo, quien no sólo es un dios de origen demoníaco, sino un dios quien fue creado por otro dios. Debes creer en el Dios que es Dios, identificado en la Escritura como el Dios de Abraham, Isaac y Jacob, el Dios y Padre de nuestro Señor Jesucristo. Sólo la fe puede agradar a Dios, pero sólo la fe que es colocada en el verdadero Dios. No existe otra forma de caminar con Dios. No hay otra manera de agradar a Dios que la de identificarte a ti mismo como alguien que cree en el Dios que es vivo, verdadero y único. Por eso es que los mandamientos en Éxodo 20 comienzan con, "No tendrás dioses ajenos delante de mí." El resumen de la ley es amar al Señor nuestro Dios con todo nuestro corazón, mente, alma y fuerzas. Lo que quiere decir que no nos queda más amor para ponerlo en otra deidad, ya que ninguna otra deidad existe.

Enoc creyó en el verdadero Dios, y esto agradó al verdadero Dios, por lo que Dios, entonces, se dio a sí mismo en compañerismo y comunión con este hombre llamado Enoc. En un sentido, Enoc recobra lo que Adán y Eva habían perdido; ellos caminaron con Dios en el Huerto de Edén, al aire del día. Tenían una comunión y amistad íntimas con Dios. Y, desde luego, cuando pecaron y desobedecieron a Dios, fueron lanzados del Huerto para que no tuvieran acceso al árbol de la vida y esto significó que apagaron toda la comunión que habían tenido antes. Enoc es una ilustración de cómo esa comunión fue restaurada, y tan íntima y tan completa, y este hombre se volvió tan aceptable para Dios, que evitó la muerte y simplemente caminó al lado de Dios hasta llegar al cielo.

Él es una ilustración del hecho de que la única manera de caminar con Dios, la única manera de agradar a Dios, es colocando nuestra fe en Él, creyendo en el único Dios que es Dios. Y para nosotros, los del Nuevo Testamento, no hay salvación en otro nombre que en el nombre de Jesucristo. Él es el camino, la verdad y la vida, y nadie llega al Padre si no es por medio de Él. No puedes creer en el verdadero Dios a menos que creas en el Dios que es una Trinidad, que se ha revelado en el Padre, en el Hijo y en el Espíritu Santo. Y todo esto es cierto acerca del Padre, y todo esto es cierto acerca del Hijo, y todo esto es cierto acerca del Espíritu Santo; es una verdad acerca de Dios, y este es el Dios en quien debemos creer.

Así que lo primero que podemos decir de Enoc es que él creyó en Dios. Él era un hombre que había puesto su fe en el Dios verdadero.

Enoc buscó la recompensa de Dios

En segundo lugar, Enoc buscó la recompensa de Dios. Como podemos notar si regresamos al versículo 6, él creyó en que Dios es el Dios que Él es, y que es galardonador de aquéllos que lo buscan. Él creyó que Dios lo recompensaría por su búsqueda. Esto es, él creyó que Dios existe y que es un Dios moral, esto significa que Dios recompensa a aquéllos que Lo buscan, que Dios recompensa a las personas que Lo siguen. Y definiendo esto un poco más, que Dios recompensa a aquéllos que persiguen la santidad y la justicia porque buscar una relación con Dios, es buscar la santidad, la justicia y la pureza. Enoc no creyó en el Dios de los deístas, alguna causa cósmica distante. Él no hubiera sido atrapado en lo que hoy llamamos diseño inteligente, que en algún lugar allá arriba hay alguna clase de mente vasta que está detrás de todo. Sino que él creyó en un Dios personal, un Dios que se preocupa, un Dios con quien él pudo tener comunión, y un Dios que recompensaría su búsqueda.

Muchas personas creen en algún tipo de deidad, en algún tipo de Dios, en algún tipo de poder, en algún tipo de mente divina, en algún tipo de fuente de origen celestial. Pero Enoc creyó en un Dios que es moral, que recompensa la conducta justa. Y buscar a ese Dios y creer en ese Dios es un acto justo. David dijo a su hijo Salomón, en 1 Crónicas 28:9, "Si tú le buscares, lo hallarás; mas si lo dejares, él te desechará para siempre." Él es un Dios moral, es un Dios justo, es un Dios Santo; y recompensará a aquéllos que lo buscan. Salmo 119:10: "te he buscado con todo mi corazón." Proverbios 8:17: "Yo amo a los que me aman, Y me hallan los que temprano me buscan." Jeremías 29:12-13: "Entonces me invocaréis, y vendréis y oraréis a mí, y yo os oiré; y me buscaréis y me hallaréis, porque me buscaréis de todo vuestro corazón."

Lo más justo que puede hacer un hombre es buscar la salvación, la recompensa de parte del Dios santo. El Salmo 58:11 dice, "Hay una recompensa para los justos." Proverbios 11:18: "Para aquél que busca la justicia habrá una recompensa."

Así que aquí tenemos a un hombre que entiende que debe creer en el único Dios verdadero. Que entendería lo que Abel dio como una lección de vida, que la manera para acercarse al Dios en quien crees es por medio del sacrificio obediente. También comprendería que este Dios responde y recompensa a los justos que lo buscan, aquéllos que se acercan deseando una relación con Él. Esto fue lo que nuestro Señor estaba diciendo en el Sermón del Monte cuando dijo, "Más buscad primeramente el reino de Dios y su justicia; y todas estas cosas os serán añadidas."

Cuando una persona busca salvación, está buscando rectitud. Está buscando ser librada de sus pecados. Está buscando la santidad; está buscando la pureza. Busca ser lavado, ser limpiado, ser perdonado. Y Dios hace eso, y aún más, dando bendición, misericordia, gracia, paz, gozo, amor, el cielo, una herencia, y la lista puede continuar.

Así que aquí vemos a un hombre que comprendió que el camino a Dios era por medio de la fe, y él debió haber entendido cuál fue la gran lección de la vida de Abel, y esa lección le debió haber sido pasada en tan solo unas pocas generaciones. Él es la séptima generación desde Adán, así que las lecciones de Abel deben haber sido bien conocidas y bien establecidas, y fueron trasmitidas. Él supo que a Dios sólo se le podía acercar por medio de la fe, de la fe obediente. Así que él sabe que necesita tener una relación con Dios, porque Dios recompensará dicha búsqueda cuando se hace en justicia y en santidad, y cuando se sabe que esto es lo que se necesita para escapar del día del juicio.

Enoc caminó con Dios

Esto nos lleva a su tercera característica: él caminó con Dios. Esto se dice de él dos veces. Porque él creyó en el Dios verdadero, porque el buscó la recompensa, el perdón, la santidad que Dios da, por esto el acabó sus días caminando con Dios, caminando por fe.

Ahora bien, ¿qué es lo que significa caminar con Dios? ¿Qué es lo que significa agradar a Dios? Podríamos hablar mucho acerca de esto, pero lo primero que esto indica es reconciliación. Reconciliación, porque generalmente, por naturaleza, los pecadores están alejados de Dios. Y Amós 3:3 dice, "¿Andarán dos juntos si no se pusieren bien de acuerdo?" Y Pablo afirma eso a los Corintios en 2 Corintios 6:14–15 cuando les dice, "¿Qué comunión [tiene] la luz con las tinieblas?" No corresponden la una a la otra. "¿Qué concordia [tiene] Cristo con Belial?"

Así que lo primero que podemos concluir es que, si este hombre está caminando con Dios, ya ha habido una reconciliación previa. Él ya no está —tomando prestadas las palabras de Pablo en Efesios 4— separado de la vida de Dios. Ahora está reconciliado con Dios.

Les diré que una segunda cosa está implicada en esta unión, esta comunión, este compañerismo. Caminar con Dios implica tener una naturaleza que corresponde con la de Él, una naturaleza correspondiente. Esto es, la luz no tiene comunión con las tinieblas. Por lo tanto, ningún pecador que permanezca en su pecado puede caminar con Dios. Abraham creyó a Dios y esto le fue contado por justicia, le fue acreditado como justicia para él; esto también es una verdad para Enoc. Porque debido a su fe, Dios le imputó justicia. Esto hizo que Enoc fuera aceptable delante de Dios. Podemos decir que Enoc tuvo una naturaleza correspondiente. Dios es justo y para que un hombre pueda caminar con Dios, este debe estar determinado a ser justo. Le debe ser otorgada justicia, no puede ser su justicia, si no que la justicia le tiene que ser imputada, acreditada, aplicada a él, y esto es lo que hace posible que pueda caminar junto a Dios.

Pienso que también podríamos añadir que hay una voluntad rendida correspondiente. Caminar con Dios implica que deseamos tener Su compañía, deseamos Su santa compañía. Deseamos las demandas de esa compañía Santa y rendimos nuestra voluntad a ellas. Nos damos a nosotros mismos cumpliendo esas demandas. Queremos comunión, deseamos tener esa intimidad con Dios, queremos esa cercanía, queremos esa presencia. Queremos esa comunión espiritual. Este es Enoc. Esto estuvo sucediendo por trescientos años. Piénsenlo, piensen en cuánto tiempo fue esto, piensen en cuánta influencia tuvo ese hombre entre la gente que lo rodeó. Conforme caminamos con Dios, diez, veinte, treinta o cuarenta años, nuestra influencia se va incrementando para bien y para Dios, conforme la gente ve nuestras vidas, y ve las evidencias del trabajo a Dios en nuestras vidas. Sólo imaginen a un hombre quien caminó en una comunión íntima con el Dios viviente durante trescientos años. En todo sentido esta es una vida ejemplar, ¿no lo creen? Progreso continuo, comunión inquebrantable, comunión perfecta, y el progreso espiritual de esa comunión es evidente conforme se mueve de un nivel espiritual a otro, y a otro, y a otro, más allá de cualquier cosa que nosotros podamos ver en nuestra vida porque ya nadie vive tanto tiempo.

Podremos conocer personas que han caminado con el Señor sesenta años o tal vez setenta, pero nunca conoceremos a una persona que haya caminado con el Señor de esta manera. Así que este sería un nivel de madurez espiritual, de un tipo que nosotros no podemos siquiera imaginar. Todas nuestras experiencias se juntan en la vida, acumulativamente para construir nuestra fe y nuestro amor por el Señor, y para incrementar nuestro deseo de honrarlo y glorificarlo.

Al medir a Enoc de esta manera, comparado con nosotros, él se sale de la gráfica. Él amó a Dios de una manera que ni siquiera somos capaces de imaginar. ¿Cuál debió ser el ritmo de su vida, cuál debió ser el gozo en su vida, cuál debió ser el nivel de gratitud en su vida? Es completamente incomprensible lo que era este hombre. Piensen en el más noble, dedicado y fiel cristiano que conozcan, y Enoc está exponencialmente más allá de esa persona. Se nos dice que debemos andar como Él anduvo, en referencia a Cristo. Se nos dice que caminemos en el Espíritu y que no satisfagamos los deseos de la carne. Luchamos por hacer esto en los pocos años de vida que nos son dados. Aquí está un hombre que caminó lo que el Nuevo Testamento llama el verdadero andar, lo que se llama el andar honesto, el andar en amor, el andar en la luz, el andar en sabiduría, el andar santo durante 300 años.

¿Qué fue lo que lo causó? Bueno, parece indicar que el nacimiento de Matusalén fue lo que lo causó. El ser padre tiene sus motivaciones, pero probablemente no sólo el hecho de que haya tenido un hijo fue lo que causó su conversión, esta salvación, este caminar con Dios. ¿Qué creen que pudo haber sido?

Pudo haber sido el testimonio que Dios debe haberle revelado y que se manifestó en el nombre de Matusalén porque iba a llamar a su hijo con un nombre que hablaba de la futura llegada del juicio divino. Y parece como si a la edad de 65 años, él estaba nombrando a su hijo con un nombre dado por Dios, un nombre revelado por Dios, y una vez que él se percató del juicio que llegaría y que iba a ser inaugurado cuando su hijo muriera, él conjuntó su acto espiritual a la luz de ese juicio. Pero aquí tenemos a un hombre que caminó con Dios por 300 años.

Agradó a Dios porque creyó en Dios. Buscó la recompensa de la salvación y todas las bendiciones que Dios da, y buscó comunión con Dios.

Enoc estableció un ejemplo

Tengo que añadir una o dos cosas más aquí a nuestro pequeño bosquejo. Enoc estableció un ejemplo para nosotros. No hay duda de que este es un ejemplo, pero quiero mostrarles qué tan impactante fue este ejemplo. Estamos familiarizados con el hombre que parece haber sido el bisnieto de Enoc, se nos habla de él en Génesis; su nombre es Noé. Noé era muy, muy diferente a la gente que vivió en su mundo, muy diferente. Leamos lo que dice Génesis 6:8, "Pero Noé halló gracia ante los ojos de Jehová." Noé era un hombre justo y sin mancha en su tiempo. Y escuchen esto, "con Dios caminó Noé" (versículo 9).

Noé era un hombre justo y Noé caminó con Dios. ¿De cuántas familias de aquella época se puede decir esto? ¡De ninguna! "Y engendró Noé tres hijos: a Sem, a Cam y a Jafet. 11Y se corrompió la tierra delante de Dios, y estaba la tierra llena de violencia" (versículos 10–11). Era tan mala que los versículos 5–7 dicen: "Y vio Jehová que la maldad de los hombres era mucha en la tierra, y que todo designio de los pensamientos del corazón de ellos era de continuo solamente el mal. Y se arrepintió Jehová de haber hecho hombre en la tierra, y le dolió en su corazón. Y dijo Jehová: Raeré de sobre la faz de la tierra a los hombres que he creado, desde el hombre hasta la bestia, y hasta el reptil y las aves del cielo; pues me arrepiento de haberlos hecho." Y entonces ¿qué sucedió? Llegó el diluvio y ahogó a todo el mundo. Pero había un hombre que era justo y sin mancha en su generación y este caminó con Dios, y este hombre era el bisnieto de Enoc. Podemos decir que el testimonio de Enoc surgió en Noé. El ejemplo de Enoc se manifestó en la vida de Noé.

Supongo, en un sentido, que lo que hizo fue algo bueno o ninguno de nosotros estaría aquí. Este es el impacto de una vida. No medimos el heroísmo, espiritualmente hablando, por el número de personas que influencia, sino por la manera que los influencia. Con toda honestidad podríamos decir que la vida de Enoc no tuvo un impacto extensivo. No estableció un ejemplo que fuera seguido por las masas de gente. De hecho, no sabemos cuántas personas siguieron su ejemplo. Conocemos a un solo hombre quien esencialmente vivió la vida que vivió Enoc y este fue Noé. ¿Qué tan importante era Noé? Nunca sabemos que tan importante es una vida influenciada por nosotros.

Enoc predicó la palabra de Dios

Existe otra cosa que hace que este hombre sea un héroe espiritual, aun ante el terrible juicio. Y con lo que pareciera tener un impacto mínimo: predicó la palabra de Dios. Vayamos a la pequeña epístola de Judas. Aquí encontramos que se hace referencia a Enoc en los versículos 14 y 15. "De estos también profetizó Enoc," ¿de quiénes? De los falsos maestros. De esto es de lo que ha estado hablando desde el versículo 4, "Porque algunos hombres han entrado encubiertamente, los que desde antes habían sido destinados para esta condenación, hombres impíos, que convierten en libertinaje la gracia de nuestro Dios, y niegan a Dios el único soberano, y a nuestro Señor Jesucristo." De este tipo de personas, de estos falsos maestros, dice el versículo 8, "No obstante, de la misma manera también estos soñadores mancillan la carne, rechazan la autoridad y blasfeman de las potestades superiores." Y los versículos 10–13, "Pero estos blasfeman de cuantas cosas no conocen; y en las que por naturaleza conocen, se corrompen como animales irracionales. ¡Ay de ellos! porque han seguido el camino de Caín, y se lanzaron por lucro en el error de Balaam, y perecieron en la contradicción de Coré. Estos son manchas en vuestros ágapes, que comiendo impúdicamente con vosotros se apacientan a sí mismos; nubes sin agua, llevadas de acá para allá por los vientos; árboles otoñales, sin fruto, dos veces muertos y desarraigados; fieras ondas del mar, que espuman su propia vergüenza; estrellas errantes, para las cuales está reservada eternamente la oscuridad de las tinieblas." Fue también acerca de estos hombres que Enoc, en la séptima generación desde Adán, profetizó. Enoc se encontraba en medio de un mundo lleno de falsa religión, falsos maestros, en medio de un mundo catapultado hacia el ahogo y el infierno, en medio de un mundo que estaba rechazando al verdadero Dios, el Dios quien es, el Dios que recompensa a aquellos que lo buscan, el Dios que quiere caminar con los pecadores a quienes les otorga rectitud.

Ellos han rechazado al verdadero Dios viviente y en su lugar encontraron una plétora de dónde escoger. Y todos tenían sus agentes de ventas —como siempre lo hacen— los falsos maestros. "De estos también profetizó Enoc, séptimo desde Adán, diciendo: He aquí, vino el Señor con sus santas decenas de millares, para hacer juicio contra todos, y dejar convictos a todos los impíos de todas sus obras impías que han hecho impíamente, y de todas las cosas duras que los pecadores impíos han hablado contra él" (Jud. 14–15).

Enoc fue un predicador del juicio en un tiempo cuando los falsos maestros proliferaron. Esta es una cita de Enoc y es tomada de una antigua fuente judía llamada Enoc. Aparentemente es una cita precisa, no es un libro que forme parte de la Biblia, pero es parte de la antigua literatura judía por medio de la cual se preservó el mensaje de Enoc de manera escrita. Claramente podemos ver que su mensaje era, "Esta es una sociedad impía." Como podemos observar usa la palabra "impía" cuatro veces; esto es lo que lo hace este un mensaje tan singular. Parece que esto también nos dice que no estaba de acuerdo con su generación; él es la máxima muestra de pureza, virtud, alabanza y adoración del verdadero Dios, él caminó en una comunión íntima con Dios, fue alguien tan maduro que ni siquiera podemos imaginarlo. Pero estaba atrapado en medio de un mundo vil y corrupto.

Parece que algunas veces asumimos que la cultura nos tiene que ayudar con nuestra espiritualidad. Que no lo podemos lograr por nosotros mismos, de tal modo que necesitamos asegurarnos de que hacemos lo correcto en el gobierno, en la educación pública y en los medios para protegernos a nosotros mismos y hacer que el mundo no se vuelva tan malo que no podamos lograrlo.

Pero en el tiempo de Enoc el mundo era tan malo como podía ser. Nosotros aún no hemos sido consumidos por fuego, así que tal vez no estamos exactamente donde estaba el mundo que fue ahogado con el diluvio. Pero Enoc vivía en contra de esa corriente. Dejó un ejemplo que fue seguido, al menos por su bisnieto Noé y sus hijos, quienes fueron protegidos y preservados por Dios para el resto de la historia de la redención. Enoc fue un predicador fiel y predicó un mensaje que no era nada popular. Por lo tanto, no fue un predicador popular. ¿Creen ustedes que la gente quiso escucharlo con este tipo de mensaje? "He aquí, vino el Señor con sus santas decenas de millares." Este fue el mensaje que le dio el Señor, que vendrían ángeles para ejecutar su juicio sobre todos los impíos pecadores por las cosas que habían hablado en Su contra. La sociedad completa estaba en contra de Dios, no era que fueran indiferentes a Dios. Dios no los ahogó porque fueran indiferentes a él. Dios los ahogó porque todos estaban en Su contra. Jesús lo dijo de esta manera, "El que no es conmigo, contra mí es" (Mateo 12:30).

Enoc fue llevado directamente a la presencia de Dios

Enoc es un hombre sorprendente. Vivió en contra de la corriente y predicó en contra de la corriente. Podemos decir que fue el primer predicador de juicio, y esto también lo hizo ser un hombre sorprendente. Como resultado de ello, experimentó lo que podemos llamar un rapto privado. Génesis 5:24 dice, "Caminó, pues, Enoc con Dios, y desapareció, porque le llevó Dios." Hebreos nos da una descripción más específica, dice, "[Enoc] no fue hallado, porque lo traspuso Dios." citando Génesis 5. Y al final del versículo 5 dice, "y antes que fuese traspuesto, tuvo testimonio de haber agradado a Dios." No murió, no vio la muerte.

Dios se agradó tanto con este hombre, que tal vez una lección que podemos sacar de esto es que, si pudieras vivir 300 años y alcanzar ese nivel de espiritualidad, puede ser que no tengas que morir. ¿Por qué Dios hizo esto con él? Para que él se pudiera convertir en una ilustración de lo que le agrada a Dios. Él agradó a Dios, viviendo en contra de su cultura, viviendo en contra de la corriente de este mundo. Como *Athanasius Contra Mundum*,[1] contra el mundo. Y no sólo esto sino que predicó en contra del mundo y agradó de tal manera a Dios que él no murió nunca.

Dios desea tener completa comunión con sus hijos, y después de 300 años era tan cercanamente celestial, que estaba tan cerca de estar listo para ir al cielo como nadie pudo estarlo. El Señor simplemente lo trasladó en el proceso. Es una historia increíble.

¿Qué aprendemos de Enoc? A creer en el verdadero Dios; a venir a Él como Aquél que recompensará a quienes le buscan; a venir por medio del sacrificio; a caminar con Él; y por medio de nuestra comunión con Él, dejar un ejemplo para que otros lo sigan, de tal modo que los de nuestra familia, generación tras generación sigan nuestra fe; a proclamar su mensaje de salvación y de juicio. Y algún día, aunque en nuestro caso por medio de la muerte, entrar en la presencia de Dios. Sin embargo, hay un Rapto esperándonos, ¿no es así? Y Enoc es una ilustración del hecho de que antes de que venga el juicio final, el Señor arrebatará a la iglesia y entonces traerá el juicio. Me encantaría experimentar ese rapto, ¿a ti no?

Oración final

Padre gracias por el testimonio de este hombre sorprendente, la motivación que nos da el conocer su vida es algo sorprendente. Permítenos, Señor, en los años que tengamos, los pocos años que tengamos, seguir el patrón de Enoc y verlo como un ejemplo para creer en ti, el Dios verdadero, el Dios que eres, y venir a ti como Aquél que recompensa a quienes te buscan con todo su corazón, siendo la recompensa la salvación y todas sus bendiciones. Caminar contigo en dulce comunión y, por tanto, poner un ejemplo y siempre ser enfático para predicar Tu mensaje, advirtiendo a los impíos del juicio y llamando a los pecadores a buscarte; todo con miras hacia ese día, cuando seamos llevados al cielo, ya sea en el rapto y que evitemos la muerte, o por medio del velo de la muerte a Tu presencia, algún día acabaremos justo allí contigo, con Enoc, con Elías, y con todos los santos que se reúnen alrededor del trono. Esperamos ese día con corazones anhelantes en Tu tiempo. Y mientras tanto, que vivamos la vida que nos has dado como vivió Enoc, y que nos uses para ser un ejemplo que otros sigan y que también sean justos, sin mancha en su generación, y que caminen contigo. Pedimos estas cosas en el nombre de Cristo. Amén.

---

1. Esta es una frase latina que significa "Atanasio contra el mundo," que es como se conoció en su tiempo a Atanasio de Alejandría por su firme oposición al arrianismo durante el Primer Concilio de Nicea y a lo largo de todo su ministerio, lo que ocasionó que fuera exiliado en cinco ocasiones por cuatro emperadores romanos.

Reflexiones Personales

17 de Junio, 2012

02_Jonatán: El Hombre que no Sería Rey

Entonces se levantó Jonatán hijo de Saúl y vino a David a Hores, y fortaleció su mano en Dios. Y le dijo: No temas, pues no te hallará la mano de Saúl mi padre, y tú reinarás sobre Israel, y yo seré segundo después de ti; y aun Saúl mi padre así lo sabe. Y ambos hicieron pacto delante de Jehová; y David se quedó en Hores, y Jonatán se volvió a su casa.

1 Samuel 23:16-18

BOSQUEJO

— Introducción

— Oración final

Notas personales al bosquejo

SERMÓN

Introducción

Continuamos viendo a algunos héroes inconcebibles en la Escritura, y particularmente dentro del Antiguo Testamento, ahora llegamos a un hombre llamado Jonatán, el hombre que no sería rey. Y para que podamos ver su historia tenemos que comenzar en 1 Samuel 8. Así que tomen sus Biblias y ábranlas en ese lugar. Y como saben, si han leído los mensajes anteriores, este es un enfoque un tanto diferente al de tomar el texto y desarrollarlo. Lo que estamos haciendo es pasando rápidamente por grandes porciones de la literatura del Antiguo Testamento y esencialmente vamos a hacer eso ahora al ver la historia de Jonatán. Esto encaja bien para un día del padre, porque la historia tiene que ver con padres e hijos. Y como escucharán ustedes cuando la historia se desarrolle, todo tipo de padres y todo tipo de hijos jugarán un papel importante en la saga de esta parte de la historia de Israel y notarán cómo es que los propósitos de Dios se desarrollan por medio de ellos.

Y para comenzar vayamos a 1 Samuel 23:16–17. Usaremos este pasaje como un punto de partida y estaremos regresando a él. 1 de Samuel 23:16–17 dice, "Entonces se levantó Jonatán hijo de Saúl y vino a David a Hores, y fortaleció su mano en Dios. Y le dijo: No temas, pues no te hallará la mano de Saúl mi padre, y tú reinarás sobre Israel, y yo seré segundo después de ti."

Es aquí donde tomamos la historia y es cuando Jonatán y David ya han establecido su amistad, David es un gran protector para Jonatán aun cuando David será su rey; Jonatán pudo haber sido rey si la línea de su padre no hubiera sido maldecida. Pero retrocedamos un poco para ir ahí.

El último de los jueces del Antiguo Testamento miró con incredulidad al grupo de líderes israelitas que se congregaron ante él. El último de los catorce jueces del Antiguo Testamento no es otro sino Samuel. Samuel guio a la nación con sabiduría, con mesura e integridad. Samuel fue tanto un juez elegido por Dios y también un profeta el mismo tiempo. Pero ahora en donde comenzamos a leer nuestra historia, Samuel ya es un hombre viejo. Y no hay otros jueces en el horizonte, sus hijos, de acuerdo con el versículo 3, su moral no es la suficiente como para que tomen este papel. "no anduvieron los hijos por los caminos de su padre, antes se volvieron tras la avaricia, dejándose sobornar y pervirtiendo el derecho." Esta no es la forma de comportarse si estás en una posición de autoridad y supervisando vidas de la gente y de una nación.

Así que no había posibilidad de que hubiera líderes que descendieran de la familia de Samuel. Parecía que no había nadie en el horizonte que pudiera tomar el papel de defensor y líder de Israel. Así que la gente llega con la idea de que es tiempo de que ellos tengan un rey. dice el versículo 4 que todos los ancianos vinieron juntos a Samuel en Ramah y le dijeron, "He aquí tú has envejecido, y tus hijos no andan en tus caminos; por tanto, constitúyenos ahora un rey que nos juzgue, como tienen todas las naciones." Queremos ser como todos los demás.

Con esa petición, el periodo de los jueces llegó a su fin después de 350 años. El que Dios les hubiera elegido jueces, profetas y sacerdotes dentro de la teocracia, ellos eran un reino teocrático, es decir un reino en donde Dios era el rey, no era suficiente como para satisfacer al pueblo. Ellos querían un rey como el de las naciones que los rodaban. Compresiblemente Samuel se sintió inadecuado para la impetuosa petición de los israelitas. Él interpretó sus palabras como un ataque personal sobre él. A pesar de que no creo que ellos necesariamente fueran sus enemigos en todos los casos, si creo que él los vio de este modo.

Entonces el Señor le informó que este no era un ataque en su contra. Vean el versículo 7, el Señor dijo, "Oye la voz del pueblo en todo lo que te digan; porque no te han desechado a ti, sino a mí me han desechado, para que no reine sobre ellos." Este es el punto, ellos están rechazando a su verdadero rey dentro de la monarquía, dentro del reino teocrático, están rechazando a Dios.

Yendo un poco más atrás, recordarán que los israelitas prometieron en el monte Sinaí, allá en Éxodo 19, servir a Dios, obedecer a Dios y amar a Dios, desde ese momento en adelante esta nación ha sido una teocracia en donde Dios es el monarca absoluto. El Señor era el único rey de Israel, pero Él gobernaba por medio de muchos jueces, profetas y sacerdotes que Él elegía para que lo representaran entre el pueblo, pero Él era el dirigente.

Cuando los líderes le piden a Samuel un rey humano, en realidad están mostrando su descontento con el gobierno de Dios. Ellos ya no quieren más una teocracia; ellos quieren una monarquía, así como la de las naciones vecinas. En todos los pasados cuatro siglos repetidamente se han olvidado del Señor. Recordarán el ciclo de rebelión, desobediencia y arrepentimiento una y otra vez, esto sucedió vez tras vez durante el periodo de Jueces.

Y ahora ellos viene a presentarse delante de Samuel nuevamente, manifestando una vez más el ciclo de rebelión, habiéndose olvidado de Dios y pidiendo un rey humano. Esto, en sí mismo, es la expresión final de su apostasía reciclada, de su rebelión en contra del verdadero soberano. Dice en el versículo 8, "Conforme a todas las obras que han hecho desde el día que los saqué de Egipto hasta hoy, dejándome a mí y sirviendo a dioses ajenos, así hacen también contigo." Es la misma cosa; es su última versión de rebelión en mi contra.

Samuel justificadamente le da al pueblo una advertencia, y la advertencia fluye como un recordatorio en el capítulo 8, sólo les diré lo que incluía esta advertencia. Él advirtió al pueblo que, si tenían un rey, ellos debían tener un entendimiento correcto de lo que esto significaba. Ustedes no quieren hacer esto basados en su ignorancia, así que permítanme decirles que significa tener un rey. Y esto es lo que les dice. Los reyes hacen que la gente trabaje en sus campos a la fuerza para hacerse de sus riquezas y para que prosperen, y así puedan ellos ganar poder con sus ganancias. Los reyes, les dice Samuel, fuerzan a la gente a hacer equipo militar, sus armas. Los reyes enlistan a hijos dentro de su ejército poniendo así sus vidas en riesgo. Los reyes usan a las hijas como conscriptos, las hacen cautivas para trabajar en sus empresas reales como fabricantes de perfumes, para cocinar, para trabajar bajo su servicio. Los reyes, les dice Samuel, se apoderarán de sus tierras, incrementarán los impuestos y exigirán el pago o de lo contrario les impondrán multas. Los reyes hacen esclavos según su voluntad, los hacen sus siervos tomándolos de entre la población. De todas estas maneras Samuel les dice que perderán el derecho de su libertad. Ustedes recibirán todo tipo de abusos de sus reyes.

Al final del versículo 18 vemos las palabras finales de Samuel, "Y clamaréis aquel día a causa de vuestro rey que os habréis elegido, mas Jehová no os responderá en aquel día." Literalmente odiarán aquello que ustedes mismos han elegido, y cuando clamen a Dios no les responderá. La monarquía traerá el desastre y el juicio divino como ciertamente lo hizo. Pero los israelitas se aferran a su petición. En el versículo 19 dice, "Pero el pueblo no quiso oír la voz de Samuel, y dijo: No, sino que habrá rey sobre nosotros; y nosotros seremos también como todas las naciones, y nuestro rey nos gobernará, y saldrá delante de nosotros, y hará nuestras guerras." Están resueltos, no darán marcha atrás a su petición y es por eso que la monarquía inicia.

El primer rey es un hombre llamado Saúl. Saúl hace su aparición inmediatamente en el capítulo 9. Y con Saúl tienen todos los resultados que Samuel les había predicho. No toma mucho tiempo para que el primer rey comience a manifestar las trágicas realidades que pude traer un monarca unilateral a su pueblo.

Esto ya nos lleva a nuestra historia, la historia acerca de los reyes. Estamos ya en la época de los reyes y Saúl es el primero. Veamos esta historia, en ella veremos algunas relaciones. El punto en donde comenzamos será la historia de la primera familia real. Estaremos viendo a esa familia, la familia de Saúl, y en particular a un hijo de Saúl que tiene por nombre Jonatán. Él nos es presentado hasta el capítulo 13, así que nos tomará un momento llegar ahí. Pero recordemos que él es la persona que estamos tratando, veremos la monarquía desde la experiencia de Jonatán.

Él no creció dentro de la casa de un rey, porque Saúl no fue rey sino hasta que fue seleccionado como tal. Él era un campesino, pero era una persona interesante. Cuando era un jovencito, de acuerdo con los primeros versículos del capítulo 9, algunos de los burros de su abuelo se perdieron, pero estos animales eran realmente valiosos. Así que el padre de Jonatán, Saúl, fue a buscar los burros de su padre, quien era el abuelo de Jonatán. La extensa búsqueda por los burros falló y no pudieron localizar a los animales perdidos, por lo que Saúl fue con el profeta Samuel en el momento que está buscando a los asnos de su padre. Esto lo vemos en el 9:20. Como ven, nos movemos muy rápido. Entonces Samuel dijo a Saúl, quién es el que busca los burros de su padre, sólo esto, "Y de las asnas que se te perdieron hace ya tres días, pierde cuidado de ellas, porque se han hallado. Mas ¿para quién es todo lo que hay de codiciable en Israel, sino para ti y para toda la casa de tu padre?"

¿Qué significa esto? Samuel le está explicando que él, Saúl, el campesino que está buscando a los burros, será el primer rey de Israel. El deseo de los israelitas de tener un rey será privilegio de su casa, de la casa de su padre. Él será el primer rey. Comenzando con una búsqueda de bajo nivel para encontrar unos burros perdidos, esto culmina en ser una inesperada exaltación a las alturas, es una maravillosa promesa de que este buscador de burros será el primer rey de Israel. Por lo que nos dicen las Escrituras aprendemos que Saúl era alto, de tez oscura y muy atractivo. Incluso que era de la tribu de guerreros de Benjamín. Así que desde la perspectiva humana el parecía ser la opción perfecta, esto si lo juzgamos por su apariencia externa. En realidad, su carácter no coincide con sus atributos físicos, alto, atractivo, de una tribu de guerreros, pero en realidad tenía un carácter débil, más débil de lo común, y esto sería manifestado de manera inconfundible durante su largo mandato como rey. Y en Hechos 13:21 dice que Saúl reinó durante cuarenta años, esto es un término muy largo, cuarenta años.

No tomó muchos años antes de que su debilidad apareciera, y entonces la gente tuvo que lidiar con él durante cuatro décadas. Cuando Saúl se fue a casa, es cuando llegamos al capítulo 10, fue a su casa para reunirse con Samuel, discretamente se guardó en secreto la noticia de que él sería elevado a rey, 10:16 nos dice esto. Y cuando fue el momento de que el saliera a escena, 10:20, lo vemos que lo tiene bien escondido. Este es el alto, de tez oscura y atractivo Saúl, quien en el fondo es un cobarde, tímido e inseguro, su timidez y cobardía caracterizaron constantemente su reinado. Era un hombre lleno de temores, dudaba de sí mismo, se ponía paranoico con sus rivales potenciales, actuaba arrebatadamente como la gente paranoica lo hace para compensar su ineptitud como líder y su falta de fortaleza.

Dentro de esta familia nace un joven llamado Jonatán. Y lo primero que nos preguntamos es como respondió la familia de Saúl, y especialmente Jonatán, al escuchar por primera vez la sorprendente noticia, que el padre de familia, el granjero quien era de buen aspecto en el exterior, pero muy débil en su interior, iba a ser el rey, el primer rey de la monarquía en Israel. Sin duda la mente de Jonatán debió girar y girar pensando en qué significaba esto para él. Había todo tipo de expectativas para él. Con frecuencia los reyes eran asesinados en las batallas, o a veces los asesinaba un enemigo. La gente muere por enfermedades o dolencias. Jonatán debió anticipar esto, como príncipe algún día le correspondería ser rey. Estando consiente de las debilidades de su padre, estando consiente de qué su padre era sólo un granjero, sabiendo que su padre no era un soldado es muy probable que Jonatán pensara que él sería rey antes de lo que se pudiera imaginar. Y como sabemos, los mismos temores, las mismas debilidades, la misma falta de fortaleza que caracterizaba a Saúl como granjero continúo caracterizando a Saúl como rey, y Jonatán nunca se intimidó de su padre aún cundo fue rey. Nunca dudó en desafiar a su padre en sus órdenes arrogantes, cuando actuaba de maneras absolutamente irracionales.

Así tenemos una introducción a lo que sería el primer tipo de relación que había entre Saúl y Jonatán. Pero quiero abundar en esto un poco más, en la relación entre Jonatán y Saúl conforme esta se desarrolla. Regresando por un momento al capítulo 8, nos vamos a adelantar un poco y lo vamos a estar haciendo continuamente; la esperanza primaria de Israel acerca de este flamante nuevo rey era que él los protegería, 8:20, él sería su protector. Él podrá salir y librar nuestras batallas, esto era lo que ellos esperaban.

Pero tan pronto como Saúl tomó posesión del cargo, vayamos al capítulo 11, y nos movemos rápidamente, los amonitas y ellos se involucran en una batalla, en una guerra; 1 Samuel 11:13, dice que Saúl dirigió a los israelitas a la victoria que Dios les había dado ya, a una victoria que Dios ya les había dado sobre los amonitas. "Hoy Jehová ha dado salvación en Israel" dice el versículo 13. Esto era parte del trabajo del rey, por lo que vemos que su reinado comenzó de manera correcta, con una victoria.

Sin embargo, vino un reto más grande, a menos de dos años de haber comenzado el reinado de Saúl, cuando fue acompañado por su ejército de 3,000 hombres permanentes. Saúl se encontró en medio de un conflicto con los filisteos. Recuerden que Sansón, el juez, hizo un gran daño devastador dentro del templo de los filisteos en donde mato a varios miles de ellos. Sin embargo, continuaron ganando fuerza e hicieron crecer su odio en contra de Israel. Así que ellos nuevamente representan una amenaza militar en contra de Israel. Podemos decir que los filisteos han regresado en los días de Saúl.

Sin embargo, el rey de Israel, Saúl, no tiene necesidad de sentir miedo porque, de acuerdo con el capítulo 9:16, el Señor prometió librar a Israel de los filisteos. Es en el contexto de este conflicto con los filisteos durante los dos años de reinado de Saúl que Jonatán aparece por primera vez, probablemente era un adolescente, cuando mucho quizás de un poco más de veinte años. Era lo suficientemente grande, porque de acuerdo con 1 Samuel 13:2, vayamos ahí, "escogió luego a tres mil hombres de Israel, de los cuales estaban con Saúl dos mil en Micmas y en el monte de Bet-el, y mil estaban con Jonatán en Gabaa de Benjamín." Siendo un adolescente o quizás de un poco más de veinte años, está a cargo de mil hombres, mil hombres del ejército de Israel. Saúl está esperando en Micmas en el monte de Bet-el.

Jonatán no espera. Mientras que Saúl espera, Jonatán junto con sus hombres ataca a las guarniciones filisteas en Geba[1] y la captura. Geba se encontraba como a 5 kilómetros de la capital original de Israel llamada Gabaa. No sabemos si es que Saúl ordenó este ataque o no, o bien si Jonatán actuó independientemente. Parece, sin embargo, que él actuó independientemente. Lo que si podemos saber que fue Jonatán quien ganó la victoria. Fue Jonatán quien inició la acción militar más importante. Fue su plan, fue su triunfo.

Pero ese conflicto creció hasta ser una guerra total, lo que dio a Jonatán más y más oportunidades de probarse a sí mismo su valentía, probarse a sí mismo su capacidad como líder, esta era mucho mayor que la de su aprensivo padre quien prefería sentarse y esperar hasta que algo bueno pudiera pasar.

Los israelitas, tal vez, esperaban sólo un pequeño contraataque, una respuesta mesurada de parte de sus enemigos. Pero en lugar de esto los filisteos estaban furiosos con este asalto y victoria en Geba, por lo que ellos regresaron con miles de carros, miles de hombres a caballo, y mucha infantería. De acuerdo 1 Samuel 13:5, ellos tenían 30,000 carros, 6,000 hombres a caballo, y la infantería eran como la arena que está a la orilla del mar, en abundancia, por lo que esto era una lluvia de venganza sobre el ejército hebreo a causa del éxito de la campaña de Jonatán en Geba. El ejército de Israel era enormemente superado en números. Los hombres de Saúl reaccionaron sin fe y sin valentía, reaccionaron en completo miedo. Miren lo que sucedió a los hombres de Saúl. Versículo 6, "Cuando los hombres de Israel vieron que estaban en estrecho (porque el pueblo estaba en aprieto), se escondieron en cuevas, en fosos, en peñascos, en rocas y en cisternas." Estos que se están escondiendo son soldados, es un ejército. La mayor parte de ellos cruzaron el rio Jordán, y ahora están huyendo o en retirada sin haber recibido la instrucción.

Muchos de ellos huyen, y en 1 Samuel 13:15 se nos dice, "Y Saúl contó la gente que se hallaba con él, como seiscientos hombres." Todos ellos huyeron con el mismo tipo de cobardía y temor que era característico de su rey. Así que Saúl se sienta a esperar con temor mortal en Gilgal y sólo le quedan 600 hombres.

Y recordemos que él no tenía razón por la cual estuviera paralizado y espantado, no tenía por qué temer una masacre ya que Samuel le había dicho antes, y lo podemos ver en 1 Samuel 10:8, "Luego bajarás delante de

---

1. Parece haber cierta incertidumbre en cuanto a la palabra hebrea. Mientras que algunas versiones la traducen como un nombre propio *Geba* o *Gueba*, Reina-Valera 1960 la traduce como *collado*.

mí a Gilgal; entonces descenderé yo a ti para ofrecer holocaustos y sacrificar ofrendas de paz. Espera siete días, hasta que yo venga a ti y te enseñe lo que has de hacer." Llegarás a Gilgal, te quedarás ahí, esperarás siete días y yo me reuniré contigo. Por lo que Saúl se sienta en Gilgal a esperar, sabiendo que los filisteos son un ejército masivo buscando venganza. Al séptimo día Saúl está completamente atemorizado. Samuel no había llegado, y en su desesperación sintió que no podía esperar más. Sus enemigos se están fortaleciendo, y cada momento son más valientes, y en contraste sus ejércitos se están esparciendo en completa cobardía. Por lo que él decide no esperar más a Samuel, él era el único autorizado para ofrecer sacrificio, lo tenía que realizar sólo Samuel. Y en 1 de Samuel 13:9 dice, "Entonces dijo Saúl: Traedme holocausto y ofrendas de paz. Y ofreció el holocausto."

Hizo una invasión al sacerdocio, lo que fue algo muy trágico. Imaginen, él buscó la bendición por medio de la desobediencia; hay muchas formas en las que puede llegar una bendición, pero nunca por medio de la desobediencia. Y como en una escena cómica, tan pronto como Saúl ofrece su sacrificio, en el siguiente versículo se nos dice que Samuel apareció, llegó al lugar indicado. Dice el versículo 10, "Y cuando él acababa de ofrecer el holocausto, he aquí Samuel que venía; y Saúl salió a recibirle, para saludarle." Pero esto no es algo cómico, al viejo profeta no le pareció en nada divertido. Esta invasión atroz del oficio sagrado del sacerdocio le traería a Saúl juicio. Yendo muy atrás en Números 3:10, y en Números 18:7, encontramos la advertencia que Dios había dado en contra de aquellos que intentaran usurpar el papel de un sacerdote; era algo que estaba estrictamente prohibido. Por cierto, posteriormente un rey de Judá llamado Uzías hizo esto y Dios se ofendió con ello (2 Crónicas 26), lo castigó con lepra y murió. Él es a quien se refiere Isaías cuando dice en Isaías 6, "En el año que el Rey Uzías murió."

Saúl está a punto de ser severamente condenado a causa de está intrusión al sagrado oficio. Así que Samuel le dice, "¿qué has hecho?" Esto fue como una piedra sobre la consciencia de Saúl pues fue la pregunta que Dios hizo a Adán en Génesis 3:9. Las palabras de Samuel eran como una acusación caustica. No hay una respuesta adecuada, no hay una excusa valida, no tiene ninguna forma de defenderse.

Pero eso no detuvo a Saúl de intentar explicarlo y justificarse. Y ahora viene el cambio a echar la culpa, lo mismo que hizo Adán en Edén. Él acusa a Samuel por haber llegado tarde. Él acusa a las tropas por haber huido. Él acusa a los filisteos por la severa amenaza que ellos presentaron. Pero este intento de echar la culpa a alguien solo aumenta su desobediencia. La respuesta devastadora de Samuel a este intento de echar culpas lo encontramos también en esta sección, versículos 13 y 14. "Entonces Samuel dijo a Saúl: Locamente has hecho; no guardaste el mandamiento de Jehová tu Dios que él te había ordenado; pues ahora Jehová hubiera confirmado tu reino sobre Israel para siempre. Mas ahora tu reino no será duradero. Jehová se ha buscado un varón conforme a su corazón, al cual Jehová ha designado para que sea príncipe sobre su pueblo, por cuanto tú no has guardado lo que Jehová te mandó."

El mandato de Samuel a Saúl era que esperara siete días en Gilgal, esto era una prueba para ver si sería o no obediente a Dios, recordemos que el mandato era de parte de Dios por medio de Samuel. Tiempo antes Samuel había advertido a los israelitas diciendo que aún bajo su nueva monarquía, si ellos fallaban en obedecer al Señor, ellos serían juzgados y desechados junto con su rey. Esto lo vimos en 1 Samuel 12:25. La obediencia siempre es el camino para la bendición, la desobediencia siempre es el camino al juicio. Así fue que Saúl fue desobediente, pensando locamente, creyó que su desobediencia le traería victoria. De algún modo pensó que él podía recibir ayuda de Dios por medio de la desobediencia, pero lo que gano fue ser reemplazado. Fue entonces que la monarquía pasó de él a un hombre que verdaderamente fuera conforme al corazón de Dios. Ahora nos encanta esta frase, esta es para los que adoramos a Dios, amamos a Dios y obedecemos a Dios.

Evidentemente, cuando Saúl está desobedeciendo a Dios y haciendo este sacrificio en Gilgal, Jonatán no está ahí con él. Y conforme ponemos las partes de la historia juntas, Jonatán no está ahí; Saúl está deshonrando al Señor, Saúl ha condenado a su dinastía, ninguno de sus hijos reinará jamás. Pero Jonatán no sabe nada de esto, él nunca será rey y aún no lo sabe. De hecho, podrías asumir que el darse cuenta que él nunca sería rey, podría quitar todas las expectativas que él había estado alimentando por largos días, un joven que esperaba ser rey ahora estaría devastado y desanimado. Pero como veremos, la respuesta de Jonatán fue completamente diferente, esto es lo que lo convierte en un héroe inconcebible.

Al haber ofrecido sacrificios neciamente, Saúl violo la santidad y singularidad del oficio sacerdotal. Falló en obedecer a Dios por medio de Samuel. Falló en la prueba que Dios le dio. Las consecuencias son muy severas, por lo que es removido de la monarquía.

Por otro lado, Jonatán decide atacar a los filisteos. Pero recuerden, él no sabe nada acerca de esto cuando llegamos al capítulo 14: "Aconteció un día, que Jonatán hijo de Saúl dijo a su criado que le traía las armas: Ven y pasemos a la guarnición de los filisteos, que está de aquel lado. Y no lo hizo saber a su padre." Esto lo hizo sin su padre, no sabía acerca de la maldición que había llegado a la familia. Él y su paje de armas van a atacar a los filisteos, esto es un plan muy riesgoso. ¿Sólo dos personas? Este es un plan irracional. Si vemos la historia completa esto involucra una subida libre por la cara escarpada de un acantilado y una vez arriba sorprender a los soldados filisteos que están ahí acampando. De hecho, el versículo 4 dice, esto es muy interesante, "Y entre los desfiladeros por donde Jonatán procuraba pasar a la guarnición de los filisteos, había un peñasco agudo de un lado, y otro del otro lado; el uno se llamaba Boses, y el otro Sene." Boses significa "resbaloso" en hebreo, y Sene significa "afilado, picudo, como lanza." Él y su paje de armas tienen que trepar algunos acantilados que son tanto resbalosos como afilados, piedras resbalosas y con bordes afilados, para llegar en medio de soldados enemigos. Más bien esto parece una misión suicida. ¿Sólo dos hombres?

Y vean el versículo 6, "Dijo, pues, Jonatán a su paje de armas: Ven, pasemos a la guarnición de estos incircuncisos; quizá haga algo Jehová por nosotros, pues no es difícil para Jehová salvar con muchos o con pocos." Esa famosa declaración vino de los labios de Jonatán. Él no tiene miedo porque él ha puesto su fe firmemente en la promesa que Dios hizo y en el poder que Él tiene para cumplirlo. Dios mismo declaró que libertaría a su pueblo de sus enemigos. Y Jonatán se colocará a sí mismo en una posición que le permitirá ver cómo Dios pelea por ellos. El Señor honrará la fe de Jonatán. Ellos trepan al acantilado, él y su paje de armas, llegan ante los soldados y, de acuerdo a 1 Samuel 14:13–14, tienen mucho éxito. La masacre involucra como veinte hombres; entre los dos matan aproximadamente veinte soldados filisteos.

Inclusive Josefo, el historiador judío, escribe acerca de este ataque, esto de acuerdo a la tradición, que esto sucedió muy temprano, y el elemento de sorpresa fue mayor por el hecho de que los soldados hebreos nunca hubieran esperado esto porque ellos pensaron que estaban en un lugar en donde no podían ser sorprendidos o atacados, ¿quién escalaría ese risco? Ellos pudieron estar dormidos, y si no, apenas despertando. El Señor dio a Jonatán y a su paje de armas poder sobre estos 20 hombres que ellos mataron.

Cuando el ejército filisteo se dio cuenta de lo que estaba sucediendo, los soldados huían en muchas direcciones, los sobrecogió el temor, y se dispersaron. En ese punto, de acuerdo al versículo 15, el Señor hizo que entrara el pánico en ellos, y trajo un temblor, un gran terremoto, y ellos estaban consternados.

¿Y qué sucedió después? Versículo 20, "Y juntando Saúl a todo el pueblo que con él estaba, llegaron hasta el lugar de la batalla; y he aquí que la espada de cada uno estaba vuelta contra su compañero, y había gran confusión." Cuando Saúl llegó los filisteos se habían matado unos a otros, lo mismo que sucedió con Gedeón. El Señor fue capaz de librar a muchos con pocos.

Pero regresando al momento en donde la batalla comenzó, recuerden que Jonatán está actuando de forma independiente, Saúl ha estado perdiendo sus tropas pues se han retirado, y el desesperado rey no sabe qué hacer. Así que este desesperado rey hace una declaración estúpida. En 1 de Samuel 14:24; podemos decir que mientras que los hombres están regresando a Gilgal, Saúl hace que sus hombres hagan un juramento: "Cualquiera que coma pan antes de caer la noche, antes que haya tomado venganza de mis enemigos, sea maldito." Ahora tiene sólo 600 hombres, antes eran algunos miles, y ahora los está tratando de motivar de este modo.

"No se les permitirá comer sino hasta la victoria." Pero ahora imagínense, conforme avanza la historia en el capítulo 14, sus tropas están hambrientas por lo que no pueden pelear muy bien. Ellas son menos y menos efectivas. Eventualmente Dios les garantiza la victoria y cuando finalmente se les permite comer, ellos se atragantan porque estaban muriéndose de hambre no esperan que la carne esté lista, la comen con sangre. Supongo que fue porque en Levítico 17 prohibía comer carne con sangre.

Esto nos hace ver que su juramento fue no solo estúpido sino algo que se hizo sin pensar, el no comer hace que las tropas se debiliten, la falta de alimento hace que su inefectividad de prolongue. Pero finalmente cuando llega la victoria, ellos están atragantados, violando otro mandamiento de Dios. Todo lo que hacen estos hombres está mal. Por lo que finalmente va al sacerdote buscando ayuda divina, cuando lo hace Saúl el Señor no le da respuesta. Nuevamente Saúl no toma la responsabilidad de sus acciones. Nuevamente busca a quien culpar.

Cuando llega a este punto finalmente dice, "el problema con esta difícil batalla es que alguien desobedeció el juramento, alguien comió, alguien comió. Y dice, "no me importa quién haya sido, cualquiera que haya comido morirá; el que haya tomado comida morirá.

Una vez más, esta es una idea necia de su parte. Sucede que Jonatán es parte de su ejército, a pesar de que no esté ahí. Jonatán no había escuchado este edicto. Jonatán estaba en medio del bosque cuando esto se dice en el capítulo 14, el vio miel en el suelo y se detuvo, tomó un poco de miel y comió de ella. Justo en ese momento llegan unos de sus soldados y le dicen, "Oh, oh, acabas de violar el mandamiento que dio tu padre y puede ser que mueras."

Vayamos a los versículos 29 y 30. Escuchen lo que Jonatán dice, "Mi padre ha turbado el país. Ved ahora cómo han sido aclarados mis ojos, por haber gustado un poco de esta miel." Esto me dio energía. "¿Cuánto más si el pueblo hubiera comido libremente hoy del botín tomado de sus enemigos? ¿No se habría hecho ahora mayor estrago entre los filisteos?" Hubiésemos tenido la victoria si hubiéramos sido alimentados.

Estas palabras llegan a Saúl, de que Jonatán, ignorante del juramento obligado de su padre, había roto el juramento, el ridículo juramento de su padre; por lo que Saúl, en un intento por mantener su orgullo castigador, dice que su hijo debe morir, literalmente decide matar a su hijo. Y en el versículo 43, Saúl le dice a Jonatán, "Declárame lo que has hecho. Y Jonatán se lo declaró y dijo: Ciertamente gusté un poco de miel con la punta de la vara que traía en mi mano; ¿y he de morir?"

02_Jonatán: El Hombre que no Sería Rey

¿Es eso todo? Pero Saúl estaba hablando muy enserio. En medio de esta tontería, la gente comenzó a interceder por Jonatán. Y si no hubiera sido por esta intercesión, el rey hubiera ejecutado a su propio hijo.

Toda esta intriga no es otra cosa más que una mirada para saber qué tipo de persona era Saúl. En su primera intervención armada, la más importante con los filisteos, vemos que no sólo es caótico sino ridículo. Esto hace que resalten las diferencias que hay dentro de esta familia, en especial entre padre e hijo; son polos opuestos. El rey es temeroso, indeciso, reaccionario, desobediente, imprudente, orgulloso y de mano dura. Pero en oposición se encuentra Jonatán; él tomó la iniciativa, mostro valentía, actuó humildemente, y con todo propósito mostró la insensatez de su padre, exhibió completa confianza en el Señor. Por el poder de Dios, Jonatán, no Saúl, fue el que puso en movimiento la victoria para Israel. Él fue quien inició todo el movimiento hacia la victoria con sus mil hombres.

La debilidad de Saúl continúa siendo manifiesta. El contraste entre él y Jonatán se ve más pronunciado. Y ese contraste se hace más claro cuando un pastorcito llega a la escena, su nombre David. Y ahora nos movemos de la relación de Saúl y Jonatán, a la relación entre Jonatán y David. Aquí es a donde llegamos a conocer esta historia.

Al fallar en confiar en el Señor y ofrecer sacrificios antes de que Samuel llegara, Saúl demostró, con esto y con otras cosas, que era un líder incompetente quien convertía todo en un desastre regio. Él simplemente aceleró su auto-destrucción conforme avanza su reinado. Dios lo mando a destruir por completo a los amalecitas, incluyendo a todo su ganado. Pero una vez más Saúl desobedece. Captura al rey Agag vivo y permite que las tropas tomen a lo mejor de las ovejas y de los bueyes, y se los queden, con esto nuevamente desobedece. Las consecuencias fueron muy severas. Samuel aparece en escena nuevamente y confronta a Saúl, le dice en 1 Samuel 15:14: "¿Pues qué balido de ovejas y bramido de vacas es este que yo oigo con mis oídos?" Tú sabes que Dios te dijo que mataras a todos los amalecitas y a todos sus animales.

Y entonces llegan esas sorprendentes y memorables palabras de Samuel. Vamos al 15:22, dice, "¿Se complace Jehová tanto en los holocaustos y víctimas?" ¿Por qué le dijo esto? Pues porque Saúl está intentando justificar su acción delante de Samuel, "Oh, oh, las pensaba usar todas en sacrificios al Señor." Y es en ese momento que Samuel dice, "¿Se complace Jehová tanto en los holocaustos y víctimas, como en que se obedezca a las palabras de Jehová? Ciertamente el obedecer es mejor que los sacrificios, y el prestar atención que la grosura de los carneros. Porque como pecado de adivinación es la rebelión, y como ídolos e idolatría la obstinación. Por cuanto tú desechaste la palabra de Jehová, él también te ha desechado para que no seas rey."

Aquí está la reiteración del hecho de que este hombre no sólo no tendrá un heredero en el trono, sino que él mismo no durará mucho en el trono. Esto parece entristecerá Saúl al grado que desgarra su túnica, pero me encanta lo que le dice Samuel. Samuel, este viejito ya, este viejo profeta, levanta una pesada espada (v.33) y parte a Agag en pedazos delante del Señor en Gilgal. Salpicado de sangre y trozos de carne humana, Samuel le muestra a este rey rebelde de Israel como luce la obediencia, a que se parece la obediencia. Y entonces llega la famosa declaración del Señor en el 16:7, "Y Jehová respondió a Samuel: No mires a su parecer, ni a lo grande de su estatura, porque yo lo desecho; porque Jehová no mira lo que mira el hombre; pues el hombre mira lo que está delante de sus ojos, pero Jehová mira el corazón." Esta es la forma en la que Saúl fue rechazado. Primero su casa fue rechazada; después su trono fue rechazado, y ahora él es rechazado.

Pero mientras que él permanece en el trono por un poco más de tiempo, el entrenamiento de David para la realeza da comienzo. Encontramos a David en 1 de Samuel 16:12, de hecho, su nombre se encuentra en el versículo 13; esta es la presentación que se nos da de David. Cuando el rey era aterrorizado, ustedes recordarán, por un espíritu malo, David, quien ya era músico, es elegido para tocar el arpa delante del rey; esto lo vemos a partir del versículo 14 y hasta el 23. Por decirlo de algún modo, David se convierte en el arpista oficial del rey, y añadiendo algo más, David vivía en Belén. Él iba hasta el palacio y tranquilizaba al rey con su música. Cuando el gigante filisteo, Goliat, amenaza a los israelitas en el capítulo 17, este jovencito pasa de ser un músico a ser un ejecutor y gran soldado que hace caer a Goliat con su onda, le corta la cabeza, y así asegura la victoria. David tuvo la oportunidad de permanecer en el palacio como su residencia habitual y así aprender los elementos de la vida real. Pero lo más importante fue que con esto probó que podía ser usado de manera poderosa por la mano de Dios. Motivado por el incidente con Goliat, Jonatán y David desarrollan una profunda amistad. Y vayamos al capítulo 18:1 para ver todo esto; sé que voy moviéndome muy rápido.

"Aconteció que cuando él hubo acabado de hablar con Saúl, el alma de Jonatán quedó ligada con la de David, y lo amó Jonatán como a sí mismo." Esto es algo maravilloso, aquí tenemos al que fue elegido por Dios, ungido por Samuel para ser el rey que Jonatán nunca podría ser, este es David. El amor de Jonatán y su lealtad son sorprendentes. Lo amó como a sí mismo. Jonatán significa "un regalo de Dios." Más adelante probaría ser un regalo de Dios para David.

David es un líder victorioso, como lo mostró en su victoria sobre Goliat. Y después de eso, ya que ahora es el que asesina a gigantes, Saúl lo invita a que venta y viva dentro del palacio real. Le da a su hija para que se case, una mujer llamada Mical, y se casan.

02_Jonatán: El Hombre que no Sería Rey

Ahora David es un líder del ejército, tiene deberes como de un músico dentro del palacio, y está casado con la hija del rey; el rey es su suegro y el príncipe es su cuñado. Y para añadir a eso, la historia comienza diciéndonos que David es inmensamente popular con la gente. Esto hace que Saúl se sienta más y más amenazado por David. Su dinastía ha sido castigada, su trono ha sido castigado, y él mismo ha sido castigado. Su reino no durará, y esto provoca que sea cada vez más suspicaz con este joven quien es un campeón; consecuentemente Saúl decide que él necesita deshacerse de él. Y es aquí en donde decimos que el complot se hace mayor.

En el verso 3 y 4, nuevamente en el capítulo 18, "E hicieron pacto Jonatán y David, porque él le amaba como a sí mismo. Y Jonatán se quitó el manto que llevaba, y se lo dio a David, y otras ropas suyas, hasta su espada, su arco y su talabarte." Jonatán quería hacer todo lo que él pudiera por su amigo y cuñado. Sabía que David no tendría la capacidad humana para sobrevivir a menos que él tuviera un amigo dentro de la corte, alguien quien le pudiera advertir, alguien que lo pudiera proteger. Así que él se convertiría en su aliado dentro de la corte, su amigo y cuñado Jonatán. Sus corazones quedaron ligados porque ellos hicieron un pacto de lealtad el uno con el otro.

Cuando Saúl intentara matar a David, el príncipe advertiría a David, el príncipe vendría a avisar a David para que este pudiera escapar de Saúl. La primera vez que Jonatán le dijo a David que Saúl lo quería ver muerto estaba verdaderamente sorprendido. Por lo que quiso asegurarse de las malvadas intenciones del rey, vayamos al capítulo 20:5, "Y David respondió a Jonatán." Hagamos esta simple prueba para que no quede duda; David no puede creer que en realidad el rey quiere matarlo. Por lo que David dice a Jonatán, "He aquí que mañana será nueva luna, y yo acostumbro sentarme con el rey a comer; mas tú dejarás que me esconda en el campo hasta la tarde del tercer día. Si tu padre hiciere mención de mí, dirás: Me rogó mucho que lo dejase ir corriendo a Belén su ciudad, porque todos los de su familia celebran allá el sacrificio anual." Lo cual era verdad. "Si él dijere: Bien está, entonces tendrá paz tu siervo; mas si se enojare, sabe que la maldad está determinada de parte de él."

David tiene un plan sencillo, hay una gran comida, una gran fiesta, en la cual se supone debe estar David. Por lo que David le dice, "permite que yo me vaya y no esté ahí; di que tú me diste permiso para ir. Si esto no le importa a Saúl, que yo no esté ahí, entonces no tendré nada que temer. Pero si él se molesta, entonces sabré que esta maldad ya está determinada, él quiere matarme."

Se pone el plan en marcha, y vamos al 20:27, "¿Dónde está David? ¿Por qué no está aquí? Y en el 28, "David se fue a Belén." Versículo 30, "Entonces se encendió la ira de Saúl contra Jonatán, y le dijo: Hijo de la perversa y rebelde, ¿acaso no sé yo que tú has elegido al hijo de Isaí para confusión tuya, y para confusión de la vergüenza de tu madre? Porque todo el tiempo que el hijo de Isaí viviere sobre la tierra, ni tú estarás firme, ni tu reino. Envía pues, ahora, y tráemelo, porque ha de morir." Esto expone el odio venenoso de Saúl a David. Esta fue la prueba que validó las advertencias de Jonatán a David. Por lo que es como si David dijera, "Está bien, ya entendí, ya entendí."

Jonatán defiende el honor de su amigo y esto hace que el rey se enoje todavía mucho más. ¿Recuerdan lo que ocurrió? Saúl toma una lanza y en un impulso de ira, la arroja atravesando toda la mesa del banquete intentando dar en la cabeza de Jonatán, pero no lo logra. Y entonces Jonatán sale apresuradamente.

Ahora todo el mundo sabe que quiere matar a David. Jonatán sale al campo para decirle a David cuál fue el resultado de la prueba que hicieron. Toma a uno de sus siervos; arroja algunas flechas, recuerden que estas tenían un código. Si la flecha va más allá de su siervo, David está escondido, y la flecha va más allá del siervo, esto quiere decir que la ira de Saúl es real y que quiere matarlo. El siervo se regresa a la ciudad, David sale de su escondite y le dice adiós a Jonatán. Ambos lloran, lloran debido a este sorprendente amor y afecto que se tenían el uno por el otro.

Y en el versículo 42 leemos, "Y Jonatán dijo a David: Vete en paz, porque ambos hemos jurado por el nombre de Jehová, diciendo: Jehová esté entre tú y yo, entre tu descendencia y mi descendencia, para siempre. Y él se levantó y se fue; y Jonatán entró en la ciudad."

David fue a esconderse y Jonatán regresó a la ciudad. Escucha, Saúl se dedicó el resto de su vida a matar a David, si el resto de su vida. ¿Por qué tuvo deseo irracional? Porque Saúl sabía que el Señor había escogido a David para ser el siguiente rey de Israel. David se dedicó esa misma cantidad de tiempo huyendo, escondiéndose, y sobreviviendo hasta que Saúl finalmente murió. ustedes conocen la historia; en varias ocasiones Saúl casi lo atrapa. El Señor siempre protegió a David, y toda esta actividad lo hizo ser aún un mejor general, un gran militar para cuando en el futuro ascendió a su trono.

Durante esos mismos años en los que Saúl estuvo intentando matar a David, David estaba tratando de escapar de él, y Jonatán encontró formas para reunirse con su amigo. Lo buscó para animarlo, para reiterarle su lealtad y su amor. En el capítulo 23:17, el príncipe le dice a David, "No temas, pues no te hallará la mano de Saúl mi padre, y tú reinarás sobre Israel, y yo seré segundo después de ti; y aun Saúl mi padre así lo sabe."

Este es el carácter de Jonatán, voluntariamente renuncia a su derecho al trono porque el entendió que el Señor había escogido a David y no a él. No muestra celos y esto es una calidad rara en una circunstancia como esta. El carácter de Jonatán se hace evidente en su actitud hacía David. Él era un poderoso guerrero, un príncipe y un amigo leal. Pero fue una fe inquebrantable en el propósito y la palabra de Dios lo que lo hace un héroe inconcebible. Jonatán no solo aceptó su papel de no ser el rey, sino que lo aceptó con todo su corazón, se convirtió en amigo y protector de quien había sido puesto en su lugar. Este es un verdadero hombre con carácter.

Esto nos lleva a una relación final. Lo hemos visto en medio de la relación de Saúl y Jonatán, Jonatán y David y ahora en la relación David y Mefiboset. La interacción de la que te acabo de hablar en 23:17, es la última conversación que tenemos registrada entre David y Jonatán, es todo lo que oímos hasta que llegamos a la batalla catastrófica con los filisteos. Y ahí no escuchamos nada acerca de Jonatán; pero llegando al capítulo 31, Saúl, Jonatán y dos de sus hermanos son asesinados en una batalla con los filisteos (1 Samuel 31:2). La masacre le rompe el corazón a David, lo hace pedazos. Por lo que David da tributo a su amigo, y así es como inicia el segundo libro de Samuel, con este tributo. Veamos 2 Samuel 1:25-27, "¡Cómo han caído los valientes en medio de la batalla! ¡Jonatán, muerto en tus alturas! Angustia tengo por ti, hermano mío Jonatán, que me fuiste muy dulce. Más maravilloso me fue tu amor que el amor de las mujeres. ¡Cómo han caído los valientes, han perecido las armas de guerra!"

Esto es melancolía, la melancolía que está siendo motivada por el afecto de David al decir que su amistad sobrepasaba el amor de las mujeres. ¿Qué significa esto? ¿Qué es lo que él está diciendo aquí?

Él no está demeritando el amor que un hombre tiene por una mujer. La biblia exalta esto. No está demeritando el amor entre un esposo y una esposa. Lo que él está enfatizando es el hecho de que su amor por Jonatán era un amor que no involucraba atracción física. Era un amor que no contenía ningún elemento físico. Era un amor sin ningún interés físico. Era un amor sin una consumación física. De ninguna manera es un tipo de afecto como el que comparten un hombre y una mujer, el cual contiene atracción física. Era algo noble, leal, una amistad sin egoísmo, una camaradería nacida de la confianza que ambos hombres tenían en que lo que la palabra de Dios había dicho tenía que ser cumplido. Eran dos hombres que se preocupaban por obedecer a Dios. Su obediencia en común les dio una amistad en común.

Bueno, Jonatán murió. Saúl se suicidó. Los dos hermanos de Jonatán fueron asesinados. Años antes, David había jurado a Jonatán que ellos serían amigos permanentemente, que los dos ayudarían a cada una de sus familias por siempre. David quería cumplir con esto y se prepara para ir a cumplirlo.

En 1 Samuel 20:14-16 leemos, "Y si yo viviere, harás conmigo misericordia de Jehová, para que no muera, y no apartarás tu misericordia de mi casa para siempre. Cuando Jehová haya cortado uno por uno los enemigos de David de la tierra, no dejes que el nombre de Jonatán sea quitado de la casa de David. Así hizo Jonatán pacto con la casa de David, diciendo: Requiéralo Jehová de la mano de los enemigos de David." En otras palabras, tenemos un pacto que trasciende la muerte. El amor de David por Jonatán trasciende su muerte. Él quería honrar su pacto más allá de la muerte de su amigo. ¿Cómo hace esto?

Jonatán tenía un hijo, él sólo tenía un hijo y su nombre era Mefiboset. Cuando él tenía cinco años de edad, fue cuando mataron a su padre. Así que quedó sin padre a la edad de cinco años. Su niñera ahora tenía que cargar con este pequeño de cinco años. Ella escuchó las horribles noticias, por lo que pensó que aquel que había matado a Saúl, a Jonatán y a sus hermanos ahora vendría a matar a este niño. Así que ella lo tomó y comenzó a huir. En su intento por quedar a salvo, nos dice 2 Samuel 4:4, que ella lo tiro y se rompió ambas piernas. Sin los modernos beneficios de la medicina modera, Mefiboset sería un lisiado permanente como resultado de este accidente. Así que años después cuando David busca cumplir su pacto con Jonatán después de su muerte busca al único hijo de Jonatán, al único descendiente; y la maravillosa historia, en 2 Samuel 9 nos dice que él lo invita al palacio, recibe a este hombre lisiado como si fuera uno de sus propios hijos, incluso hizo que él se sentara con la familia real en todas las comidas. Seguidamente le dio la tierra que perteneció antes a su abuelo Saúl, los siervos que tenía Saúl fueron instruidos para que ahora trabajaran para el beneficio de Mefiboset. La amabilidad de David para con este hijo de su amigo fue motivada no por otra cosa que por el amor que se da de gracia, esto era simplemente el cumplir con aquel pacto que había hecho antes. Es aquí donde vemos esta hermosa analogía del amor inmerecido de Dios hacía los pecadores. Permítanme darles algunos pensamientos acerca de esto.

Con respecto a Mefiboset, David tomó la iniciativa, él lo buscó, él lo recibió en el palacio, hizo todo esto a pesar de que era el nieto de Saúl, el rey maldito de Israel y el más grande enemigo de David. Mefiboset no pudo haber hecho nada para pagar a David, no pudo ofrecerle a él ningún servicio significativo. Pero a pesar de ello, David lo trajo a su familia, lo invitó a su mesa, le garantizó una herencia de tierra de la cual no tenía un título legal, y la respuesta de agradecimiento de Mefiboset fue la de convertirse en un siervo leal de David por el resto de su vida.

Que maravillosa ilustración del amor de Dios hacía los creyentes. A pesar de que la vida de casi todos los descendientes de David ya había sido tomada, David cuidó mucho de proteger a este porque él había hecho un pacto delante del Señor para proteger a Jonatán y su familia. Mefiboset tuvo un hijo llamado Mica quien mantuvo el linaje de la casa de Jonatán durante muchas generaciones, y por medio de este hijo lisiado vinieron muchos más, muchos guerreros, de acuerdo con 1 Crónicas capítulo 8.

Como príncipe, Jonatán protegió a David. Ahora era el rey, David, quien honraba su promesa hecha en el pacto con Jonatán de tomar a su hijo como miembro de su propia familia. Este es el tipo de carácter que es muy raro, extremadamente raro.

¿Cuál es el legado de Jonatán para nosotros? ¿Qué es lo que lo hace un héroe inconcebible? Una obediencia sin egoísmo, humilde hacía Dios, y un tipo de amor que cumple con lo que él esperó que fuera su ambición en la vida, esto es obedecer a Dios. Las primeras palabras que tenemos registradas de Jonatán hacen evidente su fe en el Señor cuando él dice a su paje de armas —estas son las primeras palabras que la Biblia nos dice que salieron de sus labios— "Ven, pasemos a la guarnición de estos incircuncisos; quizá haga algo Jehová por nosotros, pues no es difícil para Jehová salvar con muchos o con pocos" (1 Samuel 14:6). Y las últimas palabras que se nos dan de él son, "No temas, pues no te hallará la mano de Saúl mi padre, y tú reinarás sobre Israel, y yo seré segundo después de ti; y aun Saúl mi padre así lo sabe." Él era todo esto, un príncipe noble, humilde, leal, amoroso, deseoso de obedecer a Dios, dando todo su honor personal, su poder personal, su posición por un amigo porque él sabía que esto era la voluntad de Dios.

Si los celos son una de las virtudes humanas más detestables, su ausencia es la más bella. Oremos.

Oración final

Padre te agradecemos por todo lo que nos has enseñado por medio de esta historia, esta es una lección de vida. ¡Qué gran privilegio tenemos al poder estudiar la historia de la vida de Jonatán con tanto detalle! Lo que hemos visto es sólo una pequeña porción de toda la historia. Y vemos con emoción que no sólo es la historia de Jonatán, sino la historia de tu fidelidad a tu pueblo, a tu pacto, al ayudarlos en medio de tiempos muy difíciles aun dentro de una horrible monarquía que se convirtió más y más turbulenta lo que provocó que tú trajeras juicio sobre ella. Te has mantenido fiel a la promesa que hiciste a tu pueblo, y sabemos con esto que Tú eres un Dios que guarda su pacto para siempre y que cumples todas tus promesas. Gracias por tu palabra. Amén

REFLEXIONES PERSONALES

17 de Junio, 1990

03_Lecciones Cruciales para un Padre Sabio

Escucha, hijo mío, la reprensión de tu padre, Y no desprecies la instrucción de tu madre; Porque guirnalda de gracia serán a tu cabeza, y collares a tu cuello... Porque el extravío de los ignorantes los matará, y la cómoda indolencia de los necios los echará a perder; mas el que me escuche, habitará confiadamente y vivirá tranquilo, sin temor a la desgracia.

Proverbios 1:8-9, 32-33

BOSQUEJO

— Introducción

— Enseña a tu hijo a disfrutar de su esposa

— El principio de la sabiduría es el temor de Jehová

— Sobre toda cosa guardada guarda tu mente

— Enseña a tu hijo a obedecer a sus padres

— Enseña a tu hijo a seleccionar a sus compañías

— Enseña a tu hijo a controlar su cuerpo

— Enseña a tu hijo a disfrutar de su esposa

— Enseña a tu hijo a cuidar lo que dice

— Enseña a tu hijo a trabajar

— Enseña a tu hijo a administrar su dinero

— Enseña a tu hijo a amar a su prójimo

— Oración final

Notas personales al bosquejo

SERMÓN

Introducción

Hoy es el día del padre y es un tiempo perfecto para hablar al padre que está aquí dentro de nuestra congregación está mañana. Siendo yo un padre con cuatro hijos, estas son lecciones que compartiré con ustedes desde la palabra de Dios, la cual también ha sido preciosa para mi corazón. No siempre tengo la oportunidad, o no la tomo, para enfocarme en los padres, por lo que quiero hacer esto esta mañana.

Una definición de lo que es el día del padre, dada por un niño, dice así, "es lo mismo que el día de la madre, solo que aquí no se gasta tanto." Los padres podemos estar de acuerdo con esta. Alguien más dijo, "un padre es alguien que lleva fotos en donde llevaba su dinero." La compañía telefónica dice que en el día del padre no hay tan alto número de llamadas como las hay en el día de la madre, y las que hay son por cobrar.

Bueno el día del padre es, para aquellos de nosotros que somos padres y que tenemos el privilegio de tener hijos amados, es un tiempo muy especial. Sé que en este particular día del padre no tendré a tres de los míos por primera vez, según lo recuerdo. Sin embargo, sigue siendo de un gozo especial ver lo que Dios ha hecho crecer en la vida de los hijos y así disfrutar de los dulces frutos de su gracia en sus vidas. Ser un padre ha sido de muy alta prioridad para mí, no solo porque así fue mi padre y su padre, sino por lo que la palabra de Dios tiene que decirnos. Desafortunadamente este papel de alta prioridad de ser padre ha sido sistemáticamente atacado y destruido dentro de nuestra cultura.

Esta sociedad en particular dentro de la cual vivimos ha atacad el papel del hombre con una fuerza devastadora, por lo que yo creo que ya han condenado a las siguientes tres o cuatro generaciones a vivir experiencias trágicas de proporciones desastrosas porque si hay algo que es claro dentro de la escritura e esto, los pecados de los padres son visitados hasta la tercera o cuarta generación. Lo que esto significa es que, si tenemos a hombres malos en el liderazgo, en donde se ha declinado el papel de los padres, esto hará que tres o cuatro generaciones la raíz del mal será lo que se producirá. No estamos tratando de decir que debido a un padre pecador tres o cuatro generaciones de hijos estarán pagando por ellos. En ningún sentido. Ezequiel 18 prohíbe esto al enfatizar la responsabilidad individual. Lo que estamos diciendo es que debido a que los padres son los que dirigen a una nación, una generación de padres malos impactará a esa nación durante las próximas tres o cuatro generaciones, que es lo que toma que eso desaparezca. Creo que el legado de esta generación de padres será tragedia tras tragedia en las siguientes generaciones.

Dentro del plan de Dios, sin embargo, esto no se supone debía suceder por lo que ciertamente dentro de la iglesia debemos seguir el plan original de Dios. Cualquier cosa que esté sucediendo en la sociedad debemos concentrarnos en asegurar que la siguiente generación dentro de la iglesia sea una generación piadosa. Tenemos una responsabilidad como padres de nuestros hijos varones en particular, hijos varones que en la mayoría de los casos tienden a ser más rebeldes que las hijas porque es a ellos a quienes Dios dio la responsabilidad del liderazgo, así como la capacidad para desarrollarlo. Si vamos a educar fielmente a nuestros hijos, esto será por medio del ejemplo y a las mujeres será más por medio de preceptos. En donde existe una nación con muchos padres, ellos impactarán a las madres. Y donde tienes hijos piadosos, ellos impactarán a las hijas de la siguiente generación. Así que la más alta prioridad de la Escritura es entonces que los padres enseñen a sus hijos y de este modo hagan una futura generación de líderes piadosos.

Debido a que Dios ha ordenado esto y debido a que Dios quiso que nosotros nos asegurráramos de estar siguiendo esto con mucho cuidado; Dios, por medio de la inspiración del Espíritu Santo nos dio un manual para que los padres lo usaran con sus hijos. Un recurso básico en un libro, ese libro es el libro de Proverbios y quiero invitarlos a que vayamos ahí y vamos a ver los primeros capítulos de Proverbios en un sentido general.

El libro es un libro de lecciones acerca de la vida, del cual los padres deben enseñar a sus hijos. De hecho, es muy apremiante. Si ustedes ven en 1:8, "Oye, hijo mío, la instrucción de tu padre, Y no desprecies la dirección de tu madre." Y lo encontramos nuevamente en 2:1, "Hijo mío, si recibieres mis palabras." En 3:1, "Hijo mío, no te olvides de mi ley." En 4:1, "Oíd, hijos, la enseñanza de un padre..." versículo 10, "Oye, hijo mío, y recibe mis razones." Versículo 20, "Hijo mío, está atento a mis palabras." En 5:1, "Hijo mío, está atento a mi sabiduría." En 6:1, "Hijo mío..." versículo 20, "Guarda, hijo mío, el mandamiento de tu padre." En 7:1, "Hijo mío, guarda mis razones."

Y así continúa, todo este libro está diseñado para que un padre enseñe a sus hijos. Y como son los padres, así son las naciones, y así es la historia. Es por esto que Dios tomó los principios, los principios básicos de la vida espiritual y los puso en los 31 capítulos que nosotros llamamos Proverbios.

Ahora, un proverbio es muy simple. Es un principio declarado en términos concisos. Podemos decir que un proverbio es sabio en su contenido, y conciso en su forma. Es un escrito corto sustancial al punto para el propósito de la instrucción, es un escrito dirigido al punto para que pueda ser recordado.

Lo que tenemos en proverbios entonces es una compilación de estas declaraciones concisas y sabias. Este es entonces el libro que es básico en cuanto a verdades que los padres necesitan usar para enseñar a sus hijos, es un libro de sabiduría. Y francamente, si los padres tienen la obligación de criar a una generación de hombres piadosos quienes liderarán a las mujeres a la santidad, ellos deben enseñar las verdades que son mandadas en este manual para padres.

Y para ser francos, solo para tomar esto como referencia, existen muchos manuales de instrucción disponibles para que los padres enseñen a sus hijos en nuestros días, incluido el contexto cristiano, esto es lo que lo ha convertido en algo muy trivial. Muchas de las instrucciones de hoy son, se un amigo para tu hijo, escucha lo que tu hijo te dice, pasea con tu hijo, llévalo al juego de pelota, diviértete con él, presta atención a lo que a él le interesa... etc. etc. Lo que el libro de proverbios es algo mucho más profundo que eso. Si le enseñas a tu hijo cosas triviales, estarás criando a padre trivial quien va a enseñar a su hijo cosas triviales. Enséñale a tu hijo cosas profundas, así estarás criando un hijo que se convertirá en un padre que enseñará a su hijo cosas profundas.

Así que el deber primario de un padre no es escuchar lo que su pequeño hijo dice. "El trabajo primario de mi padre es sacar la basura." El trabajo primario de mi padre no es traer a casa tocino. El trabajo primario de un padre no es arreglar lo que se rompió. El trabajo primario de un padre es enseñar cómo vivir una vida santa a sus hijos y, desde luego, tanto a sus hijos como a sus hijas, pero primariamente a sus hijos.

Ahora en este proceso de enseñanza hay una lección general, resumida, consumada, convincente, y es que vamos a enseñarles sabiduría. La palabra que domina dentro del libro de Proverbios es "sabiduría." En ocasiones la palabra instrucción aparece, algunas veces aparece la palabra entendimiento y en otras aparece la palabra discreción. Pero todas estas palabras son simplemente elementos de sabiduría, para saber, para comprender, para ser instruido, tener discreción significa actuar con sabiduría. Sabiduría significa no un simple pensamiento sino una conducta. Significa vivir piadosamente. Debemos enseñar a nuestros hijos sabiduría espiritual, esta es la más noble, la más pura y la más grande búsqueda en nuestra vida.

En el 1:20 la sabiduría grita en las calles, aquí vemos a la sabiduría personificada. La sabiduría está levantando su voz en los lugares de reunión. Ella está llorando en el 22 por la gente que está siendo ingenua, por los burladores quienes son insensatos y aborrecen el conocimiento.

Todo el llamado del libro de Proverbios hace este llamado, hace un llamado a tener sabiduría. De hecho, en el capítulo 2, pueden notar que, después de que el capítulo 1 acaba con la sabiduría personificada gritando y pidiendo a gran voz que los hombres se acerquen a ella, y al inicio del capítulo 2 vemos al padre animando al hijo a buscar la sabiduría. Versículo 4, "Si como a la plata la buscares, Y la escudriñares como a tesoros, Entonces entenderás el temor de Jehová, Y hallarás el conocimiento de Dios. Porque Jehová da la sabiduría, Y de su boca viene el conocimiento y la inteligencia." El padre está diciendo persigue la sabiduría, persigue la sabiduría, persigue la sabiduría.

Todo el capítulo 8 habla acerca de perseguir la sabiduría, buscar la sabiduría. En el versículo 11 dice, "la sabiduría es mejor que las piedras preciosas; y todo cuanto se puede desear, no es de compararse con ella." Vemos una vez más la búsqueda de la sabiduría. Por lo tanto, la lección más amplia que un padre puede enseñar a su hijo es: busca la sabiduría. Y en el 10:1 dice, "El hijo sabio alegra al padre, pero el hijo necio es tristeza de su madre."

Si somos padres debemos replantearnos en este día que nuestra máxima prioridad es la de enseñar a nuestros hijos sabiduría. Y vamos a ver estos diez capítulos, y solo vamos a elegir entre los elementos que hay aquí que pienso que forman 10 lecciones cruciales que un padre debe enseñar a un hijo. Y quiero decirte que yo en mi vida me he empeñado como padre en enseñarlas a mis dos hijos. Si un hijo aprende estás 10 cosas, él será bendecido por Dios y bendecirá la cultura en la que él viva, estas son las diez lecciones que tú debes enseñar a tu hijo. La suma de ellas es sabiduría espiritual. Esta es una lista de las partes que componen la sabiduría espiritual.

El principio de la sabiduría es el temor de Jehová

Lección número 1, enseña a tu hijo a temer a Dios. En el capítulo 1:7, "El principio de la sabiduría es el temor de Jehová." Y en el capítulo 9:10 dice, "El temor de Jehová es el principio de la sabiduría." Todo comienza con temer a Dios. Enseña a tu hijo… "hijo, teme a Dios."

¿A qué nos referimos con temer? Por un lado, tiene un aspecto positivo, un aspecto reverencial, un temor reverencial. Esto significa que yo tengo que enseñar a mi hijo acerca de Dios. Tengo que enseñar a mi hijo cómo es Dios. Tengo que enseñar a mi hijo los atributos de Dios. Tengo que enseñar a mi hijo que Dios es poderoso, que Dios es santo, que Dios es omnisciente, omnipresente. Tengo que enseñar a mi hijo que Dios es inmutable, que su naturaleza no cambia, que Él es justo, que Él es misericordioso, que Él es bondadoso, que Él es amoroso, que Él da gracia, que Él ordena providencialmente todas las circunstancias de la historia del hombre y de todo el universo para su bien, que Él es soberano, todo esto en una sola palabra, atributos. Debo enseñar a mi hijo a reverenciar la grandeza de Dios.

Y después el otro lado de esto, debo enseñar a mi hijo temer a desagradar a Dios… temer al derecho que Dios tiene de castigarme, que Dios tiene el derecho de hacerme escarmentar, Dios tiene el derecho de juzgar. Y en ese temor de reverenciar el carácter santo de Dios hay un sentido saludable de aprensión porque sé que siendo Él un Dios santo tiene el derecho de castigar el pecado, incluido el mío. Si le quieres hacer a tu hijo el favor más grande que cualquier padre puede dar, enséñale el carácter de Dios. Enséñale como es Dios. Desde el punto de vista positivo, todos sus atributos.

Recuerdo cuando nuestros hijos eran pequeños y les enseñamos un libro, Llevando a los pequeños a Dios, el cual enseñaba los atributos de Dios. Siempre hemos enfatizado los atributos de Dios. Ellos deben aprender quién es su Dios, y deben aprender a adorar a Dios, esto es parte de temer a Dios. Enseña a tus hijos a adorar. Y asegúrate de enséñales no solo por medio de lo que dices, sino también por medio de lo que haces. ¿Eres un fiel asistente al día que dedicamos al Señor? ¿Eres consistente y fiel al adorar al Señor? ¿Llegas aquí cuando empezamos en la mañana y estás hasta que acabamos por la tarde? ¿Eres fiel en adorar a Dios en su palabra por ti mismo? ¿Te ve tu hijo y ve a un verdadero adorador? Porque sea cual sea tu ejemplo de adoración que has establecido tú mismo, haz establecido el mismo para tu hijo y él también establecerá el mismo para su hijo. ¿Qué tipo de legado estas dejando?

¿Y qué dices de estar viviendo en un temor sano al derecho que la santidad de Dios tiene de castigar el pecado? ¿Tienes un temor sano? ¿Entiendes que Dios tiene el derecho de castigarte? ¿Vives de tal manera que buscas evitar esto?

Vean el 3:5, este es una verdadera descripción de un corazón adorador. "Fíate de Jehová de todo tu corazón, Y no te apoyes en tu propia prudencia. Reconócelo en todos tus caminos, Y él enderezará tus veredas." El punto es que, si estoy completamente enfocado en Dios, Él va a cuidar mi vida, va a enderezar mis caminos. Yo quiero enseñar a mi hijo como confiar en el Señor con todo su corazón. La palabra confiar en el original hebreo significa estar completamente impotente con la cabeza hasta el suelo. Y aquí hay un sentido de humidad, pero también hay un sentido de sumisión al control soberano de Dios sobre todo en el cual el adorador dice, no solo soy humilde en tu presencia, sino que me inclino ante tu presencia sumisamente ante todo lo que tú decidas hacer, esto es lo tanto que confío en ti. Enseña a tu hijo a que confíe en esa manera. Enséñalo a no confiar en su propio entendimiento. La palabra en hebreo no quiere decir inclinarte, sino significa darte la ayuda tú mismo. Enséñalo a que no se ayude a si mismo con su propia sabiduría, sino que busque la ayuda de sí mismo por medio de la sabiduría de Dios, que aprenda a confiar en Él en todos sus caminos. Como confiar en Dios para que nos de la ayuda total y como estar atento a la presencia consistente de Dios en toda su vida. Y si él vive con este tipo de confianza y con este tipo de inclinaciones, con este tipo de conocimiento continuo, Dios va a dirigir su camino. Enséñalo a temer a Dios de esta manera.

Y creo que cundo tememos a Dios, el pecado también nos teme. Proverbios dice que temiendo a Dios prolongaremos nuestra vida. ¿Quieres darles a tus hijos este tipo de vida ricamente bendecida? Proverbios dice que temer a Dios es mejor que la riqueza que la vida nos puede dar. El temor nos guarda del mal. Este resulta en riqueza y honor, y también alimenta la humildad. Proverbios dice que aquellos que temen a Dios dormirán satisfechos y no pueden ser tocados por el mal. Ellos tienen confianza, y serán a alabados y sus respuestas serán contestadas. ¿Quieres esto para tu hijo? ¿Te gustaría saber que tu hijo tendrá una vida prolongada en su totalidad? ¿Te gustaría saber que él será guardado del mal, y que le será dada honra y riqueza? ¿Que él será humilde y el mal no le tocará? ¿Satisfecho, confiado, alabado y que sus oraciones serán respondidas? Entonces enséñales a temer a Dios. Esta es la lección más crucial que un padre podrá enseñar a un hijo.

Sobre toda cosa guardada guarda tu mente

Lección número 2. Hijo, no sólo temas a Dios, sino que también guarda tu mente, guarda tu mente. Capítulo 3:3 entre otras cosas habla aquí del corazón. Y el escritor menciona insistir en la misericordia, esta hermosa palabra que significa amor, lealtad, fidelidad, misericordia. Y luego la palabra verdad o precisión, confiabilidad o dependencia. Tomemos estas, esas dos cosas maravillosas, lealtad, fidelidad y todo eso, junto con confiabilidad, dependencia, certeza verdadera y átalas a tu cuello, escríbelas en la tabla de tu corazón, cincélalas como si tu mente fuera un pedazo de piedra. El corazón hace referencia a la mente, el lugar en donde se asienta el pensamiento, las emociones y la voluntad.

En otras palabras, enseña a tu hijo a cuidar su mente. Eres responsables como padre de la mente de tu hijo. Y vaya que esto es una verdadera responsabilidad en estos días. Cuando el asalto de la mente humana está a tal nivel como lo está en nuestros días a causa de los medios de comunicación, el trabajo de guardar la mente de tu joven hijo y enseñarlo a guardarla, es verdaderamente una tarea formidable. Capítulo 4, ¿Ya has visto el versículo 23? "Sobre toda cosa guardada, guarda tu corazón." Y el padre le dice al hijo, "Porque de él mana la vida." Guarda tu mente diligentemente porque todo lo que hay en la vida sale de ahí. De ella sale tu conducta. No es lo que entra en el hombre, dijo Jesús en Mateo, es lo que sale del hombre lo que lo corrompe. Por eso lo que entra no es el punto. Lo que nace ahí y después sale si lo es. Por lo que el corazón debe ser correcto. El padre, entonces, tiene la tarea de asegurarse de que la mente de su hijo está programada con verdad y con virtud, con fidelidad y con honestidad, con integridad, con lealtad, con amor, con todas las cosas que se resumen en esas dos palabras del 3:3. Padre, tienes la responsabilidad de enseñar a tu hijo a guardar su mente.

En todo este pasaje, y quisiera que tuviéramos tiempo para poder volar por todos estos diez capítulos, vemos lo mismo. De regreso al 1:9 habla acerca del hecho de que la buena instrucción es como una corona de gracia sobre tu cabeza, y como los ornamentos que pones alrededor del cuello. Cuando un hijo tiene la verdad en su corazón, esto le da gracia. En el capítulo 2:10, él quiere que la sabiduría entre en tu corazón y que el conocimiento sea agradable a tu alma, porque este tipo de discreción te guardará y el entendimiento cuidará que no caigas en el camino del mal. En el 3:1, pide que su corazón guarde los mandamientos de Dios. En el 4:4, "retenga tu corazón mis razones, guarda mis mandamientos y vivirás." Y este es el punto, que la mente, o el corazón como le llama, sea guardado cuidadosamente. Padre tu eres el guardián de la mente de tu hijo. Tienes que mantener lo bueno dentro de él, y lo malo sacarlo de él, ese es tu deber delante de Dios, guardar la mente de tu hijo, aun cuando son muy pequeños. Que tremenda responsabilidad tienes delante de ti. Esto significa que tenemos que proteger a nuestros niños de todo aquello a lo que están expuestos. Esto es lo negativo. En cuanto a lo positivo debemos asegurarnos de que ellos están expuestos a lo que nosotros queremos que llene su mente, ahí es donde está el beneficio de una educación piadosa, de un entrenamiento cristiano, de exponerlos a la enseñanza de la Palabra de Dios. Este es el deber del padre. Enseña a tu hijo a temer a Dios, y a guardar su mente ya que de ahí surge su conducta.

Enseña a tu hijo a obedecer a sus padres

Tercer gran lección, un padre debe enseñar a su hijo a obedecer a sus padres, a obedecer a sus padres. Por toda esta sección la declaración acerca de "escucha hijo mío la instrucción de tu padre," se repite, 1:8; 2:1; 3:1; 4:1; y en el cuatro se repite varias veces. Vemos el versículo 10, "Oye, hijo mío, y recibe mis razones." En el 11, "Por el camino de la sabiduría te he encaminado, Y por veredas derechas te he hecho andar." Haz lo que te digo, es lo que él está diciendo. Versículo 20–21, "Hijo mío, está atento a mis palabras; inclina tu oído a mis razones. No se aparten de tus ojos; guárdalas en medio de tu corazón." Aquí estamos reforzando el primer mandamiento con promesa el cual es, "Hijos obedeced a vuestros padres en el Señor." Este es el primer mandamiento con promesa. Enseña a tus hijos a obedecer lo que tú dices.

Ahora veamos lo que significa la disciplina, regresemos al 3:11. "No menosprecies, hijo mío, el castigo de Jehová, Ni te fatigues de su corrección; Porque Jehová al que ama castiga, Como el padre al hijo a quien quiere." Si amas a tu hijo disciplínalo, corrígelo, repréndelo. Esta es la disciplina. Y si hemos de tener hijos con una fe obediente, que siguen un patrón de justicia, ellos deben aprender a obedecer a sus padres y la disciplina es parte de eso. Capítulo 10:13, "Mas la vara es para las espaldas del falto de cordura." Cuando tu hijo no hace lo que tú quieres que haga, usa la vara. Más adelante en Proverbios dice que él tiene la necedad ligada a su corazón, aléjala de él con la vara. Esta es la disciplina que no se hace con ira sino con amor. El padre que ama disciplina. Y está disciplina es hecha con el propósito de conformar a tu hijo con la sabiduría, es con el propósito de quitarle lo voluntarioso, con el propósito de quitar la necedad, con el propósito de librar a tu hijo de la muerte y con el propósito de hacer que él sea un deleite para sus padres. Todo esto se enseña en proverbios. Enseña a tus hijos a obedecer y usa la vara para reforzarlo, porque Dios dice que el castigo físico hecho con amor es correctivo poderoso. De esa manera tus hijos aprenden a obedecer a sus padres. Y si ellos aprenden a obedecer a sus padres y los padres están tratando de aplicar la ley de Dios, ellos aprenderán a obedecer la ley de Dios. y si ellos aprenden a obedecer a sus padres, ellos aprenderán a someterse a la autoridad de los padres y después cuando ellos vivan dentro de la sociedad ellos aprenderán a someterse a la autoridad social como sea que esta se manifieste. Un hijo desobediente, como ves, no sólo hace un desastre espiritual, sino que desarrolla una personalidad antisocial y con mucha frecuencia se convierte en un criminal cuando es adulto.

Tienes una tarea, padre, de decir a tu hijo que debe aprender a temer a Dios, que debe guardar su mente y que debe obedecer a sus padres. Debes aprender a someterte a la autoridad y ya que nosotros representamos la autoridad de Dios y estamos enseñando la sabiduría de Dios, debes obedecer, tú… debes… obedecer. No creo que haya una excusa para que un hijo sea rebelde, creo que ese niño puede ser controlado si es enseñado por sus padres a obedecer adecuadamente.

Enseña a tu hijo a seleccionar sus compañías

Hay un cuarto principio y este también debe ser enseñado, es muy importante. Un padre debe enseñar a su hijo a seleccionar a sus compañías, a seleccionar a sus compañías. Te pones a la ofensiva. Un padre tiene la responsabilidad de enseñar a sus hijos cómo escoger a sus amigos. ¿Qué dijo el apóstol Pablo? Las malas compañías corrompen las buenas costumbres (1 Cor. 15:33). Dice las malas compañías, pero ¿con quién tienes conversaciones? Con aquellos de quienes te haces rodear. Tus hijos, créeme esto, no pueden crecer más que aquellos que están cerca de ellos. Raras veces un niño tiene la capacidad de elevarse a sí mismo más allá de lo que lo hace el grupo dentro del cual él funciona. Tienes que seleccionar y ayudarlos a aprender a seleccionar sus compañías y no dejar que ellos lo seleccionen a él.

Vayamos nuevamente al capítulo 1, les daré una ilustración de esto. Versículo 10, un padre dirá a su hijo, "Hijo mío, si los pecadores te quisieren engañar, No consientas." En otras palabras, no te involucres en una pandilla. Si ellos te dicen, y ellos apelarán diciendo que es divertido, que es como una aventura, y que es emocionante, si ellos dicen, "Si dijeren: Ven con nosotros; pongamos asechanzas para derramar sangre, acechemos sin motivo al inocente; los tragaremos vivos como el Seol, y enteros, como los que caen en un abismo." Vayamos y matemos a alguien y encontraremos todo tipo de riquezas, llenaremos nuestras casas con oro, prueba tu suerte con nosotros y nos repartiremos las ganancias. Aquí esta una pandilla tentando a tus hijos. Y la pandilla llega y absorbe a cualquier persona para lograr sus propios propósitos malvados.

Es sorprendente, ¿no lo creen?, este tipo de acción por un momento fugaz de placer, los malos quieren quitar la vida o infligir un trauma de por vida sobre alguien sin sentido, por solo ejecutar su violencia pandillera, como esos que por robar un poco de valores están dispuestos a quitarle la vida a alguien. Es algo impensable que alguien haga esto solo por experimentar un momento emocionante. Ellos quieren atraer al inocente y al ingenuo, al que no tiene voluntad para que haga esto. Hay casos tan terribles que oímos, como aquel que unos jovencitos, casi niños, prendieron fuego a uno de sus amigos por no compartirles un poco de droga. Las tentaciones pueden ser muy fuertes, por lo que los padres tenemos una labor tremenda frente a nosotros. Puede ser que no vivas en un vecindario violento como los guetos de Nueva York, o al Este de Los Ángeles, pero te diré esto, hay una tremenda presión por parte de los amigos de tus hijos para que se conformen al estándar de conducta que es el estándar de conducta de las personas que viven a su alrededor. Debes enseñarlos a seleccionar a sus compañías y no ser seleccionado e intimidado a hacer este tipo de alianzas.

Toda la apelación que estamos haciendo es para el padre, para que cumpla con su responsabilidad. En el capítulo 2:11 el padre tiene que enseñar a su hijo como librarse del camino del mal, del hombre que habla cosas perversas. Tú no quieres estar alrededor de este tipo de personas. De aquellos que dejan el camino de la rectitud para caminar en los caminos de las tinieblas, tú te tienes que asegurar de que tus hijos no estén alrededor de este tipo de personas que se deleitan en hacer el mal y se regocijan en la perversidad del mal, de aquellos que sus caminos son torcidos y que tienen altibajos. No permitas que tus hijos anden con este tipo de personas. Instrúyelos para que elijan a sus compañías, que sean aquellos que los hacen crecer en todo.

Proverbios 18:24 es un versículo interesante, solo me voy a salir de nuestro bosquejo de diez puntos un poquito. Proverbios 18:24 a primera vista es un poco difícil de entender. "El hombre de *muchos* amigos se arruina, pero hay amigo más unido que un hermano" (en LBLA). Es un versículo muy interesante en el hebreo. Dice que un hombre que quiere a muchos cerca de él, aquel que quiere ser el amigo de muchos finalmente va a estar en problemas. Es mejor que tengas un amigo muy íntimo, un amigo entrañable quien es leal y honesto, que te hace crecer y te mantiene en línea con el bien, que te beneficia. Es mejor tener pocos de los amigos correctos que muchos de los incorrectos. Padres, tienen la responsabilidad delante de Dios por el proceso de crecimiento de tus hijos, haciéndolos aprender cómo elegir a sus compañías. Este es el deber de un padre; decirle a su hijo, "hijo, teme a Dios, guarda tu mente, obedece a tus padres, selecciona a tus amigos.

Enseña a tu hijo a controlar su cuerpo

Quinto, controla tu cuerpo. Cualquier padre ingenioso que tiene un poco de sentido común se da cuenta de que los hombres jóvenes desarrollarán paciones que pueden llevarlos a tragedia tras tragedia, a menos que ellos aprendan a controlar su cuerpo, los deseos de su cuerpo. Y cuando nos metemos en esta sección de proverbios, este es el tema dominante en todos estos primeros capítulos. Vayamos al capítulo 2 sólo un momento, el versículo 16 dice, y esto es repetido varias veces, y no tenemos tiempo para ir a todos los pasajes, pero voy a tratar de decirles un poco de lo que dice el escritor, dice 2:16, está hablando acerca de la sabiduría, la sabiduría de Dios, la sabiduría espiritual que se supone que el padre debe enseñar a su hijo, esta "puede librarte de la mujer extraña." ¿Qué significa la palabra "extraña"? Forastera. ¿Por qué te tienes que preocupar por la mujer forastera? Porque ella está lejos de casa. ¿Qué quiere decir esto? Bueno, que está lejos de su marido, está lejos de su familia, está lejos de sus amigos, está lejos de alguien que la pueda reprender. Para ella es muy fácil actuar de la manera que ella quiera porque no hay nada que la limite. Cuídate de la mujer itinerante que está lejos del lugar de sus responsabilidades. Cuídate de la adúltera que te halaga con sus palabras, que deja al compañero de su juventud, su marido, y olvida su pacto con Dios, el pacto matrimonial. Cuídate de ella porque su casa está inclinada a la muerte, y sus veredas hacia los muertos. ¿Por qué? Porque el adulterio requería, por prescripción bíblica, la pena de muerte. Ella te llevará a la muerte.

Algunos piensan que esta es una referencia también para las enfermedades venéreas o incluso a la intervención divina de Dios en un acto de castigo. Pero pienso que el asunto primario se encuentra en Deuteronomio 22 en donde Dios dice que la persona que comete adulterio tiene que ser ejecutada. La pasión tan fuerte como es, es evidenciada por el hecho de que el hombre que la sigue, la sigue a pesar de que sabe que ella lo puede llevar a la muerte. En el momento del deseo lujurioso por el sexo, este sobrepasa el deseo por la vida. Mantente alejado, enseña a tu hijo el auto-control en el área sexual, si no lo haces padre, esto destruirá su vida y por seguro destruirá a su familia."

Sigamos esto en el capítulo 5:1, "Hijo mío, está atento a mi sabiduría, y a mi inteligencia inclina tu oído, para que guardes consejo, y tus labios conserven la ciencia." Aquí hay una muy importante lección para el hijo. "Porque los labios de la mujer extraña destilan miel, y su paladar es más blando que el aceite; mas su fin es amargo como el ajenjo, agudo como espada de dos filos. Sus pies descienden a la muerte; sus pasos conducen al Seol. Sus caminos son inestables; no los conocerás, si no considerares el camino de vida. Ahora pues, hijos, oídme, y no os apartéis de las razones de mi boca. Aleja de ella tu camino, y no te acerques a la puerta de su casa; para que no des a los extraños tu honor, y tus años al cruel." Esto es no procrees por medio de otros. No des tus años al cruel y no permitas que los extraños se llenen con tu fuerza, y lo que has ganado con esfuerzo se vaya con los extraños. No te comprometas a mantener a los hijos de una mujer que no está en tu casa. No des tu semilla a alguien más. No crees hijos por medio de alguien más. No des tu fuerza a otra familia y tengas que gastar el resto de tu vida pagando a alguien algún tipo de pensión alimenticia o cualquier otra cosa. Al final tu carne y tu cuerpo serán consumidos. Entonces tú dirás, "cómo he desechado la instrucción y mi corazón ha rechazado ser reprendido, y no he escuchado la voz de mis maestros, ni he inclinado mi oído a mi instructor." Algún día vas a decir, "quisiera que yo hubiera hecho todo lo que mi padre me dijo." Enseña a tus hijos la pureza sexual.

El capítulo 6 lo lleva más allá, en el versículo 20 y hasta el final, pero vayamos al versículo 24, "la sabiduría que te da tu padre y tu madre son para que te guarden de la mala mujer, de la blandura de la lengua de la mujer extraña. No codicies su hermosura en tu corazón, ni ella te prenda con sus ojos; porque a causa de la mujer ramera el hombre es reducido a un bocado de pan." Ella te convertirá en nada rápidamente; una adúltera está cazando "la preciosa alma del varón". La vida que quieres tú tener con tu esposa, este tipo de vida preciosa es la que ella quiere cazar para que creas que es con ella con quien la puedes vivir. "¿Tomará el hombre fuego en su seno sin que sus vestidos ardan? ¿Andará el hombre sobre brasas sin que sus pies se quemen? Así es el que se llega a la mujer de su prójimo; no quedará impune ninguno que la tocare." Te va a costar y mucho. Versículo 32, "Mas el que comete adulterio es falto de entendimiento; Corrompe su alma el que tal hace." ¿Por qué es que la gente hace eso? "Heridas y vergüenza hallará, y su afrenta nunca será borrada." Un adúltero tendrá un tipo de afrenta, un tipo de ofensa, que nunca será borrada. Esto es algo que deben tener en mente cuando saben que es uno de los requisitos de un anciano según 1 Timoteo 3, en donde dice que un anciano debe ser irreprensible. Y si un anciano o pastor fallan cayendo en pecado sexual y adulterio, este texto dice que su afrenta no será borrada. Y una vez que eres reprochable en esta área, que llevas este estigma, será de manera permanente, por lo que serás permanentemente descalificado. Este es un precio muy alto.

Todo el capítulo 7 está dedicado a un escenario fascinante. Lo podemos tomar desde el versículo 6, aquí está la víctima, este ingenuo, sin una mente definida, este inexperto vaga hacia la tentación. Se encuentra en la parte de la ciudad en la cual no debiera estar. Ella se encuentra en la ventana de la casa mirando por la ventana a través de la celosía, y ve entre los simples, entre los ingenuos, considera entre los jóvenes, los jóvenes que carecen de sentido común, este es el tipo que a ella le gusta. Que iba pasando por la calle, junto a la esquina, e iba a la casa de ella. Sabe lo que está haciendo, se encuentra en una parte de la ciudad en la que no tiene nada que hacer, está vagando por el lugar con toda su estupidez, sin saber en qué se está metiendo, esta es la víctima.

La cacería comienza en el versículo 10. Se encuentra ya por la tarde cuando ya oscurecía, en la oscuridad y tinieblas de la noche, y entonces ella aparece, versículo 10, "Cuando he aquí, una mujer le sale al encuentro, con atavío de ramera y astuta de corazón. Alborotadora y rencillosa, sus pies no pueden estar en casa; unas veces está en la calle, otras veces en las plazas, acechando por todas las esquinas. Esta es la cacería, la táctica, pero vean cómo es que ella va tras este hombre. Versículo 13, esto es como el primer contacto, ella se asió de él, y le besó. Recuerdo en alguna ocasión caminando por Ipanema, en Brasil, y una mujer de estás me agarró del saco y literalmente, yo continúe caminando y ella me decía al tiempo que me jalaba del saco, "ven conmigo." Este es el contacto directo. Yo seguí caminando e intentando zafar mi saco de su mano. Supongo que esta es la manera en la que lo hizo esta mujer. Versículo 14, entonces le propone un negocio, "Sacrificios de paz había prometido, Hoy he pagado mis votos." En otras palabras, ayúdame a celebrar, este es un gran día religioso para mí, ¿podrías venir y ayudarme? Y se pone más melosa en el versículo 15, "Por tanto, he salido a encontrarte, buscando diligentemente tu rostro, y te he hallado." Seguro, sí, tú eres el que yo andaba buscando.

Y entonces la seducción sensual, "He adornado mi cama con colchas recamadas con cordoncillo de Egipto; he perfumado mi cámara con mirra, áloes y canela. Ven, embriaguémonos de amores hasta la mañana; alegrémonos en amores." Esta es la seducción sensual. Y entonces ella le da un consuelo de seguridad, versículo 19, "Porque el marido no está en casa; se ha ido a un largo viaje. La bolsa de dinero llevó en su mano; el día señalado volverá a su casa." En otras palabras, se llevó mucho dinero porque tenía muchos negocios que hacer, así que andará lejos por un largo tiempo, no tienes nada de qué preocuparte.

Y después de todos estos intentos, finalmente trata de matarlo con sus palabras, versículo 21, "Lo rindió con la suavidad de sus muchas palabras, Le obligó con la zalamería de sus labios." Ella le habla hasta capturarlo, sólo habla y habla, y habla, y habla, ella continúa con su seducción. Y entonces llega el último paso. Y entonces él la sigue, con toda su estupidez, con su inexperiencia, con toda la inocencia este hombre va como un buey al degolladero, como el necio a las prisiones para ser castigado; como el ave que se apresura a la red, y no sabe que es contra su vida, hasta que la saeta traspasa su corazón; no sabe que le costará la vida. Al final el versículo 27 dice, "se conduce a las cámaras de la muerte."

Enseña a tu hijo estas cosas, enseña a tu hijo la pureza sexual. Enseña a tu hijo a controlar su cuerpo. Capítulo 9, versículos 13–18 nos dicen más acerca de este escenario, una mujer insensata que quiere llevarte a la tumba. Las aguas hurtadas son dulces, y el pan comido en oculto es sabroso, pero este te matará. Enseña a tu hijo a que se mantenga mentalmente alejado, no vayas a ciertos lugares en la ciudad. No te pongas en situaciones comprometedoras. Aléjate de una mujer como esta, cuida tus pasos, cuida tus ojos, cuida tus oídos. Enseña a tu hijo esto, controla tu cuerpo para que te mantengas puro, entonces será una bendición para ti y será bendecido por Dios.

Enseña a tu hijo a disfrutar de su esposa

Pero hoy otra cara en esta moneda. Ustedes podrían decir, "bueno si le enseño que es fuerte y que lo puede resistir, entonces cuando se case no podrá disfrutar de las alegrías del sexo marital, pienso que debo equilibrarlo." Punto número 6, enséñale "hijo disfruta a tu esposa." Mientras que el sexo es prohibido antes de estar casado, es exaltado cuando ya lo estás. Regresemos al capítulo 5. Es preciso cuando vemos cómo es articulado. El versículo 15 dice, "Bebe el agua de tu misma cisterna," y después de este pasaje encontramos el de la mujer extraña. "Bebe el agua de tu misma cisterna, y los raudales de tu propio pozo." Cuando estás sediento, encuentra la satisfacción en tu propia esposa. "Bebe agua de tu propia cisterna y de tu propio pozo. ¿Se derramarán tus fuentes por las calles, y tus corrientes de aguas por las plazas?"

Una de las cosas que la gente no querría ver en aquella parte del mundo en aquél tiempo, era agua corriendo por las calles. Nadie en su sano juicio tiraría cubetas de agua a la calle, no las tiraría sobre el pavimento de las calles. ¿Por qué? Porque el agua era demasiado valiosa. Y no sólo era que no había mucho, sino que la que había era muy difícil de conseguir. Y nadie iba a estar gastando agua al aventarla en las calles, serías considerado un absoluto tonto si salieras a las calles y derramaras tus corrientes por todas partes produciendo hijos para otras personas. No hagas eso. Un necio si lo haría, un hombre necio o desperdiciado es un hombre que tiene hijos por todas partes, o al otro lado de la calle. "Sean para ti solo y no para los extraños contigo." "Sea bendito tu manantial," tu capacidad procreativa, "sea bendita y aquí está, "y alégrate con la mujer de tu juventud, como cierva amada y graciosa gacela. Deja que sus pechos te satisfagan en todo tiempo, regocíjate en ella y en su amor. ¿Por qué, hijo mío, andarás ciego con la mujer ajena, y abrazarás el seno de la extraña?" Y le recuerda en el versículo 21 que Dios lo está viendo y que Él ve todo. Disfruta a tu esposa, regocíjate en su amor, que sus pechos te satisfagan en todo tiempo, regocíjate en ella. Esto es lo que debes enseñar a tu hijo.

Enseña a tu hijo por medio de la forma en la que tú tratas a tu esposa y por medio de las cosas que están siendo completamente cumplidas dentro de tu propio matrimonio. Enséñale lo que proverbios dice, que la esposa es un regalo de Dios, mucho más valioso que las joyas preciosas. Enséñale que su esposa le fue dada para que fuera su mejor amiga y su mejor compañía, que una esposa debe servir sus necesidades y las de los hijos, y que ella debe ser valorada y alabada por todos los esfuerzos que hace, como lo dice Proverbios 31. Enséñale lo bello, lo maravilloso, la bendición que es recibir a una esposa como un don, enséñalo a disfrutar de su esposa. Esto se lo podrás enseñar si tu disfrutas a la tuya.

Enseña a tu hijo a cuidar lo que dice

¿Qué hace el padre sabio? Le dice a su hijo, teme a Dios, guarda tu mente, obedece a tus padres, selecciona a tus compañías, controla tu cuerpo, disfruta de tu esposa, estas son lecciones cruciales. Pero permítanme darles algunas más. Número siete, cuida lo que dices...cuida lo que dices. Enseña a tu hijo para que sea cuidadoso con lo que dice. Capítulo 4:24, "Hijo mío," dice en el versículo 20 y en el versículo 24 añade, "Aparta de ti la perversidad de la boca, y aleja de ti la iniquidad de los labios." Asegúrate de no hablar mentiras, asegúrate de no hablar hipócritamente, asegúrate de no hablar perversamente, asegúrate de no hablar con engaño, habla solamente palabras de verdad.

Yo crecí con esta verdad, siempre fue para mí una lección importante. No estoy acostumbrado para nada a hablar palabras ofensivas, ni siquiera puedo decir una palabra relacionada con algo ofensivo más que muchos seres humanos en la tierra porque me lavaron la boca con jabón varias veces por usar palabras que yo ni siquiera entendía o incluso que no podía pronunciar correctamente. Mi madre acostumbraba lavar mi boca con un jabón para quitar manchas de ropa, incluso, cuando solo realizaba la pregunta, "¿Mamá que significa "..."?" Y me tocaba que me lavaran la boca. Esto es lo que llaman terapia por aversión. Nosotros, mi esposa y yo, hemos pasado esta tradición a nuestros hijos para que aprendan que lo que salga de su boca sean primordialmente palabras correctas. Proverbios dice, "Los labios del justo hablan con sabiduría, los labios del justo son una fuente de vida y un árbol de vida, los labios del justo son como plata escogida, satisfacen siempre, alimentan a otros, traen sanidad y libertad. Son pacientes, amables, sabios, verdaderos, honestos, puros, suaves, gentiles, lentos para la ira y agradables al Señor." Enseña a tu hijo a que cuide sus palabras.

En el capítulo 5:2 dice, "tus labios conserven la ciencia." En 6:12, "aléjate del hombre que anda en perversidad de boca." El capítulo 10 es magnífico. En 10:11, "manantial de vida es la boca del justo." Que impresionante declaración. Ahora en el versículo 13, "en los labios del prudente se halla la sabiduría." En el versículo 14, "la boca del necio es calamidad cercana." Un gran contraste. Versículo 18, dice, "El que encubre el odio es de labios mentirosos; Y el que propaga calumnia es necio." No hagas eso, no mientas, no calumnies. Esta es otra verdad que debemos enseñar a nuestros hijos, nunca deben mentir. Nuestros hijos, y hablo de los míos y los de Patricia, nosotros hemos hablado de esto recordando nuestra infancia, nunca mentimos y sabemos que al menos una vez sucedió, porque la primera vez que fuimos sorprendidos en una mentira hubo un evento memorable que hasta la fecha no hemos podido olvidar... ese evento de corrección quedó muy bien grabado en nuestras mentes. Y el saber que era algo muy malo mentir llegó unido a un evento de corrección muy doloroso. Eso hizo que llegara el mensaje. Enseña a tus hijos a hablar la verdad.

Versículo 19, "en las muchas palabras no falta pecado; mas el que refrena sus labios es prudente. Plata escogida es la lengua del justo" y continúa así. Enséñalos a cuidar sus palabras. Esto es un asunto importante en cuanto a la sabiduría. La boca de los necios destila continuamente palabras, lenguaje torcido, lenguaje necio, lenguaje violento, lenguaje de odio, lenguaje malicioso, conflicto, ruina, calumnia, desprecio, chisme, desgracia, fuego abrazador, burlas, perversidad, una y otra vez dice esto en proverbios. Padres, enseñen a sus hijos a cuidar sus palabras.

Enseña a tu hijo a trabajar

Número ocho. Enseña a tus hijos a trabajar. Enseña a tus hijos cómo trabajar, esto por medio del ejemplo. Mira a la hormiga, dice en el capítulo 6, ella está dando la lección a su hijo, Hijo ve a la hormiga, en el 6:6, observa sus caminos y se sabio, la cual no tiene jefe o gobernante. La primera cosa que tienes que enseñar a tu hijo es a trabajar sin tener a su jefe a su alrededor, esto es lo que hace la hormiga. Estoy seguro que tus hijos trabajarán si tú estás parado con un látigo. Pero el asunto es, ¿lo harán si no estás? Ellos tendrán que hacer esto durante toda su vida. También deben ser enseñados a planear con anticipación. La hormiga sabe cómo preparar su comida en el verano, anticipándose al invierno venidero. Hace su provisión en el otoño. Enséñales a trabajar. Perezoso, ¿hasta cuándo has de dormir? Haz que tus hijos se levanten. Ellos dirán, otro ratito, otro sueñito, otro rato más de flojera. Y si lo haces, "Así vendrá tu necesidad como caminante, y tu pobreza como hombre armado."

Vas a ser un hombre pobre si no aprendes a trabajar. Enséñalos a trabajar, siempre a trabajar. Un haragán es un hombre flojo. Pero en realidad es un hombre ordinario, con muchas excusas, sin ganas de cooperar, dejando muchas cosas para el mañana. De acuerdo con proverbios el hombre perezoso tendrá hambre, pobreza, fallas, ¿por qué? Porque prefiere dormir en el tiempo de la ciega. Quiere, pero no trabaja. Ama el dormir, está pegado a su cama y tendrá como consecuencia logros que no valdrán nada, querrá hacerse rico de manera fácil. Por otro lado, el hombre que busca trabajar tiene una vida buena, tiene comida suficiente, siempre será recompensado por su esfuerzo y ganará el respeto incluso delante de reyes… esto lo dice en 22:29. Enseña a tus hijos a trabajar, esto es algo muy importante.

Proverbios 10:4, "la mano del negligente empobrece; mas la mano de los diligentes enriquece. El que recoge en el verano es hombre entendido; el que duerme en el tiempo de la siega es hijo que avergüenza." Enseña a tu hijo a trabajar y a que planee su trabajo con anticipación."

Enseña a tu hijo a administrar su dinero

Ahora que está trabajando llegamos a la lección número 9. Aquí está, hijo administra tu dinero… administra tu dinero. Vayamos al capítulo 3 nuevamente para ver como entre estás lecciones repetidas se encuentra esta, y hay algunos principios básicos que tienes que prestar atención. En el versículo 9, este es el principio número uno en lo que respecta a dinero. "Honra a Jehová con tus bienes, y con las primicias de todos tus frutos; y serán llenos tus graneros con abundancia, y tus lagares rebosarán de mosto." En otras palabras, si eres generoso con el Señor, Él será generoso contigo. Así que debes honrar al Señor con tu dinero. Enséñalo a administrar su dinero. La lección número uno es dar de lo mejor de tus primicias al Señor, todo el dinero debe honrar al Señor, él debe usar todo su dinero para honrar al Señor, todo. Enséñalos a dar, si eres un dador mediocre, si eres un dador parcial, así será tu hijo. Y así como tú no has logrado tener bendición de Dios, así será él y condenarás a tu hijo a tener una vida similar a la que tú has tenido. Si quieres que tu hijo tenga la total y completa bendición de Dios, y que toda ella sea derramada sobre él, entonces enseña a tu hijo a dar generosamente a Dios.

Lo ves, lo que hacemos como padres es simplemente preparar la siguiente generación. Y esta solo tiene dos opciones, crece y mejora o decrece y se reduce. Lo positivo es, enséñalos a honrar al Señor con todo su dinero, que sea lo que sea que haga con su dinero él debe aprender que le fue dado para honrar al Señor. Ahora permítanme darle la vuelta a esto, hay un lado negativo también, vayamos al 6:1, es una muy buena lección y hay mucho más ahí de lo que inicialmente podemos ver a simple vista. Proverbios 6:1, "Hijo mío, si salieres fiador por tu amigo, Si has empeñado tu palabra a un extraño." Escucha, si has de firmar como aval, la Biblia dice que nunca lo debes hacer por un extraño. No seas aval de un extraño. ¿Quién en su sano juicio podría atreverse a firmar de aval a un extraño? Te diré lo que significa, significa que llega un extraño y te dice que, si le das tal cantidad de dinero o bien que, si firmas para adquirir una deuda, al final te harás rico. O bien obtendrás un gran beneficio. Esto es lo que quiere decir, en otras palabras, si pones tu dinero en mis proyectos al final te harás rico. Quiero decir, ¿cuántas veces has escuchado esta historia? ¿Cuánto dinero has perdido por creer en alguien? Cuando un extraño llega y dice, invierte en esto o aquello, lo que has hecho es ceder la mayordomía de tu dinero a una persona que no le puedes pedir cuentas. Has dejado que otro maneje el dinero que Dios te ha dado para que seas mayordomo de él. Enseña a tu hijo a no hacer esto, enseña a tu hijo que Dios le ha dado estos recursos para que los use sabiamente como un mayordomo de Dios, no para que te hagas dependiente de otra persona de la cual no puedes controlar su comportamiento. En otras palabras, has inversiones sabias asegurándote que tú estás al control. No seas aval de un extraño para que si él falla no seas tú responsable. Este es el punto. ¿Por qué? Porque tú estás dando dinero siendo mayordomo de Dios y lo debes usar a tu discreción como dice el Señor, que no te sea arrebatado de la mano por el uso de otra persona. ¿Comprendes? Administra tu dinero para honrar al Señor y no te involucres en métodos de riqueza rápida que puedan ponerte como responsable de otro.

Y si caes en el error, mira como dices que debes salir de esto, versículo 2, "te has enlazado con las palabras de tu boca, y has quedado preso en los dichos de tus labios. Haz esto ahora, hijo mío, y líbrate, ya que has caído en la mano de tu prójimo." No continúes así, no permitas que esto continúe, debes salir de ahí. Ya que has caído preso en la mano de tu prójimo, ve humíllate, importuna a tu prójimo. ¿Sabe que es lo que debes hacer? Inclina tu cabeza y arrodíllate, ruega y negocia un acuerdo. Establece como repararlo, acaba con ello, humíllate incluso no des sueño a tus ojos, no estés tranquilo y lo pospongas hasta que salgas de ello, huye como lo haría una gacela de un cazador, o como un ave cuando huye de la red, salte de este error, llega a un acuerdo, ruega por misericordia y haz lo que tengas que hacer para salir si no estarás continuamente bajo el control de la conducta de alguien más.

Enseña a tus hijos esto. No permitas que caigan en el engaño de un mentiroso que les promete riqueza instantánea.

Enseña a tu hijo a amar a su prójimo

Una lección final, enseña a tu hijo a amar a su prójimo. Cuando decimos que no debes ser aval de un extraño, no queremos decir que no debes dar dinero a alguien que se encuentra en necesidad. No, de ningún modo. Proverbios 3:27, "No te niegues a hacer el bien a quien es debido, Cuando tuvieres poder para hacerlo." Si Dios te ha dado dinero, aprende a dar. Si tú tienes los bienes, dalos a la persona que necesita. Se generoso con el pobre, cubre las necesidades de la gente que está a tu alrededor cuando tienes los recursos para hacerlo, esto es parte de honrar a Dios. Debes ser generoso al mostrar amor sacrificial a tu prójimo. No digas como dice el versículo 28, "Anda, y vuelve, y mañana te daré." No hagas eso, si lo tienes en tu bolsa, dalo. Si lo tienes, dalo. No les digas regresa después. Tiene necesidad, da para su necesidad. Si lo traes contigo no le digas que después y que regrese.

Otra cosa acerca de tu prójimo, para que lo ames, no planes hacer daño contra tu prójimo cuando él vive seguro contigo. Él se siente seguro al estar junto a ti y planeas hacerle algo malo como pago por otra cosa que él hiso, o bien planeas confiscar una parte de su propiedad, o le vas a cortar el agua o cualquier otra cosa. No hagas nada que vaya a dañar a tu prójimo. No contiendas con tu prójimo, ve el versículo 30, "no tengas pleito con nadie sin razón, si no te han hecho agravio." No seas vengativo, esto está en el versículo 31. No busques hacer cómo él hace, no escojas ninguno de los caminos de un hombre violento. La maldición del Señor está sobre este tipo de personas, dice, "Mía es la venganza."

Así que cuida a tu prójimo, amalo, vive con él en paz. Perdónalo, ayúdalo en sus necesidades. Esas son las reglas. Y el versículo 35 dice, "los sabios heredarán honor."

Bien este es el trabajo de un padre. Y concluyó con esto, escucha cuidadosamente. Tienes este deber como padre y quiero que esto quede claro tanto como yo pueda hacerlo claro para ti. Si fallas, padre, si fallas en enseñar a tu hijo a temer a Dios, el diablo le enseñará a odiar a Dios. Si tú fallas en enseñar a tu hijo a cuidar su mente, el diablo gustosamente le enseñará a ser de mente abierta. Si tú fallas en enseñar a tu hijo a obedecer a tus padres, el diablo lo enseñará a rebelarse y a romper el corazón de sus padres. Si tú fallas en enseñar a tu hijo a seleccionar a sus compañías, el diablo gustosamente le seleccionará algunos amigos. Si fallas en enseñar a tu hijo a controlar su cuerpo, el diablo con mucho gusto le enseñará a vencerse completamente a la tentación. Si fallas en enseñar a tu hijo a disfrutar a la compañera de matrimonio que dios le dio, el diablo le enseñará a destruir su matrimonio. Si fallas en enseñar a tu hijo a cuidar tus palabras, el diablo llenará su boca con inmundicias. Si fallas en enseñar a tu hijo a trabajar, el diablo convertirá su pereza en una herramienta para llevarlo al infierno. Si fallas en enseñar a tu hijo a administrar su dinero, el diablo lo enseñará a gastarlo en una vida desenfrenada. Y si fallas en enseñar a tu hijo a amar a su prójimo, el diablo con mucho gusto le enseñará a amarse a sí mismo. Como padres tenemos una gran responsabilidad ante esta generación y la próxima.

Oración final

Señor, te agradecemos por el tiempo que nos has dado esta mañana en tu palabra. Oro por todos los que están aquí y que son padres para que seamos fieles en enseñar lo que debemos enseñar a nuestros hijos, a todos nuestros hijos, para que podamos ser instrumentos de tu gracia al plantar una semilla piadosa en la próxima generación. Amén.

Reflexiones Personales

30 de Septiembre, 2012

04_Una Advertencia para Todo Gobernante Orgulloso

Esta es la interpretación, oh rey, y el decreto del Altísimo, que ha recaído sobre mi señor el rey: Te echarán de entre los hombres, y morarás con las bestias del campo, y te apacentarán con hierba del campo como a los bueyes, y serás bañado con el rocío del cielo; y pasarán sobre ti siete tiempos, hasta que reconozcas que el Altísimo tiene el dominio sobre la realeza de los hombres, y que la da a quien él quiere. Y en cuanto a la orden de dejar en la tierra el tocón y las raíces del mismo árbol, significa que tu reino te quedará firme, luego que reconozcas que todo poder viene del cielo. Por tanto, oh rey, acepta mi consejo: rompe con tus pecados practicando la justicia, y con tus iniquidades haciendo misericordia para con los oprimidos, pues tal vez así se prolongará tu dicha. Todo esto sobrevino al rey Nabucodonosor.

Daniel 4:24-28

BOSQUEJO

— Introducción

— Oración final

Notas personales al bosquejo

SERMÓN

Introducción

Hablemos un poco de lo que está sucediendo en el mundo, para ello veamos cuál es la condición de nuestro país (Estados Unidos), nuestro mundo está mal, y no estoy tratando de ser político, sólo estoy tratando de ayudarles a comprender lo que está sucediendo en el mundo desde una perspectiva bíblica. Esta es mi responsabilidad delante de Dios.

Vimos en Romanos 1, y quiero llevarles una vez más ahí, a Romanos 1 porque quiero que comprendan lo que en verdad está ocasionando el problema detrás del colapso de nuestro mundo. Puede ser identificado. He escuchado muchos discursos políticos en mi vida. Nadie debería ser sentenciado a escuchar muchos, pero la realidad es que yo he tenido que soportar más de los que quisiera. He escuchado algunos en recientes años porque los medios los transmiten hoy más que nunca antes. Y nunca he escuchado, nunca he escuchado a un líder o a un político estadounidense declarar el verdadero problema de este país y de este mundo; nunca, ni siquiera los he visto acercarse. Asumo que ellos no lo saben o que ellos temen declararlo. Por lo que pienso decirles cuál es el verdadero problema, el problema con este país y con el resto del mundo, el problema con toda nación, con todo líder, con todo gobernante, con todos los consejeros políticos, con todos los comités, con todas las asambleas, con cada grupo que se reúne para gobernar, el problema es uno: Romanos 1:28. "Ellos no aprobaron tener en cuenta a Dios." Así de simple. Eso es todo.

Versículos 21-22, "Pues habiendo conocido a Dios, no le glorificaron como a Dios, ni le dieron gracias." Así que entonces qué sucedió. "Se envanecieron en sus razonamientos, y su necio corazón fue entenebrecido. Profesando ser sabios, se hicieron necios." Los líderes del mundo son esencialmente arrogantes quienes no tienen ninguna esperanza de cambiar algo, porque ellos no entienden el problema. Los problemas dentro del mundo no son económicos, financieros, sociales, militares; no son de política exterior, o de política gubernamental, capitalismo, libre comercio o socialismo. Este no es el problema. El problema no es Irán, o la los iraníes teniendo armas de destrucción masiva. El problema no son los musulmanes terroristas. Todos estos son síntomas del problema. El problema no es el aborto, no es la homosexualidad. No es la liberación sexual. El problema es que ellos no aprobaron tener en cuenta a Dios.

Esto es lo que enfatiza Romanos 1:18, "la ira de Dios se revela desde el cielo contra toda impiedad e injusticia de los hombres" que habiendo conocido a Dios y no lo glorificaron como a Dios, no lo honraron, no le agradecieron, y por lo tanto no tienen ideas claras. Su necio corazón fue entenebrecido y se comportan como necios arrogantes y por ello están bajo el juicio de Dios. Dios los entregó a impureza sexual, versículo 24. Dios los entrego a homosexualidad, versículo 26. Dios los entregó en el versículo 28 a una mente reprobada, depravada, que no funciona y que da como resultado injusticia, perversidad, codicia, maldad, envidia, asesinato, conflictos, engaño, y demás. Ellos son aborrecedores de Dios.

Y no sólo hacen estas cosas, el versículo 32 dice, "ellos dieron amplia aprobación a aquellos que practican tales cosas." Y les he dicho que el partido democrático está siendo personificado en el versículo 32. Ellos han dado amplia aprobación al asesinato, odiando a Dios, han aprobado la homosexualidad, a la liberación sexual. Ellos han cometido estos pecados que vemos en Romanos 1, está es su plataforma política. Ahora, esta nación ya está bajo el juicio de Dios, bajo el juicio de Romanos 1. Dios ya nos ha entregado a los placeres de la impureza para deshonrar al cuerpo. Vivimos en medio de una cultura pornográfica. Dios nos ha entregado una y otra vez de acuerdo al versículo 26, al lesbianismo, a la homosexualidad; como dice el versículo 28, a una mente depravada, que no puede pensar correctamente. Esta es la razón por la que esta coalición de líderes llega a una plataforma de su partido y defiende estas iniquidades, y el asesinato de bebés y dan amplia aprobación a todo esto. Así de depravada está la mente. Así de depravada se ha convertido la mente de la gente, que se supone debiera ser la elite de líderes y educadores del mundo.

Estas elecciones nos van a mostrar a que grado es que ya está operando este juicio. Si el mismo tipo de personas regresa al poder, entonces el juicio está escalando. Si el partido que se apega a una moralidad que todos nosotros entendemos y afirmamos toma el poder, entonces será un indicador de que el juicio está reduciéndose y tenemos algo de tiempo más de misericordia, un aplazamiento, tal vez un poco más de tiempo, posiblemente una ventana de oportunidad para adora a Dios. Pero, en cualquier caso, lo que sucede en esta elección sucederá lo que Dios quiera que suceda. Tengo que votar en contra de este tipo de partidos. Mi conciencia demanda que yo haga eso. Pero esto no es porque yo esté políticamente involucrado, es porque yo siempre debo oponerme a cualquiera que este abogando por la inmoralidad. Es por eso que ya estamos viviendo este tipo de juicio en los Estados Unidos de América. Si continuamos yendo en la misma dirección, entonces el juicio se acelerará. Pero si tan solo nos oponemos a esto por algunos pocos años más, se reducirá su velocidad debido a la misericordia de Dios. Pero sea lo que sea que suceda todo sucederá de acuerdo a lo que Dios quiere, esto porque él es quien está a cargo.

No hay una respuesta política a los problemas que hay en esta nación o en todo el mundo. Los necios se reúnen para resolver estos problemas que tienen como origen el haber rechazado a Dios, todo es por causa de haber rechazado a Dios. Quiero darles una ilustración que les ayudará a tener esto en una forma vivida. Vayamos en nuestras Biblias al capítulo 4 de Daniel. Este es uno de los más sorprendentes capítulos en toda la Biblia porque es el testimonio de el pagano más poderoso en el mundo en aquél tiempo, un hombre llamado Nabucodonosor. Este es un testimonio en primera persona de lo que sucede a un gobernante mundano que se opone a Dios, esto tomando las palabras de Salmo 2. Este es un ejemplo poderoso de lo que suceda a aquellos que intentan eliminar a Dios. Gran parte de los americanos nos indignamos ante la ejecución de nuestro embajador, y es correcto que sintamos esa indignación; pero esto no es nada comparado con la ejecución que Dios está haciendo en todo el mundo en las naciones de todo el mundo. Matar a Dios es un crimen muy serio por el cual se paga de una manera devastadora en la eternidad.

Ahora lo que tenemos en el capítulo 4 del libro del profeta Daniel es un testimonio de Nabucodonosor. Lo más importante de este testimonio es que es una declaración que se repite cuatro veces, y las veremos conforme vayamos avanzando. La declaración es esta: que el Altísimo gobierna el reino de los hombres. El Altísimo Dios gobierna el reino de los hombres. Este es el mensaje que hay aquí, que Dios gobierna. Las cosas no suceden por casualidad; no es la suerte o el destino, Dios gobierna el reino de los hombres.

Leamos Jeremías 13, "Escuchad y oíd; no os envanezcáis, pues Jehová ha hablado. Dad gloria a Jehová Dios vuestro, antes que haga venir tinieblas, y antes que vuestros pies tropiecen en montes de oscuridad, y esperéis luz, y os la vuelva en sombra de muerte y tinieblas. Di al rey y a la reina: Humillaos, sentaos en tierra; porque la corona de vuestra gloria ha caído de vuestras cabezas." Ignora a Dios y serás juzgado. No reconozcas que el Altísimo gobierna el mundo de los hombres y serás juzgado.

Recuerdan a Herodes en Hechos 12 quien declaró que él era algo grande, e inmediatamente fue castigado por Dios, comido de gusanos, y murió en aquel mismo lugar. Los líderes del mundo son consumidos por su arrogancia, su orgullo, su narcisismo. Nosotros lo podemos ver aquí en nuestro país, con nuestros políticos. Lo vemos en los líderes del mundo que son consumidos por ellos mismos. Algunos de ellos hablan de Dios, usan la palabra Dios, pero no se están refiriendo al Dios vivo y verdadero, el Dios y Padre de nuestro Señor Jesucristo como es revelado en la Santa Escritura. Si ignoras al Dios que es Dios, al Dios vivo y verdadero, serás juzgado. Esto es una muestra maravillosa de esta realidad.

Comencemos en Daniel 4:1. Está en primera persona; este es el testimonio de Nabucodonosor mismo. Es muy probable que Daniel lo registrara y lo colocara en su libro porque el Espíritu Santo quería que lo hiciera. Así que este es el verdadero testimonio de Nabucodonosor.

"Nabucodonosor rey, a todos los pueblos, naciones y lenguas que moran en toda la tierra: Paz os sea multiplicada." Nabucodonosor quiere decir algo de manera internacional. Quiere hablar de manera global; quiere hablar a toda la gente y a todas las naciones sobre la tierra tanto como él las conoce, habla al mundo conocido. Este es un testimonio personal: Quiero decirles algo, a todas las naciones, a todas las gentes, a todos los lenguajes, a todos los líderes. Esto es lo que les quiero decir. "Conviene que yo declare las señales y milagros que el Dios Altísimo ha hecho conmigo. ¡Cuán grandes son sus señales, y cuán potentes sus maravillas! Su reino, reino sempiterno, y su señorío de generación en generación" (versículos 2–3).

Simplemente espero que un gobernante aparezca en CNN o en FOX News y diga esto. Pero mientras no lo hagan no habrá verdaderos cambios. ¿Cuándo han escuchado ustedes decir a alguien, "quiero hablar del Dios Altísimo, de cuán grande es Él, de qué tan poderoso es, de que Su reino es un reino sempiterno, y su dominio es de generación en generación"? Esta es una declaración sorprendente, sobre todo porque viene de un pagano adorador de ídolos.

Habiendo dicho, "Esto es lo que quiero decir", entonces se regresa un poco. ¿Cómo es que él llegó a este punto en el que pensó que esto era lo correcto? Bueno, ahora nos va a dar su testimonio, versículo 4, "Yo Nabucodonosor estaba tranquilo en mi casa." Por tranquilo no quiere decir que se había quitado las sandalias y que estaba recostado en su sillón. Lo que él quiere decir es que estaba tranquilo en un sentido de paz, prosperidad, tranquilo en mi imperio. No había temores, no había aprensiones, no había enemigos en las fronteras, de hecho, él había conquistado al mundo. Estaba descansando en un tiempo de paz y gran prosperidad.

Así continúa diciendo, "floreciente," literalmente en hebreo, "creciendo verde;" "floreciendo en mi palacio." Al tiempo que él da su testimonio, él ha sido rey durante 30 o 35 años, así que podemos decir que ha tenido tiempo para construir su inmenso imperio. Y este es el primero gran imperio en el mundo. Esto sucede unos 25 a 30 años después del suceso del horno ardiente, fue al comienzo de su reinado. Daniel, en este tiempo, tiene entre 45 y 50 años de edad porque el llegó siendo un jovencito. Vemos que Nabucodonosor como gobernante hizo lo que ningún otro gobernante ha hecho en la historia de la humanidad, construyó un imperio mundial. Pero ahora está en su palacio, disfrutando todo esto.

Versículo 5, "Vi un sueño que me espantó," me aterrorizaron. "Y tendido en cama, las imaginaciones y visiones de mi cabeza me turbaron." Él estaba teniendo un sueño recurrente, una y otra vez; este sueño lo saco de su confort pues lo aterrorizaba. Ustedes recordarán a otro hombre, Faraón, quien también estaba aterrorizado por un sueño. A Pilatos que también se aterrorizó por un sueño. Pienso que entre más mala sea una persona, más y más puede ser que sea aterrorizado por sueños de horror. Isaías dijo en Isaías 57 que "los malvados son como el mar agitado, cuando no está calmado, sus aguas arrancan la tierra y el fango. No hay paz para los malvados." Pero esto no por esta causa.

Estoy seguro que era un hombre agitado por todas las horribles cosas que él había hecho. Lo que es esto es un sueño divino, cómo Dios los daba en tiempos antiguos en ciertas ocasiones. Versículo 6, "Por esto mandé que vinieran delante de mí todos los sabios de Babilonia, para que me mostrasen la interpretación del sueño." Estos serían todos los segmentos de personas quienes eran la elite, los literatos, los eruditos intelectuales y místicos, y les dije el sueño, pero "ellos no me pudieron mostrar su interpretación."

Aquí tenemos una imagen de en dónde se encuentra el mundo en nuestros días. Los necios pidiendo respuesta a otro grupo de necios. El mundo no tiene ningún tipo de poder como para tratar asuntos que están dentro de la realidad espiritual. Las cosas de Dios han sido escondidas de los sabios y de los prudentes; y han sido reveladas a los niños. Sabemos qué es lo que está mal con el mundo; ustedes y yo sabemos más de lo que está sucediendo en el mundo de lo que lo saben los líderes del mundo, y por mucho. Este es la necia sabiduría humana, es como una nave llena de tontos. No hay nadie abordo que pueda ayudar. Sabemos que todos ellos no son buenos para hacer esto.

Si vamos al capítulo 2, él debió tener una memoria muy chica, vayamos al capítulo 2. En otra ocasión él ya había intentado esto y les pidió respuestas y no pudieron darle ninguna, pero ellos andan todavía por ahí sin tener nada que ofrecerle. Me recuerda a las naciones unidad, o a los legisladores de los Estados Unidos, la necedad o bien la locura de la sabiduría humana, no tienen ningún poder para lidiar con la realidad porque ellos no reconocen cuál es el verdadero problema.

Pero finalmente, al último, tal vez él sólo estaba probando la sinrazón hasta que esta se le acabara, "hasta que entró delante de mí Daniel." Todo este testimonio está en primera persona, es Nabucodonosor quien habla, a Daniel le habían puesto por nombre es Beltsasar, esto es importante porque Bel, las primeras tres letras, son similares a Baal, este era el dios de los caldeos, el dios de los babilonios, y el dios de Nabucodonosor. Él fue nombrado Beltsasar, "de acuerdo al nombre de mi Dios." Su dios era Bel-merodac. Esta es la razón por la que a su hijo le puso el nombre de Evil-merodac. Vemos entonces que él tenía un ídolo, tenía un dios, un demonio personificado en su dios.

Así que cuando llegamos a este punto en la historia, él es un completo pagano, es un adorador de ídolos. Continúa adorando a Bel-merodac, a pesar de que tiempo atrás había visto que Daniel y sus amigos eran únicos, cuando no quisieron comer las comidas del rey, cuando los vio orando fielmente y cuando vio que fueron liberados del horno de fuego, esos son los milagros, prodigios y señales que él vio. Pero a pesar de que ya hace 25 a 30 años que Daniel está por ahí, él sigue adorando a Bel.

Entonces entra Daniel y él dice acerca de Daniel, esto es algo maravilloso: "en quien mora el espíritu de los dioses santos," aquí usa la palabra hebrea Elohim, esta es la palabra que se usa para "Dios." Esta es la que se usa en Génesis y la traducen "Dios." ¿Por qué un Dios plural? Porque Dios es tres en uno. Y no existe registro en ningún lugar en donde los dioses paganos hayan sido llamados santos. Él está hablando acerca del hecho de que Daniel tiene dentro de él el Espíritu del Dios Santo.

¿Cómo sabía él esto? Daniel ha estado ahí, como ya dije, entre 25 a 30 años. Esta no es la primera vez que Daniel viene delante de la presencia de este rey Nabucodonosor. Él conocía la teología de Daniel. Él conocía que Daniel tenía al Dios que era Santo, y que ese Dios santo vivía dentro de él y era el que lo habilitaba y lo fortalecía y lo hacía el hombre que él era.

Permítanme darles un paralelo aquí. Tanto como los gobernantes humanos busquen respuestas entre otros necios y locos, las respuestas nunca llegarán. Las respuestas sólo llegaran cuando ellos escuchen a alguien que conoce al Dios santo en quien el Espíritu de Dios viva y quien pueda mostrar a ellos la revelación de Dios. Lo triste es que estamos aquí, pero ellos no nos quieren oír.

Así que no hay ayuda que pueda provenir de estos hombres, entonces le dice a Daniel, lo llama Beltsasar, y lo hace de esta manera porque esto es un decreto, un testimonio que va para todo el mundo, y él será conocido en el mundo por su nombre caldeo, no por su nombre judío, así que es por esto que lo usa. Él lo llama, "jefe de los magos." Pero veamos más a fondo la palabra "magos," va más allá de lo que ustedes pueden pensar; esta palabra significa erudito. Y a pesar de que está mezclada con lo que modestamente sería científico o mágico, es una palabra que se refiere a un erudito, a un estudioso. Este hombre sabe más que ningún otro. "He entendido" —y nuevamente dice lo mismo— "que hay en ti espíritu de los dioses santos" —esto me encanta— "y que ningún misterio se te esconde." Tú tienes una respuesta del Dios santo para todo. Por eso es que no hay misterios para ti.

Aquí tenemos algo de esperanza, cuando un rey deja a los necios que no tienen respuesta y va con el que tiene el Espíritu de Dios dentro de él y que tiene la revelación de Dios con él. Él tiene una palabra directa del Señor.

Y finalmente este rey pagano está listo para reconocer esto y entonces dice en el versículo 9, "declárame las visiones de mi sueño que he visto, y su interpretación." Dime, explícamelo Daniel. Tú eres más sabio que todos estos hombres porque tú tienes el Espíritu del Dios santo dentro de ti y la revelación de Dios está contigo. Dime.

Y entonces le declara cuál fue su visión. "Estas fueron las visiones" dice, "de mi cabeza mientras estaba en mi cama: Me parecía ver en medio de la tierra un árbol, cuya altura era grande. Crecía este árbol, y se hacía fuerte, y su copa llegaba hasta el cielo, y se le alcanzaba a ver desde todos los confines de la tierra. Su follaje era hermoso y su fruto abundante, y había en él alimento para todos. Debajo de él se ponían a la sombra las bestias del campo, y en sus ramas hacían morada las aves del cielo, y se mantenía de él toda carne."

Esta es la visión, árboles, muy común en tiempos antiguos, usados para simbolizar a los gobernantes. Ezequiel se refiere a Faraón como a un árbol. Tenemos una referencia similar para el gobernante amorreo en Amós 2:9. Así que lo que tenemos aquí es un hermoso, productivo, inmenso árbol, que se sustenta a sí mismo, que domina el paisaje de todo el mundo. Esta es la primera parte de la visión, y con esto puedo dibujar la imagen de Nabucodonosor y su reino.

Pero llega la segunda parte, y esta es la parte aterrorizadora: "Vi en las visiones de mi cabeza mientras estaba en mi cama, que he aquí un vigilante y santo." Este es un ángel, o cualquiera que se la percepción de un ángel, pero Dios está dando así su visión a él, "descendía del cielo. Y clamaba fuertemente y decía así: Derribad el árbol, y cortad sus ramas, quitadle el follaje, y dispersad su fruto; váyanse las bestias que están debajo de él, y las aves de sus ramas."

Esta es la parte atemorizadora, la devastación y destrucción del árbol. Pero recuerden, este es un árbol inmenso mostrado en el sueño, y es un árbol al que todos y todo acompaña, y cuando sea derribado, todo se perderá. Pero encontramos una interesante declaración en el versículo 15, "Mas la cepa de sus raíces dejaréis en la tierra, con atadura de hierro y de bronce entre la hierba del campo." Esto nos hace ver que tenemos una cepa o raíz en la visión, y esta debe ser cercada con hierro y bronce para nadie pueda entrar y quitar la raíz de entre la tierra. Colócala en los renuevos del pasto en el campo y permite que sea empapada con el rocío del cielo. ¿Por qué? Para mantenerla viva. "Y sea su parte con las bestias," en el hebreo es como si el árbol tomara personalidad, como si el árbol fuera una persona. "Y con las bestias sea su parte entre la hierba de la tierra."

Esta es una imagen fascinante. El tronco con sus raíces permanece en forma de raíz, continúa vivo, protegido y regado para que pueda permanecer vivo. Y ahora lo escuchamos a él, esto nos simboliza que es un hombre, en el versículo 16 dice, "Su corazón de hombre sea cambiado, y le sea dado corazón de bestia, y pasen sobre él siete tiempos." Siete años pasen sobre él. Y en el capítulo 7, versículo 25, vemos la misma frase, "siete tiempos." O siete periodos, es usada para referirse a siete años. Esto es un juicio. A quien sea que represente, a quien sea el hombre que este árbol representa, va a ser convertido en un animal. Literalmente va a perder la razón. Algunos le han llamado a esto licantropía, que viene de la palabra en latín que se usa para decir "lobo"; o boantropía, tomada de la palabra para "buey." Él será convertido en una bestia, y el versículo 17 dice, "La sentencia es por decreto de los vigilantes." Los vigilantes angélicos… "y por dicho de los santos la resolución, para que conozcan los vivientes" —y aquí está el punto principal— "que el Altísimo gobierna el reino de los hombres. y que a quien él quiere lo da, y constituye sobre él al más bajo de los hombres." Dios está a cargo de los gobernantes y de los reinos. Él levanta líderes y quita líderes. Este es el sueño. Y el propósito del sueño es comunicar el mensaje de que el Altísimo gobierna sobre el reino de los hombres y lo da a quien él quiere.

Esta es la advertencia para todo gobernante orgulloso. Y ahora el rey voltea a ver a Daniel y en el versículo 18 él dice, "Yo el rey Nabucodonosor he visto este sueño. Tú, pues, Beltsasar, dirás la interpretación de él, porque todos los sabios de mi reino no han podido mostrarme su interpretación; mas tú puedes." Y ahora por tercera vez le dice, "porque mora en ti el espíritu de los dioses santos (Dios santo)." Recuerden que vimos la importancia de que aquí se usa la palabra Elohim, dios en plural.

Nunca habrá un cambio en una ciudad, estado o país, nunca habrá un cambio hasta que la gente vaya con aquellos que hablan en el nombre de Dios, aquellos que representan a Dios, aquellos que declaran la revelación de Dios. Y justo ahí es a donde Nabucodonosor acaba de ir. Hemos visto como le dio a Daniel la historia de su sueño en el versículo 18, y con ello la petición de una interpretación de su parte.

Ahora la revelación de la interpretación de su sueño vine en los versículos 19 y siguientes; así que veamos cómo es que Daniel responde. "Entonces Daniel, cuyo nombre era Beltsasar, quedó atónito casi una hora, y sus pensamientos lo turbaban." No es que estuviera confundido, no es que esté atónito porque esté confundido, no está confundido. El Señor es quien le dará la interpretación. "El rey habló y dijo: Beltsasar, no te turben ni el sueño ni su interpretación." El rey reconoce que esto es perturbador, es tan amenazante, tan devastador que Daniel no quiere decir de inmediato lo que el sueño significa. Es como si el rey le dijera, "sigue adelante." Entonces la respuesta de Daniel es una de favor y compasión.

"Beltsasar respondió y dijo: Señor mío, el sueño sea para tus enemigos." En esto hay compasión, hay misericordia. Él sabe acerca de quién es esto, pero se preocupa por este hombre. Aquí vemos una compasión real. Sabe que la interpretación es devastadora. Sabes, dice, "quisiera que esto fuera acerca de tus enemigos, desearía no tener que decirte esto." Esto es aleccionador, muchas veces tienes que ser firme y decir lo que se tiene que decir, pero necesitas demostrar compasión, como lo hizo Daniel. Y por lo tanto él va a ser honesto.

Versículo 20, "El árbol que viste, que crecía y se hacía fuerte, y cuya copa llegaba hasta el cielo, y que se veía desde todos los confines de la tierra, [21]cuyo follaje era hermoso, y su fruto abundante, y en que había alimento para todos, debajo del cual moraban las bestias del campo, y en cuyas ramas anidaban las aves del cielo." Versículo 22, "tú mismo eres, oh rey." Como lo hizo Natán con David, "que creciste y te hiciste fuerte, pues creció tu grandeza y ha llegado hasta el cielo, y tu dominio hasta los confines de la tierra." Eres tú, no hay otra forma de abordar a un líder que esta. El juicio es para ti, lo decimos con compasión, pero lo decimos.

Y puedes decir, ¿qué hay acerca de los líderes que confirman la existencia de Dios? Bueno, eso no es suficiente. No basta con afirmar la existencia de Dios, de hecho ¿cuál dios? ¿El Dios vivo y verdadero y su hijo, al Señor Jesucristo y al Espíritu Santo, al Dios trino? Cualquier otro dios es un dios falso. Y la adoración a cualquier falso dios es como ser enemigo del Dios verdadero. Le dice esto es lo que te va a suceder, versículo 23, "Y en cuanto a lo que vio el rey, un vigilante y santo que descendía del cielo y decía: Cortad el árbol y destruidlo; mas la cepa de sus raíces dejaréis en la tierra, con atadura de hierro y de bronce en la hierba del campo; y sea mojado con el rocío del cielo, y con las bestias del campo sea su parte, hasta que pasen sobre él siete tiempos." Quiero decir, versículo 24, "esta es la interpretación, oh rey, y la sentencia del Altísimo, que ha venido sobre mi señor el rey: Que te echarán de entre los hombres, y con las bestias del campo será tu morada, y con hierba del campo te apacentarán como a los bueyes, y con el rocío del cielo serás bañado; y siete tiempos pasarán sobre ti, hasta que conozcas que el Altísimo tiene dominio en el reino de los hombres, y que lo da a quien él quiere." Eres tú, el juicio es sobre ti, vas a ser humillado, despedazado, y convertido en un lunático.

Y entonces Daniel le da un rayo de esperanza en esta visión. Versículo 26, "Y en cuanto a la orden de dejar en la tierra la cepa de las raíces del mismo árbol, significa que tu reino te quedará firme, luego que reconozcas que el cielo gobierna." Esta es la única vez que en el Antiguo Testamento se usa la palabra "cielo" en lugar del término "Dios", para referirse a Dios.

"Tu reino te será regresado cuando reconozcas a Dios. Hasta entonces, tú seguirás siendo un loco, un maniático que actúa como una bestia. Fue mandado dejar la cepa con la raíz del árbol porque tu reino volverá a ser para ti, pero no sino hasta que tú reconozcas que es el cielo el que gobierna."

Esto es precisamente lo que el mundo tiene que reconocer. Los líderes del mundo tienen que reconocer que Dios gobierna y someterse a Él, obedecerlo y hacer su voluntad como fue revelada dentro de la Escritura. Esto es lo que Daniel le dice a su rey. "Por tanto, oh rey, acepta mi consejo: tus pecados redime con justicia, y tus iniquidades haciendo misericordias para con los oprimidos, pues tal vez será eso una prolongación de tu tranquilidad."

Esto también es una invitación. ¿Sabes bien lo que él está diciendo? Si tú te arrepientes y si caminas por el camino de la justicia y reconoces al Dios verdadero, esto será tan genuino que se mostrará en una vida transformada, la cual será misericordiosa en lugar de brutal como tú lo has sido. Si tú te conviertes de tus pecados, Dios detendrá el juicio.

Esta es la advertencia con una promesa de bendición a cambio de arrepentimiento. El rey tiene que acabar con su pecado y comenzar una relación correcta con Dios. Esto es lo que nosotros debemos estar orando. Esto es lo que dice en 1 de Timoteo 2, "Exhorto ante todo, a que se hagan rogativas, oraciones, peticiones y acciones de gracias, por todos los hombres; por los reyes." ¿Por qué estás orando tú? Debieras estar orando por su salvación. Debieras estar orando para que ellos escucharán las advertencias de las Escrituras. Debieras estar orando para que se arrepintieran de sus pecados, de sus maldades, de sus injusticias para ir al Dios vivo y verdadero. Esto es lo que el texto de 1 Timoteo 2:5 está diciendo. "Porque hay un solo Dios, y un solo mediador entre Dios y los hombres, Jesucristo hombre." Oremos por su salvación.

En realidad, lo que Daniel está diciendo es lo mismo que dice Isaías 55:7 cuando dice, "Deje el impío su camino, y el hombre inicuo sus pensamientos, y vuélvase a Jehová, el cual tendrá de él misericordia, y al Dios nuestro, el cual será amplio en perdonar." Esta es una invitación para Nabucodonosor para que se arrepienta. Él le está rogando que se arrepienta, pero él es como Félix en Hechos quien dijo, "Cuando tenga oportunidad te llamaré" (Hch. 24:25).

Esta es la misericordia de Dios. Dios te dará un poco de tiempo. Recordaran cuando Jonás dijo, "dentro de cuarenta días esta ciudad será destruida." Versículo 28, "Todo esto vino sobre el rey Nabucodonosor. Al cabo de doce meses, paseando en el palacio real de Babilonia," y él sigue adorando a Bel-merodac, seguía sin arrepentirse. Dios es tan paciente, doce meses con este hombre, 120 años con la gente que vivió antes del diluvio. Y durante esos 120 años, Noé predico justicia y los estuvo advirtiendo. Dios siempre da tiempo advirtiendo de las consecuencias del pecado. El Señor dijo a Samuel cuando este se lamentaba de Saúl, "Le di años, años y años para que se arrepintiera y cambiara pero ahora lo he rechazado."

Pero Nabucodonosor era de dura cerviz, orgulloso, arrogante, brutal, creído y vanidoso. Lo ves en lo que él está diciendo cuando habla. Aquí está su testimonio; este es su propio testimonio. "habló el rey y dijo: ¿No es esta la gran Babilonia que yo edifiqué para casa real con la fuerza de mi poder, y para gloria de mi majestad?" Yo he hecho todo esto. Vio todo lo que él tenía y se sintió mayor que Dios. Recuerden que este es el primer gobernante de un gran imperio en el mundo; sus logros han sido muchos. Y aquí se está dando todo el crédito por ello. Se estaba auto alabando, tal vez mirando a los inmensos Jardines Colgantes de Babilonia y a sus muchos otros logros. Se dice que había al menos 50 edificios que él construyó y que eran monumentos de su poder, de su riqueza y de su genio. Por lo que vemos que él está disfrutando de todo esto. Versículo 31, "Aún estaba la palabra en la boca del rey, cuando vino una voz del cielo: A ti se te dice, rey Nabucodonosor: El reino ha sido quitado de ti."

Escucha, aquí se nos habla de la soberanía y que él fue removido por Dios. Los gobernantes están en donde están porque Dios los pone ahí. Esto es su acción soberana. Los gobernantes del mundo están donde están porque Dios los ha puesto ahí para juicio o para bien. Debes aprender que Dios es quien da a los hombres reinos. Es el Altísimo, como lo vimos en el versículo 17, quien establece a los reyes. Tu soberanía te ha sido quitada rey.

¿Por qué llega este juicio a Nabucodonosor? En primer lugar, porque él ha rechazado a Dios y su revelación. Él era un hombre vil, cruel y violento, quería descuartizar a un grupo de hombres en el capítulo 2. Mandó calentar el horno siete veces más de lo normal para quemar a los tres amigos de Daniel. En Jeremías 29 leemos que el rostizó a dos judíos. En 1 de Reyes 25 tomó a Sedequías después de saquear Jerusalén y le sacó los ojos. Pero antes de sacarle los ojos a Sedequías masacró a sus dos hijos frente a él para que la última visión que él tuviera fuera la de sus hijos asesinados. En 2 de Reyes 24 dice que él tomó prisionero al rey Joacim, cuando tenía 18 años de edad, y lo dejó ahí durante 36 años. Era un hombre muy malo, era arrogante, orgulloso; se merecía el juicio. Pero más que nada, y la realidad final, es que él rechazo arrepentirse. Este es siempre el caso. Él se rechazó arrepentirse. Hubo relámpagos sobre su cabeza y entonces se convirtió en un maniático, loco, pensando que era un animal. Y todo lo que Dios dijo que le iba a suceder le sucedió. Él fue arrojado de entre los seres humanos, versículo 33, "En la misma hora se cumplió la palabra sobre Nabucodonosor, y fue echado de entre los hombres; y comía hierba como los bueyes, y su cuerpo se mojaba con el rocío del cielo, hasta que su pelo creció como plumas de águila, y sus uñas como las de las aves." Está convertido en un horror, todo lo que le fue prometido se convirtió en una realidad. Siete años se anduvo arrastrando como con cuatro patas y comió pasto, vivió como un animal, como una bestia. Dios humillará a todo corazón soberbio, a todo gobernante orgulloso.

El fin de la historia es maravilloso, versículo 34, "Mas al fin del tiempo yo Nabucodonosor alcé mis ojos al cielo, y mi razón me fue devuelta." Dios le regresó la razón. "Y bendije al Altísimo, y alabé y glorifiqué al que vive para siempre, cuyo dominio es sempiterno, y su reino por todas las edades," o de generación en generación.

Puede ser que seas educado, puedes ser de la elite, puedes ser abogado, puede ser que hayas estado en los salones del poder, pero lo que le espera a alguien que rechaza a Dios es locura y juicio. Nuevamente digo, sigo esperando que alguien se aparezca en los salones del poder y diga, "no tengo una mente depravada, no tengo una mente reprobada, la razón me ha sido regresada, y bendije al Altísimo, adoré y alabé a aquel que vive para siempre, a aquel que su dominio es un dominio sempiterno y a aquel que su dominio permaneces de generación en generación." Y en el versículo 35, "Todos los habitantes de la tierra son considerados como nada; y él hace según su voluntad en el ejército del cielo, y en los habitantes de la tierra, y no hay quien detenga su mano, y le diga: ¿Qué haces?" Dios está obrando dentro de este mundo en todo lo que en el sucede.

Nabucodonosor dijo, "No entiendo; ¿no soy yo quien está a cargo? ¿Es Dios quien está a cargo? Finalmente reconoce a Dios, y entonces podemos encontrar aquí una muy buena teología. Él reconoce por medio de las palabras que ya leímos que Dios es eterno, omnipotente, inmutable, superior, soberano, poderoso, verdadero, justo, compasivo, que da gracia y misericordioso. Esta es la única esperanza para el mundo, el único aplazamiento que podemos dar al juicio final es la salvación de líderes y la salvación de personas. Rodea la cepa, protege la cepa y durante los siete años que él no estuvo presente, no hubo otro rey en Babilonia. Generalmente habría una urgencia por poner a alguien en el trono, pero no hubo otro rey. Tal vez Daniel fue quien estuvo a cargo, y cuando llegó el tiempo, regresó y Dios lo restauró. Y este es uno de los hombres que quiero conocer cuando llegue al cielo.

Versículo 36, "En el mismo tiempo mi razón me fue devuelta, y la majestad de mi reino, mi dignidad y mi grandeza volvieron a mí, y mis gobernadores y mis consejeros me buscaron; y fui restablecido en mi reino, y mayor grandeza me fue añadida." Maravilloso, incluso fue un gobernante mayor que antes. Versículo 37, "Ahora yo Nabucodonosor alabo, engrandezco y glorifico al Rey del cielo, porque todas sus obras son verdaderas, y sus caminos justos; y él puede humillar a los que andan con soberbia." Este es un testimonio maravilloso y sorprendente.

Quiero concluir yendo al Salmo 2 sólo por un momento. Las naciones se amotinan; sólo enciende las noticias. La gente está tratando de hacer cosas que son inútiles. Los reyes de la tierra están poniéndose alertas. Los gobernantes van con sus consejeros, pero el problema es que todos ellos se han colocado en contra del Señor y en contra de su ungido, quien es Cristo y todos ellos están diciendo, "Rompamos sus ligaduras, Y echemos de nosotros sus cuerdas." No seremos obligados a obedecer la palabra de Dios, su Escritura. "El que mora en los cielos se reirá; El Señor se burlará de ellos." Hablará a ellos en su enojo y los aterrorizará con su furia como lo hizo con Nabucodonosor. Todo esto porque él ha establecido ya a su Rey, al que Él ha engendrado, el que gobernará a las naciones y los confines de la tierra serán destruidos con vara de hierro y los esparcirá como al barro.

Sólo hay un rey, y este es Dios. Y uno ungido por ese Rey, y ese es Cristo. Versículo 10, "Ahora, pues, oh reyes, sed prudentes; Admitid amonestación, jueces de la tierra. Servid a Jehová con temor." Y el versículo 12, en el hebreo dice, "besa al Hijo." "Besa al Hijo, para que no se enoje, y perezcáis en el camino." Besa al Hijo o su ira será pronto encendida." Eso es lo que le va a pasar al mundo. Y la última línea, "Bienaventurados todos los que en él confían."

¿Qué es lo que está mal en el mundo? Que han rechazado a Dios; lo mismo que siempre ha estado mal. ¿Cuáles son las soluciones para todas las cosas que son consecuencia de ello? La única solución es adorar a Dios al honrar a su Hijo, al único Salvador, esta es la única esperanza. La gente habla de esperanza y de cambio, pero la única esperanza es Cristo. Sólo hay un cambio y ese es la regeneración. De otro modo no habrá cambios y no habrá esperanza.

Oración final

Padre, nuevamente hemos sido confrontados por la relevancia de tu palabra: es poder y es claridad. A pesar de que es un documento antiguo, sabe más acerca de los eventos de hoy que los mismos hombres que viven en ellos. Gracias por la advertencia que se nos da aquí; pero la única esperanza para los gobernantes, los jueces, los reyes y la gente es alabarte con reverencia y besar a tu Hijo, recibir a tu Hijo como Señor y Salvador. La esperanza está ahí y en ningún otro lado. Sabemos que el Señor reina: Salmo 93, el Señor reina; Salmo 96, el Señor reina; Salmo 97, el Señor reina; Salmo 99, el Señor reina. Tú reinas sobre todos los asuntos de los hombres. Tu estableces reinos y gobernantes, tú has hecho eso y continuarás haciendo eso para cumplir con tus propios propósitos, ya sea para tu juicio o para tu misericordia. Pero reinas y reconocemos eso, nos regocijamos en ello, te agradecemos porque sin importar lo que suceda en este mundo, hemos encontrado refugio en ti. Tú eres nuestro refugio, tú eres nuestro seguro cielo, un puerto de seguridad por medio de Cristo. ¡Cuánto te bendecimos, porque en medio de un mundo que se dirige en picada al juicio, estamos dentro del arca que es Cristo! Saldremos del diluvio para entrar a un nuevo mundo. Te agradecemos por esta promesa en Cristo, y es en su nombre que oramos. Amén.

REFLEXIONES PERSONALES

18 de Noviembre, 2012

05_¿Hasta cuándo Señor?

En el año en que murió el rey Uzías, vi yo al Señor sentado sobre un trono alto y sublime, y la orla de su manto llenaba el templo. Por encima de él había serafines; cada uno tenía seis alas; con dos cubrían sus rostros, con dos cubrían sus pies, y con dos volaban. Y el uno al otro daba voces, diciendo: Santo, santo, santo es Jehová de los ejércitos; toda la tierra está llena de su gloria. Y los quiciales de las puertas se estremecieron con la voz de los que clamaban, y la casa se llenó de humo. Entonces dije: ¡Ay de mí!, que estoy muerto; porque siendo hombre inmundo de labios, y habitando en medio de un pueblo de labios inmundos, han visto mis ojos al Rey, Jehová de los ejércitos. Entonces voló hacia mí uno de los serafines, teniendo en su mano un carbón encendido, tomado del altar con unas tenazas; y tocando con él mi boca, dijo: He aquí que esto tocó tus labios, y es quitada tu culpa, y expiado tu pecado. Después oí la voz del Señor, que decía: ¿A quién enviaré, y quién irá de nuestra parte? Entonces respondí yo: Heme aquí, envíame a mí.»

Isaías 6:1-2, 8

BOSQUEJO

— Introducción

— Oración final

Notas personales al bosquejo

SERMÓN

Introducción

En esta ocasión nos vamos a esforzar en darte una perspectiva de los tiempos en los que vivimos, esto desde la perspectiva de Dios. Y para que podamos hacer eso, quiero que presten atención a un pasaje que ha sido un verdadero elemento básico en mi entendimiento a través de los años, esto es el quinto y sexto capítulo de Isaías. No ha pasado mucho desde que estuvimos estudiando por dos meses el capítulo 53 de Isaías, pero los capítulos 5 y 6 son también muy importantes.

Para esto debemos tener en mente que la responsabilidad de Isaías, como profeta, es declarar el juicio que viene sobre su pueblo. A él le fue dada la responsabilidad y la cumplió al pie de la letra para pronunciar este juicio, un juicio que proviene de Dios, la ira de Dios. Esto es de lo que hablan los primeros 39 capítulos; todos son acerca de juicio y no solo indican la naturaleza del juicio de Dios, sino que también la razón por la que Dios les trae juicio. Cuando llegamos al capítulo 5, tenemos una escena realmente dramática que sirve de fondo para mostrar las razones por las que Dios va a juzgar al pueblo de Israel, y la realidad es que va a usar a los babilonios. El juicio será el ataque de los babilonios, las incursiones del ejército babilonio. Los babilonios invadieron y literalmente destruyeron la ciudad de Jerusalén, y se llevaron cautivos a los judíos en tres deportaciones diferentes. Y para todo propósito, destruyeron su cultura por un periodo de setenta años y un poco más.

Ustedes saben esa historia, los llevaron cautivos a Babilonia, eso a todos aquellos que no asesinaron. Pero esto era un juicio de parte de Dios, y en el capítulo 5 de Isaías, a Isaías se le da un bosquejo de este juicio en una parábola. Y él dice que esta no es sólo una parábola, es una parábola cantada. Dice al inicio del capítulo, "Ahora cantaré por mi amado el cantar de mi amado a su viña." Es una canción acerca de un amado que es visto como una viña, y Dios es el cantante. El canto es uno fúnebre. Es un canto para un funeral, es una canción muy triste, es una canción de muerte y destrucción, y es acerca de alguien que es muy amado. Está hablando acerca del pueblo de Israel como el amado de Dios y le está cantando su canto fúnebre, la canción de su funeral.

La canción va de este modo. "Tenía mi amado una viña en una ladera fértil." Esto habla de la tierra de Canaán, la tierra que fluye leche y miel, la ladera fértil, tan fértil como ninguna otra tierra sobre el planeta, esta tierra magnificente que está frente al Mar Mediterráneo y que por ello era potencialmente, desde luego, como un jardín. Y en esto se convirtió para el pueblo de Israel. Dios dice en el versículo 2, "La había cercado y despedregado y plantado de vides escogidas."

Estas son las metáforas acerca de todo lo que Dios hizo para establecer a Israel dentro de la tierra. La cercó como debía ser; se acostumbraba poner un cepa o foso alrededor de la viña para mantener a los animales fuera, sin que pudieran entrar a destruirla. De hecho, Dios le puso barreras y limitantes, algunas restricciones dentro de la ley que le dio al pueblo de Israel para aislarlos y protegerlos de una interacción con las naciones que había alrededor de ellos y que eran completamente idolatras. Y las plantó con vides escogidas.

Esto es para decirnos que aun la variedad de humanidad que nosotros conocemos como judíos era la mejor clase de humanidad. "había edificado en medio de ella una torre" podría bien referirse a la ciudad de Jerusalén, el atrio, la gran torre y el lugar de sacrificios. Pero el punto es que no da muchos detalles de la metáfora, sólo nos dice que Dios puso este pueblo en el mejor lugar, bajo las mejores condiciones, con las mayores esperanzas de que tuviera éxito. Todo lo que Dios hizo fue lo mejor que Él pudo hacer. Los puso en el mejor lugar, los protegió de la mejor manera posible, les construyó una torre en la mitad de la cual era el lugar desde el cual podían ver a sus enemigos acercarse, este era el lugar donde estaba Jerusalén desde luego.

Como resultado, Él esperaba que produjera vides deliciosas. Esperaba que produjera buenas vides, pero produjo uvas silvestres. Así es como dice en hebreo. Es como un juego de palabras, pero esencialmente la palabra es casi idéntica.

Todo lo que Dios hizo por Israel fue lo mejor que un hombre pudo haber hecho por una viña, hablando metafóricamente. Era lo mejor que Dios podía hacer para colocarlos en un lugar de bendición. Así que en el versículo 3 Dios convoca a personas para que lo juzguen, "Ahora, pues, vecinos de Jerusalén y varones de Judá, juzgad ahora entre mí y mi viña. ¿Qué más se podía hacer a mi viña, que yo no haya hecho en ella? ¿Cómo, esperando yo que diese uvas, ha dado uvas silvestres?" ¿Cómo es que esto pudo pasar? ¿Por qué? ¿Acaso es mi culpa? Es lo que Dios está diciendo. Y la respuesta a eso es, "desde luego que no. Lo mejor de la gente en el lugar más fino, con la mejor protección y con las mejores provisiones, no es la culpa de Dios." La implicación es que es la culpa de ellos, con lo que ellos hicieron con esa maravillosa oportunidad divina.

Es por eso que los versículos 5–6 hacen la declaración, "Os mostraré, pues, ahora lo que haré yo a mi viña: Le quitaré su vallado, y será consumida." Le quitaré su protección. El vallado era construido como una protección, pero ahora será consumida. "Aportillaré su cerca" —nuevamente un indicativo acerca de su protección— "y será hollada. Haré que quede desierta; no será podada ni cavada, y crecerán el cardo y los espinos; y aun a las nubes mandaré que no derramen lluvia sobre ella." Este es Dios, también metafóricamente, pronunciando juicio en contra de Israel. Y continúa en el versículo 7, "Ciertamente la viña de Jehová de los ejércitos es la casa de Israel" —esto es de lo que estoy hablando— "y los hombres de Judá, planta deliciosa suya. Esperaba juicio, y he aquí vileza; justicia, y he aquí clamor." Otro juego de palabras. Él esperaba *mishpat* pero he aquí *mispach*. Él esperaba justicia, y he aquí, vileza y clamor. Obtuvo lo opuesto de lo que Él debió recibir. Israel falló en todos sentidos en ser quien debía haber sido, habiéndole dado los privilegios que les habían sido dados. Es por esto que Él pronuncia juicio por medio de este canto, esta parábola en forma de canto.

Después comenzando en el versículo 8, y creo que en realidad es una acusación remarcable de Israel, Él enlista los pecados que caracterizan a Israel y el por qué los trae a juicio. Es primero es haber optado por el materialismo: "¡Ay de los que juntan casa a casa, y añaden heredad a heredad hasta ocuparlo todo! ¿Habitaréis vosotros solos en medio de la tierra?" Esto es algo consumidor, el optar por el materialismo del que hace que la gente quiera acumular y acumular, y acumular sin importarle nadie más hasta que se aíslan a sí mismos, quedando en solos en medio de lo que poseen. El juicio llegará y las casas, las muchas casas, se convertirán en algo desolado. Aun las más grandes y las más finas quedarán sin ocupantes.

Con todos los campos que tienen, vendrá la hambruna en el versículo 10, "Y diez yugadas de viña producirán un bato." Esto sólo produce algo así como 15 litros de vino, esto por cuatro hectáreas de vides plantadas. Estas son condiciones de hambruna. "Y un homer de semilla producirá un efa." Esto equivale a que unos 180 litros de semilla producirán sólo 18 litros de semilla útil.

Así que la primera acusación es acerca de su materialismo, su acumulación, el hecho de que ellos comen y beben, florecen pero no tienen ningún interés por Dios. la segunda acusación es mostrada con el segundo ¡Ay! en el versículo 11. Y la palabra "ay" en realidad es una exclamación; en hebreo suena "*hoy*." Es el anuncio del pronunciamiento de un juicio. El segundo ay es por andar buscando los placeres de la embriaguez. "¡Ay de los que se levantan de mañana para seguir la embriaguez; que se están hasta la noche, hasta que el vino los enciende!" Y el versículo 12 habla acerca de sus banquetes, de cómo es que ellos liberan sus cuerpos con el placer de la embriaguez.

En el versículo 14 dice que la muerte tragará su gloria y su multitud de sus regocijos. "Por eso ensanchó su interior el Seol, y sin medida extendió su boca; y allá descenderá la gloria de ellos, y su multitud, y su fausto, y el que en él se regocijaba. Y el hombre será humillado, y el varón será abatido, y serán bajados los ojos de los altivos." Esto sucederá al tiempo que Dios los enjuicia por andar buscando los placeres de la embriaguez.

En el versículo 18 encontramos el siguiente "ay," ¡Ay de los que traen la iniquidad con cuerdas de vanidad, y el pecado como con coyundas de carreta!" Esta es una declaración muy interesante. Es una pecaminosidad desafiante. Es un acercamiento desafiante al pecado. Literalmente es como si ellos anduvieran arrastrando el pecado como si fuera algo que mostrar en un desfile. Ilustra algo como si esta gente llenara un carro con todas sus iniquidades y las anduviera paseando como en un desfile para que lo vean en todo el pueblo, algo desafiante, descarado, abierto, una pecaminosidad flagrante. Son tan desafiantes, versículo 19, que dicen al hablar con Dios, "¡Venga ya, apresúrese su obra, y veamos; acérquese, y venga el consejo del Santo de Israel, para que lo sepamos!" En otras palabras, si a Dios no le gusta, veamos si hace algo al respecto. Esta es una pecaminosidad desafiante. Es como mostrar el puño delante del rostro de Dios.

En el versículo 20 llega el siguiente "ay." "¡Ay de los que a lo malo dicen bueno, y a lo bueno malo; que hacen de la luz tinieblas, y de las tinieblas luz; que ponen lo amargo por dulce, y lo dulce por amargo!" Esto es una perversión moral; es una perversión moral en donde lo malo es considerado bueno, y lo que es bueno es considerado malo. Este es un completo giro, un echar marcha atrás la moralidad. Lo malo se hace bueno; y lo bueno se hace malo, la oscuridad es considerada como luz, y la luz en considerada como oscuridad; la amargura como dulce, y la dulzura como amargura.

¿Comienzan estas verdades a sonarte familiares? Optar por el materialismo, un materialismo consumista, buscar la embriaguez; el pecado desafiante le agita el puño en el rostro de Dios y la perversión moral que tuerce y pervierte todo.

Pero esto no es todo. Versículo 21, "¡Ay de los sabios en sus propios ojos, y de los que son prudentes delante de sí mismos!" Esto es un arrogante engreído. Esta es una persona que no se somete a ninguna ley, que no se somete a ningún código moral divino, o a ningún Dios, que no se toma ninguno de los testamentos como autoritativo, que no se somete a la Biblia, que no se somete a la Escritura. Sino que más bien se someten a su propia sabiduría, todo el conocimiento que necesitan para resolver cualquier cosa o para entender cualquier cosa, solo viene de su interior, de su propia mente. Esto es un arrogante engreimiento. No doblan su rodilla ante ninguna revelación divina, no se arrodillan ante ninguna autoridad, no doblan su rodilla ante ningún código moral.

Y ahora en el versículo 22, toma la categoría de liderazgo. "¡Ay de los que son valientes para beber vino, y hombres fuertes para mezclar bebida." Lo que tenemos aquí es corrupción, y particularmente entre líderes porque la palabra "héroes" y la palabra "valientes" hacen referencia a líderes. Estos son líderes que lo que hacen, versículo 23, es justificar a los malos por medio de cohecho y le quitan los derechos a aquellos que son rectos. Este es un tipo de liderazgo que está embriagado. Es un tipo de liderazgo que bebe bebidas fuertes, que no hacen valer correctamente sus poderes y juicio, y quienes pueden ser comprados, que reciben cohecho, y que están dispuestos a quitar los derechos de aquellos que hacen lo correcto, en otras palabras, son injustos. Esto es un colapso severo dentro de una nación.

Las cosas que yo veo aquí son las mimas cosas que veo en nuestra nación, de manera masiva la gente opta por el materialismo, la embriaguez, buscan los placeres, una cultura en una búsqueda desenfrenada del placer a un nivel desafiante de pecado, moralmente perversos, un liderazgo corrupto y arrogantemente engreído. Esta es una fórmula de juicio en cualquier situación. Es entonces cuando el juicio es descrito, comenzando en el versículo 24, "como una lengua de fuego que consume el rastrojo." ¿Qué tan rápido puede una flama consumir yerba seca? ¿Qué tan rápido perece la yerba ante la flama? Dice el versículo 24, así será la velocidad y la forma en la que llegará el juicio de Dios. ¿Por qué? El versículo 24, al final, "porque desecharon la ley de Jehová de los ejércitos, y abominaron la palabra del Santo de Israel." Ustedes han rechazado la ley del Señor de los ejércitos, han despreciado la palabra del Santo, por esto ustedes están a punto de recibir el juicio han provocado la ira del Señor. "Por esta causa se encendió el furor de Jehová contra su pueblo, y extendió contra él su mano, y le hirió."

Esto fue será muy severo. "y se estremecieron los montes, y sus cadáveres fueron arrojados en medio de las calles. Con todo esto no ha cesado su furor, sino que todavía su mano está extendida." Esta describiendo la llegada de los ejércitos babilonios haciendo una masacre terrible. De hecho, él se refiere a ellos en el versículo 26 como a "una nación distante." Él solo va a silbar y ellos vendrán a toda velocidad y no se cansarán en su travesía. No habrá entre ellos cansado, ni quien tropiece; ninguno se dormirá, ni le tomará sueño; a ninguno se le desatará el cinto de los lomos, ni se le romperá la correa de sus sandalias. Sus saetas estarán afiladas, y todos sus arcos entesados; los cascos de sus caballos parecerán como de pedernal, y las ruedas de sus carros como torbellino. Su rugido será como de león; rugirá a manera de leoncillo, crujirá los dientes, y arrebatará la presa; se la llevará con seguridad, y nadie se la quitará." Esto es lo que sucedería en el momento de lo que conocemos como la cautividad babilonia.

Este es el mismo Dios que continúa gobernando desde los cielos. El mismo Dios que sigue teniendo los mismos estándares. Cuando tienes un tipo de cultura que reta a Dios, y tal vez el punto definitivo se encuentra en el versículo 24, "desecharon la ley de Jehová de los ejércitos, y abominaron la palabra del Santo de Israel." Cuando hacen esto colectivamente como pueblo, y dejan de tener la protección del pacto que Israel tenía, están en una situación de juicio, el mismo Dios, los mismos estándares. Y si la ira de

Dios es ejecutada en contra de su mismo pueblo, y ha extendido su mano en contra de aquellos que eran el pueblo de su pacto, a los que Él llama sus amados en el capítulo anterior, entonces los que no están protegidos de esta manera por el pacto, tienen mucho más que temer, deben temer mucho más que los que sí tienen un pacto.

Entonces vemos el juicio y la razón para el juicio. Y entonces nos surgiría la pregunta, ¿Cómo debemos responder cuando estamos en una nación que está condenada a recibir juicio divino? ¿Cómo respondemos?

Vayamos al capítulo 6 a ver esto, solo brevemente, un par de cosas en las que tenemos que pensar. La primera cosa que quieres recordar es que Dios continúa en su trono, ahí es donde Isaías estuvo. Si tu fueras Isaías ahora, estaría luchando fervientemente porque tu esperanza sería como predicador que el mensaje fuera a ser positivo. Estarías deseoso de decir ustedes serán perdonados, habrá un avivamiento, todo va a salir bien. Dios protegerá a su pueblo. Él Señor los mantendrá en su tierra, florecerán, y serán bendecidos. Esto es lo que Isaías hubiese deseado que el mensaje dijera. Él está completamente desanimado al saber lo que en realidad es el mensaje. Es tan duro que esto pudo provocar en su mente diciéndole que posiblemente Dios había perdido el control, tal vez algunas cosas han sucedido detrás del escenario y que desconocemos. Es por eso que "en el año que murió el rey Uzías," capítulo 6:1, el año en el que murió Uzías debió ser alrededor del 740 a.C., así que estamos a unos 140 años de que esto suceda, estamos antes de que la cautividad comience. Isaías sabe que está por llegar, y Uzías es un rey que ha estado en el trono por 52 años. Y durante todo el reino de Uzías ha habido paz, han tenido poder en la guerra fría, silenciando y haciendo callar las amenazas de sus enemigos al grado que el pueblo ha podido florecer superficialmente. Todo parecía ir excelente, había prosperidad por todos lados. Todo era paz en la superficie, todo se veía bien.

Es entonces cuando Uzías se armó de valor y se puso en una categoría a la cual él no pertenecía, esto es en el sacerdocio, y Dios lo mató con lepra. Es por lo que Dios de algún modo señala que el juicio está muy cerca al matar al rey. Y podrán imaginar que después de tener al mismo rey por 52 años, y debido a que durante su administración todo iba muy bien, la gente asumió que él era un símbolo de bendición y de la protección de Dios. Pero Dios decidió que él debía morir y lo mató.

Isaías necesita ayuda aquí. La nación se ha desviado y el hombre que parecía ser un símbolo de bendición por parte de Dios en la tierra, ahora ha sido ejecutado por Dios. Puedes leer la historia en 2 de Crónicas 26. Así que "en el año que murió el rey Uzías vi yo al Señor." Dios les da esperanza al permitirle tener una visión de Él. Esto es una visión en la que nos dice "yo vi al Señor." Esto no es una experiencia emocional; esto es una experiencia humana. Esta es una revelación divina en la categoría de lo que llamamos visión. Es una realidad, pero es una realidad espiritual no una realidad física. Es algo que ve la mente, los ojos ven en un sentido espiritual, pero no es un sueño, es una revelación divina. No es una realidad en el sentido que en el que nosotros conocemos la realidad. Y no puedo decirte más acerca de esto, es la revelación de Dios por medio de los sentidos a través de imágenes que no son ni un sueño ni una realidad normal, pero fueron dados por Dios. Pero él "vio al Señor," y aquí se encuentra la parte importante: él lo vio "sentado sobre un trono alto y sublime, y sus faldas llenaban el templo."

Sus faldas es la gloria shekinah que sale de Dios, que representa su majestad y su gloria. Y "por encima había serafines; cada uno tenía seis alas; con dos cubrían sus rostros." Aún los ángeles creados no pueden ver totalmente la gloria de Dios y sobrevivir. "Con cubrían sus pies," porque están en suelo santo, "y con dos volaban" como un helicóptero celestial esperando ser enviados conforme a la voluntad de Dios. Y uno de estos serafines clamaban el uno al otro de manera antifonal, "Santo, santo, santo, Jehová de los ejércitos, toda la tierra está llena de su gloria. Y los quiciales de las puertas se estremecieron con la voz del que clamaba, y la casa se llenó de humo."

Él tuvo una visión del templo. En el templo él ve a Dios exaltado, y sublime, elevado; y ve la majestad de Dios, toda la gloria de Dios, la fuerza angelical de Dios está a su alrededor y su santidad está siendo celebrada. El punto es este de manera simple, Dios está diciendo a Isaías nada ha cambiado en cuanto a quién está gobernando. Este es el punto. Dios continúa sentado en su trono, y esto mismo lo podemos decir hoy en día, Dios continúa sentado en su trono y el programa está bajo su control. Él sigue siendo santo, no hace mal. Él sigue siendo majestuoso, omnisciente, no comete errores, tiene perfecta sabiduría, y un perfecto conocimiento. Él sigue siendo el todo poderoso, nadie puede superarlo. Y sin importar lo que esté sucediendo aquí, Él sigue reinando de manera suprema.

Isaías esta consternado con su santidad, por lo que dice, "¡Ay de mí!" usa la palabra que estuvo usando seis veces en el capítulo 5 para pronunciar juicio; así que podemos decir que está pronunciando juicio sobre sí mismo. "Soy muerto; porque siendo hombre inmundo de labios, y habitando en medio de pueblo que tiene labios inmundos." ¿Por qué está diciendo esto? Eres el mejor hombre del pueblo, en la nación. Eres el profeta, cuando hablas, Dios habla. Pero no, él sabe que tiene un corazón perverso, y lo manifiesta en su hablar, él se considera como todos los pecadores. ¿Por qué dice esto acerca de si mismo? "Porque he visto al rey, a Jehová de los ejércitos." Y debo decirles que sin importar lo que esté sucediendo en el mundo, sin importar que tan oscuro pueda parecer, el Señor sigue siendo el Rey. Él sigue siendo absolutamente soberano.

Confesamos que somos pecadores, que nuestro conocimiento es limitado, que nuestra efectividad es limitada, que nuestras capacidades están limitadas por nuestra pecaminosidad. Entonces en un momento, "uno de los serafines, teniendo en su mano un carbón encendido, tomado del altar con unas tenazas; y tocando con él sobre mi boca, dijo: He aquí que esto tocó tus labios, y es quitada tu culpa, y limpio tu pecado." En medio de esta oscuridad, en medio de esta condenación que está siendo pronunciada sobre el mundo de Isaías, él tiene una visión de Dios y Dios lo limpia. Dios lleva a cabo la limpieza de su ser.

¿Qué tipo de personas está buscando Dios en un tiempo de crisis, en una nación en crisis, en un periodo de desastre y juicio? ¿Qué tipo de personas está buscando Dios en este mundo que está al borde del juicio? ¿Qué tipo de personas? Personas humildes quienes reconocen su pecaminosidad y vienen para ser limpiados al altar. El altar al que venimos no es el que se describe aquí sino el altar de la cruz en donde Jesucristo fue sacrificado. Esto es lo que Dios está buscando, no está buscando a las masas, sólo está buscando a los que quieran venir. Veamos el versículo 8, "Después oí la voz del Señor, que decía: ¿A quién enviaré, y quién irá por nosotros?"

¿Qué quiere decir esto? Tengo que enviar a alguien a esa gente. Tengo que enviar a alguien. Hay tiempo antes de que llegue el juicio. Hay algunos años antes de que comience el juicio. Como ya dije esto ocurre alrededor del 740 a.C.; va a ser el 603 antes de que todo comience a suceder y la cautividad inicie. Hay tiempo así que a quién enviaré para que sea la voz de alerta.

"Entonces respondí yo: Heme aquí, envíame a mí." Pienso que esta es la forma en la que debemos ver al mundo en el que vivimos. Es un mundo que se encuentra al borde del juicio. No sabemos cuánto tiempo hay antes de que ocurra el juicio. Pero tenemos que, primero que nada, tener la visión que Dios tiene y comprender que Él continúa estando a cargo de todo; nunca ha abdicado al trono. Sigue siendo soberano, sigue siendo el rey. Se sigue sentando en el trono. Él sigue siendo quien ha sido siempre, Él no cambia, es inmutable. Todo está bajo su control soberano, y todo lo que sucede encaja con su plan.

Pero ¿qué es lo que está buscando a esta hora? Él está buscando a gente que se humilla ante su propio pecado, quien llega para ser limpiado, en nuestro caso por medio de la provisión que nos da Jesucristo, por medio de quien nuestra iniquidad es quitada y nuestros pecados son perdonados. Y quién se levantará y dirá, "Señor, envíame a mí, envíame a esta población que está al borde del juicio." Esto es lo que él anda buscando.

Ahora bien, sin ir a ver todo lo que falta de esto, hay una promesa al final acerca de que las ciudades van a ser "asoladas," en el versículo 11, "sin habitantes." Las casas estarán sin personas. La tierra será finalmente desolada.

El Señor va a enviar a la gente muy lejos de ahí. Va a ser horrible cuando todo esto suceda. Pero habrá una décima parte, habrá una simiente, versículo 13, "habrá una simiente santa."

En otras palabras, Dios ya ha identificado a la gente que le pertenece a Él, ya es una décima parte. Esta es la doctrina del remanente, los elegidos, el renuevo, la simiente santa, para que en nuestro mundo, en nuestro día, para que en nuestro tiempo Dios tenga su semilla, Dios tiene personas, Dios tiene su remanente mientras que el mundo se catapulta hacia el juicio.

¿Y en medio de esto qué es lo que quiere Dios? Él quiere que aquellos que se levantarán para reconocer su pecado, vengan para que sus iniquidades sean quitadas y sus pecados removidos, para que cuando él pregunte, ¿a quién enviaré? Puedan responder, "heme aquí, envíame a mí." No sé cuánto tiempo tenemos. No sé cuántas generaciones quedan antes de que el Señor venga con su holocausto final de juicio del cual esto sólo es un pequeño avance. No sé cuánto tiempo tenemos, pero sé que los propósitos de Dios se cumplirán, y sé que ellos están conectados con lo que está pasando en el mundo y que Dios traerá juicio cuando hay pecado que alcanza niveles épicos. Ya hemos alcanzado ese nivel de acuerdo a Romanos 1. Estamos en donde esta gente estuvo. Dios, basándose en los mismos estándares, prontamente juzgará, y esto es lo que debemos creer. ¿Cuánto tiempo tenemos? No sé cuánto tiempo tenemos, las personas del tiempo de Isaías tuvieron un poco más de cien años; pero no sé si nosotros tengamos también cien años. Pero sin importar el tiempo que tengamos, necesitamos recordar que Dios continúa en su trono, y que él nos está llamando para ser un tipo de personas que vayan al remanente que está afuera y los juntemos para salvación. Esta es la manera en la que enfrentas al mundo en el que vivimos, sin importar a que se parezca este.

Si revisas la historia temprana de Israel, o bien cualquier etapa de historia del mundo en cualquier lugar, y el mundo siempre ha sido un lugar peligroso para vivir. Siempre ha habido ciclos de juicio; está ha sido la historia de la humanidad. La gente vive como en Romanos 1 una y otra vez a través de toda la historia de la humanidad y acaba en juicio, destrucción y muerte. Pero Dios siempre ha llamado a un ejército de personas que irán en su nombre para alcanzar a la simiente santa, al remanente, con el evangelio y los juntarán para que formen parte del pueblo santo.

En este sentido nada ha cambiado; sólo existe una gran urgencia acerca de estas cosas en nuestro tiempo. Queremos ser este tipo de personas.

Oración final

Padre, te agradecemos porque nos has salvado, esto va más allá de nuestra comprensión. Te bendecimos y te alabamos porque nos has dado la salvación en Cristo. Te agradecemos porque tú nos has hallado y nos has puesto un carbon en los labios para quitar nuestra iniquidad y nuestros pecados, porque nos has dado el perdón por medio de Cristo. Gracias por habernos puesto en este mundo como el ejército que usas para juntar a los tuyos, para que seamos los hermosos pies de los que anuncian el evangelio. Señor úsanos de esa manera y abre nuevas puertas para nosotros conforme los tiempos se hacen más difíciles, conforme el mundo se pone más oscuro, permite que podamos ser las luces que alumbran, para que como Cristo dijo, podamos ser la luz del mundo. Gracias por usarnos. Amén.

REFLEXIONES PERSONALES

16 de Septiembre, 2012

06_Jonás: El Mejor Relato del Mundo Acerca de un Pez

Vino palabra de Jehová a Jonás hijo de Amitay, diciendo: Levántate y ve a Nínive, aquella gran ciudad, y pregona contra ella; porque su maldad ha subido hasta mí. Pero Jonás se levantó para huir de la presencia de Jehová a Tarsis, y descendió a Jope, y halló una nave que partía para Tarsis; y pagando su pasaje, entró en ella para irse con ellos a Tarsis, lejos de la presencia de Jehová. Pero Jehová hizo levantar un gran viento en el mar, y hubo en el mar una tempestad tan grande que se pensó que se partiría la nave. Y los marineros tuvieron miedo, y cada uno clamaba a su dios; y echaron al mar los enseres que había en la nave, para descargarse de ellos. Pero Jonás había bajado al interior de la nave, se había acostado, y dormía profundamente. Y el patrón de la nave se le acercó y le dijo: ¿Qué haces aquí, dormilón? Levántate, y clama a tu Dios; quizás él se acordará de nosotros, y no pereceremos... Él les respondió: Tomadme y echadme al mar, y el mar se os aquietará; porque yo sé que por mi causa ha venido esta gran tempestad sobre vosotros... Así que tomaron a Jonás, y lo echaron al mar; y el mar se aquietó de su furor. Y temieron aquellos hombres a Jehová con gran temor, y ofrecieron sacrificio a Jehová, e hicieron votos. Pero Jehová tenía preparado un gran pez que se tragase a Jonás; y estuvo Jonás en el vientre del pez tres días y tres noches.

Jonás 1:1-6, 15-17

BOSQUEJO

— Introducción

— Oración final

Notas personales al bosquejo

SERMÓN

Introducción

Abramos nuestra Biblia en Jonás, este libro contiene solo cuatro capítulos y es considerado uno de los profetas menores. Ustedes ya conocen la historia, el capítulo con el que abre Jonás. Está colocado en medio de una intensa tormenta, una intensa tormenta en realidad. Los meteorólogos modernos han documentado el desarrollo de ciclones tropicales en el Mar Mediterráneo, que es justamente donde ocurre esta. Sabemos que una tempestad muy violenta, de acuerdo a los registros meteorológicos, puede alcanzar una velocidad de 150 kilómetros por hora, esto es a nivel de huracán e incluso mayor, y puede crear olas como resultado de esos vientos, estos son vientos atemorizantes y horribles. Este es el tipo de tormenta que podemos asumir que estaba ocurriendo en la historia de Jonás. Pero en realidad sabemos que esta era algo cualitativamente diferente que eso.

Vayamos al capítulo 1 para comprender cómo era en realidad esta tormenta. Podemos comenzar en el versículo 4, "Pero Jehová hizo levantar un gran viento en el mar, y hubo en el mar una tempestad tan grande que se pensó que se partiría la nave." Esta no es una tormenta natural, es una tormenta sobrenatural. No es una que fue generada básicamente por causas de la naturaleza; esta fue generada por Dios mismo. Esta es una tormenta violenta que Dios creó de manera sobrenatural.

Y sin duda, los marineros experimentados que estaban en el barco junto con Jonás habían visto otras tormentas y se habían encontrado con muchos desafíos al tratar de navegar por el Mar Mediterráneo en otras ocasiones. Sin duda, podemos decir, que ellos habían sobrevivido en historias de otras horribles tormentas en el pasado, y probablemente se lo decían unos a otros. Pero esta tormenta que golpeó al pequeño barco era algo muy grande, era como una barricada de agua sobre ellos, algo que nunca antes habían visto. Las tablas que formaban parte del barco comenzaban a separarse y astillarse bajo la tremenda presión que se ejercía sobre el barco cuando rompían las olas, y ola tras ola, chocando con el casco, la tensión era visible en todos, estaban en pánico, incapaces de hacer algo por sí mismos. Ellos clamaron en una acción desesperada. Debieron percibir esta tormenta como algo sobrenatural y como algo personal. Ellos pudieron pensar que algún dios estaba ofendido. Incluso pudieron pensar que no había una explicación natural para esta tormenta, por lo que sólo había una explicación sobrenatural.

Así es como la historia de Jonás se desarrolla teniendo como escenario de fondo esta tormenta. Pero antes de que veamos la tormenta, vayamos de regreso al inicio del libro, brevemente, y veamos cómo fue que el profeta fue comisionado, en los versículos 1 y 2. "Levántate y ve a Nínive, aquella gran ciudad, y pregona contra ella; porque ha subido su maldad delante de mí."

Aquí es donde el profeta es comisionado para ir y pregonar en contra de Nínive. El mandato es claro, sin posibilidad de error, ve y predica un mensaje de juicio, predica un mensaje de advertencia; diles que Dios los va a juzgar. Nínive es la ciudad capital del Imperio Asirio, y esta es su comisión.

Todos conocemos su respuesta, él se va en otra dirección, leemos en el versículo 3, "Y Jonás se levantó para huir de la presencia de Jehová a Tarsis, y descendió a Jope, y halló una nave que partía para Tarsis; y pagando su pasaje, entró en ella para irse con ellos a Tarsis, lejos de la presencia de Jehová." Esta fue su respuesta; su reacción fue huir, salir huyendo en otra dirección, huir tan lejos como fuera posible ir. Él no quiere tener nada que ver con ir a Nínive y menos predicar a los ninivitas. Así que prefiere ir en una dirección completamente opuesta a la que Dios le dijo que fuera. Él no tiene interés en obedecer a Dios de ninguna manera.

¿Por qué? Parece que básicamente él es un racista. Es un racista con una actitud pésima. Simplemente es un profeta con una actitud mala, es un profeta melancólico, un profeta mal humorado. Y él no tiene interés alguno en ser obediente a Dios. Se va en dirección opuesta a la que Dios le dijo que fuera.

Así es como inicia nuestra historia como ya saben. Jonás está huyendo en la dirección opuesta y es entonces cuando llega la tormenta. La tormenta tiene como intensión captar la atención de Jonás, como ustedes también saben. Y para que Dios pueda captar la atención de Jonás también tiene que captar la atención de los marineros gentiles quienes están conduciendo al barco. Pero ahora veamos a Jonás.

En los versículos 4-5, "Pero Jehová hizo levantar un gran viento en el mar, y hubo en el mar una tempestad tan grande que se pensó que se partiría la nave. Y los marineros tuvieron miedo, y cada uno clamaba a su dios; y echaron al mar los enseres que había en la nave, para descargarla de ellos" —si tan solo pudieran hacer que el barco flote un poco más afuera del agua, hay menos probabilidades de que se llene de agua— "Pero Jonás había bajado al interior de la nave, y se había echado a dormir." Tuvo que estar muy cansado para que pudiera dormir en una situación como esta, pero ahí estaba profundamente dormido en la bodega del barco. El barco estaba dando saltos, giros, y tronando, pero Jonás está completamente dormido.

Así que el capitán se le acerca y le dice, "¿Cómo puede ser que tú estés dormido?" Ésa sería la pregunta que yo le haría, pero en realidad no hay una respuesta. "Levántate, y clama a tu Dios; quizá él tendrá compasión de nosotros, y no pereceremos. Y dijeron cada uno a su compañero: Venid y echemos suertes, para que sepamos por causa de quién nos ha venido este mal." ¿Quién es el responsable? El punto es este: en el paganismo alguien dentro de este barco ha ofendido a Dios. Necesitamos encontrar quién es y así él podrá hacer algo para apaciguar a su ofendido Dios. "Y echaron suertes, y la suerte cayó sobre Jonás." Por la providencia de Dios fue Jonás sobre quien cayó la suerte de entre este grupo que trata de responder a su duda por medio de suertes. Eso es solo una forma singular por medio de la cual pueden encontrar al responsable, este era un método primitivo, un método pagano, pero Dios lo usó para señalar directamente a Jonás.

Esto hizo que Jonás fuera identificado como el responsable de haber hecho enojar a Dios, o a los dioses, para que llegara esta tormenta tan amenazante para ellos. Entonces ellos van con Jonás para confrontarlo. La confrontación está en el versículo 8. "Entonces le dijeron ellos: Decláranos ahora por qué nos ha venido este mal. ¿Qué oficio tienes, y de dónde vienes? ¿Cuál es tu tierra, y de qué pueblo eres?"

¿Quién eres tú? Están tratando de resolver quién es este y de dónde viene, con qué está asociado, literalmente están escarbando para llegar al fondo de todos estos asuntos que los tienen atemorizados. Ahora pongamos la historia toda junta. A Jonás se le había dicho que fuera a Nínive, una gran ciudad, y que pregonara en contra de esa ciudad a causa de su maldad. Ahora él era un profeta, recuerden, este es un profeta. ¿Cuál es la función de los profetas? Predicar, advertir, pronunciar juicio, llamar a la gente al arrepentimiento; todo esto es un profeta. Esto es lo que los profetas hacen.

Pero en lugar de dirigirse hacia Asiria y a su capital Nínive, él se sube a un barco para irse a la parte más oeste del Mediterráneo. Tarsis es esencialmente Gibraltar. Se va hasta el extremo más lejano del Mediterráneo, justo en donde sus aguas desembocan al Atlántico. Pero muy pronto encontró lo que nos dice el Salmo 139, que, si nos fuéramos a la parte más remota del mar, ahí está Dios. Él no quiso ir a la capital de Asiria, la cual estaba claramente hacia el este, dentro de desierto ya cerca del rio Tigris y, por cierto, era una metrópolis excepcionalmente grande. Es en donde está la moderna Iraq; eso era Asiria, Nínive.

Tenía una población muy grande para aquellos tiempos, esto es realmente sorprendente, una población de 600,000 personas; era una ciudad excepcionalmente grande. Fue construida originalmente por un hombre llamado Nimrod. Recordarán este nombre desde Génesis 10 y 11. Nimrod era el bisnieto de Noé. ¿Recuerdan que construyó para ser tan famoso? La torre de Babel, lo que provocó que las lenguas de la tierra fueran confundidas como señal de juicio. Nínive era la más grande capital pagana. Y todo ninivita o todo asirio, era, según el juicio de Jonás, un enemigo pagano que representaba todo el mal y todo lo que Israel odiaba. Nínive era malvada al grado que era admirable por ello. Los asirios eran brutales, eran depravados, masacraban a sus enemigos, mutilaban a los que se llevaban cautivos, eran conocidos por desmembrar y por decapitar y por quemar a la gente viva. Tenían formas sangrientas e indescriptibles de tortura tanto que era el comportamiento que los distinguía de sus enemigos. Ellos representaban, y estuvieron representando por largo tiempo, un claro peligro a la seguridad nacional de Israel. Y añadiendo a nuestra historia, unas décadas después de la misión de Jonás, los asirios conquistarían a las tribus del norte de Israel y se los llevarían cautivos, en el 722 a.C.

Ellos han sido un enemigo, y en el futuro ellos serán un enemigo devastador, que desaparecerá a las tribus del norte haciendo que ya no se sepa de ellas como tribus. Nunca regresarán de la cautividad asiria. Jonás ministraba en el reino del norte, conocía la amenaza asiria y los odiaba. Su ministerio fue durante el reinado del Jeroboam II, del 793 al 758. No quería tener nada que ver con los asirios. Y sorprendentemente, él no quería que los asirios se arrepintieran.

Cuando tú no quieres que alguien se arrepienta, esto dice que tienes un odio muy grande enraizado. Esto es un sinónimo de un odio muy grande enraizado dentro de ti. Él no quería llevar un mensaje de que había esperanza de gracia para estos enemigos paganos, una civilización de terroristas violentos y asesinos con cualquiera que se entrometiera en su camino. Él quería que Dios los juzgara, quería que Dios los destruyera; tenía un odio agresivo en contra de esta gente. Y me temo que es algo parecido al odio que muchos cristianos de hoy tienen en contra de los musulmanes. Desde luego que Dios conocía completamente la iniquidad de Nínive y, como ya dije, un siglo después de Jonás y del arrepentimiento de los ninivitas durante el ministerio de Jonás, el Señor vendrá y los condenará porque son la nación que tomó a Israel cautivo. Él los condenaría por medio del profeta Nahúm; otro profeta que llegaría cien años después y que profetizaría juicio contra ellos. Y en ese tiempo, Nahúm acusará a Nínive por su arrogancia, por su engaño, por su idolatría, sensualidad y violencia.

Así que cien años después, Dios destruiría a los ninivitas. Pero Dios tiene planes de salvación para la generación que vive en el tiempo de Jonás; esto nos da una maravillosa mirada a los propósitos soberanos de Dios. Por esto Jonás estaba comisionado para entregar este mensaje. Pero el profeta rebelde no quería ver que los enemigos de Israel recibieran misericordia de parte de Dios. De hecho, sabía que el Señor perdonaría a los ninivitas si ellos se arrepentían. Vayamos al capítulo 4:2, "Y oró a Jehová y dijo: Ahora, oh Jehová, ¿no es esto lo que yo decía estando aún en mi tierra? Por eso me apresuré a huir a Tarsis; porque sabía yo que tú eres Dios clemente y piadoso, tardo en enojarte, y de grande misericordia, y que te arrepientes del mal." Sé que haces esto, sé que perdonarás a esta gente, y no pude soportar pensar en esto.

Esto es racismo, esto es algo grave para un profeta. Sabes, si yo estuviera encargado de decidir quién pudiera ser profeta, yo diría, "estás descalificado;

voy a buscar a otro." Pero a Dios le encanta usar a las personas más insospechadas para cumplir sus propósitos.

Bien, Jonás sabía que Dios era compasivo y lleno de amor y misericordia, pero él no quería que Dios actuara de manera misericordiosa con los ninivitas, así qué se subió al barco y se fue al oeste, al lado opuesto. Sabía cuál era su misión; rehuyó a su deber. Lo que pensamos es que Dios simplemente lo debió desechar, descalificarlo como si fuera un profeta en desuso y decir, "estás acabado, tu carrera se terminó. Voy a encontrar a otro; hay muchos otros de entre los que puedo escoger, no necesito a este tipo."

Pero aquí tenemos nuevamente esta maravillosa realidad de que a Dios le gusta usar a las personas más inusuales, incluso a los menos calificados. Y en este caso, Jonás es una especie de microcosmos de toda la falla nacional. Jonás era un tipo de síntoma viviente de la desgracia nacional. Los judíos, el pueblo de Dios, había sido puesto como una nación que testificaría al mundo. Ellos debían declarar al mundo al único Dios vivo y verdadero. Ellos debían llevar el mensaje del único Dios vivo y verdadero al mundo politeísta, o debo decir al mundo polidemonista. Ellos debían ser luz para los gentiles. Eran el pueblo escogido, no eran el fin, sino el medio para el fin. Debían ser una nación de misioneros. Debían ser celosos de que las otras naciones amaran y adoraran al verdadero Dios. Todos ellos debían dar un testimonio corporativo de la grandeza de la bondad, la grandeza del poder y de la grandeza de la misericordia de Dios demostrada por medio de sus vidas, y así declarar que su Dios era el Dios verdadero para todo el mundo e invitar al mundo para que conociera el Dios vivo y verdadero. Pero en lugar de esto, ellos se volvieron racistas y llenos de odio hacia los demás, y esta fue la razón por la que Dios permitió que los asirios vinieran y aniquilaran completamente a las tribus del norte.

Dentro de la nación de misioneros, Dios seleccionó a ciertos profetas específicos para que guiaran la tarea misionera. Y su responsabilidad era proclamar al verdadero Dios más allá de Israel. De hecho, si recorres desde Isaías donde comienzan los profetas del Antiguo Testamento, y hasta Malaquías, pasando por los cinco profetas mayores y los doce profetas menores, si recorres a todos estos profetas, encontrarás que ellos no sólo profetizaron al reino de las tribus del norte y al reino de las tribus del sur, sino que también profetizaron profecías concernientes a Amón, Asiria, Babilonia, Edom, Egipto, Elam, Medo Persia, Moab, Filistea, Fenicia, Siria, Tiro y a todas las naciones.

Ministraron primariamente dentro de las fronteras de Judá e Israel: Judá, el reino del sur; Israel el reino del norte. Ministraron dentro de sus fronteras, pero también dieron profecías y declaraciones directamente a las naciones que los rodeaban. El llamado a Jonás era único, él debía salir de su nación e ir a Nínive, lo cual era inusual para un profeta, ya fuera que dejara

Judá o Israel. Él profetizó acerca de las naciones y en contra de las naciones de afuera, pero en el caso de Jonás, la realidad es que él fue llamado para ir a la capital de Asiria. Israel no sólo falló en ser una nación misionera, sino que rechazó a los profetas que Dios les envió. Jesús dijo, "Israel, tú que matas a los profetas, que apedreas a los profetas, fallaste en tu tarea misionera, y tu Dios puso hombres que fueran llamados para hacerte cumplir tu llamado misionero, pero tú los odiaste y los mataste."

Así es como se desarrolló una horrible tragedia en la tierra de Israel, como sería un poco tiempo después en la tierra de Judá. Como una persona infiel, arrogante, apática, la gente fue atrapada en no otra cosa que una adoración superficial a Dios. Al mismo tiempo, la adoración de ídolos y viviendo como ellos querían vivir, ellos fallaron en hacer aquello que Dios les había llamado a hacer, y fallaron en escuchar a los mensajeros que Dios había enviado. Jonás, de alguna manera, se hizo de esta mentalidad anti evangelio, pero él es un profeta. Se suponía que él debía llamar a la gente a cumplir con este ministerio de proclamar al Dios verdadero entre las naciones. Pero por el contrario, él está rechazando cumplir con ello.

Pienso que, en un sentido, Jonás fue enviado a Nínive para avergonzar a Israel. Y podrán decir, ¿Qué quieres decir con esto? Que cuando él fue, toda la ciudad se arrepintió y creyó, fue perdonada y redimida. Y qué reprimenda la que llegó a aquellos judíos que solamente tenían un rechazo total hacia ellos, amargura y odio hacia todas las naciones que estaban alrededor de ellos, y fueron infieles en llevar el mensaje del Dios verdadero y misericordioso a esas naciones. Que reprimenda fue encontrar que, si tú lo hubieras hecho, esta hubiera sido la respuesta que encontrarías. La ciudad de Nínive que era odiada por ellos, se arrepintió con la predicación de un profeta que rehuía a su llamado. Recordarán ustedes que Jesús uso a Nínive para amonestar a los fariseos incrédulos de su día, quienes rechazaban arrepentirse ante la predicación de el más grande de los profetas, con toda la evidencia de que Él era el Señor y el Mesías. Si los odiados se arrepentirían en Nínive por medio de la predicación de un profeta racista, que estaba en contra, que estaba con mala actitud; ellos van a estar mejor en la eternidad que los fariseos quienes no se arrepentirían cuando el Señor Mesías los llamó en persona. Así que esto es como una doble represión en contra del judaísmo, un regaño a ellos en el tiempo del profeta y en el tiempo de Cristo.

Ahora la mayor parte de los cristianos conocen los nombres de los profetas hebreos. Conocen a Isaías, Jeremías y a Ezequiel. Conocen a Oseas, Joel, Amós, Abdías, Jonás, Miqueas, Nahúm, Habacuc, Sofonías, Hageo y Malaquías, son nombres familiares porque se encuentra dentro de la Biblia. Pero no todos sabemos mucho acerca de su mensaje. Incuso algunas personas dicen, "es un profeta menor." Es un profeta menor en el sentido del tamaño de su mensaje. Pero no son menos importantes que los profetas mayores; su mensaje simplemente es más corto. Ninguna palabra de Dios es menos importante que otra palabra de Dios. Jonás, sin embargo, es uno de los profetas menores, como es normalmente llamado, todos saben de él por su sorprendente papel en su historia. Retraído, actuando a regañadientes, recalcitrante, racista, pensaríamos que Dios simplemente se desharía de él y buscaría a otro. Pero Dios no hace eso.

Vayamos al capítulo 1:11 y retomemos la historia. Los marineros dijeron, "¿Qué haremos contigo para que el mar se nos aquiete? Porque el mar se iba embraveciendo más y más." Y ahora ellos saben que este hombre está desobedeciendo a Dios y todos son de una sola opinión en su pagana superstición: "veamos si al hacerle algo a él esto pacificará al Dios que ha sido ofendido y la tormenta se calma." Él les dijo, "Tomadme y echadme al mar, y el mar se os aquietará; porque yo sé que por mi causa ha venido esta gran tempestad sobre vosotros."

Tiene razón, lo sabe, entiende que esto es obra directa de Dios. ellos rechazan hacer eso. Por lo que vemos que tienen cierta cantidad de amor humano, y en realidad ellos no quieren hacer esto. Los hombres remaron desesperadamente en el versículo 13 para regresar a tierra, pero no pudieron porque el mar se hacía más furioso en su contra. Entonces ellos clamaron al Señor y dijeron, "Te rogamos ahora, Jehová, que no perezcamos nosotros por la vida de este hombre, ni pongas sobre nosotros la sangre inocente; porque tú, Jehová, has hecho como has querido." Ahora comprenden quien es el Dios de Jonás, el Señor. Y están orando al Señor diciendo, "mira, nosotros no queremos tirar a este hombre al agua porque eso será como poner sangre en nuestras manos, y entonces seremos culpables y estaremos en problemas. No queremos echarlo al agua."

"Sin embargo," dice el versículo 13, "aquellos hombres trabajaron para hacer volver la nave a tierra; mas no pudieron, porque el mar se iba embraveciendo más y más contra ellos." Sus oraciones no los iban a ayudar, por lo que el versículo 15 dice que finalmente: "tomaron a Jonás, y lo echaron al mar; y el mar se aquietó de su furor."

Entonces hubo un reavivamiento dentro del barco. "Y temieron aquellos hombres a Jehová con gran temor, y ofrecieron sacrificio a Jehová, e hicieron votos." No conocemos todo lo que sucedió ahí, pero pienso que cuando Jonás les explicó a ellos quien era Dios, ellos escucharon y comprendieron. Y cuando vieron esa demostración milagrosa de parte de Dios cuando hizo cesar la tormenta, ellos entendieron que este era el verdadero Dios. Nunca antes habían visto algo así porque ninguno de sus falsos dioses podía realizar milagros. Ellos se convirtieron ante el mensaje que Jonás les dio. Esto nos dice que puede ser que vayamos a conocer a estos marineros en el cielo.

Bueno, pero mientras tanto, encontramos a Jonás, "Pero Jehová tenía preparado un gran pez que tragase a Jonás; y estuvo Jonás en el vientre del pez tres días y tres noches."

Sabemos que hubiera sido más simple deshacerse de Jonás. Quiero decir, ¿por qué pasar por todos estos problemas? No sé, en cierto sentido, por todos los esfuerzos que Dios tuvo que pasar para crear a este tipo de pez, lo suficientemente grande como para que un hombre pudiera flotar dentro de su estómago. No sabemos muchos detalles acerca de esto excepto que sabemos que hay una palabra en hebreo para ballena y que esta no es la palabra usada aquí. Así que no es algún tipo de mamífero de sangre caliente; este es algún tipo de pez, frío y mojado, inimaginable e indescriptible. Pero él estuvo dentro del pez durante tres días, hacinado en la oscuridad húmeda, en olor sofocante, en medio de los ácidos gástricos de los peces que van comiendo su piel, un pez en constante movimiento, con presiones cambiantes en las diferentes profundidades del océano, algo absolutamente nauseabundo. El hecho de que él esté dentro de un pez es algo absolutamente milagroso, que el pez estaba preparado para él. El hecho de que él sobreviviera dentro del pez es también algo milagroso. No me pregunten acerca de cómo fue que respiró; no sé nada al respecto. Pero lo que sí sé es que está siendo humillado. Conocen su oración, la vimos hace algunas semanas. Él dice, "Clamé al Señor en medio de mi calamidad, y él me respondió. Clamé pidiendo ayuda desde la profundidad del Seol." Parece que está mirando en retrospectiva y recordando su oración en el pasado conforme está escribiendo esto. Está repasando su oración. "Me has lanzado al abismo, dentro del corazón del mar, y la corriente me atrapó y las mareas pasaron sobre mí. Así que dije, he sido apartado de tu vista. Sin embargo seguiré mirando hacia tu santo templo."

Él pensó que cuando entrara al agua esto terminaría conforme él caía en lo más profundo del mar agitado. Entonces cuando se ve sobreviviendo lo primero que hace es orar. "Y me rodeó la corriente; Todas tus ondas y tus olas pasaron sobre mí. Las aguas me rodearon hasta el alma, El alga se enredó a mi cabeza. Descendí a los cimientos de los montes; La tierra echó sus cerrojos sobre mí para siempre; Mas tú sacaste mi vida de la sepultura, oh Jehová Dios mío. Los que siguen vanidades ilusorias, Su misericordia abandonan. Mas yo con voz de alabanza te ofreceré sacrificios; Pagaré lo que prometí. La salvación es de Jehová."

Está teniendo un momento de adoración delante del Señor. Como yo mencione hace algunas semanas, no vemos ninguna petición especifica aquí, pero si hay un clamor desesperado en esta situación. Lo que él hace es adorar y sabe que Dios es su única esperanza. Y aquí hace un compromiso con Dios, sacrificaré a ti con voz de alabanza, haré lo que he prometido, lo pagare. La Salvación es del Señor.

"Si me salvas de esta Señor, te serviré, cumpliré aquello que te prometí. El voto que yo hice ante ti cuando te confesé como mi Señor y mi Dios." Estando en esas circunstancias sofocantes e inimaginables es cuando él hace esta sorprendente oración. El hombre que rechazaba extender la misericordia a Asiria a pesar de que Dios lo mandaba, ahora sabe que Dios es mejor que Dios le extienda la misericordia a él o no tiene ningún futuro. Él quiere tener al Dios de gracia, y al Dios de compasión, y al Dios de misericordia.

Y él sabe que su única esperanza se encuentra en la bondad de Dios. y Dios, fiel a su personalidad, extiende su gracia y contesta su oración en el versículo 10 diciendo, "Y mandó Jehová al pez, y vomitó a Jonás en tierra." No sé cómo le hizo el pez para llegar hasta tierra firme, o no sé si el pez lanzó a Jonás desde lo lejos cuando lo vomitó, pero el hecho es que se nos dice que él llegó a tierra firme. Estaba sin duda cerca de la muerte. Sumergido en lo profundo del océano se acerca a Dios con un corazón deseoso de adorar, alabar a Dios, y le promete que será fiel. Mojado, despeinado, lleno de saliva, en una condición horrible llega a la playa. Pero ahora se ha arrepentido.

¿Puede Dios usarlo en este punto? Aparentemente sí, y esto nuevamente es lo que lo convierte en un héroe inconcebible porque el Señor lo vuelve a comisionar. Veamos 3:1, "Vino palabra de Jehová por segunda vez a Jonás"—volvamos a comenzar, apliquemos el botón de reiniciar—"diciendo: Levántate y ve a Nínive, aquella gran ciudad, y proclama en ella el mensaje que yo te diré." Levántate ve a Nínive y haz lo que te dije la primera vez. Predica el mensaje que yo te diré.

Así que en está ocasión el versículo 3 dice, "Y se levantó Jonás, y fue a Nínive conforme a la palabra de Jehová. Y era Nínive ciudad grande en extremo, de tres días de camino." Como dije antes, Nínive se encuentra a las orillas del río Tigris. Pienso que a unas 500 millas al noreste de Israel. De acuerdo con los historiadores, tenía muros espectaculares; la ciudad estaba rodeada por 12 kilómetros de paredes. El resto de la ciudad tenía una circunferencia que se extendía 24 kilómetros alrededor, era una metrópolis muy grande. El nombre Nínive se piensa que proviene de *ninus*, la cual pudiera ser una derivación de Nimrod, y quiere decir "la residencia de Nimrod." O *nunu*, que en Acadio significa "pez." Es muy probable que fuera "la ciudad del pescado", por lo que el nombre sería apropiado.

¿Por qué llamarían a su ciudad "la ciudad del pescado" si estaba a 800 kilómetros del agua? Bueno, porque ellos adoraban al dios-pez, Nanshe, la hija de Ea, la diosa pez de agua dulce. También adoraban al dios-pez Dagón, quien tenía la cabeza de pez y el cuerpo de hombre. Así que los peces eran de gran importancia para los ninivitas, los peces de agua dulce y estos dioses-pez. Así que cuando Jonás llega tiene una buena historia acerca de un pez para una ciudad que se llama "la ciudad del pescado." Incluso algunos historiadores piensan que Jonás pudo tener apariencia de albino porque los ácidos del estómago del gran pez pudieron haber blanqueado su piel, por lo que cuando llega a Nínive pudo estar extremadamente blanco, casi parecía un fantasma. Tiene esta apariencia cuando cuenta la historia de su pez.

Y bien, el mensaje de Jonás es algo más que una historia de un pez; esto sólo era la entrada. Veamos 3:4, "Y comenzó Jonás a entrar por la ciudad, camino de un día, y predicaba diciendo: De aquí a cuarenta días Nínive será destruida." Nínive será destruida; en cuarenta días Nínive será destruida. Y él continuó diciendo esto todos los días que él caminó. Durante ese tiempo el continuó diciendo esto.

Y entonces en uno de los versículos que más es citado de la Escritura para describir una obra milagrosa monumental de parte de Dios, leemos, "Y los hombres de Nínive creyeron a Dios" (versículo 5). Me encantaría tener más detalles acerca de cómo fue que esto ocurrió. Seiscientas mil personas, personas paganas, que adoraban a Dagón, que adoraban a Nanshe, que vivían vidas de pagana idolatría y todo lo que eso conlleva; siendo viles, malvados, personas malvadas que hacen cosas horribles, que asesinan a otros, que los decapitan, que los desmiembran. ¿Qué tipo de gente para creer en Dios? "y proclamaron ayuno, y se vistieron de cilicio desde el mayor hasta el menor de ellos."

"Y llegó la noticia hasta el rey de Nínive, y se levantó de su silla, se despojó de su vestido, y se cubrió de cilicio y se sentó sobre ceniza. E hizo proclamar y anunciar en Nínive, por mandato del rey y de sus grandes, diciendo: Hombres y animales, bueyes y ovejas, no gusten cosa alguna; no se les dé alimento, ni beban agua; sino cúbranse de cilicio hombres y animales, y clamen a Dios fuertemente; y conviértase cada uno de su mal camino, de la rapiña que hay en sus manos. ¿Quién sabe si se volverá y se arrepentirá Dios, y se apartará del ardor de su ira, y no pereceremos?"

Un caballero llegó a mí esta mañana después del primer servicio y me dijo, "sabe, estoy muy preocupado por mi salvación." Yo le pregunte, ¿por qué? Y dijo, "porque creo que la única razón por la que quiero ser salvo es para no ir al infierno."

Y mi respuesta fue, "eso es suficientemente bueno. Puedes madurar al punto donde ves las bendiciones positivas de ser un creyente, y madurarás al punto donde amarás al Señor con todo tu corazón, alma, mente y fuerza, al menos en un sentido relativo, y entonces desearás honrar y servir a Dios, y entonces el amor vencerá al miedo. Pero el temor es donde todos comenzamos." Esto nos habla de que pierden el punto quienes evangelizan hoy en día diciendo con frecuencia, "Dios te ama con un amor incondicional; ¿no quieres ser amado por Dios?" no comprendo. Los profetas, Jesús mismo, y Juan el Bautista—quien dijo, "¡Oh generación de víboras! ¿Quién os enseñó a huir de la ira venidera?"—siempre introdujeron el mensaje de gracia y perdón junto con la advertencia al pecador de las consecuencias de su pecado. Cientos de miles de personas en Nínive se convirtieron al Señor en arrepentimiento.

Ha habido todo tipo de personas que han intentado explicar esto. Los comentaristas liberales dicen, "bueno, ha habido derrotas militares recientes que hacen que la gente tema." Otro escritor dice que hubo terremotos y eclipses que hicieron que muchos estuvieran aterrorizados. Alguien más sugirió que hubo disturbios civiles. Pero no existe ninguna forma de explicación natural para una conversión masiva de cientos de miles de personas. La única posible es una explicación sobrenatural, y simplemente es que Dios determinó salvar la ciudad en aquella generación. Y él usó a un profeta rebelde para llamar a un pueblo rebelde a la fe en Él Mismo. Esta es una historia sorprendente y maravillosa.

Y el rey se incluye en esto. Su nombre, muy probablemente, es o Adadnirari, para aquellos de ustedes que estén interesados en la historia, o bien, Assurdan III; conocemos estos nombres al estudiar historia antigua. Cualquiera que haya sido su nombre, él cambio sus ropajes reales por cilicio y ceniza, y se humilló a sí mismo en un despliegue público de lamento. Y toda la ciudad hace lo mismo, y es así cuando llegamos al versículo 10, "Y vio Dios lo que hicieron, que se convirtieron de su mal camino; y se arrepintió del mal que había dicho que les haría, y no lo hizo." Dios les mostró su misericordia de manera impactante por medio de un profeta profundamente antagónico, amargado, racista y defectuoso, a quien Dios usó como el instrumento humano para una de las manifestaciones masivas de expresión de su divina gracia en la historia. Jonás es ciertamente un héroe inconcebible.

Pero la historia concluye de la manera más extraña. Podríamos pensar que Jonás regresaría a Israel y les contaría, "hermanos les voy a contar lo que me pasó. Les digo que en verdad tienen que escuchar la historia." Toda la ciudad de Nínive se arrepintió, toda la ciudad, incluso el rey, todos y cada uno de ellos. Todos ellos se pusieron cilicio y ceniza como un símbolo de humillación. Ustedes creerían que él regresaría y les contaría, basado en su credibilidad como profeta, toda la historia. La mayor parte de los misioneros estarían eufóricos con esto; no podrían contenerse por nada del mundo para contar esto. Pero Jonás, leamos 4:1, "Pero Jonás se apesadumbró en extremo, y se enojó." ¿No es esto muy extraño?

Esto es increíble, y es aquí cuando dice al Señor, "¿no es esto lo que yo decía estando aún en mi tierra? Por eso me apresuré a huir a Tarsis; porque sabía yo que tú eres Dios clemente y piadoso, tardo en enojarte, y de grande misericordia, y que te arrepientes del mal." Esto es algo que está muy dentro de él, vean el versículo 3, "Ahora pues, oh Jehová, te ruego que me quites la vida; porque mejor me es la muerte que la vida." ¡¡¡¿Qué?!!! "Mátame, no puedo soportar que los Asirios se hayan convertido. Esto es la peor pesadilla." Sí, esta es la actitud del profeta. Él tuvo una muy mala actitud al principio; puedes ver que era realmente mala pues este es el final. Él quería que Dios lo matara desde el comienzo, "láncenme al agua." Quería que lo mataran. Porque de esta manera él no iría a Nínive, pero el Señor no permitió que sucediera eso y sobrevivió. Ahora está de regreso en Nínive y una vez más quiere estar muerto.

Al parecer él está lleno de perjuicios, orgullo, y no puede tolerar la magnitud de la gracia de Dios hacía una nación bárbara. No quiere tener nada que ver con esto, preferiría estar muerto a que esta gente se convirtiera a Cristo, o bien que se convirtiera a Dios. Esto se ha agravado hasta el extremo, lo que él hubiese preferido era pregonar destrucción, subirse a un monte, esperar cuarenta días y ver como llegaba la destrucción y deleitarse en cada minuto de ella.

Así que en el versículo 3 dice, "quítame la vida." Pero el Señor le dice en el versículo 4, "¿Haces tú bien en enojarte tanto?" ¿Tienes alguna razón para ello? No hay una respuesta a esto, desde luego que no la hay. Él está simplemente preguntando una pregunta retórica para exponer sus prejuicios. "Y salió Jonás de la ciudad, y acampó hacia el oriente de la ciudad, y se hizo allí una enramada, y se sentó debajo de ella a la sombra, hasta ver qué acontecería en la ciudad." Sí, se va a sentar ahí y esperar lo mejor, y lo mejor es que él sea muerto. Pero él se va a sentar ahí con la esperanza de que Dios les cambie su idea.

¿Por qué haría Dios esto? Jonás espera que su arrepentimiento sea hipócrita, superficial, no real; esta es su esperanza. Espera que ellos reconvengan su pensar y muestren que no es real. "Puede ser que si me siento aquí a esperar sea que Dios los vaya a destruir a todos." Él se encuentra ahí y está con mucho calor, se encuentra en la parte del mundo que puede tornarse extremadamente caliente. Se hace un pequeño refugio que resulta no ser adecuado, así que el Señor, me encanta esto, en el versículo 6, "Y preparó Jehová Dios una calabacera, la cual creció sobre Jonás para que hiciese sombra sobre su cabeza, y le librase de su malestar; y Jonás se alegró grandemente por la calabacera."

Este es un tipo de hombre centrado en sí mismo, ¿no creen? Pero, pudieras decir, ¿Qué hace Dios? Quiero decir, esto es gracia sobre gracia sobre gracia para alguien quien no se merece nada. Él está completamente acalorado, y espera sentado que llegue el juicio sobre Nínive. Piensa y espera que todos ellos sean destruidos. Y Dios le da confort para que no se queme con el sol, por lo que se pone muy contento; pero en realidad está a punto de recibir una lección muy objetiva.

Dios preparó un gusano, Dios creó la planta, y después Dios creó a un gusano. "El cual hirió la calabacera, y se secó." Este es un gusano muy poderoso, actuando en una planta muy grande. "Y aconteció que al salir el sol, preparó Dios un recio viento solano, y el sol hirió a Jonás en la cabeza, y se desmayaba, y deseaba la muerte." Esta es la tercera ocasión en la que él quiere morir. Ustedes y yo hubiéramos dicho eventualmente, "bien, muérete, que sea como tú quieres, simplemente muérete."

Y el Señor le enseñó a él una lección, "Tuviste tú lástima de la calabacera, en la cual no trabajaste, ni tú la hiciste crecer; que en espacio de una noche nació, y en espacio de otra noche pereció. ¿Y no tendré yo piedad de Nínive, aquella gran ciudad donde hay más de ciento veinte mil personas que no saben discernir entre su mano derecha y su mano izquierda, y muchos animales?" Aquí es donde tenemos el número de 600,000 habitantes en la ciudad, porque hay 120,000 niños quienes no saben distinguir entre su mano derecha y su mano izquierda.

Jonás está lleno de desprecio, quiere ver que Dios condene a toda la ciudad a irse al infierno, está centrado en sí mismo. Lo que él está diciendo es, "dame gusto y haz que esta ciudad se condene en el infierno." Esto es tener el enfoque retorcido. Y es por eso que Dios le enseña una lección. "Tuviste compasión por la planta que te hacía estar confortable, y no tuviste compasión de las almas eternas. ¿No debiera Yo tener compasión de Nínive, la gran ciudad?"

Y aquí es donde esto concluye, me gustaría que hubiera algunas palabras finales de parte de Jonás, pero si él hubiera dicho algo, hubiese sido probablemente, "Quiero morir, quiero morir. Simplemente no quiero ver la compasión de Dios revelada."

Así que al final, ¿qué hemos aprendido? Este libro es acerca de Dios. En la superficie es acerca de Jonás, pero detrás de todo es acerca de Dios. ¿Qué nos dice acerca de Dios? bueno, veamos algunas lecciones. Primero que nada, que Dios es el héroe de la historia. Él es el que rescata a Jonás, Él es quien le da a Jonás el mensaje, Él es quien hace que la gente escuche el mensaje, que crean en el mensaje, que se arrepientan y que se conviertan, y que vengan a adorarlo. Todo, todo es absolutamente acerca de Dios.

Pero si ustedes lo ven en sus diferentes partes, primero que nada, es acerca de Dios el Creador soberano. Es Dios, ustedes pudieron ver, quien inicia la tormenta, quien incita a la tormenta. Dios prepara al pez, Dios hace que el pez se trague a Jonás, Dios hace que Jonás sobreviva. Dios hace que el pez vomite a Jonás sobre la tierra firme, es Dios el que está en acción aun antes de que la tormenta inicie, antes de que todo tome su curso. Es Dios quien calma el mar, es Dios quien hace crecer la planta que le da sombra a Jonás, es Dios quien envía al gusano para que se coma la planta. Es Dios quien manda un viento al día siguiente. Es Dios quien hace todo esto, es Dios quien tiene poder sobre la creación. Incluso los marineros paganos reconocieron a Dios como creador. Sorprendentemente, la única persona dentro de la historia que resiste a Dios es Jonás. Los marineros no se resistieron ante Dios. Los ninivitas no se resistieron ante Dios, solo el profeta de Dios. Esto no hizo convencernos de que Dios debió mejor conseguir a alguien más, pero Dios es un Dios que hace cosas poderosas, cosas enormes por medio de personas que desde el punto de vista humano serían descartadas. Y esto nos debiera motivar a todos nosotros ya que todos nosotros tenemos imperfecciones.

Segundo, no solo aprendemos que Dios es el creador quien controla todo de manera soberana, sino que también aprendemos que Dios es el juez supremo. El mensaje que Jonás tenía que dar era el mensaje de Juicio, en cuarenta días Nínive será destruida por la furia divina y por la ira divina. El reconocimiento de su condenación fue inminente, los ninivitas se arrepintieron.

Y esto nos lleva al tercer y final elemento que aprendemos acerca de Dios y es que Dios es un Salvador que obra por medio de la gracia. Su misericordia no está limitada por nuestros perjuicios, por nuestro orgullo, por nuestra indiferencia. Su misericordia, compasión y gracia no está limitada a buenas personas, sino a paganos idolatras, asesinos y brutales.

Estás tres verdades se encuentran en el corazón del evangelio. Dios es el creador de todos nosotros. Hemos pecado en contra de nuestro creador. La ira y el juicio ha sido pronunciado sobre nosotros. Pero se nos ha dado el evangelio, el cual nos ofrece perdón por medio de la fe en el Señor Jesucristo. En realidad, podemos ver el evangelio en el corazón de Dios dentro de la historia de Jonás. El Dios creador, contra el cual pecamos, nos advierte de su juicio y perdona a aquellos que se arrepienten y lo reciben. Oremos.

Oración final

Te agradecemos Padre por esta historia, la historia de Jonás que nos recuerda que Tú eres el creador a quien hemos ofendido y en contra de quien hemos pecado. Tú eres el juez quien ha pronunciado condenación, condenación eterna sobre nosotros, pero tú también eres el Dios que ofrece perdón para aquellos que se arrepienten y creen en el evangelio de Cristo. Te agradecemos, oh Dios, por la provisión que nos diste en Cristo. Te agradecemos por el Espíritu Santo, por habernos dado vida y fe, así como se las diste a los de Nínive para que pusieran su confianza en el único Salvador. Amén.

REFLEXIONES PERSONALES

6 de Diciembre, 1998

07_Una promesa fiel para un sacerdote infiel

¹⁸Dijo Zacarías al ángel: ¿En qué conoceré esto? Porque yo soy viejo, y mi mujer es de edad avanzada. ¹⁹Respondiendo el ángel, le dijo: Yo soy Gabriel, que estoy delante de Dios; y he sido enviado a hablarte, y darte estas buenas nuevas. ²⁰Y ahora quedarás mudo y no podrás hablar, hasta el día en que esto se haga, por cuanto no creíste mis palabras, las cuales se cumplirán a su tiempo. ²¹Y el pueblo estaba esperando a Zacarías, y se extrañaba de que él se demorase en el santuario. ²²Pero cuando salió, no les podía hablar; y comprendieron que había visto visión en el santuario. Él les hablaba por señas, y permaneció mudo. ²³Y cumplidos los días de su ministerio, se fue a su casa.

²⁴Después de aquellos días concibió su mujer Elisabet, y se recluyó en casa por cinco meses, diciendo: ²⁵Así ha hecho conmigo el Señor en los días en que se dignó quitar mi afrenta entre los hombres.

Lucas 1:18–25

BOSQUEJO

— Introducción

— Su respuesta pérfida

— Epílogo

— Oración final

Notas personales al bosquejo

SERMÓN

Introducción

Lucas 1 es nuestro texto, esta es la maravillosa historia de la salvación que registró un médico amado que tenía por nombre Lucas. Lucas es un historiador muy atento, cuidadoso y exigente que llena su historia con el detalle más interesante y es muy cuidadoso para decirnos todo lo que importa en el desarrollo de la historia de la salvación.

Permítanme repasar con ustedes Lucas 1 desde el verso 5, "Hubo en los días de Herodes, rey de Judea, un sacerdote llamado Zacarías, de la clase de Abías; su mujer era de las hijas de Aarón, y se llamaba Elisabet. Ambos eran justos delante de Dios, y andaban irreprensibles en todos los mandamientos y ordenanzas del Señor. Pero no tenían hijo, porque Elisabet era estéril, y ambos eran ya de edad avanzada. Aconteció que ejerciendo Zacarías el sacerdocio delante de Dios según el orden de su clase, conforme a la costumbre del sacerdocio, le tocó en suerte ofrecer el incienso, entrando en el santuario del Señor. Y toda la multitud del pueblo estaba fuera orando a la hora del incienso. Y se le apareció un ángel del Señor puesto en pie a la derecha del altar del incienso. Y se turbó Zacarías al verle, y le sobrecogió temor. Pero el ángel le dijo: Zacarías, no temas; porque tu oración ha sido oída, y tu mujer Elisabet te dará a luz un hijo, y llamarás su nombre Juan. Y tendrás gozo y alegría, y muchos se regocijarán de su nacimiento; porque será grande delante de Dios. No beberá vino ni sidra, y será lleno del Espíritu Santo, aun desde el vientre de su madre. Y hará que muchos de los hijos de Israel se conviertan al Señor Dios de ellos. E irá delante de él con el espíritu y el poder de Elías, para hacer volver los corazones de los padres a los hijos, y de los rebeldes a la prudencia de los justos, para preparar al Señor un pueblo bien dispuesto. Dijo Zacarías al ángel: ¿En qué conoceré esto? Porque yo soy viejo, y mi mujer es de edad avanzada. Respondiendo el ángel, le dijo: Yo soy Gabriel, que estoy delante de Dios; y he sido enviado a hablarte, y darte estas buenas nuevas. Y ahora quedarás mudo y no podrás hablar, hasta el día en que esto se haga, por cuanto no creíste mis palabras, las cuales se cumplirán a su tiempo. Y el pueblo estaba esperando a Zacarías, y se extrañaba de que él se demorase en el santuario. Pero cuando salió, no les podía hablar; y comprendieron que había visto visión en el santuario. Él les hablaba por señas, y permaneció mudo. Y cumplidos los días de su ministerio, se fue a su casa. Después de aquellos días concibió su mujer Elisabet, y se recluyó en casa por cinco meses, diciendo: Así ha hecho conmigo el Señor en los días en que se dignó quitar mi afrenta entre los hombres."

Cuando Dios decide, él puede hablar y actuar en formas increíbles. Cuando Él lo decide, Él puede crear el universo entero en seis días. Cuando Él decide, Él puede inundar el mundo entero, ahogar a toda la raza humana y separar solo a ocho almas y hacerlo con tan solo cuarenta días de lluvia. Cuando Dios lo elige, Él puede enviar una lluvia de fuego y azufre, y enterrar a la ciudad de Sodoma y Gomorra junto con las ciudades de las planicies del mar Muerto. Cuando Dios elige, Él puede dividir el mar de tal modo que dos millones de personas puedan caminar en seco y el ejército que los perseguía ser ahogado instantáneamente cuando hace que el mimo mar que dividió regrese a su lugar súbitamente. Cuando Dios lo elige, Él puede escribir su ley sobre una piedra con su propio dedo, todo esto en una montaña que se está estremeciendo con fuego y azufre saliendo de ella. Cuando Dios lo elige, Él puede alimentar a un pueblo entero con comida que Él crea en el mismo momento como lo hizo con los israelitas en el desierto. Cuando Dios elige, puede hacer salir agua de una roca sólida. Cuando Dios lo elige, Él puede causar que las paredes de una ciudad antigua llamada Jericó caigan instantáneamente al suelo. Cuando Dios lo decide, Él puede abrir la tierra para que se trague a personas. Dios puede hacer cosas sorprendentes, poderosas y masivas.

He estado escribiendo un comentario sobre el libro de Apocalipsis, ya concluí el primer volumen de este, de hecho fue el día de ayer. Y al estar estudiando el libro de Apocalipsis con todos esos tremendos juicios que Dios traerá sobre todo el mundo, recordé el hecho de que Dios no ha acabado de hacer todas estas obras masivas. Llegará un tiempo en el futuro cuando Dios destruya una tercera parte de los océanos del mundo, cuando Él destruirá una tercera parte del agua dulce del mundo, cuando Él destruirá una tercera parte de la vegetación del mundo. Un tiempo cuando esta tierra será devastada y un tercio de su población morirá, de hecho una cuarta parte habrá muerto ya bajo el holocausto que llegará con el tiempo de la tribulación. Llegará un tiempo cuando los cielos se enrollarán como un rollo, cuando el sol se oscurecerá y desde luego que la luna no podrá brillar. Un tiempo cuando la tierra experimenta lluvias de meteoritos, serán tales que ninguno de los profetas del juicio final han podido anticipar. Llegará un tiempo, de acuerdo al apóstol Pedro, cuando Dios causará que los elementos se fundan con un calor abrazador. Este será un acto de des-creación cuando Dios implosione todo el universo y lo reemplace con cielos nuevos y tierra nueva. Cuando Dios quiere hablar por medio de un cataclismo, Él lo puede hacer.

Pero mayormente Dios es el Dios de los comienzos en pequeño. Él es el Dios que trabaja con gente común con las maneras ordinarias de la vida. Pudieras pensar que la historia de la salvación, la historia de la redención, la llegada del Mesías iniciaría con una fanfarria, o bien con algún evento catastrófico; pero la historia de la salvación, la historia de la llegada del Mesías comienza con una pareja común que eran Zacarías y Elisabet. Él no es fácil de identificar al grado que el único adjetivo que se usa para describirlo es que era un sacerdote, ni siquiera uno notable, ni siquiera uno brillante, no era famoso, sólo un sacerdote, que por cierto sacerdotes como él había aproximadamente 18000 en aquel entonces, todos de la línea de Aarón el sumo sacerdote en el tiempo del Éxodo. Había tantos que estaban divididos en 24 órdenes, y a ellos solo se les permitía servir dos semanas al año porque había tantos de ellos y sólo así les tocaba ministrar. Digamos que era un hombre común, casado con una mujer llamada Elisabet quien también descendida de la línea sacerdotal. Ella era la hija de un sacerdote y se le había dado el nombre de Elisabet en honor a la esposa de Aarón, el primer gran sumo sacerdote, cuya esposa tenía este mismo nombre. Así que estaba casado con una mujer que provenía de un trasfondo sacerdotal, y desde luego, ellos compartían una herencia riquísima dentro del judaísmo. Pero en el sentido más amplio ellos eran simplemente gente común. Excepto por las dos semanas que servía en el templo y en las tres fiestas principales de Israel, esto cuando él se encontraba en Jerusalén, el resto del tiempo el sólo vivía en su villa, ayudaba a la gente, aconsejaba gente, y le enseñaba la Escritura.

La historia comienza con esta gente que era muy común, pero no es algo inusual para Dios. Abraham era un hombre que era un errante común, un hombre viejo. Él y su mujer no tenían hijos, era nómada. Dios lo eligió de entre toda la humanidad y lo convirtió en padre de la nación judía por medio de la cual nos llegaría la escritura y el Mesías, el salvador del mundo. Después de él estaba Isaac, y después de él estaba Jacob, después José, todos aquellos que llamamos los patriarcas, con todas sus fobias, pecados, fallas y con todas sus debilidades. Sus vidas, para ser francos, no era nada milagrosa. Sus vidas simplemente estaban formadas de cosas simples, de las luchas comunes de la vida en un mundo pecaminoso, y así fue como la historia de la salvación se desarrolló por medio de ellos.

Después de estos encontramos a Moisés quien fue lanzado como un bebé a un río dentro de una canasta, y fue rescatado por una princesa egipcia. Moisés era impulsivo, impaciente, tartamudo, con falta de confianza en sí mismo, orgulloso y desobediente. Sin embargo el privilegio de ser quien recibió la ley divina de Dios le fue dado a él, una ley que fue establecida para siempre, dando a la humanidad el justo estándar para toda la gente de todos los tiempos. Después encontramos a David, un simple pastor, un poeta, un cantor y un escritor de canciones. David, quien se convirtió en soldado; David, quien se convirtió en un asesino; David, quien se convirtió en un adúltero. David, un pobre padre que tuvo un hijo rebelde. David, quien era tanto fuerte como débil, quien tenía mucha seguridad en sí mismo pero al mismo tiempo dudaba de sí, quien a veces era orgulloso y otras se humillaba ante su pecado. Y luego tenemos a los profetas, hombres comunes, hombres simples, granjeros y ganaderos. Dios los usó para hablar sus verdades divinas que eran profundas verdades.

Y después tenemos a los apóstoles. Los apóstoles eran hombres comunes de entre los granjeros, pescadores y hasta un despreciable recolector de impuestos. Estos eran débiles, indecisos, ignorantes, incluso ellos luchaban con la codicia egoísta y motivación equivocada. Eran incultos, venían de Galilea la cual era considerada el lugar de la gente ineducada. Y al mismo tiempo eran la fuerza poderosa que Dios usó para esparcir su evangelio de Jesucristo y partiendo desde ellos alcanzó al mundo e incluso nos llegó a nosotros. Dios es el Dios de los hombres comunes, Dios es el Dios de los comienzos pequeños. Dios no usa a muchos nobles, y no a los poderosos sino que Dios elige a los simples y humildes, y es por medio de ellos que logra efectuar sus gloriosos propósitos.

Es de este modo que Lucas comienza su historia. Esta es la historia del más inusual de los eventos que el mundo jamás conoció, la llegada del Mesías y Salvador del mundo. Pero este tiene un comienzo tan común con una pareja muy común. Recordemos que cuando Lucas comienza su historia ya han pasado 400 años de que no había ninguna manifestación por la que Dios hablara al pueblo. Cuatrocientos años que el cielo había guardado silencio. Han pasado 500 años desde aquella visita del ángel. Han pasado 500 años desde aquel milagro aislado en el horno de fuego durante el tiempo de Daniel. Han pasado 800 años desde que hubo milagros a grupos, esto fue en el tiempo de Elías y Eliseo. Dios no ha actuado, Dios no ha hablado, Dios no ha enviado a un ángel en siglos. El cielo ha estado en silencio por largo tiempo.

Pero esto acaba, en el verso 11, "un ángel del Señor aparece." No solo apareció ese ángel, sino que el verso 13 nos dice que "el ángel habló." Aquí tenemos que el silencio en el cielo acabó, un ángel aparece, lo cual no ha sucedido en los últimos 500 años. Dios habla, pero no ha hablado en 400 años. Los milagros suceden, no ha habido uno en más de 500 años, y aquí inicia una serie de casi interminables milagros que continúan durante todo el tiempo de la vida y ministerio de Jesucristo y los apóstoles. Esta es la plataforma de despegue para la historia de la redención y que rodea la llegada del Mesías y Salvador del mundo. Esta tiene un comienzo muy simple siendo Zacarías el protagonista principal.

Recordamos su rectitud personal que leímos en los versos 5 al 7. Él y su esposa provenían de un trasfondo sacerdotal, eran verdaderos creyentes del Dios viviente. Eran santos de Dios, habían recibido la salvación, habían recibido la justificación de parte de Dios, y les había sido garantizada por medio de la fe, ellos también caminaban en una fiel obediencia a la palabra de Dios. Sin embargo, en el verso 7 dice que ellos no tenían hijo y para la cultura judía esto podía parecer a una maldición de parte de Dios; ellos mostraban su estigma por medio de esta desgracia. Vimos la rectitud personal de Zacarías en los versos 5 al 7. Vimos su responsabilidad sacerdotal en los versos 8 al 10. Él era del orden de Abías, una de las 24 órdenes sacerdotales que habían sido nombradas de acuerdo a los hijos de Aarón. Como ya dije, estos sacerdotes sólo servían dos semanas al año, este era su tiempo, así que él se encontraba en Jerusalén en el templo cumpliendo con su deber sacerdotal. Había sido escogido de entre muchos para realizar esta especial tarea, su tarea era entrar en el lugar santo dentro del templo para llegar al altar de incienso. Esto lo hacían durante los sacrificios de la mañana, durante los sacrificios del medio día, dos veces al día, este era un privilegio muy grande para un sacerdote. Era algo muy grande que fueras elegido considerando que muchos sacerdotes no eran elegidos, algunos solo eran elegidos una vez en su vida para hacer esto. Este pudo ser el punto climático de su vida sacerdotal, entrar al lugar santo y tener el privilegio de colocar el incienso sobre el altar de incienso porque, como ves, esto significaba estar tan cerca de la presencia de Dios como era posible, esto era porque el altar de incienso estaba justo enseguida del velo que separaba el lugar santo del lugar santísimo. Este era el punto más alto de todo su servicio sacerdotal. Había sido elegido de entre muchos para entrar al templo del Señor y quemar incienso. Solo los sacerdotes elegidos podrían hacer esto. Ninguna persona común podría entrar ahí, y solo el sumo sacerdote podía avanza más para entrar al lugar santísimo, esto solo lo haría una vez al año. Este era el pináculo de su servicio, así que él entró.

No estaría ahí por mucho tiempo. Tenía un pequeño tazón lleno de carbones encendidos del altar de bronce, el altar de la ofrenda encendida. Lo llevó dentro, vertió los carbones en el altar de incienso, los esparció alrededor y después puso el incienso dentro para que una gran nube de incienso se elevará ahí dentro, esto simbolizaba las oraciones de la gente. Él se encontraba ahí haciendo eso. Y el verso 10 dice que la gente estaba afuera haciendo exactamente lo que él estaba haciendo, por lo que oraban al esperarlo afuera.

Mientras él se encontraba dentro —esta era una visita muy corta, no le tomaría mucho tiempo— un ángel del Señor le apareció. Esto nos lleva al tercer punto, de su rectitud personal y de su responsabilidad sacerdotal a su revelación profética. Aquí sucedió algo que no había pasado hacía ya mucho tiempo, un ángel apareció. Esto es real, y se nos dice que estaba parado a la derecha del altar del incienso, esto no tiene ningún valor místico, esto no es un mensaje espiritual, esto solo se nos dice para que veamos que esto en realidad sucedió y que el ángel estaba en un lugar localizable. Esto no era una fantasía. Esto no era producto de su imaginación, tampoco era un tipo de elevación mística de la mente. Un ángel vino, tomó forma y se paró en un lugar que podía ser identificado. Y el verso 12 dice que Zacarías estaba turbado cuando lo vio, el temor se apoderó de él. Estaba completamente atemorizado. El vio a un ángel que tenía una forma que podía ser percibida y vista, él se dio cuenta de que este era un visitante celestial. Esto no había sucedido antes, como ya dije. Si regresamos a la historia, han pasado 500 años sin que un ángel apareciera, es por eso que Zacarías estaba en completo pánico. Había un ángel junto a Él.

En el verso 13 el ángel le dijo la cosa más impensable, "Zacarías, no temas; porque tu oración ha sido oída." Ellos habían estado orando por un hijo durante años, es probable que ya hubieran dejado de orar en los años recientes pues ya eran viejos. La indicación de que eran viejos es que eran avanzados en años, de acuerdo al verso 7, esto significa que ellos tenían más de 60 años, y como no había edad para que un sacerdote se retirara es muy probable que anduvieran entre los 70 y 80 años. Él le dice que su petición ha sido escuchada, tu esposa, Elisabet, concebirá un hijo y tú le darás el nombre de Juan, que quiere decir Dios da gracia, o bien favor de Dios.

El ángel se aparece y junto con él el pánico. El ángel dice la cosa más impensable, "tu esposa tendrá un hijo. Tu oración ha sido respondida." Esto tuvo que haber sido un milagro. Este sería el primer milagro registrado en la historia del desarrollo de la redención de Dios desde el horno de fuego hacía ya 500 años atrás. Los milagros no sucedían. Este no es un tiempo de milagros. Los milagros no suceden en todo el mundo. Cuando estos suceden lo hacen en el estrecho espectro de la nación redentora llamada Israel. Y esto sucedió por mucho tiempo. ¿Qué quieres decir? Esto tuvo que ser un milagro y él lo supo.

El Señor había hablado finalmente. Un ángel apareció para anunciar un milagro. Dios estaba interviniendo en la historia humana. Dice el verso 14, "Y tendrás gozo y alegría." ¡Esto es seguro! Su estigma desaparecería. Su desgracia desaparecería y ellos serían una pareja feliz. Y aún más, muchos se regocijarían con su nacimiento, el ángel dijo, en el verso 58 cuando el niño nació, dice que sus vecinos y familiares de Elisabet escucharon que el Señor había desplegado su gran misericordia hacía ella y ellos se regocijaban con ella. Así que te regocijarás y tus vecinos también, pero hay más, todo el mundo se regocijará. Israel se regocijará. ¿Por qué? Verso 15, "porque será grande delante de Dios. No beberá vino ni sidra, y será lleno del Espíritu Santo, aun desde el vientre de su madre. Y hará que muchos de los hijos de Israel se conviertan al Señor Dios de ellos." Esta es la razón por la que muchos se regocijarán porque por medio del ministerio de Juan los hijos de Israel regresarán al Señor su Dios. Y más, "él será el predecesor del Mesías." El verso 17 dice, "E irá delante de él con el espíritu y el poder de Elías, para hacer volver los corazones de los padres a los hijos, y de los rebeldes a la prudencia de los justos, para preparar al Señor un pueblo bien dispuesto." Esta es una revelación increíble. En otro mensaje diré más acerca de Juan el

Bautista. Quiero tomar los versos 15-17 y describir a Juan el Bautista en un solo mensaje. Esto será la próxima.

El ángel dice esta increíble revelación de Dios a Zacarías. Este hijo llegará y te traerá gozo, le traerá a tus familiares y amigos gozo, traerá un mensaje de gozo a toda la nación de Israel porque ellos se arrepentirán y regresarán a Dios. Él va a señalar quien es el Mesías que será el Salvador del mundo. Como consecuencia el gozo se extenderá hasta los confines de la tierra y hasta el fin de los tiempos. Él va a ser el precursor del Mesías. Tu hijo será un profeta de Dios. Tendrá el mismo espíritu y poder que tuvo Elías. Tendrá un gran impacto sobre Israel. Hará que los corazones regresen a Dios. Será un hombre lleno del Espíritu Santo, desde el tiempo que este dentro del vientre.

El hijo que ellos van a tener va a ser extraordinario, tan extraordinario que él será, él tendrá el más grande privilegio que nunca antes ha tenido un judío. Él tendrá el privilegio que nunca antes alguien imaginó, el privilegio que nunca antes nadie pudo haber esperado, un privilegio que nadie antes ha experimentado; él tendrá el privilegio de ser la primer persona que identifica al Mesías. Que gran privilegio.

Los profetas hablaron acerca del Mesías, pero ninguno de ellos pudo señalarlo. Juan diría un día señalando a Jesucristo, "He aquí el Cordero de Dios que quita el pecado del mundo." Juan tendría el gran privilegio que ningún profeta pudo tener, él sería el más grande de todos los profetas porque él sería el que señalaría e identificaría al Mesías y Salvador del mundo que ha sido esperado desde hace mucho tiempo. ¿Puede imaginar que tan grande privilegio es este? Permíteme recordarte, tú tienes el mismo privilegio.

Su respuesta pérfida

Hemos visto su rectitud personal, su responsabilidad sacerdotal, su revelación profética, pero vayamos a nuestro cuarto punto, su respuesta pérfida.[1] Tal vez alguien dirá, "¿Pérfida? ¿De dónde sale esto? Sólo buscabas una palabra con "p" y llegaste a esto."[2] No es así. Busqué la palabra correcta así

---

[1] En su peculiar estilo, con una larga introducción MacArthur repasa los primeros tres puntos que fueron cubiertos en mensajes anteriores sobre los versículos 5-14 (no incluidos en este libro). En realidad, luego de esta introducción, "Su respuesta pérfida" es el primer punto de esta predicación (no el cuarto).

[2] MacArthur imagina que alguien podría acusarlo de escoger esta palabra simplemente para mantener la aliteración con sus puntos anteriores. Esta es una estrategia muy utilizada por algunos predicadores para facilitar que sus oyentes recuerden la estructura del sermón. Sin embargo, a veces, el deseo de mantener la aliteración impone una estructura forzada sobre el texto bíblico, algo a lo que nuestro autor se opone firmemente. En el original inglés los tres puntos anteriores inician con "p": personal righteousness, priestly responsibility, prophetic revelation.

que fui a mi diccionario Oxford —el cual sólo puedo leer con una lupa— y comencé a buscar una palabra y encontré la palabra "pérfido." ¿Sabes qué significa? Aquel que duda, aquel que no confía. "Pérfida" es como no tener fe, dudar. Esta es la palabra perfecta. Veamos su respuesta en el verso 18.

Zacarías, de todas las cosas que le pudo haber dicho al ángel, veamos lo que dijo, "¿En qué conoceré esto? Porque yo soy viejo, y mi mujer es de edad avanzada." Esta es la traducción pero ¿qué fue exactamente lo que dijo? "Esto es ridículo, ¿qué te hace pensar que creeré en esto?

¿Sabes?, él pudo haber dicho más. Pudo haber dicho, "Estoy sorprendido, señor. ¿Por qué tú…por qué a mí? ¿Podrías darle las gracias de mi parte a Dios?" Pero no, en su lugar estaba escéptico. "¿En qué conoceré esto? Soy viejo, ella es vieja, esto no puede ser posible. No ha habido milagros, no te creo. En primer lugar, los ángeles no se aparecen. En segundo lugar, Dios no habla. Y en tercer lugar los milagros no ocurren ya. Y esto requeriría un milagro."

Él lo sabía, él sabía que ya había pasado su tiempo para tener un hijo, pero aun cuando ella pudiera estar dentro de la edad necesaria para tener un hijo, ella era estéril. Lo más sorprendente es que él había estado orando todo este tiempo por un hijo y ahora Dios le envía un ángel para anunciarle que va a tener uno, y él no lo cree. Esto me recuerda a todos los que estaban orando por Pedro en Hechos 12, ¿se acuerdan de la historia? Ellos están reunidos en oración ya que Pedro se encuentra en prisión, y entonces Dios saca a Pedro de la prisión. El Señor lo libera y lo que hace inmediatamente es ir a donde están ellos para decirles que el Señor lo ha liberado; toca la puerta, la niña va a la puerta y regresa diciendo que es Pedro quien está a la puerta, y ellos dicen, "no pude ser Pedro está en prisión." ¿Esto no es exactamente una fe muy grande, verdad?

Él había orado por un hijo por muchos años. Dios le da una respuesta y ahora no lo cree. Con toda duda pregunta, ¿cómo sabré que esto es verdad? En el pasado, Abraham, en Génesis 15, Gedeón en Jueces 6 y Ezequías en 2 Reyes 20; todos pidieron a Dios más explicaciones cuando les dijo cosas que para ellos les era difícil de entender. Pero ninguno de ellos fue tan incrédulo como Zacarías. Él era un buen hombre, un hijo de Dios, pero esto era demasiado para él, simplemente él no lo podía creer. Necesitaba una evidencia más fuerte, ¿una más fuerte que la palabra de Dios? ¿Recuerdan lo que dijo Jesús? Si ellos no creen en Moisés y en los profetas, si no creen a la escritura, no creerán en ninguno que vaya de entre los muertos. ¿Recuerdan lo que Pedro dijo en 2 Pedro 1? "Mira, yo estuve allí en el Monte de la Transfiguración, vi toda lo que sucedió, vi a Cristo en su gloria, lo vi nuevamente en

---

El lector también debe mantener en mente que la gama de significados de la palabra inglesa "perfidious" no es exactamente la misma que la gama de significados de la palabra española "pérfida." Sin embargo, sigue siendo una traducción adecuada.

carne y revelar su gloria manifestado como Dios, vi todo eso, pero tenemos una palabra más segura que mi experiencia la cual es esta." ¿Qué puede ser más seguro que la palabra de Dios?

Zacarías no creyó a la palabra de Dios, esto es muy serio. Es algo muy serio no creer a la palabra de Dios. La respuesta del ángel es apropiada, "Respondiendo el ángel, le dijo: Yo soy Gabriel." ¿Con quién crees que estás hablando? No soy cualquier persona, soy Gabriel. "que estoy delante de Dios; y he sido enviado a hablarte, y darte estas buenas nuevas." Y por cierto, la frase en griego es muy enfática "Yo soy Gabriel." No es cualquier visitante, este es Gabriel.

Sabemos que hay millardos de ángeles, diez mil veces, diez mil y miles de millares es la forma que la Biblia los describe en el libro de Apocalipsis. No sabemos cuál es el número exacto de ángeles, es incontable el número de ángeles que creó Dios y que son santos y que están en su presencia. Pero solo dos son nombrados en la Biblia, Miguel quien es un tipo de súper ángel. El hace su presencia cuando hay alguna batalla o pelea. Y Gabriel, quien es el mensajero número uno del Dios, y con frecuencia trae mega mensajes. Cuando hay un gran mensaje que va a ser entregado, como lo es todo el mensaje de la historia de la redención y en especial la llegada del Mesías y el establecimiento del reino, él fue enviado a Daniel para dárselo. O cuando la historia Mesiánica comienza y es inaugurada con el nacimiento del predecesor, Juan el Bautista, el aparece para dar el anuncio a este humilde sacerdote. Esto es importante, fue Gabriel quien viene en el verso 26 a María para anunciarle que ella llevará en su vientre al Mesías. Fue Gabriel quien vino a Daniel en el capítulo 9 y le dijo acerca de la historia de la redención y acerca del reino de Cristo. Él ha sido visto con este tipo de mensajes gloriosos y monumentales de parte de Dios. Gabriel significa "el poderoso de Dios." Él dice, "Yo soy Gabriel, no soy un ángel cualquiera, Soy Gabriel." Estas recibiendo un gran mensaje pues Dios solo me envía para dar mensajes muy grandes.

Esto es muy interesante, ¿por qué se presenta él como Gabriel? Porque este es un hombre que conocía el Antiguo Testamente y Gabriel apareció en el libro de Daniel, Gabriel vino con este tipo de mensajes que sacudieron la tierra, mensajes monumentales. "Que estoy delante de Dios, vengo directamente de la presencia del trono de Dios, he sido enviado por Dios." Los ángeles siempre son enviados por Dios; nunca actúan de manera independiente. Son los embajadores perfectos de Dios, emisarios perfectos, mensajeros perfectos ya que ellos solo hacen aquello que Dios les manda a hacer y dicen aquello que Dios les manda a decir. Dios es el rey de los ángeles y Él los envía para entregar sus mensajes. Podemos ver cómo es que Dios envía a sus ángeles en Éxodo 23; 32; 33; Números 20; 1 Crónicas 21; 2 Crónicas 32; Daniel 3; Daniel 6; Daniel 8; Daniel 9; Daniel 10. Dios envía a sus ángeles con sus mensajes. Entonces él dice, "y he sido enviado a hablarte, y darte estas buenas nuevas." "Esto es lo que tengo para ti, te traigo buenas nuevas. Este no es un mensaje de juicio. Sé que estás atemorizado, como el verso 12 lo indica, pero yo vengo con buenas noticias. Esta noticia es tan buena que va a hacer que te regocijes, va a hacer que todos los que están a tu derredor se regocijen, va a hacer que todo el pueblo de Israel se regocije, va a hacer que todo el mundo se regocije. Estas son buenas noticias."

Esas palabras, "buenas nuevas," o buenas noticias se traducen de la palabra griega *euangelizo* o *euangelion* de las cuales obtenemos la palabra evangelio, que es la palabra que se usaba en la antigüedad para hablar de buenas noticias. A Lucas le encanta esta palabra, la usa más de diez veces y nunca se encuentra en los otros evangelios excepto una sola vez en Mateo 11. A Lucas le encanta la palabra "buenas nuevas." Estas son las mejores noticias: Dios está enviando un Salvador para que muera por los pecados, y de esta manera tú puedas pasar la eternidad en los cielos, estas son buenas noticias. Y todo esto es anunciado por medio de la llegada de este predecesor, Juan el Bautista.

Pero a pesar de lo bueno de esta noticia, Zacarías no la cree. Esta es una respuesta incrédula. Y esto se convierte en su castigo, esto fue simple.

Verso 20, "Y ahora quedarás mudo y no podrás hablar, hasta el día en que esto se haga, por cuanto no creíste mis palabras, las cuales se cumplirán a su tiempo." Quiero decir, desde el punto de vista humano, si nunca habías tenido la oportunidad de tener un hijo y ya tuvieras setenta años, podemos pensar que si alguien llega y te dice tan repentinamente que vas a tener un hijo, sería lógico que quisieras hablar de ello. Pero él no pudo, no iba a ser capaz de contar la historia maravillosa en la que estaba involucrado, simplemente querrías regresar a tu pueblo y decir, "amigos, imaginen que me sucedió mientras estaba en el templo. Entre en el lugar santo y se me acercó un ángel para darme una promesa." Y contar todo, pero no puede contar la historia, ni siquiera podrá escuchar las preguntas que le hagan ya que también estará sordo.

Más adelante en el verso 62 vemos que le tienen que hablar con señas. Le hacen señas para poder hablar con él. Estas fueron, el niño ha nacido, necesitan ponerle un nombre, así que le hacen señas. La razón por la que le están haciendo señas es porque él no puede escuchar. Él solicita una especie de tablilla y escribe, no podía hablar así que tenía que escribir en esta tablilla. "Su nombre será Juan." Él estaba sordo y mudo, lo cual era algo severo. Pero es algo misericordioso pues solo era temporal, es severo en sí mismo, si vas a ser tan incrédulo como para no creer la palabra de Dios, entonces tampoco serás capaz de hablarla. Si vas a ser tan infiel para no creerla, vas a ser innecesario en la proclamación de ella.

Así que Dios le cerró la boca y esto fue todos los días, en todo momento recordaría su pecado de incredulidad. Y cuando la gente le preguntó, ¿qué te pasó? Él tendría que escribirlo, "un ángel me enmudeció porque no creí cuando Dios me habló."

¿No sería maravilloso que Dios hiciera esto a la gente que no cree en su palabra? Entonces sabríamos quienes son ellos. El problema sería que la mayoría de nosotros nos quedaríamos mudos por un tiempo, y hablaríamos por corto tiempo, y así sería toda nuestra vida.

Dios le cerró la boca. El trabajo que él realizaba era enseñar el Antiguo Testamento y decirle a la gente como es Dios, su trabajo era darle a la gente consejo y sabiduría. Esto es lo que hacía un sacerdote durante su vida. Pero él no podría contar esta maravillosa historia. Lo que tendría que hacer sería cargar con la vergüenza de haber sido hecho sordo y mudo a causa de un acto del juicio de Dios sobre él.

Esto no iba a cambiar, dice, hasta que se cumpla el tiempo, verso 20, cuando todas estas cosas sucedan. Cuando nazca el niño voy a cambiar tu situación. Vayamos al verso 64, donde nace el niño. Verso 57, nace el niño, y Elisabet lo presenta. Toda la familia se regocija y lo circuncidan. Deciden que llamarán a Zacarías como su padre, lo que era común en aquellos días. Su madre dijo, "no, él será llamado Juan." Pero ellos dijeron, "pero no hay nadie que se llame Juan en tu familia, ¿por qué le vas a poner por nombre Juan?" Le hacen señas a su padre tratando de decirle que lo llamarían Zacarías. Él agarra una tablilla y escribe, "su nombre es Juan." Todos quedaron sorprendidos. Verso 64, repentinamente su boca es abierta, su lengua es liberada y comienza a hablar. ¿Y qué es lo primero que hace? Alaba a Dios.

Creo que este es el punto principal. Él era creyente. Un ángel le había dicho que tendría un hijo, y este hijo sería el predecesor del Mesías. Su hijo sería el predicador que nunca antes había tenido Israel. Un padre estaría orgulloso de esto. Su hijo haría que muchos se convirtieran a Dios. Él quería alabar a Dios por esto pero no podía, era mudo. No podía alabar a Dios porque su lengua estaba detenida. Pero cuando por primera vez su lengua se movía, toda su alabanza retenida por más de nueve meses salió como explosión. Este fue el castigo en sí mismo, no poder alabar a Dios.

Me encanta la forma en la que el verso 20 concluye, "hasta el día en que esto se haga, por cuanto no creíste mis palabras, las cuales se cumplirán a su tiempo." Subraya esto, Dios es soberano y cumplirá todos sus planes, sin importar si hay o no fe en el hombre. Dios es soberano. Lo que cambia no es el plan sino la parte que tú tienes en su desarrollo. La gente incrédula no cambia el plan, sólo pierden la bendición de hacer en él lo que Dios quiere que hagan. Llegará, sucederá exactamente de la manera que Él lo dijo. Sería una desgracia que no pudieras participar en la proclamación de esta gran realidad.

Aprendan a leer la Palabra de Dios porque, permítanme decirlo, nunca se les dará el privilegio de proclamarla si ustedes no tienen el deseo de oírla con fe. Los grandes actos redentores sucederán de acuerdo a los tiempos de Dios, con o sin tu fe. Es mejor que crean en Dios y participen. Gocen del privilegio de participar mientras que llega la recompensa eterna.

Bueno, regresemos a la parte exterior, ¿pueden ustedes creer que todo este tiempo hemos estado dentro del templo? Regresemos a la parte exterior, verso 21, "Y el pueblo estaba esperando a Zacarías, y se extrañaba de que él se demorase en el santuario." Algo grande estaba pasando ahí. Imagina que entras, tomas el carbón, le echas el incienso, la gente ve que ya está saliendo humo; esto se hacía por la mañana y por la tarde, después de realizar todas estas labores dentro salía y la gente estaba afuera. Ellos están dentro de atrio, fuera de la propiedad del santuario, la que contenía el lugar santo y el lugar santísimo. Como notamos en el verso 10 ellos están orando afuera.

Y cuando alguien no salía, cuando el sacerdote no salía, cuando había alguna demora el primer pensamiento que les llegaba era que posiblemente Dios lo había juzgado. De algún modo pudo suceder que no soportara la tentación y se metiera en el lugar santísimo, ya estaba ahí en el altar de incienso, sólo le faltaba un pasito, y si no podía resistir la tentación y miraba dentro, lo que le sucedería era caer muerto. A él no le era autorizado entrar y la demora podría significar que había muerto dentro. Recordarán en Levítico 10, ahí tenemos a Nadab y Abiú, los hijos del sacerdote Aarón; tomaron sus charolas de carbones, y después de encenderlos, le pusieron incienso, llevaron a cabo una ofrenda de incienso, pero la realidad es que ellos ofrecieron fuego extraño. No se nos dice cómo era pero lo que sí sabemos es que no era de la manera que debía ser, por lo que salió fuego de la presencia de Dios, salió justo del lugar donde se encontraba la presencia de Dios y fueron incinerados, Levítico 10. Entonces Moisés dijo a Aarón, "Es mejor que sean cuidadosos cuando entran al lugar Santísimo, no descubran su cabeza, no rasguen sus vestiduras, no salgan al tabernáculo de reunión, no beban vino ni sidra, no hagan cosas prohibidas porque morirán." Les dijo todo esto tiene consecuencias fatales, Levítico 10:1–9."

Tenemos al pobre Uza, siempre pienso en él. Uza era un tipo común y corriente que estuvo presente cuando estaban moviendo el arca del pacto. Y Dios dijo, "transpórtenla con los postes, no la toquen, y cárguenla en sus hombros." Los postes pasaban en medio de los anillos que estaban a los lados, y estos sólo servían para cargarla de la manera que Dios había indicado. Pero ellos pensaron que tenían una mejor idea, la pusieron en una carreta, esto no debieron haberlo hecho. Dios quiere que las cosas se hagan de la manera que él ordena. Cuando así lo hace, está intentando enseñar una lección.

Iban dando tumbos con esta carreta debido al camino, caen en un bache, y de algún modo el arca salta y se sale de la carreta, comienza a caerse. Y entonces Uza con el mejor deseo de protegerla para que no caiga al suelo la toca e instantáneamente muere. Pobre Uza, este no era su plan. Pero

Dios estaba enviando un mensaje, quiero reverencia y santidad. Esto era una manera externa de ilustrar lo que eran las actitudes del corazón, Dios sabía quién era Uza.

Esto pudo ser lo que pensaron. De acuerdo al Talmud, el sacerdote tenía que entrar y salir tan rápido como le fuera posible. Entre más tiempo pasara dentro, mayor potencial de una muerte tenía, ya que esto podía significar algo blasfemo u ofensivo en contra de Dios. Los que estaban fuera pudieron decir, "¿Dónde está este hombre?"

En el verso 22 finalmente sale y no puede hablar. Se suponía debía dar un sermón. Esto era la bendición estándar que debía dar al salir. Todos los sacerdotes la daban cuando salían. Números 6:24-26 dice, "Jehová te bendiga, y te guarde; Jehová haga resplandecer su rostro sobre ti, y tenga de ti misericordia; Jehová alce sobre ti su rostro, y ponga en ti paz." Esta es una maravillosa bendición, esto fue lo que decía un sacerdote cuando salía. Pero a diferencia, Zacarías sale y no puede hablar. Los que estaban fuera debieron darse cuenta de algún modo que no podía hablar, por la apariencia de su rostro debieron entender que había tenido algún tipo de visión dentro del templo. No supieron de qué se trató, la palabra visión simplemente representa algo que él vio. ¿Cómo sabrían qué fue lo que vio? Pienso que debió tener un rostro como impávido, esto para dar una descripción ligera. Estaba probablemente tan atemorizado que su semblante lo mostraba. Tal vez se sentía culpable, o apabullado. Pudo haber tenido algún tipo de lenguaje corporal miserable ya que acababa de ser devastado por el hecho de haber sido hecho sordo y mudo. Y él, tratando de comunicarse —veamos el verso 22 al final— hablaba por señas. Desde luego que no conocía algún tipo de lenguaje de señas, era un sordo y mudo completamente recién estrenado, no tenía ningún tipo de habilidad de comunicación. Imaginen cómo pudo él describir un ángel, no sé cómo le hizo para explicarlo. Seguro sólo sacudía sus manos, intentaba decirles lo que había sucedido de la mejor manera que se le ocurrió al momento.

Veamos el verso 23, "Y cumplidos los días de su ministerio, se fue a su casa." Este es un final muy escueto, fue una semana fenomenal y simplemente se nos dice que se fue a su casa. Toda la semana estuvo haciendo sus labores como sacerdote, sacrificando animales días tras día, pero sordo y mudo. La semana concluyó y él simplemente se fue a casa.

Su esposa debió haber estado esperándolo y ¡sorpresa! Cuando llegó no era el mismo tipo que cuando se fue. No encontramos que se nos diga algo acerca de la reunión con los de afuera. Quisiera ver un párrafo en el cual él trate de explicar a su esposa qué fue lo que sucedió. Ella le pudo haber dicho, "¿Por qué no me hablas? ¿Qué me estás escondiendo?" No nos es difícil pensar cómo se desarrolló su conversación. "Te fuiste por una semana, vamos, tenemos que hablar, ¿qué te sucede?"

Epílogo

Todo el drama se desarrolla y no se nos dice nada al respecto. No tiene ninguna importancia dentro del plan de redención. Él sólo se fue a casa y ya no podía enseñar de la manera normal en que acostumbraba. Simplemente se nos dice en el verso 24, aquí está el gran final, después de su castigo y reprobación llegamos al epílogo, verso 24, "Después de aquellos días concibió su mujer Elisabet." Detengámonos aquí. Pareciere que aquí debiéramos encontrar el sonido de una fanfarria; algo parecido debiéramos ver aquí. Esto es algo importante, Lucas quiere que sepamos que ella no se embarazó sino hasta que él llegó a casa, de otro modo podría haber una falsa acusación en su contra, podría asumirse que hubo otro hombre involucrado en esto. Llegó a casa, dice Lucas, y después de algunos días ella quedó embarazada.

Este es un milagro, este es el mensaje con el que da inicio el Nuevo Testamento. Este es el milagro que nos abre la introducción a la historia de la salvación. Este es el inicio del desarrollo de la historia de milagros que estuvo rodeando a Jesucristo y a los Apóstoles. Aconteció un milagro a esta pareja avanzada en años y ella quedó embarazada.

También dice que, "ella se recluyó en casa por cinco meses." ¿Por qué se recluyó en su casa por cinco meses? Bien, ellos sabían que ella era estéril, todos sabían que ella era estéril, que no había tenido ningún hijo; si ella comenzaba a anunciar por doquier que estaba embarazada, ¿quién le iba a creer? Seguramente dirían, no sólo es estéril, sino que ya perdió la cabeza. En aquellos días se acostumbraba una túnica suelta, pero a los cinco meses el mensaje sería completamente creíble. En lugar de salir y encontrar más desgracia, en lugar de salir y encontrar vergüenza, en lugar de salir y tratar de ocultar que estaba embarazada cuando lo estaba, ella no quiso decir a nadie acerca de este milagro sorprendente, maravilloso y sobrenatural. "Todo lo que sé es que mi marido fue a trabajar al templo, regreso una semana después y ahora estoy embarazada. No sé qué pasó. Él me ha explicado con señas y escribiendo que un ángel vino y le prometió un hijo, y le dijo que el niño sería el predecesor del Mesías."

Contar esta historia cuando no es visible que estás embarazada, la gente diría, "esto es bizarro, conocemos a esta mujer, parecía normal pero esto es algo exorbitante. Ella es una mujer dulce y sabia, ha estado en reclusión, aun María su familiar cercano, no sabía que estaba embarazada, el ángel tuvo que venir y decirle a María que Elisabet tenía seis meses de embarazo. El ángel le dice esto en el verso 36. Este es el gran milagro inicial, se necesitó un milagro para que fuera posible la concepción.

Ella supo que esto era un milagro porque cuando ella lo cuenta dice esto en el verso 25, "Así ha hecho conmigo el Señor en los días en que se dignó quitar mi afrenta entre los hombres." Como les dije, la esterilidad era algo vergonzoso dentro de la sociedad judía, era una desgracia. Recordarán que Ana tenía esta desgracia en 1 Samuel 1 y ella lloraba, entonces su marido la encontró llorando y lamentándose porque ella no tenía un hijo. Dice ella, el Señor hizo esto, el Señor ha tratado conmigo, el Señor me ha mirado con gracia. El Señor ha quitado mi desgracia de entre los hombres. Ella sabía que Dios había realizado este milagro. Y como yo dije, eso da inicio a la historia de la salvación en donde el silencio del cielo termina y Dios habiendo hablado en otro tiempo a los padres por los profetas ahora está a punto de comenzar a hablar por medio de su hijo.

Esta pareja es una imagen de verdaderos creyentes. Creo que, en todo momento y lugar que ellos eran desconocidos, eran humildes, comunes, justos, obedientes, oraban, servían ... al mismo tiempo dudaban, eran temerosos e incluso retraídos. Esto suena como si fuéramos nosotros mismos, Dios los bendijo algunas veces a causa de ellos mismos, y otras sin importar como eran ellos, Dios los usó. Dios es un Dios de comienzos humildes, y Dios es un Dios de personas humildes. Dios los usó a ellos como nos usa a nosotros. Que gran bendición. La profunda verdad que compartí con ustedes acerca de su hijo, se los dije antes y lo reitero en esta conclusión, él tuvo el más grande privilegio que ningún judío nunca antes había tenido y este era el de señalar al Mesías, un privilegio que cada uno de nosotros también tiene. Dios continúa usando a la gente común. Este ya no es el tiempo de milagros, este no es el tiempo de una intervención divina catastrófica, este es el tiempo de hombres fieles como nosotros que proclamen la verdad acerca del Salvador.

Oración final

Gracias Padre porque rompiste el silencio de la historia y por haber dado este gran mensaje, las buenas nuevas de que un Salvador vendría quién moriría por nosotros sobre la cruz por nuestros pecados, quién resucitaría de entre los muertos para darnos vida. Te alabamos por esta gran verdad. Amén.

REFLEXIONES PERSONALES

21 de Octubre, 2012

08_Marcos y Onésimo: una historia de dos fugitivos

Y Bernabé y Saulo, cumplido su servicio, volvieron de Jerusalén, llevando también consigo a Juan, el que tenía por sobrenombre Marcos. Y llegados a Salamina, anunciaban la palabra de Dios en las sinagogas de los judíos. Tenían también a Juan de ayudante.... Ellos, entonces, enviados por el Espíritu Santo, descendieron a Seleucia, y de allí navegaron a Chipre... Habiendo zarpado de Pafos, Pablo y sus compañeros arribaron a Perge de Panfilia; pero Juan, separándose de ellos, se volvió Jerusalén.

Hechos 12:25; 13:4-5, 13

Te ruego en favor de mi hijo Onésimo, a quien engendré en mis prisiones, el cual en otro tiempo te fue inútil, pero ahora a ti y a mí nos es útil, el cual vuelvo a enviarte; tú, pues, recíbele como si fuera mi propio corazón. Yo querría retenerle a mi lado, para que en lugar tuyo me sirviese en mis prisiones por el evangelio; pero nada quise hacer sin tu consentimiento, para que tu buena acción no fuese como por obligación, sino por libre voluntad. Porque quizá para esto se apartó de ti por algún tiempo, para que le recibieses para siempre; no ya como esclavo, sino como más que esclavo, como hermano amado, especialmente para mí, pero cuánto más para ti, tanto en la carne como en el Señor. Así que, si me tienes por compañero, recíbele como a mí mismo. Y si en algo te perjudicó, o te debe, ponlo a mi cuenta.

Filemón 1: 10-18

BOSQUEJO

— Introducción

— Marcos

— Onésimo

— Oración final

Notas personales al bosquejo

SERMÓN

Introducción

Este estudio lo vamos a centrar en dos héroes increíbles. Como sin duda lo sabes, tengo un libro que se llama 12 Héroes Inconcebibles en el cual puedes ahondar más en esta información. Hoy concluiremos con dos de ellos, uno tiene un nombre que es muy familiar para ti, su nombre es Marcos; y el otro pude no ser tan familiar, este es el nombre de Onésimo. Ellos tienen vidas que se intersectan; ambos eran fugitivos. Pero a pesar de lo que hicieron al huir, el Señor los rescató a ambos y los transformó de ser unas figuras trágicas a ser figuras triunfantes.

Y así como Él lo hace con todo pecador que Él salva, Dios persiguió a Marcos y Dios persiguió a Onésimo. Y cuando los encontramos, Él convirtió sus defectos en fortalezas, y sus fallas en un inmenso éxito.

Marcos

Quiero comenzar con Marcos y después nos moveremos con Onésimo, y te mostraré como es que sus vidas se intersectan a ir contando su historia esta noche. La mayor parte del tiempo, desde luego, hacemos una exposición de los pasajes de la escritura pero esto va a ser un poco diferente, me encanta contar historias que llegan como resultado de poner muchas Escrituras juntas, y esto es lo que vamos a estar haciendo esta noche.

El hombre que conocemos como Marcos es en realidad Juan Marcos. Juan es su nombre Judío, y Marcos es su nombre gentil. Él es Juan Marcos. No nos es presentado en los evangelios. De hecho, solo sabemos de él hasta el capítulo 12 del libro de Hechos. Es el año 45, o alrededor del 45 en el primer siglo d.C., y el Rey Herodes Agripa se encuentra en plena persecución a la iglesia. Lo está haciendo porque quiere ganar favor con los judíos que eran los poderes elite de la religión. Es un tipo de rey extranjero en la tierra de Israel y está ahí porque Roma le ha permitido estar ahí y tener cierta medida de poder. Y esto le sirve a él para tener una buena relación con los judíos, la elite judía que esencialmente son la religión oficial, ellos dirigen el destino religioso de país, tienen la más grande influencia religiosa y por consiguiente dominan a la gente. Herodes es un rey malvado, se siente un semi-dios, así que tiene como su objetivo la persecución de la iglesia, iniciando desde su cabeza. Su primer objetivo es el hermano del apóstol Juan, un hombre llamado Santiago. Lo atrapa y autoriza su ejecución pública. Hace que esto sea público para que sea visto por todos que él es quien tiene el poder.

Cuando Herodes se da cuenta de que esto agradó a los judíos de quien buscaba tener favor, decide avanzar ahora capturando a Pedro. Arresta a Pedro y lo mete a la prisión con la misma intensión que tuvo con Santiago, ejecutarlo.

Ustedes recuerdan la historia de Pedro, cuando fue capturado, lanzado a prisión y este es librado de la cárcel de manera milagrosa, todo esto nos es familiar. Y nuevamente, ustedes pueden ver en el capítulo 12 del libro de los Hechos porque es de aquí de donde vamos a iniciar la historia.

Pedro es arrestado y lanzado a la prisión. Está dentro de una celda, pero no tiene la libertad de moverse dentro de esta celda. Está encadenado y es vigilado todo el tiempo por un escuadrón de soldados romanos quienes se aseguran de que nadie venga e intente rescatarlo, o bien para que él por cualquier otro medio no sea capaz de escapar. Para asegurarse de que no se les escape, él duerme en medio de dos guardias. Todo esto para decir, él está seguro tanto como nos es posible tenerlo asegurado. Todos estos elementos son, sin embargo, a menos que Dios quiera que Pedro quede libre, Pedro quedará libre. Entonces por medio de un comando del cielo, y aquí tomamos la historia, esto es Hechos 12 verso 7, "Y he aquí que se presentó un ángel del Señor, y una luz resplandeció en la cárcel; y tocando a Pedro en el costado, le despertó, diciendo: Levántate pronto. Y las cadenas se le cayeron de las manos. Le dijo el ángel: Cíñete, y átate las sandalias. Y lo hizo así. Y le dijo: Envuélvete en tu manto, y sígueme. Y saliendo, le seguía; pero no sabía que era verdad lo que hacía el ángel, sino que pensaba que veía una visión. Habiendo pasado la primera y la segunda guardia, llegaron a la puerta de hierro que daba a la ciudad, la cual se les abrió por sí misma; y salidos, pasaron una calle, y luego el ángel se apartó de él." Y así concluye el verso 10.

Ahora Pedro se encuentra parado en la calle solo. El ángel se fue. Y la visión comienza a desvanecerse, y se da cuenta de que en realidad, él está libre. La realidad de lo que está pasando comienza a desvanecerse ante su vista. Simplemente se encuentra parado en medio de la calle diciendo, ¿qué fue todo esto?

Lo primero que le llega a la mente es irse a la casa más familiar que tiene en Jerusalén, donde algunos de los buenos creyentes vivían. Son conocidos de él; por obvias razones él decide ir a su casa. Es una casa en la que ha estado en otras ocasiones.

Al mismo tiempo había un grupo de creyentes reunidos ahí en esa casa con un propósito y este era el orar por que Pedro sea liberado. Están llevando a cabo una reunión de oración para que el Señor lo saque de la prisión, entonces él se presenta y llama a la puerta principal.

Sabemos la historia, nadie pudo suponer que fuera él. Esto no es exactamente una oración de fe. Esto es orar sin fe. Aquél por el que están orando para que sea liberado, en realidad ya ha sido liberado, está tocando a la puerta, y a nadie se le ocurre que pueda ser él. El apóstol divinamente liberado se encuentra esperando fuera hasta que alguien dentro de la casa se da cuenta que sus oraciones han sido contestadas. El verso 16 dice, "Mas Pedro persistía en llamar; y cuando abrieron y le vieron, se quedaron atónitos." Y pienso que ellos en realidad no creyeron que era él hasta que lo vieron, el tocar de la puerta detuvo la oración e hizo que ellos vinieran a la puerta. Y podemos concluir que fue más fácil salir de prisión que entrar en la casa donde los hermanos están orando.

Y a pesar de que esto solo es una nota al pie, este es el punto en donde se nos presenta a Juan Marcos. La narrativa bíblica describe la casa con palabras simples, verso 12, "era la casa de María, la madre de Juan, el que tenía por sobrenombre Marcos."

Esta es una mujer cristiana quien tiene a un hijo llamado Juan Marcos. Este es el primer lugar en la Escritura que el nombre de Marcos es mencionado; y nuevamente su nombre judío es Juan y su nombre gentil es Marcos, por lo que este es el nombre que está más asociado con él. No tenemos más información de Juan Marcos hasta este punto, lo único que sabemos a este punto es que esta es su casa y que el nombre de su madre es María.

De hecho, la razón por la que él es identificado no tiene que ver con él, sino que lo que se trata es de identificar a su madre de entre todas las Marías que están mencionadas dentro de la Escritura, este es un nombre muy común. Proviene del nombre Miriam, muchas mujeres eran llamadas así, recordarás esto cuando veas las historias de nuestras series. Ella es una madre viuda y su hijo se encuentra ahí cuidando de ella, ella es identificada como su madre con la intención de distinguirla del resto de las Marías.

Lo que aprendemos de esta declaración es muy básico. Primero aprendemos esto, Juan marcos había sido criado dentro de un hogar cristiano. Juan Marcos había sido criado por una madre cristiana devota, su casa se había convertido en un lugar de reunión para los creyentes que estaban en Jerusalén, tal vez como Timoteo que fue instruido en la fe por su madre Eunice, de acuerdo con 2 Timoteo 1:5. Juan Marcos había sido instruido en la fe por su madre, María.

Segundo, aprendemos que Pedro tenía una conexión con esta familia. Pedro tenía una conexión con esta casa y por lo tanto con esa madre, María, y con su hijo, Juan Marcos. Después de haber sido liberado de manera milagrosa de la prisión, Pedro va a casa de María, la madre de Juan Marcos, él era alguien cercano a Pedro y Pedro era cercano a él. Este será alguien que se convertirá en algo muy valioso en los años futuros para su vida. Esta es la manera en la que presentamos a Juan Marcos.

Al tiempo que Pedro es liberado de la cárcel, la escena de la que estamos hablando, Pablo y Bernabé se presentan. Recordarás que son Pedro y Juan los que dominan los primeros doce capítulos del Libro de los Hechos, y cuando llegamos al capítulo 13 la historia se mueve de Pedro y Juan a Pablo y sus viajes misioneros, ocupando el resto del libro de Hechos. Así que nos encontramos justo en el punto donde se da esta transición. Pedro es liberado de la prisión, y Pablo y Bernabé llegan a Jerusalén.

Llegan de una ciudad en Siria, la misma Siria que puedes ver en los noticieros hoy en día, en especial de la ciudad de Antioquía. Esta es, de hecho, en ese tiempo la tercera ciudad más grande en el imperio Romano. Es una ciudad muy grande y muy importante, y es en esta ciudad de Antioquía que Pablo y Bernabé pastoreaban junto con otros hombres la primera iglesia que estaba lejos de Jerusalén, la primera iglesia establecida en el mundo gentil. Después de hacer una recolecta de dinero proveniente de la iglesia de Antioquia, Pablo y Bernabé se dirigen al sur, a Jerusalén, con el dinero para ayudar con las luchas que tenía la iglesia de Jerusalén. La iglesia de Jerusalén, tenía problemas con la gente porque, recuerda, esta había iniciado en el día de Pentecostés cuando había cientos de miles de peregrinos en la ciudad. Y recordarás que hubo miles de ellos que se convirtieron dentro de las primeras semanas, tres mil en el día de Pentecostés, cinco mil otro día, y los números crecían diariamente; el Señor añadía a la iglesia cada día. Así que tenemos decenas de miles de convertidos ahora, quienes habían llegado a Cristo en Jerusalén y quienes habían llegado de otros lugares y no se habían regresado a ellos porque sólo había una iglesia. Esta fue la razón por la que se quedaron.

Y una de las cosas que hace Pablo durante todo su ministerio es recolectar dinero para proveer a los creyentes ayuda material. Y si preguntas, ¿por qué necesitaban ellos ayuda? Debes de recordar que los judíos que estaban en la ciudad de Jerusalén despreciaban a la iglesia de Jerusalén y estaban persiguiéndola. Herodes estaba persiguiendo a la iglesia y los romanos odiaban a la iglesia porque era una representación de aquél a quien ellos habían ejecutado, esto es al Señor Jesucristo. Que ellos se reintegraran a la sociedad era un reto muy difícil, por esto ellos necesitaban ayuda para proveer sus necesidades materiales. Así que Pablo y Bernabé llegan con esta recolecta a Jerusalén.

Ahora, podemos añadir otro componente. De acuerdo al capítulo 11 de Hechos, había hambruna en la tierra. Esto hacía que la situación fuera más difícil. Así que llegan Pablo y Bernabé con una dadiva de amor. Podemos decir que proviene de la segunda iglesia y es para la primera iglesia. Una vez que su entrega queda concluida, Pablo y Bernabé regresan a Antioquía. Sin embargo ellos deciden no regresar solos. Ellos quisieron llevar a otros viajeros junto con ellos. Y esto es lo que dice en Hechos 12:25 "Bernabé y Saulo"... usando su antiguo nombre... "regresan de Jerusalén cuando habían cumplido con su ministerio (de entregar dinero) y tomaron con ellos a Juan, quien tenía por sobrenombre Marcos." Se llevaron a Juan Marcos.

Así que cuando Pablo y Bernabé vinieron es casi seguro que ellos llegaron a la casa de María y Juan Marcos. Este debió ser el lugar de mayor importancia para los creyentes, incluso para Pablo y Bernabé. Y ahí conocen a este joven, Juan Marcos, y quedaron impresionados con él. Pero había más que esto. Colosenses 4:10 dice esto, "Marcos el sobrino de Bernabé." Así que Bernabé tiene una relación más cercana con Juan Marcos y esto sugiere que él viajó con ellos. Bernabé debió haber confiado en él, reconocido su experiencia dentro de la iglesia de Jerusalén, su experiencia personal con Pedro, y creyó en sus dones junto con su integridad espiritual. Así que convenció a Pablo que Juan Marcos podía ser útil a ellos, llevémoslo de regreso para que nos ayude en el ministerio entre los gentiles de Antioquía.

Evidentemente Juan Marcos no era un predicador. Decimos esto porque los predicadores en Antioquía están listados en el capítulo 13, verso 1, y el nombre de Juan Marcos no está incluido. Ellos se llevan a Marcos, de acuerdo a 13:5, como su asistente, para que hiciera lo que hubiera que hacer. Es algo así como su mayordomo; es su comodín para todos los casos necesarios. Va a hacer lo que sea que ellos tengan necesidad, los va a ayudar en todo el viaje de regreso a Antioquía, a predicar el evangelio, y todo lo que haga falta.

También ellos iniciaron un ministerio, una vez de regreso en Asia Menor. Se fueron al oeste en Asia Menor y este ministerio es el principio de uno de los grandes viajes misioneros de Pablo. Enfrentó tremenda dificultad. Cuando ellos llegaron a su primer destino, a una isla llamada Pafos, ellos conocieron a un mago, un mago llamado Elimas. Este era un fiero oponente de Pablo y del evangelio. Pablo lo llama y le dice que está lleno de todo engaño, hijo del diablo y enemigo de toda justicia. Así que lo deja perfectamente bien identificado como agente de maldad. Dios entonces permite que su poder sea mostrado y hace que Elimas quede ciego, lo deja ciego, esto nos lo dice el verso 11. Vemos entonces que el viaje inicia con esta confrontación con un agente del infierno, esto es una interrupción retadora y una amenaza, una muy atemorizante. El poder de Dios detiene por completo a Elimas y ya no puede hacer el daño que pudo hacer de otro modo.

Y conforme el viaje se desarrolla recordaran que, de acuerdo a la historia que nos cuenta el libro de Hechos, los misioneros tuvieron un viaje con muchas dificultades. El viajes fue extremadamente difícil porque ellos estaban caminando todo el tiempo, difícil porque tenían que comer, y porque los lugares en donde tenían que dormir eran lugares notoriamente horribles. Había una resistencia muy fuerte que continuaba ejerciendo el enemigo y todos aquellos que se oponían al evangelio.

Al mismo tiempo leemos en Gálatas 4 que el apóstol Pablo contrajo una enfermedad muy seria. Algunos han sugerido que bien pudo ser malaria, y que esto sucedió muy poco después de que él dejó Pafos. Esto debió complicar la ya difícil naturaleza del viaje y añadió más retos a la oposición que ellos enfrentarían durante todo el tiempo.

Ustedes saben lo que sucedió, Juan Marcos no lo pudo soportar, literalmente todo esto rompió el corazón de Juan Marcos. En Hechos 13:13 él ya había tenido suficiente por lo que decide abandonar la misión, él dice hasta aquí. Era demasiado para él. Leemos, "Habiendo zarpado de Pafos, Pablo y sus compañeros arribaron a Perge de Panfilia; pero Juan, apartándose de ellos, volvió a Jerusalén." Para decirlo de manera simple, él deserta. La oposición lo ha sobrepasado, entra en algo parecido a un ataque de pánico y encuentra la manera de redirigir sus pasos, y decide ir de regreso a Jerusalén en donde está su madre, se regresa a casa de mamá. Se va no a causa de Antioquía, la causa no es la iglesia a la que ha ido a servir, sino que la causa es su madre y su casa que están en Jerusalén.

No hay excusa para la cobardía de Marcos. Y este hecho es confirmado claramente en el resto de la historia que vemos en Hechos 15, no hay excusa para su cobardía. Era absoluto miedo y falta de confianza en el poder y el propósito de Dios.

Varios años pasaron entonces y Pablo y Bernabé concluyen ese viaje y deciden, después de regresar a Antioquía, salir nuevamente a otro viaje. Han pasado alrededor de cincuenta y cinco años del contacto original que tuvieron con Juan Marcos. Y al comenzar a discutir su segundo viaje en Hechos 15, esto es lo que leemos, comenzando en el verso 36: "Después de algunos días, Pablo dijo a Bernabé: Volvamos a visitar a los hermanos en todas las ciudades en que hemos anunciado la palabra del Señor, para ver cómo están." En otras palabras regresemos a fortalecer iglesias. "Y Bernabé quería que llevasen consigo a Juan, el que tenía por sobrenombre Marcos." Él todavía cree en su joven primo. "Marcos; [38]pero a Pablo no le parecía bien llevar consigo al que se había apartado de ellos desde Panfilia, y no había ido con ellos a la obra." Pablo lo veía como un desertor. Bernabé lo veía como un hombre útil y quería darle otra oportunidad. "Y hubo tal desacuerdo entre ellos, que se separaron el uno del otro."

Eso es realmente triste. Estos dos grandes misioneros, estos dos grandes líderes, el apóstol Pablo y Bernabé, los hijos de consolación; este perfecto grupo se dividió, se separaron el uno del otro. "Y Bernabé," dice, "tomando a Marcos navegó a Chipre, y Pablo, escogiendo a Silas, salió encomendado por los hermanos a la gracia del Señor."

Ahora lo que dice en estos pasajes y que quiero que ustedes noten es que Juan Marcos era un desertor. Pablo le recuerda esto a Bernabé, él era un soldado pusilánime que huyó en medio de la batalla. No tenía agallas para el conflicto.

Bernabé, en el otro lado, con el afecto emocional hacia su familiar, quiere darle otra oportunidad. Pablo es fríamente objetivo y rechaza darle otra oportunidad; y el desacuerdo es tan grande que ellos llegan a la conclusión que no pueden seguir trabajando juntos. Una brecha muy grande, los una vez inseparables compañeros se dividen y se lanzan en viajes separados, Bernabé con Juan Marcos, y Pablo con un hombre llamado Silas. Este es un momento muy triste dentro de la iglesia.

Los detalles del viaje del apóstol Pablo no son dados en Hechos 16 y hasta el 18. Pienso que la actitud de Pablo era legitima. Pienso que su confianza en este hombre joven había sido traicionada, y pienso que no quiso arriesgarse a que esto volviera a suceder. Lo que más importaba es que Marcos había mostrado su falta de valor, su falta de confianza en Dios, su falta de fortaleza. Literalmente se encaprichó y abandonó su puesto. Abandonó la misión y su deserción es indefendible, indefendible.

Es por esto que Pablo no quiso que fuera con él y se fue con Bernabé. Pienso que Juan Marcos, sin duda, se sintió avergonzado, estuvo viviendo con un sentido de desgracia, debió vivir con un dolor constante de haber sido la causa por la que Pablo y Bernabé se fracturaron. Pero también estoy seguro que al viajar con su primo Bernabé, este hizo todo lo que le fue posible, ya que era uno de los hijos de consolación, para confortarlo y animarlo, e intento todo para restaurarlo y para decirle que habría un mejor día en el futuro.

Meses después Pablo y Bernabé se reunieron nuevamente en Jerusalén. Esto es en el capítulo 15. Y se dan un reporte que podemos decir fue brillante acerca de su trabajo. Marcos sigue siendo descalificado desde la perspectiva de Pablo. Ellos regresaron a dar su reporte. ¿Sería Marcos restaurado para el más influyente y demandante de los apóstoles, el apóstol Pablo? Después de irse con Bernabé en Hechos 15:39, Marcos desaparece de los anales de la historia de la iglesia. Esto es antes de los dos viajes. Probablemente no deje esto muy claro. Ellos están juntos en Jerusalén; se dividen, se separan. Pablo se va con Silas, y lo seguimos en los capítulos 16 al 18, como dije. Y Marcos desaparece. De hecho, desaparece de la historia del libro de Hechos por más de diez años. Pero diez años después su nombre vuelve a aparecer. Permíteme decirte en qué circunstancias.

Diez años después Pablo está bajo arresto en Roma. Esta es la forma en la que transcurrió su vida misionera. Diez años después él se encuentra en arresto domiciliario en Roma. Y está escribiendo lo que ahora conocemos como las epístolas de la prisión. Especialmente está escribiendo una de ellas, la epístola lleva el nombre del lugar en donde se encontraban los creyentes a los que escribía, esto es Colosas. Y es al final de esta carta, en Colosenses 4, al final de la carta, que enlista a todos aquellos que están con él durante su encarcelamiento. Y dentro de esta lista se encuentra nada menos que el hombre llamado Marcos. Y su nombre no sólo está incluido aquí como uno de sus acompañantes sino que al mencionarlo le está encomendando algo.

Escucha los versos 10 y 11, Colosenses 4:10–11. "Aristarco, mi compañero de prisiones" —les está hablando a los santos que están en la iglesia de Colosas— "os saluda, y Marcos el sobrino de Bernabé, acerca del cual habéis recibido mandamientos; si fuere a vosotros, recibidle; y Jesús, llamado Justo; que son los únicos de la circuncisión" —quienes son judíos— "que me ayudan en el reino de Dios, y han sido para mí un consuelo."

Bueno, en diez años algo cambió la actitud de Pablo hacia Juan Marcos. Una década antes, lo vio como un cobarde en quien no se podía confiar, como alguien a quien no querías cerca de él. Pero ahora, Marcos, está siendo exaltado por el apóstol como un hombre que debe ser bienvenido, como alguien que tiene que ser recibido cariñosamente, como alguien que ha probado ser un confort para el apóstol Pablo. Y les dice a los creyentes de Corinto que reciban a este hombre quien le ha traído confort y gozo personalmente a él.

Al mismo tiempo que escribe la carta a los Colosenses, una iglesia, escribe otra carta a un hombre, un hombre que lleva por nombre Filemón, un hombre que era parte de la iglesia de Colosas. Y en su carta a Filemón nombra también a Marcos como uno de sus colaboradores cercanos, Filemón verso 24. Marcos se encuentra ahora dentro de su equipo. Él es uno de los grandes trabajadores dentro del trabajo del ministerio. Así que el que una vez fue un desertor ahora es una parte honorable del ministerio que opera Pablo.

Estas son buenas nuevas acerca de una restauración, ¿no lo creen? Acerca de perdón, acerca de cómo ser útil. Media docena de años después de eso, ahora estamos en el 67 d.C., Pablo es arrestado por segunda vez en Roma, y esta será la última vez. Él será ejecutado. Sabe que el martirio es inevitable, entonces escribe su última carta desde Roma durante su segundo encarcelamiento, una última epístola inspirada. En esta él abre su corazón; está deseoso de partir; el corrió la carrera, finalizó la batalla, mantuvo la fe, está listo para recibir el premio celestial. Y él hace una maravillosa despedida final, 2 Timoteo 4:9–11, y junto con esto tiene una petición. Esta es la línea de meta para él. Por lo que dice a Timoteo, comenzando en el verso 9 de 2 Timoteo 4, "Procura venir pronto a verme, porque Demas me ha desamparado, amando este mundo," esto debió ser algo que le rompía el corazón. Él habiendo amado este mundo presente se fue y dejo Tesalónica. "Crescente fue a Galacia, y Tito a Dalmacia. Sólo Lucas está conmigo." Y a continuación dice esto: "Toma a Marcos y tráele contigo, porque me es útil para el ministerio." Esta es una de las grandes historias de restauración y recuperación dentro del ministerio. Una vez más Pablo ha sido herido por la deserción de uno de sus compañeros, un hombre llamado Demas quien lo abandonó por ir en busca de las comodidades de este mundo, por sus deseos y concupiscencias. Crescente y Tito no son desertores, pero lo han dejado para cumplir plenamente con las responsabilidades del ministerio y solo Lucas está con él en Roma acompañando siempre a Pablo. Él era su médico personal y puedo añadir que su historiador personal. Así que Pablo le pide a Timoteo, "por favor cuando vengas trae a Marcos contigo."

Marcos estaba con él en su primer encarcelamiento en Roma, y era de tal confort y de tanto gozo para él que lo quería de regreso en lo que fue su segundo y final encarcelamiento al final de su gloriosa vida. Quería volver a ver a Marcos. El apóstol que lo había rechazado una vez como su compañero de viaje, ahora lo elige como compañero para sus días finales sobre la tierra. No es como cualquier otro con el que Pablo quisiera estar. Este es el que sobresale de todos aquellos con los que él quisiera tener sus últimos días de vida.

¿Qué fue lo que cambió a Marcos? ¿Qué le sucedió? ¿Qué fue lo que lo transformó de ser un cobarde espiritual y un desertor a ser el más alabado y amado de los colaboradores de Pablo?

Te diré que fue lo que lo cambió. No fue un qué, sino un quién. Marcos tenía amistad con otra persona muy poderosa, con otro prominente predicador apostólico que tenía por nombre Pedro. Ya te dije que Pedro conocía a Marcos. Conocía la casa de Marcos; conocía a la madre de Marcos; y conocía a Juan Marcos. Y te diré algo, si es que hay alguien que pueda enseñarle lecciones de deserción y restauración, este es Pedro, ¿no lo creen? Quiero decir, él es el que ha tenido la más monumental deserción. Fue Pedro el que fue restaurado después de negar al Señor varias veces, en tres ocasiones separadas. Y esto nos hace ver que fue Pedro quien tomó a Marcos bajo su brazo y lo discípulo en la fe.

Pregúntame, ¿cómo sabes esto? No me lo estoy sacando de la manga. Esto lo sabemos de la misma pluma de Pedro. Pedro escribe en 1 de Pedro 5:13, "La iglesia que está en Babilonia" —Babilonia es un eufemismo para Roma porque Roma se parece mucho a lo que fue Babilonia; la que está en Babilonia— "elegida juntamente con vosotros," —esta es la iglesia de Roma— "y Marcos mi" —¿mi qué?— "hijo, os saludan." Marcos no era el hijo en la carne de Pedro, pero se había convertido en su hijo en la fe. En los años de silencio de su vida, cuando no conocemos nada acerca de la vida de Marcos, estaba siendo discipulado por Pedro. Sin duda, Marcos debió haber llegado a la fe por medio de la predicación de Pedro, porque Pedro es el predicador de los primeros capítulos de Hechos. Sin duda su salvación llegó por medio de la predicación de Pedro y él debió haber escuchado varias veces a Pedro predicar en su casa. Después del momento en Hechos 13 en el que abandona el ministerio para regresar con su madre, él se encuentra que Pedro es el único que queda ahí. Entonces Dios usa a Pedro para restaurarlo y hacerlo útil.

Pero hay más. El testimonio de la historia de la iglesia confirma que Pedro vino a Roma a principios de los 60's y ministró ahí por al menos un año. Es muy probable que él llegó después del primer encarcelamiento de Pedro, y del segundo de Pablo, y fue ejecutado por Nerón alrededor del año 65, lo que fue dos años antes del segundo encarcelamiento de Pablo y su ejecución. Al tiempo que Pedro está en la capital predicando el evangelio, pastoreando a la iglesia de Roma, él escribió dos epístolas a las iglesias de Asia menor, 1 de Pedro y 2 de Pedro. Y es en primera de Pedro que dice, "Marcos, mi hijo, os saludan." Marcos no solo fue discipulado por Pedro en su casa en Jerusalén, sino que fue llevado por Pedro a su ministerio en Roma, un ministerio de predicación y enseñanza que condujo a Pedro a su muerte. Que sorprendente privilegio tuvo este joven para ser personalmente cuidado y alimentado espiritualmente por dos de los más grandes hombres entre los apóstoles, Pedro y Pablo. Que inmenso y sorprendente privilegio ser el compañero de ambos, dentro de lo más difícil, dentro de lo más retador de los ministerios y junto con ellos ser alimentado como un íntimo amigo en las horas finales de la vida de estos dos grandes apóstoles.

Él fue útil para los dos más grandes predicadores. Y pudiéramos pensar que este fue el más grande honor que pudo recibir Marcos, pero no es así. Hay algo más grande que le fue dado. A él le fue dado el privilegio por nuestro Señor de escribir el evangelio de Marcos. Y si estudias el trasfondo del evangelio de Marcos, sabrás que los historiadores de la iglesia dicen que la influencia principal para el contenido del evangelio de Marcos fue Pedro. Así que mientras que Pedro estaba alimentando espiritualmente a Marcos, Marcos estaba tomando de Pedro toda la historia de nuestro Señor Jesucristo y el Espíritu lo capacitó para que lo escribiera sin error. Existe un testimonio de los escritores de la iglesia temprana acerca de la conexión que había entre Marcos y Pedro y también acerca de la autoría del mismo evangelio.

Sabes, el Señor está en la tarea de tomar a personas que son rechazadas y restaurarlas para el ministerio. ¿No es esto maravillosos e increíble? ¿Qué tan útil es Marcos? Yo encuentro que él es muy útil a mi vida porque no pasa un día en que no tenga yo que ir a ver qué fue lo que él dijo acerca de Jesucristo. No puedo imaginar que alguien más pudiera ser más exaltado que dándole el privilegio de escribir una de las cuatro biografías de Nuestro Señor en persona. Y en realidad no puedo imaginar a alguien tan improbable que fuera escogido, pues era un desertor y más bien parecería que es un consentido de mamá.

Onésimo

Al tiempo que Marcos está con Pablo en Roma, durante el primer encarcelamiento del apóstol, hubo otro hombre que apareció allí. El nombre de este otro hombre era Onésimo. Onésimo era un esclavo fugitivo. Marcos era un misionero fugitivo, o desertor. Permíteme contarte cómo es que se desarrolla su historia.

Él era propiedad de Filemón, un hombre asociado con la iglesia en Colosas. Pablo se encuentra por primera vez encarcelado, y le escribe una carta a Colosas, y también le escribe una carta a Filemón. ¿Por qué le escribe a Filemón? Debido a Onésimo.

Onésimo le pertenecía a Filemón; él era un esclavo. Él podría ser lo que se llamaba un esclavo urbano quien vivía dentro de la casa con la familia, estaba íntimamente conectado con la familia. Y debido a que Filemón era un creyente, porque Filemón era un líder dentro de la iglesia en Colosas, podemos pensar con seguridad que él era un amo justo y un amo amable. Esta es la manera como Pablo se dirige a él cuando le escribe la carta llamada Filemón, esta solo tiene un capítulo. Pero Onésimo, a pesar de que era tratado bien por Filemón, quería su libertad. Así que se convierte en un esclavo fugitivo. ¿Y a dónde fue? Fue a donde iban los esclavos fugitivos, a perderse entre la multitud. Va a Roma. Huye a Roma esperando perderse entre las masas. La capital imperial que por muchos es estimado que habría entre 800 y 900 mil personas. No había dispositivos para rastrear a la gente en esos días. Así que era fácil que se perdieran, pero él no se podía esconder de aquél que estaba buscando su alma, no se podía esconder de Dios.

A través de circunstancias que desconocemos, Dios trajo a Onésimo junto a Pablo. No se cuales fueron estas circunstancias; pero pienso que Onésimo escuchó acerca de Pablo de la boca de la gente que estaba en Colosas. Pienso que Onésimo escuchó hablar de Pablo a Filemón, este gran apóstol quien se encontraba predicando en el mundo gentil. Es muy probable que incluso haya escuchado a Pablo predicar, y que lo que Pablo predico haya sido reiterado por Filemón. La familia de Filemón era una familia creyente, de hecho su esposa e hijo son identificados por su nombre como creyentes. Así que mientras que él se encontraba en Roma y se dio cuenta del caos que era su vida, pensó en buscar a otros creyentes que lo ayudaran, incluso podemos pensar que él ya conocía a alguien en Roma ya que él era un esclavo dentro de la casa de un creyente prominente en Colosas. Pero cualesquiera que hayan sido las circunstancias él debió ser guiado por el Espíritu Santo para llegar a Pablo y experimentar la salvación. La salvación llegó a Onésimo.

Es muy interesante su nombre, este significa "alguien que es útil." Onésimo se hizo útil a Pablo rápidamente. En Los versos de Filemón 12 y 16 Pablo nos describe que tan útil le fue, que tan buen estudiante era, un estudiante solicito. Los versos 11 y 13 nos hablan de cómo sirvió a Pablo en su encarcelamiento. Se preocupa por Pablo. Así que aquí tenemos a este esclavo fugitivo que ha llegado a Cristo, y se encuentra sirviendo a Pablo.

Recuerdas, Marcos está también ahí, así que Onésimo y Marcos se encuentran juntos, siendo útiles a Pablo, son el equipo de servicio para Pablo. Uno como misionero fugitivo; el otro como un esclavo fugitivo. Pero debido a que es un fugitivo, quiere decir que el cometió una felonía. Es culpable de un crimen muy serio, y para los ojos de la justicia romana, este crimen tiene que ser castigado o bien enmendado de algún modo. Él defraudó a su amo en alguno de los servicios que le prestaba; pudo ser que le robó dinero cuando lo dejó solo. Y Pablo sabe que tiene que regresar, y es la razón por la que escribe una carta a Filemón, le escribe para decirle que lo reciba, que lo acepte cuando este regrese. Este es el tema central de la carta.

La carta deja en claro que Pablo se lo pudo haber quedado porque le es muy útil, pero prefiere que se haga lo que es correcto. Quiere que Filemón lo perdone, lo reciba y lo restaure. Para esto el apóstol envía a un hombre llamado Tíquico para que entregue la carta a la iglesia en Colosas y para que entregue la carta a Filemón, envía a Onésimo junto con él, un fiel y amado hermano quien es ahora uno de nosotros. Así que envía a Tíquico junto con este esclavo fugitivo para que se dirijan a Colosas en una misión vital de entregar estas dos cartas inspiradas.

En Filemón Pablo dice, "es para mí un gran sacrificio el enviar de regreso a Onésimo." Él sabe que podría ser castigado con la muerte; la ley romana lo permitía. Él podía ser etiquetado con la palabra fugitivo sobre su frente por el resto de su vida. Él podía ser severamente lastimado de manera justificada. Los esclavos eran tratados de manera muy severa; se permitía un trato exageradamente severo hacia los esclavos por la razón que prevalecía, existían un gran temor dentro del mundo romano por un levantamiento de esclavos. Y para mitigar esto ellos llevaban a cabo castigos muy, muy severos en contra de esclavos fugitivos.

Filemón era un creyente verdadero, un hermano amado y un compañero en la fe. Él debió ser una familiar parte de la familia, ser extremadamente cercano. Y aquí tenemos la súplica, permíteme mostrártelo en Filemón. "Por lo cual, aunque tengo mucha libertad en Cristo para mandarte lo que conviene, más bien te ruego por amor, siendo como soy, Pablo ya anciano, y ahora, además, prisionero de Jesucristo; te ruego por mi hijo Onésimo, a quien engendré en mis prisiones (esto es, él lo guio al evangelio y a la salvación), el cual en otro tiempo te fue inútil, pero ahora a ti y a mí nos es útil, el cual vuelvo a enviarte; tú, pues, recíbele como a mí mismo." Es como enviar mi propio corazón, esto es para decir cuánto ama a este hombre.

Ustedes saben cómo era que Pablo tenía una inmensa capacidad para amar a todos aquellos que sirven con él, incluido Marcos, deseando que él esté ahí en el momento en el que su vida está finalizando, esto también incluye al esclavo fugitivo. Él me ministra "en mis cadenas por el evangelio. Pero sin tu consentimiento, no quise hacer nada para que tus buenas obras no sean por compulsión, sino voluntarias. Porque quizá para esto se apartó de ti por algún tiempo, para que le recibieses para siempre." En otras palabras, tal vez él huyó, seguramente lo hizo bajo la providencia divina para que llegara a ser salvo, para que él pudiera ser enviado de regreso a ti, "no ya como esclavo, sino como más que esclavo, como hermano amado, mayormente para mí, pero cuánto más para ti, tanto en la carne como en el Señor. Así que, si me tienes por compañero, recíbele como a mí mismo. Y si en algo te dañó, o te debe, ponlo a mi cuenta." —"ponlo a mi cuenta."

¿Cómo respondió Filemón a esto? Bueno, la historia de la iglesia nos indicará que él respondió de la manera que esperaríamos que respondiera, con perdón y amor, y con completa restauración.

Una nota al pie acerca de esto. Alrededor del año 110 d.C. un líder cristiano, bien conocido por los historiadores de la iglesia, llamado Ignacio Obispo de Antioquía, escribió una carta a Éfeso. En esa carta él enfatiza al pastor de la iglesia de Éfeso varias veces, una y otra vez. Este énfasis recae sobre el pastor de la iglesia que se encuentra en Éfeso, quien lleva por nombre Onésimo. ¿Pudo ser este el mismo Onésimo, el fugitivo y esclavo reconciliado de Filemón? Hay muchas razones por las que pienso que sí es. La cronología de esto sería idéntica a lo que pudiéramos esperar porque en 110 Onésimo, si él hubiera sido un hombre joven alrededor de los veinte años cuando huyó, ahora él tendría alrededor de 70. Y a la edad de 70 años, el seguramente sería identificado como un anciano, término apropiado para un obispo o para un pastor de importancia en la iglesia temprana.

Pero otro escritor, F.F. Bruce, escribe esto, "¿por qué alguien debiera conectar al Onésimo que era el obispo de Éfeso alrededor del 110 con el Onésimo del libro de Filemón? Porque Ignacio en su carta a la iglesia de Éfeso se muestra familiar con la epístola de Filemón. Este es uno de esos raros lugares dentro de la literatura de los padres de la iglesia, en donde al lenguaje de nuestra epístola se le hace eco claramente. Y no sólo esto, sino que la parte de la carta de Ignacio a Éfeso en donde el lenguaje de Filemón es repetido, es la parte en la que el obispo es mencionado catorce veces, dentro de los primeros seis capítulos." Así que Ignacio escribe una carta que repite el contenido de Filemón y usa el nombre de Onésimo catorce veces. De este modo, Onésimo, el esclavo fugitivo, es perdonado, recibido, restaurado, se convierte en una parte importante de la iglesia de Colosas, y años más tarde es elevado para ser el obispo de la iglesia en Éfeso.

Yendo más allá, el erudito del Nuevo Testamento F.F. Bruce ha sugerido que este es Onésimo, quien fue un instrumento en la recolección y preservación de las cartas escritas por Pablo. Esta es una responsabilidad muy significativa. Los eruditos de la iglesia nos dicen que hay muy buena evidencia de que él, Onésimo, reunió las cartas de Pablo en un solo lugar. El siervo de Pablo hasta la muerte de Pablo, y un siervo de Cristo hasta su propia muerte. La historia no dice que él fue martirizado, lo fue durante el reinado del emperador Trajano, y la razón por la que lo mataron fue porque se rehusó a negar a Cristo.

Él pudo servir a su amo celestial hasta el final, como lo hizo Marcos. Se conocieron el uno al otro, esto fue maravilloso. En conclusión, Dios está a cargo de su obra, en el negocio de cambiar desertores en siervos útiles para él. Para Marcos, el desertor restaurado, para Onésimo, el fugitivo perdonado, la historia de sus vidas apunta al hecho de que Dios usa a la gente más improbable para cumplir propósitos heroicos para el avance de su reino. Estas son buenas nuevas para nosotros, ¿verdad? No tienes idea de lo que Dios esté planeando para tu vida y que es lo que ya está desarrollando si tú tan solo eres fiel a Él. Esta es la razón por la que Pablo dice esto, "habiendo yo sido antes blasfemo, perseguidor e injuriador; mas fui recibido a misericordia porque lo hice por ignorancia, en incredulidad. Pero la gracia de nuestro Señor fue más abundante con la fe y el amor que es en Cristo Jesús (1 Tim. 1:13–14). Y yo digo lo que he estado diciendo, Dios tiene que usar a lo débil y a lo caído y a lo frágil y a los desertores, porque es el único tipo de personas que en realidad existen. Y Él continua usándonos para cumplir con los propósitos de su reino. Que privilegio es el ser útil para Él.

Oración final

Padre, te agradecemos por este tiempo en el que hemos podido ver la vida de estos hombres. Mucho más hay que decir de ellos, pero es suficiente ir conociendo al ver la palabra de Dios en cada uno de los capítulos del Nuevo Testamento, y hasta la época apostólica en el Nuevo Testamento, como es que tú has usado y has avanzado tu verdad por medio de personas muy similares a nosotros, con debilidades y todas las fallas y caídas como las nuestras. Señor, entendemos que no se logra con poder o por la fuerza sino con tu Santo Espíritu, como dices tú, esta es la forma en la que tú avanzas. Sabemos que estás buscando instrumentos de honra para que los uses. Buscas a personas que te sean útiles porque se han arrepentidos, porque ellos son fieles, porque son diligentes; sabemos que todos hemos sido útiles cuando antes éramos inútiles. Hemos llegado al lugar en donde podemos serte útiles a pesar de haber sido tus enemigos antes, cuando éramos hostiles a ti, y cuando no éramos otra cosa que descalificados y tú nos salvaste y nos santificaste e hiciste que te fuéramos útiles. Que privilegio nos has dado. Y cualquiera que este sea, sabemos que nunca escribiremos un nuevo evangelio, o que nunca seremos el pastor de una gran iglesia, nunca seremos los escritores de cartas, pero sabemos que tú nos has dotado para hacer algo más, sea lo que sea para lo que nos has llamado queremos serte útiles, lo más útil según nuestras fuerzas. Que todo sea para tu gloria, oramos en Cristo Jesús, Amén.

Reflexiones Personales

13 de Diciembre, 1998

09_La grandeza de Juan el Bautista

15porque será grande delante de Dios. No beberá vino ni sidra, y será lleno del Espíritu Santo, aun desde el vientre de su madre. 16Y hará que muchos de los hijos de Israel se conviertan al Señor Dios de ellos. 17E irá delante de él con el espíritu y el poder de Elías, para hacer volver los corazones de los padres a los hijos, y de los rebeldes a la prudencia de los justos, para preparar al Señor un pueblo bien dispuesto.

Lucas 1:15–17

BOSQUEJO

— Introducción

— Su carácter personal

— Su llamado privilegiado

— Su contribución final

— Oración final

Notas personales al bosquejo

SERMÓN

Introducción

Hemos estado estudiando la narrativa en la historia de Lucas capítulo 1. Hemos recorrido hasta el verso 25 y hemos visto la historia de una pareja llamados Zacarías y Elisabet. Él es un humilde sacerdote y ellos son fieles al Señor, justos, sin mancha en lo que respecta a los mandamientos y requerimientos de nuestro Señor. Vimos que él fue a desarrollar su deber sacerdotal en el templo de Jerusalén lo cual él hacía dos semanas al año. Él fue elegido para entrar al lugar santísimo y ofrecer el incienso en el altar de incienso lo cual era un alto privilegio para un sacerdote. Ahora todos los 18,000 sacerdotes tendrían el privilegio de hacer esto durante su vida.

Cuando él se encontraba ahí un ángel le apareció en el verso 11 y le hizo un anuncio. Le dijo que iba a tener un hijo, el verso 13 dice, "Zacarías, no temas; porque tu oración ha sido oída, y tu mujer Elisabet te dará a luz un hijo, y llamarás su nombre Juan. Y tendrás gozo y alegría, y muchos se regocijarán de su nacimiento."

Lo que es digno de enfatizar acerca de esto era que un ángel no se había aparecido por más de 400 años en la historia anterior de Israel. Dios no había enviado ni un solo mensaje en 400 años. No había habido profeta en 400 años. No había habido un solo milagro en más de 500 años y no había habido un grupo de milagros en 800 años. Y ahora de repente un ángel aparece, un ángel trae un mensaje de parte de Dios acerca de un milagro el cual en realidad es el detonador de muchos otros, muchos otros milagros están a punto de comenzar. Este es el punto de lanzamiento del Nuevo Testamento. Esto sirve como señal de que el Mesías, a quien se había esperado por mucho tiempo, en quien se ha puesto la esperanza durante muchos años, incluso siglos atrás, está por llegar.

Vimos en el verso 18 que Zacarías no creyó esto y su duda le costó mucho. Él fue enfermado por el ángel y él no pudo ni hablar ni escuchar y él permaneció así hasta que el niño finalmente nació. Este fue un castigo sobre su vida durante esos meses. También recordarán que él concluyó su ministerio sacerdotal y se fue a casa, y entonces el milagro ocurrió. Su esposa Elisabet quien era estéril, ellos estaban en edad ya avanzada entre los 60s incluso los 80s, ya había pasado su capacidad de tener hijos y entonces ella estaba embarazada de un hijo. El milagro de concepción ocurrió. Y tiempo después en el capítulo 1 veremos que el nacimiento milagroso sucedió en el tiempo en el que Zacarías recobró su habla y su oído. Ya hemos visto algo de esta sorprendente narrativa.

Cuando vimos esto intencionalmente salté los versos 15–17 para verlos el día de hoy porque, ellos pertenecen a un solo mensaje. Los versos 15–17 en realidad describen la vida del niño Juan que nacerá. "^{15}porque será grande delante de Dios. No beberá vino ni sidra, y será lleno del Espíritu Santo, aun desde el vientre de su madre. ^{16}Y hará que muchos de los hijos de Israel se conviertan al Señor Dios de ellos. ^{17}E irá delante de él con el espíritu y el poder de Elías, para hacer volver los corazones de los padres a los hijos, y de los rebeldes a la prudencia de los justos, para preparar al Señor un pueblo bien dispuesto."

Este sorprendente mensaje del ángel describe quién será este niño. Inicia en el verso 15 con la palabra, "será grande delante de Dios." La grandeza es un tema de discusión aparte. Muchos de nosotros recordamos la astuta declaración de Cassius Clay, quien después fue conocido como Mohammed Ali, quien dijo, "Yo soy el más grande," y produjo mucha incredulidad con esta declaración. Al mismo tiempo, sin embargo, esa declaración en realidad fue un lanzamiento social, esta desató un diluvio de tolerancia para el egoísmo entre los atletas así como dentro de la sociedad americana y fue también en todas las culturas modernas. Este tipo de egoísmo sínico, generalmente está ligado entre las personas que piensan que su grandeza es única y que ellos son una leyenda, según su propia opinión.

La historia del pasado ciertamente ha sido capaz de darnos la crónica de verdadera gente muy grande. A pesar de que me pregunto si en el futuro va a ser muy difícil encontrar a verdadera gente excepcional entre los que simplemente han sido famosos por ser famosos, creaciones de los medios de espectáculo o bien simplemente los medios de comunicación los engrandecen por cualquier razón.

Si vemos al asunto de grandeza y la perspectiva popular en ello, esta va a ser asociada con la fama, en nuestra cultura con el dinero, con los espacios dentro de los medios de comunicación, la prensa, la admiración social, las celebridades. Sin embargo una verdadera visión acerca de lo que es la grandeza, menos popular, se concentra en los logros significativos de algún ser humano, alguien que ha logrado aportar una mejora para la vida. Ya sea que veamos la grandeza desde el punto de vista de una celebridad, o sea que veamos la grandeza desde el punto de vista de logros humanos, en ambos casos está muy lejos de la perspectiva de Dios.

La grandeza de Dios está reservada para otro tipo de gente que no encaja con esta categoría. Trascendiendo otras perspectivas a nivel humano de la forma en la que Dios ve la grandeza, la única manera en la que podemos comprender la realidad de la forma en la que Dios ve la grandeza es analizando a aquellos que Dios mismo etiquetó como grandes. Y aquí conoceremos a una de esas personas.

Cuando el ángel de Dios describió a Juan dijo que él sería grande ante los ojos del Señor. Y, francamente, ninguno de los símbolos normales

09_La grandeza de Juan el Bautista

asociados con grandeza dentro de la sociedad humana era parte de la vida de Juan. No tuvo un nacimiento dentro de la realeza, para decirlo de manera suave. Él nació en una familia común, muy común. No tenía ninguna prominencia en virtud a su herencia personal. No era un intelectual hasta donde sabemos. No sabemos nada acerca de sus capacidades intelectuales. No se le asigna ninguna responsabilidad en términos de inventar algo, en términos de ideología, o ideas o religión. El provenía de una familia común, simple, y no distinguida, en una villa en algún lugar, de acuerdo al verso 39, de las laderas de Judea, algún lugar no descrito.

No tuvo una educación formal, en lugar de eso vivió en aislamiento. En el verso 80 de este capítulo dice que al tiempo que crecía desarrollo un espíritu fuerte, toda su vida la vivió en el desierto hasta el día que apareció públicamente en Israel. Así es como él creció en completo aislamiento. Creció lejos de los centros sociales, lejos de poder interactuar con la sociedad en general. De hecho no hizo ninguna declaración famosa. De acuerdo a Mateo 3:4, él vestía una túnica de pelo de camello y un cinturón de piel en su cintura. Este era su atuendo diario. Tampoco hizo algún comentario acerca de cómo llevar un estilo de dieta. En el mismo verso se nos indica que comía langostas, sin duda estaban deshidratadas o secas o bien las cocinaba, las juntaba y les echaba miel silvestre.

No tenía ningún tipo de involucramiento en alguna institución formal. No estaba asociado con el sacerdocio, a pesar de que provenía de un linaje sacerdotal. No estaba asociado con ningún tipo de realeza. No estuvo asociado con ninguna de las instituciones oficiales de su tiempo. No fundó ninguna institución. No inicio ningún movimiento. No era responsable de ninguna organización, o alguna religión nueva. De hecho, a la gente que estaba dentro de la autoridad religiosa en ese tiempo le era molesto. Lo rechazaban duramente, pero él los rechazaba de la misma manera llamándolos generación de víboras.

Uno de los gobernantes de aquel tiempo, un hombre llamado Herodes quien descendía de la línea de Herodes el Grande, encarceló a Juan. Fue mantenido en prisión hasta que Herodes fue movido por un deseo lujurioso; una noche cuando él veía a una joven mujer danzando, estaba tan emocionado que dijo a esa mujer que le daría lo que ella quisiera, lo que ella le pidió fue la cabeza de Juan el Bautista en una charola. Juan fue despreciado por muchos. En su emoción lujuriosa el necio rey hizo lo que le pidieron y esa misma noche Juan fue decapitado y su cabeza fue presentada en una charola a todos los que asistían a la fiesta. Juan fue tratado con mucha falta de respeto y desdén, él fue mucho más que simplemente un hombre decapitado por el placer de una jovencita y de un hombre a quien ella había emocionado.

Aun su ministerio fue corto, tuvo sus quince minutos de fama —para usar este dicho común— pero su ministerio fue corto. Su aparición en el escenario mundial no duró mucho. Y él mismo trató de concluirlo rápidamente. Su comienzo se desvaneció muy rápido de manera intencional.

En realidad no hay nada en su vida, considerando sus características humanas, que pueda ser asociado con grandeza. Esta es la razón por la que se nos dice en el verso 15, "él será grande delante de Dios." Ciertamente no será ante los ojos de los hombres, a pesar de que cosechó a pocos seguidores quienes entendían que él era un verdadero profeta de Dios, quienes creían en él y que eran leales a su mensaje. Y eran tan leales a él que él mismo tuvo que dirigirlos a Cristo, incrementando de esta manera la velocidad en la que su propia estrella se desvaneció en el cielo.

Hasta donde concierne la evaluación del mundo, él no es visto dentro de las categorías que ellos tienen para la grandeza. Pero delante de Dios él es grande. La palabra grande en griego es *megas* de la cual nosotros obtenemos el adjetivo "mega." Él era una mega estrella en lo que concierne a Dios. Y dicho sea de paso que esta palabra es usada acerca de Jesús en el verso 32 en donde el ángel quien anuncia el nacimiento de Cristo en el verso 26 a María, dice de Jesús, "este será grande, y será llamado Hijo del Altísimo." Notemos que no dice "delante del Señor." Él no es grande ante la perspectiva de alguien, aun la perspectiva de Dios, Él era grande en el sentido absoluto de grandeza porque Él, desde luego, era Dios en un cuerpo humano.

Regresando a Juan en el verso 15, "él será grande." La pregunta que surge es, "¿qué tan grande ya que grande es un término relativo?" Este es un término relativo aun en la forma en la que nosotros lo usamos. Decimos que alguien es grande pero esto es relativo al ambiente el cual tenemos en mente. Hay todo tipo de grandezas. ¿Cuál es el nivel de grandeza de Juan?

La respuesta llega en el capítulo 7 tiempo después. Desde luego que lo veremos en detalle cuando lleguemos a este en algunos años. Pero Lucas en el capítulo 7 verso 28 dice, "Yo os digo," Jesús está hablando aquí, Lucas 7:28, "Os digo que entre los nacidos de mujeres," y esto incluye a cualquiera obviamente, "no hay mayor profeta que Juan el Bautista." En Mateo 11:11 vemos a Jesús diciendo la misma verdad con diferentes palabras. Mateo 11:11 registra a Jesús diciendo, "De cierto os digo: Entre los que nacen de mujer no se ha levantado otro mayor que Juan el Bautista." No es solamente el más grande, es el más grande que ha existido. Este es un sorprendente elogio.

Aquí vemos al hombre más grande que ha habido. "Nacido de mujer" era una expresión común que hacía referencia a la humanidad de la persona. Jesús dijo, "Ninguno más grande ha vivido antes." Más grande que Enoc quien caminó con Dios, y quien no murió pues Dios lo llevó con él. Más grande que Noé quien sobrevivió al diluvio. Más grande que Melquisedec, el rey de Salem, sacerdote del Dios altísimo a quien Abraham le pago tributo. Más grande que Abraham, el padre de Israel, y amigo de Dios. Más grande que Isaac, más grande que Jacob, más grande que José, ¿podría ser

09_La grandeza de Juan el Bautista

más grande que Moisés, quien dio la ley? Más grande que Samuel, más grande que Sansón, más grande que Gedeón, más grande que David, ¿podría ser más grande que Elías quien fue llevado al cielo en un carro? Más grande que Eliseo el gran profeta, ¿puedo ser mayor que Isaías, Jeremías y Daniel y todos los profetas? En efecto él fue más grande que todos los enlistados en Hebreos 11 como los monumentales héroes de la fe. Esta es la persona más grande que vivió en el Antiguo Testamento, la persona más grande de todas en el tiempo de la promesa, la más grande en términos de la tarea que realizaría, el más grande en cuanto al privilegio más grande de anunciar el inicio del ministerio del Mesías.

Su grandeza no puede ser medida en ninguna de las formas normales en las que el mundo mide la grandeza. Ninguna de ellas; de hecho desde una perspectiva mundana él en realidad no realizó nada que tuviera valor perdurable. De hecho él fue odiado, despreciado y finalmente decapitado.

Pero a pesar de todo esto, de acuerdo al verso 15, no a la vista de algún hombre en particular, sino que a la vista del Señor, es el más grande "delante del Señor o delante de Dios" esta es una frase usada muchas veces en la Escritura. Es usada muchas veces en Lucas. Él la usa varias veces en este evangelio, incluido el verso 6 en donde se refiere al hecho de que Zacarías y Elisabet eran justos delante de Dios.

Pablo lo usa también muchas veces. Se pueden contar al menos diez veces que él usa esta frase. La usa en 2 de Corintios alrededor de cinco veces. La usa en las cartas a Timoteo al menos dos veces. Pedro la usa también en 1 Pedro 3:4. Santiago la usa en Santiago 4:10.

Así que esta era una expresión común. Y de manera simple su significado es aprobación divina, favor divino. Él sería grande en cuanto a lo que concierne a Dios. Él tendría aprobación divina. Este es el sentido general. Él sería grande debido a que tiene consigo la aprobación que es concerniente a Dios. Nunca ganará la aprobación de los hombres. Él tendrá la aprobación de Dios. Ahora este es una manera general de describir el término. Pero inherentemente en este hay una realidad muy específica que tienes que entender, y esta es, nunca nadie ha sido aprobado por Dios sin que primero su pecado haya sido cubierto. ¿Comprendes eso? De manera inherente en la declaración genérica "aprobado por Dios" se encuentra el hecho de que este hombre sería un hombre justificado. Él sería hecho justo o recto. Sería un hombre salvo. Sería un tipo de hombre como al que Dios imputa justicia. Sería un hombre cubierto por la justicia de Dios. De este modo tenemos que ver la aprobación divina en un sentido general como teniendo un componente interno específico de justificación. Este es la idea de Romanos capítulo 2 y verso 13, "porque no son los oidores de la ley los justos ante Dios, sino los hacedores de la ley serán justificados." Está hablando de cómo es que Dios otorga a una persona una cubierta de justicia así como la capacidad de obedecer a su ley. Esto es la conversión, esta es la salvación, esta es la justificación y su compañera, la santificación.

Esta es una promesa. Escucha esto, muy importante, esta es una profecía, este es un compromiso de parte de Dios a través de la boca de un ángel santo que dice que Juan será un hombre justificado. Esta es una promesa de la salvación de alguien que aún no se ha concebido, este es un punto monumental en lo que respecta al entendimiento de la doctrina divina de la elección. Dios ha elegido a Juan para justificación, para salvación aún antes de ser concebido. Esto es una ilustración de cómo Dios ha elegido a todos los que creen y de cómo es que ha escrito su nombre en el libro de la vida del Cordero antes de la fundación del mundo. Dios se agradó con su Hijo porque Él era sin pecado y Dios se agrada con cualquiera que es cubierto con la justicia de su Hijo. Dios está prometiendo esto en el nombre de Juan. Una declaración enorme, muy grande.

Entonces el ángel, está diciendo a Zacarías, que Juan tiene la aprobación de Dios sobre su vida. Él será justo ante los ojos de Dios. Él será más que eso, él será grande delante de Dios. Él será justificado, esto está reservado para aquellos quienes sus pecados son perdonados y son cubiertos por medio de la justicia de Dios. Él será por lo tanto favorable a Dios debido a que sus padres está actuando de manera correcta en su propia fe, como el verso 6 lo indica. Su grandeza no puede ser equiparada por ningún ser humano hasta ese tiempo, él es el más grande que nunca antes ha vivido. Eso debe incluir su justificación.

Así que hemos dicho mucho ya acerca de su grandeza. Ahora veamos a tres demostraciones de esta, las tres características de su grandeza que fluyen del texto. Hay mucho material aquí por lo que lo trataré rápidamente.

Su carácter personal

Número uno, su grandeza se evidencia a sí misma en su carácter personal. Verso 15, "será grande delante de Dios." Dos cosas son dichas inmediatamente después con respecto a su carácter: "No beberá vino ni sidra," y "y será lleno del Espíritu Santo, aun desde el vientre de su madre." Dos cosas son resaltadas aquí. Una tiene que ver con lo físico, con la vida externa que él vive. Él nunca beberá vino o licor, la otra tiene que ver con lo interno y espiritual. Él será lleno con el Espíritu Santo desde el vientre de su madre.

De este modo el ángel identifica algo acerca de su carácter desde el punto de vista interno como externo. Primero que nada, no beberá vino o sidra. Sidra la palabra que se usa para sidra es también frecuentemente usada para hacer referencia en el Nuevo Testamento y en el Antiguo a una bebida fuere, una bebida fermentada, añadiré un comentario a esto en un momento.

Esto demuestra de manera general un estilo de vida temperado, un estilo de vida moderado, un estado de vida se auto negación. Uno que vestía con pelo de camello, un cinturón de piel y comía langostas con miel silvestre, ya ha demostrado gran templanza y de algún modo una actitud indiferente hacia los placeres del mundo, los placeres dietarios y los placeres de vestir a la moda del mundo, él los había evitado y desdeñado.

Esto nos lleva a un paso más adelante. Él no beberá vino o sidra como un compromiso de por vida. Tenemos que hablar de esto por un momento para que podamos entender que es lo que se está diciendo. Lo que nos está diciendo es que vivirá de manera moderada. Y ciertamente nos está diciendo que él va a desdeñar algunos de los simples placeres de la vida, estará preocupado con la obra de Dios que le ha sido comisionada.

Pero hablemos específicamente acerca de lo que puede haber detrás de esto. No beberá vino ni sidra. Permítanme hablar acerca del vino por un momento. Existen dos palabras del Antiguo Testamento, las cuales él pudo haber conocido muy bien, para decir vino. Una de ellas es *tirosh*, esta es una palabra hebrea para vino nuevo, vino fresco el cual es jugo de uva, simple jugo de uva. Esta está asociada con una bendición del Antiguo Testamento. La palabra *tirosh* la ves en Deuteronomio 7, Deuteronomio 11 y en 2 de Reyes 18, y en algunos otros lugares en donde simplemente significa jugo de uva. Este era algo que se disfrutaba como una forma de bendición de parte de Dios, Él proveía viñedos, Él proveía uvas y por lo tanto Él proveía el fresco y dulce jugo de uva. Esto es *tirosh*.

También está la palabra hebrea *yayin*, una palabra aún más familiar en el Antiguo Testamento. *Yayin* se refiere a vino fermentado. Recordemos que no había refrigeración. El clima de Israel es idéntico al clima del sur de California, así que es un clima muy caliente y los veranos son muy, muy calientes sin aire acondicionado o refrigeración. Obviamente todo se fermenta y es por esto que el Antiguo Testamento tenía una palabra específica para vino fermentado, esta es la palabra *yayin*. Los rabís estaban conscientes de las capacidades de intoxicación del *yayin*, y por ello requerían que este vino fermentado fuera mezclado con agua, la mezcla era 8 a 1, ocho partes de agua por una parte de vino para que este se diluyera. La dilución de ese líquido prevendría la intoxicación. También se añadía vino fermentado al agua para que este actuara como desinfectante en el agua, la cual de otro modo estaría infectada con amebas, o con bacterias, o cualquier otra cosa. Por esto los rabís pedían que este tipo de vino fuera mezclado. De este modo ellos beberían jugo de uva normal o ellos podrían beber también esta mezcla de vino con agua. El Antiguo Testamento reconoce como algo común el consumo de estos brebajes, tanto el vino nuevo como el mezclado. Pero se pedía la moderación en ambos casos. La embriaguez era rechazada así como el amor al vino.

Esto se encuentra por todos lados en el Antiguo Testamento. No tenemos tiempo para ir a todos estos lugares, pero en Proverbios capítulo 20 tenemos una declaración general, verso 1, "El vino es escarnecedor, la sidra alborotadora, Y cualquiera que por ellos yerra no es sabio." El vino tiene el potencial de burlarse de ti, de convertirte en un tonto, por así decirlo, una bebida fermentada puede convertirte en un peleonero, y nadie que se encuentre intoxicado pude decir que está usando su mente. Proverbios 21:17 dice, "Hombre necesitado será el que ama el deleite, Y el que ama el vino y los ungüentos no se enriquecerá." ¿Por qué? Porque si desperdicias tu tiempo en está bebiendo, si tú amas el beber y no trabajas, te conviertes en un bebedor. El capítulo 23 nos da una advertencia mayor, verso 20, "No estés con los bebedores de vino." Y también encontramos juicios en contra de la embriagues. No iré a ver todos estos. Leamos al profeta Amós, un libro muy pequeñito, si no mal recuerdo tiene nueve capítulos más o menos. Y el profeta Amós dice que hay algunos juicios que Dios hará sobre su pueblo y asocia los pecados con la embriaguez con el vino. Más adelante en esa profecía, para mostrarte la manera en la que Dios lo ve, él dice que cuando venga el Mesías y establezca su glorioso reino, en este se beberá el vino de las viñas." Amós 9:13–15.

Así que Dios proveyó esto como una bebida, jugo de uva. Los rabís eran sabios al pedir que aquello fermentado se bebiera mezclado con agua para protegerte de la embriaguez. La Biblia nos advierte acerca de amar el vino y esto identifica la embriagues como un pecado muy serio.

Cuando vamos al Nuevo Testamento existen palabras comunes también en el para vino, esta es *oinos* y básicamente muestra lo mismo. En el Nuevo Testamento encontramos también el vino, y también se lo debe tratar con moderación. Una es no andar cerca del vino por mucho tiempo, esto es no amar el beber, y la embriaguez es identificada como un pecado muy serio. El vino era usado en sociedad, recordarán que en Juan 2 es usado en una boda en la cual Jesús estaba presente. Cuando el vino se les terminó, Jesús hizo el milagro de crear más vino. Jesús creó vino sin necesidad de la tierra, sin necesidad de un viñedo, sin necesidad de vino mismo, sin necesidad de uvas, sin necesidad de un lagar; Él simplemente creó vino y puedes estar seguro que este vino no pasó por corrupción, y por lo tanto era vino nuevo. Sin embargo el vino fermentado tenía un papel que jugar también. Recordarán a Pablo diciendo a Timoteo, 1 Timoteo 5:23, "Ya no bebas agua, sino usa de un poco de vino por causa de tu estómago y de tus frecuentes enfermedades." Probablemente tenía que ingerir algún tipo de desinfectante a causa de su salud. La embriaguez, de acuerdo a Efesios 5:18, es considerada un pecado, "No os embriaguéis con vino en lo cual hay disolución." Esta era considerada una acción pagana.

Así que de este modo se debe tratar con el vino, así es como se nos describe. El vino nuevo debía ser disfrutado con bendición. El que estaba fermentado debía ser mezclado sabiamente de tal modo que limpiara el agua y también para que se diluyera su capacidad de intoxicación. No debías amar el beber y nunca debías estar ebrio. Ahora con una bebida fuerte tenías un uso diferente, esto es la palabra sidra (licor en LBLA). Esta es la palabra griega *sikera*. En hebreo es *shekar*. Bebida fuerte significaba una bebida capaz de intoxicar. Esta palabra proviene de un verbo que significa "estar ebrio." Este era un tipo de bebida diseñado con un propósito y este era ayudarte a perder el auto control, las bebidas fermentadas sin diluir, ya sea de fruta o de grano, como los wiskis o las cervezas, son consumidas con el propósito de intoxicarse, las consumen porque quieren estar ebrios. La gente quiere sentir el placer de la embriaguez. Las bebidas fuertes también tenían un uso anestésico. Deuteronomio 14:26 lo presenta como una característica de vida que Dios ha provisto. Y Proverbios 31:6 nos dice quiénes deben usarlo, es para aquellas personas quienes se encuentran en algún punto de sufrimiento serio. "Dad la sidra al desfallecido, y el vino a los de amargo ánimo." La gente que se encuentra sufriendo puede, tal vez, aliviar hasta un punto su dolor con el uso de una bebida fuerte. Pero la Escritura nos advierte en contra de las bebidas fuertes a través de todo el Antiguo Testamento y ciertamente esta misma advertencia se encuentra implícita en el Nuevo Testamento como en Efesios 5:18, o en 1 Pedro 4:3 en contra de la embriaguez que el licor (sidra) produce.

Bien pudiéramos decir, "Juan no tomó vino o bebidas fuertes porque él simplemente iba a ser elevado a otro nivel. Iba a ser elevado para ser un modelo de virtud. Él iba a alcanzar el máximo nivel de perfección. Él no iba a tropezar con nada que pudiera corromperlo. Se alejó del estilo de vestido del mundo. Se alejó de la forma de comida del mundo. Se alejó de la forma de beber indulgente que tiene el mundo. Esto sólo era otra indicación de que él le pertenecía a Dios." Eso es posible, pero eso sólo era una afirmación general de su parte a ese respecto, la realidad es que esto sería posible gracias al diseño de Dios desde antes que él naciera.

Tenemos otro componente que debemos notar aquí. De acuerdo a Levítico 10:9, cuando un sacerdote iba al templo a cumplir con su ministerio, para hacer su trabajo en el templo, no podía estar ebrio. De hecho, si llegara a suceder que estuviera ebrio y estaba ejerciendo su ministerio como sacerdote, Dios le dice que podría morir. Escucha lo que dice en Levítico 10:8, "Y Jehová habló a Aarón, diciendo: Tú, y tus hijos contigo, no beberéis vino ni sidra cuando entréis en el tabernáculo de reunión, para que no muráis."

Lo que quiere decir es, si tu ibas ahí y te encontrabas en una situación de embriaguez podías perder tu vida al ofrecer un tipo de fuego extraño al Señor debido a tu condición de ebriedad, podrías hacer algo que no era apropiado a las ceremonias que Dios había prescrito, podrías tratar a Dios con tal indiferencia como la de estar ebrio al venir a su santa presencia.

Estas podrían ser cosas que causaban la muerte. Y pudiera ser también que algunos sacerdotes fueran más allá y decidieran no solo evitar esto en su servicio sino que también evitaran que lo más seguro sería nunca traer tal vergüenza y deshonor a Dios en el templo, y entonces decidieran evitar el vino de manera permanente. Ciertamente el padre de Juan, Zacarías, viviría bajo la prescripción de Levítico 10 siempre que llevaba a cabo su ministerio sacerdotal. Así que los sacerdotes tenían algunas restricciones acerca del beber vino también.

También es verdad, de acuerdo a Proverbios 31:4 que los gobernantes y líderes no consumirían este tipo de bebidas tampoco. Dice en 31:4, "No es de los reyes…no es de los reyes el beber vino, ni de los príncipes la sidra." Cualquiera que sea un líder, cualquiera que tiene una responsabilidad, cualquiera que tiene que tomar decisiones, como los del ejemplo, no se deben enredar con el beber vino o con la sidra (bebida fermentada). En el Nuevo Testamento los ancianos no deben ser amantes del vino. Desde luego, ancianos y pastores no deben estar ebrios. En el caso del consejo que Pablo da a Timoteo, "toma un poco de vino a causa de tus males de estómago," Timoteo pudo ser alguien que rechazaba por completo el vino y tuvo que decirle que no había problema en tomar un poco, Timoteo quería elevar su santidad y rechazar todo aquello que pudiera traer vergüenza o deshonor o bien algún tipo de juicio.

Otra cosa que pudiéramos pensar es… bueno, Juan no es oficialmente un sacerdote a pesar de que él se encuentra en la línea sacerdotal. No es un gobernante o un rey. Pero tal vez él quería ser elevado a otro nivel. Tal vez él simplemente quería tomar este tipo de nivel de vida que te eleva hasta la cima y abstenerse de todas estas bebidas como parte de su auto negación personal.

Existe otra posibilidad. Números capítulo 6, esto introduce otro voto maravilloso del Antiguo Testamento a la discusión. Este era llamado el voto nazareo, no tenía relación con Nazaret, no tiene nada que ver con ella, esta es una antigua palabra hebrea que significa "separado." Un voto de separación…un judío podía hacer esto, decidir me quiero separar para Dios por un periodo de tiempo. Quiero estar en completa devoción a Dios. Quiero simplemente…quiero caminar con Dios y tomaré un cierto periodo de días y haré este voto Nazareo de separación para Dios. El primer componente es este, verso 2, "Habla a los hijos de Israel y diles: El hombre o la mujer que se apartare haciendo voto de nazareo, para dedicarse a Jehová, [3]se abstendrá de vino y de sidra; no beberá vinagre de vino, ni vinagre de sidra, ni beberá ningún licor de uvas, ni tampoco comerá uvas frescas ni secas." Esto usualmente era solo por cuestión de días, "Todo el tiempo de su nazareato, de todo lo que se hace de la vid, desde los granillos hasta el hollejo, no comerá." Nada que tuviera que ver son uvas. Él se abstendría de todo aquello que era el placer normal de las bebidas placenteras de la vida. Este era un modo de dedicarse a sí mismo a Dios, esto era por medio de la auto negación. Otra cosa, "Todo el tiempo del voto de su nazareato no pasará navaja sobre su cabeza; hasta que sean cumplidos los días de su apartamiento a Jehová, será santo; dejará crecer su cabello. Todo el tiempo que se aparte para Jehová, no se acercará a persona muerta. Ni aun por su padre ni por su madre, ni por su hermano ni por su hermana, podrá contaminarse cuando mueran; porque la consagración de su Dios tiene sobre su cabeza." Este era el voto Nazareo, el cual incorporaba la idea de no tomar vino o sidra (licor LBLA, o bebida fuerte, o bebida fermentada).

Algunos han sugerido que Juan pudo ser nazareo de por vida. Sólo había dos maneras de acuerdo a la Escritura. La mayor parte de la gente lo hacía solo por unos días. Pero está Sansón, de acuerdo a Jueces 16 y Samuel de acuerdo a 1 de Samuel 1. Era muy raro que alguien lo hiciera toda su vida. Tal vez Juan era nazareo de por vida, separándose de este modo él mismo. Sabemos que se apartó para vivir en el desierto. Sabemos que se separó a sí mismo en su estilo de vida. Esto puede ser bien un indicativo de una vida de nazareato, a pesar de que no se menciona nada acerca de su cabello.

El punto es este, él se consagró al más alto nivel, al más alto nivel posible. Aquí vemos a un hombre que en el exterior estaba consagrado, dedicado, era un hombre separado. Pero también, como en su exterior, estaba consagrado en su interior, verso 15, esto era lo que había en su interior y que hacía posible lo que estaba sucediendo en su exterior. "Y será lleno del Espíritu Santo, aun desde el vientre de su madre." Será lleno del Espíritu Santo, esto será durante toda su vida. No solo será un hombre comprometido con Dios al más alto grado de consagración en su exterior, sino que en su interior Dios le dará poder al máximo también.

La idea de ser lleno con el Espíritu Santo simplemente significa que él estará bajo el influyente control y poder del Espíritu Santo. Su vida estará bajo el control del Espíritu Santo. Su vida será dominada por la voluntad del Espíritu Santo. La voluntad del Espíritu Santo, desde luego, grandemente expresado en la Palabra de Dios, pero su vida será dominada por la influencia del Espíritu Santo. Por cierto, la frase "ser lleno con el Espíritu" la usa Lucas muchas veces en el libro de Hechos. Esta simplemente significa que el Espíritu Santo de Dios estará al control de su vida aun mientras que él está en el vientre de su madre.

Permíteme añadir una nota al pie aquí, esto nos habla de la vida de un feto. La Biblia nos enseña que la vida inicia en la concepción y aquí está una vida con la capacidad de ser controlada y dominada por el Espíritu Santo antes de que esta llegue al mundo, antes de su nacimiento.

Es el Espíritu Santo, el tercer miembro de la Trinidad quien tiene la tarea de obrar poder divino en la vida de la gente, tanto en el Antiguo Testamento como en el Nuevo, de salvarlos, de santificarlos, de instruirlos, de enviarlos y de usarlos. Y este control fue exhibido en el caso de Juan el Bautista mientras que él aún estaba en el vientre de su madre. Así de especial era la vida de este hombre.

Ahora, para la mayor parte de la gente, para aquellos de nosotros que estamos llenos del Espíritu Santo, esto llega después de nuestra conversión. Para Juan esto llegó en el tiempo de su concepción. Esto no es inusual en algunos casos en los que se nos muestran los propósitos de Dios. Jeremías, el gran profeta, 1:4, "Vino, pues, palabra de Jehová a mí, diciendo: Antes que te formase en el vientre te conocí, y antes que nacieses te santifiqué, te di por profeta a las naciones."

La misma cosa es verdad no solo en Jeremías, también en Pablo. Gálatas 1:15, "Pero cuando agradó a Dios, que me apartó desde el vientre de mi madre, y me llamó por su gracia, revelar a su Hijo en mí." Pablo dice que Dios ya estaba involucrado en su vida desde el vientre de su madre.

Esto sin controversias indica que la vida inicia en la concepción y que el feto en realidad es una persona, capas de estar bajo el control influyente del Espíritu de Dios. Esto es, una vez más, la manera más fuerte posible de expresar elección soberana. La soberana elección selectiva de Dios hacia Juan para la salvación, para la santificación y para el servicio. Este niño aún no había sido concebido y la promesa era que él sería justificado, cubierto con rectitud para agradar a Dios. Él viviría una vida consagrada que sería posible con la energía provista por el Espíritu de Dios, y el trabajo del Espíritu inició desde que él estaba en el vientre de su madre.

En el verso 41 cuando Elisabet, que estaba ya embarazada en ese tiempo con seis meses de embarazo, escuchó el saludo de María y el bebé saltó en su vientre y entonces Elisabet fue llena con el Espíritu Santo. Esto fue un tipo de manifestación física de la presencia del Espíritu Santo. Más adelante en el verso 67, su padre Zacarías fue lleno con el Espíritu Santo y profetizó. Esta es una familia muy poderosa, todos están llenos del Espíritu Santo… se encuentran bajo el poder y la influencia del Espíritu.

Su llamado privilegiado

Así que la primera evidencia de la grandeza de Juan es manifestada en su carácter personal. Segundo, su llamado privilegiado. Voy a explicar este rápidamente. Verso 17, la primera parte del verso, "E irá delante de él." Vamos a entrar en detalle en este punto pero no lo vamos a cubrir por completo ahora. Esta es la marca de su grandeza, este es el pináculo de su grandeza, esto es lo que lo hace grande. Es su llamado privilegiado…él irá delante de Él. Él es Jesucristo, Él es el Mesías, Dios en cuerpo humano, es identificado al final de verso 6, "Señor de ellos, e irá delante de Él," el antecedente para

"Él" es "Señor Dios de ellos." Es maravilloso darse cuente de que el Mesías es Dios, el Mesías es el Señor. El término Señor, *kurios* es usado 26 veces en Lucas 1–2 en referencia a Jesús y aquí diciendo que Jesús es el Señor, que Jesús es Dios. Y Juan irá delante del Señor Dios cuando este venga. Juan era el profeta que identificaría al Mesías, esta sería su tarea, su llamado privilegiado.

Leí para ustedes Juan 1 verso 6, "Hubo un hombre enviado de Dios, el cual se llamaba Juan. Este vino por testimonio, para que diese testimonio de la luz, a fin de que todos creyesen por él." Él no sería la luz, pero llegaría para que él diera testimonio acerca de la Luz. Verso 15, "Juan dio testimonio de él, y clamó diciendo: Este es de quien yo decía: El que viene después de mí, es antes de mí; porque era primero que yo," hablando de la existencia eterna de Jesucristo. En el verso 23 dice, ": Yo soy la voz de uno que clama en el desierto: Enderezad el camino del Señor, como dijo el profeta Isaías." Isaías capítulo 40, verso 3. Él era el que en Juan 1:29 señaló a Jesús y dijo, ": He aquí el Cordero de Dios, que quita el pecado del mundo." Este era su llamado privilegiado.

Ahora dice en el verso 17 que él vino para ir delante del el Mesías en el Espíritu y el poder de Elías. Esto es muy importante porque los judíos creían que antes que el Mesías viniera para establecer su reino, Elías tenía que venir. ¿Por qué decían ellos esto? Porque el último profeta, el último libro del Antiguo Testamento, Malaquías 3, el Señor dijo, ", yo envío mi mensajero, el cual preparará el camino delante de mí." Antes de que el Señor llegara al mundo Él enviaría a su mensajero. ¿Quién era este mensajero? Capítulo 4, los últimos dos versos del Antiguo Testamento, "⁵He aquí, yo os envío el profeta Elías." Elías el profeta…antes de que venta el día grande y terrible del Señor, antes de que el Señor venga en gran gloria, les voy a enviar a Elías. Esto nos hace saber que los judíos estaban esperando a Elías; Elías era el prototipo del profeta, fiel, poderoso, milagroso, valiente, sin concesiones. Él era el profeta de Dios quien proclamo la verdad divina de Dios sin equivocación, sin temor delante de un monarca agresivo…así como lo fue Juan. Puedes leer acerca de él en 1 de Reyes 18.

La pregunta que surge, ¿es Juan Elías? Quiero decir, si él está anunciando la llegada del Mesías, ¿estaba diciendo Malaquías que Elías vendría antes de que el Mesías llegara? Los reyes del antiguo oriente medio siempre enviaban a alguien que preparara el camino para ellos, para preparar a la gente para su entrada como realeza. Malaquías dijo el Mesías tendrá alguien que prepararía el camino, Elías. Y la pregunta surgió, y era una pregunta legítima, Juan 1:21, lo leeré nuevamente. Ellos le dijeron, "¿acaso eres Elías? Y Juan contestó, "No soy Elías…no soy Elías."

Esto es muy interesante, porque él claramente dijo, "no soy Elías." ¿Cómo entonces debemos entender esto? En Mateo capítulo 11 versos 13 y

14, iremos ahí rápidamente en un momento, escuchen lo que Jesús dijo. Juan el bautista ha venido, y que él era el más grande que había existido. Lugo les dijo, verso 14, "Y si queréis recibirlo, él es aquel Elías que había de venir." ¿¡Qué!? ¿Cómo debemos entender esto? Jesús dijo, "si aceptas esto," ¿qué es esto? "Si ustedes aceptan su mensaje, si ustedes me aceptan como su Mesías, su ustedes aceptan el reino que Yo les traigo, él habrá cumplido con esa profecía de Elías." Lo que quiere decir que la profecía era figurativa; no iba a ser una real resurrección de Elías, sino que sería uno que vendría, y aquí regresamos a nuestro texto en el verso 17 en donde se nos explica con claridad, uno que vendría en el espíritu y el poder de Elías. Esto es lo que Malaquías estaba diciendo, uno como Elías el profeta, uno que con poder, fielmente, valientemente, y sin concesiones, proclamaría la verdad divina, sin temor al pueblo de Dios y aun cuando enfrentaría a un rey muy agresivo. Este sería como Elías.

Es por esto que el ángel dice que viene uno en el mismo espíritu y poder de Elías, él es el Elías que Malaquías prometió. Él viene a anunciar la llegada del Mesías. Y Jesús dice, "si ustedes creen en el mensaje, si ustedes creen en el evangelio, si ustedes creen en Mí, el cumplirá con esa profecía de Elías. Este será como Elías el profeta." Pero eso deja lugar para otro pensamiento, qué si ellos no creen, porque de hecho ellos no creyeron. En efecto no creyeron y por lo tanto aun cuando Juan vino en el espíritu y el poder de Elías, debe haber un futuro cumplimiento de la profecía de Malaquías antes de que venga el día de Jehová, grande y terrible. Antes de que Jesús venga a destruir a los impíos, para establecer su reino terrenal, habrá en aquel día, antes de que él llegue, otro profeta similar a Elías quien anunciará su llegada. Tal vez puede ser uno de los dos descritos en Apocalipsis 11.

Esto es lo significativo de esto y veremos más de ello conforme estudiamos el evangelio, que él llegará a cumplir con la profecía de Malaquías acerca de Elías quien llegará antes que el Mesías venga a establecer su reino, si es que ellos creen. Si ellos no creen, él simplemente será el segundo similar a Elías el profeta, el primero de la segunda venida antes del regreso de Cristo en el día del Señor. Este es un llamado privilegiado, para ponerlo simple, tener el honor de señalar quien es el Mesías, señalar al evangelio, identificando al Salvador del Mundo. Este fue su llamado privilegiado.

Su contribución final

Finalmente, su contribución final. El impacto de su ministerio es definido para nosotros y es una gran contribución que ningún otro ser humano pudo haber hecho. Verso 16, esto será posible a causa de la predicación de Juan. "Y hará que muchos de los hijos de Israel se conviertan al Señor Dios de ellos," esto es lo que dice el verso 16. Que enorme contribución pudo haber hecho alguien más. La palara "se convertirán" es *epistrepho* en el griego. Este es un término técnico para hablar de la conversión. Habrá muchas conversiones durante su ministerio. Él vendrá predicando conversión. Por cierto, la palabra *ephistrepo* aparece en el Antiguo Testamento en griego, eso es la Septuaginta, y es una palabra muy común para conversión. Es la palabra que en el Nuevo Testamento usa Lucas para conversión; también es usada por Pablo y usada por Pedro también. Él va a predicar, llamará a la gente a la conversión, llamará a los israelitas, a los hijos de Israel a la conversión al Señor su Dios, a que se conviertan de su desobediencia, a que se conviertan de su apostasía, a que se conviertan de su rebelión, a que se conviertan de su amor a la iniquidad, a que se conviertan de su propia justicia.

Ahora esto es en realidad el trabajo principal de todos los profetas. Si vas por toda la historia de los profetas del Antiguo Testamento los encontrarás llamado a los israelitas diciendo, "Regresen...regresen conviértanse al Señor su Dios." La forma de esta palabra *epistrepho* en sustantivo significa conversión. Juan estaba enseñando un ministerio de conversión. ¿Qué más alto llamado que este, ser el instrumento por el cual Dios produce conversión?

Más abajo en el verso 76, Zacarías dijo acerca del niño, y Dios le dio estas palabra para decir, "Y tú, niño, profeta del Altísimo serás llamado," esto es en su nacimiento, el nacimiento de Juan el Bautista, "Porque irás delante de la presencia del Señor, para preparar sus caminos." ¿Qué es lo que vas a hacer? Vas a dar a la gente conocimiento de salvación. Les vas a hablar acerca del perdón de pecados a causa del cuidado misericordioso de nuestro Dios con el cual el sol brillará sobre aquellos que están en oscuridad, en las sombras de la muerte y para guiar nuestros pies por el camino de la paz. Este es el evangelio, ustedes van a hablar acerca del Mesías, el Salvador viene. Van a hablar acerca de la salvación, del perdón de pecados, de la misericordia de Dios, van a hablar de cono es que les va a brillar el sol, este es el Mesías quien nos visitará y hará brillar luz para salir de nuestra oscuridad y para guiarnos por el camino de la paz; este es el evangelio. Él era un predicador del Mesías, era un predicador de la salvación, era un predicador de la conversión. Dios lo usaría de este modo, y este es el más alto privilegio que jamás alguien pudo tener.

Este ministerio es descrito en Lucas 3. Cuando lleguemos allí veremos esto y continuará hasta el verso 18 describiendo su ministerio. Cuando lleguemos ahí veremos esto en detalle.

Él también predicó arrepentimiento, veamos lo que dice en el verso 17. "Para hacer volver los corazones de los padres a los hijos." Y esto es una cita directa del último verso del Antiguo Testamento, Malaquías 4:6. ¿Qué significa esto? Lo que significa es que él va a venir con un mensaje que va a causar conversiones en las familias. Esto es lo que él está diciendo.

Arrepentimiento general, tocando a la sociedad, jóvenes y viejos y cuando dice "volver" esta es la palabra usada en el Antiguo Testamento en Malaquías 4:6, en Malaquías 4:6 la palabra significa arrepentimiento, conversión y arrepentimiento...conversión y arrepentimiento. Lo que va a suceder, jóvenes y viejos van a convertirse porque ellos se han arrepentido de sus pecados y regresan a Dios por fe en el Mesías y las familias van a ser reconciliadas, las familias van a ser reunidas. Pienso que este es el espíritu de Deuteronomio, regresando a Deuteronomio 5:29, "¡Quién diera que tuviesen tal corazón, que me temiesen y guardasen todos los días todos mis mandamientos, para que a ellos y a sus hijos les fuese bien para siempre!" Hijos y padres, niños y adultos regresando a Dios en arrepentimiento y conversión.

Él describe la conversión de otra manera, cambiará la desobediencia a la actitud de la justicia. Aquellos que son desobedientes, esta es una palabra en griego muy interesante, *apeithes*, una palabra amplia. Esta significa alguien que no será persuadido, alguien que no va a creer, alguien que es obstinado, necio y rechaza creer y obedecer. Va a tomar a esas personas que son necias, sus mentes y ellos se convertirán a la justicia de Dios.

Sorprendente, él va a causar que la gente se convierta a Dios, va a causar que la gente se arrepienta de sus pecados. Va a hacer que la gente se convierte de una necia incredulidad y desobediencia para amar la justicia. Esta es una vida poderosa...una vida muy poderosa. Todo esto para que la última frase del versículo 17 se cumpla, "para preparar al Señor un pueblo bien dispuesto." Él va a hacer que la gente esté lista para la llegada del Mesías.

Él tenía un verdadero ministerio de conversión en el Antiguo Testamento. La gente se convertirá de su propia justicia y de sus pecados a Dios. Él iba a traerlos al reconocimiento de sus actitudes de corazón desobediente endurecido y Dios lo usaría para cambiar su mentalidad para que ellos pudieran perseguir la justicia. Literalmente él sería usado por Dios para hacer posible la conversión y tener listo a un grupo de gente para la llegada del Mesías. Y estoy ampliamente convencido de que esos que creyeron en Jesucristo, muchos de aquellos que creyeron en Jesucristo cuando Él vino, muchos de los que creyeron en Jesucristo después de que murió y resucito, muchos de esa gente habían sido preparados en sus corazones bajo el ministerio de este gran hombre.

Así que la gran contribución al Reino de Dios hecha por Juan, era traer a este grupo de personas a la conversión espiritual para que estuvieran preparados para recibir al Mesías cuando este llegara. Para alistar a la gente. Lucas usa la palabra "pueblo" en referencia a Israel, pero también en ocasiones la usa para referirse a naciones. Y aquí ciertamente incluye de manera obvia a Israel porque ellos eran el área donde Juan está llevando a cabo su ministerio, pero este evangelio se extendería a todo el mundo. Así era el niño que el ángel describió con este carácter personal, privilegio, llamado y poderosa contribución.

Quiero concluir con algo que es realmente alucinante. Vayamos al 7:28, sólo un comentario aquí sobre este verso, finaliza este mensaje en donde debe finalizar. Lucas 7:28, estamos justo de regreso en donde iniciamos. Les dije al inicio qué tan grande era Juan. "Os digo"...Jesús es quien dice, verso 28... "que entre los nacidos de mujeres, no hay mayor profeta que Juan el Bautista." Esta es la declaración que hace Jesús. Pero veamos como concluye. "Pero el más pequeño en el reino de Dios es mayor que él." ¿Qué es lo que está diciendo? Lo que está diciendo es esto, contrastando el reino de Dios con algo más...la grandeza de Juan no es espiritual, la grandeza de Juan era, en un sentido, a pesar de su mensaje en verdad era un mensaje acerca del reino de Dios, la grandeza de Juan era de acuerdo a la tarea que cumplió humanamente hablando. La grandeza de Juan, el hecho de que él era la persona más grande que hubo vivido jamás fue porque a él se le dio la tarea que a ningún otro hombre se le ha dado, y esto es que él literalmente pudo señalar, pudo identificar al Mesías por primera vez. La gran contribución de Juan era señalar a Cristo, la de llevar a la gente a Cristo. Y por esto él...ningún otro hombre ha tenido este privilegio, ningún hombre ha tenido este honor, ningún hombre ha sido elevado a este nivel de grandeza en términos de un llamado humano.

Tienes que mantener esto en perspectiva. Tan grande como lo es en el ámbito humano, aun la última persona dentro del reino de Dios es más grande. Punto final, la grandeza espiritual excede la grandeza humana. Aun la más mínima cantidad de grandeza espiritual excede la más alta de todas las grandezas humanas. En el reino espiritual de almas redimidas todos están en el punto más alto. Juan era grande desde la perspectiva humana, él tuvo el más grande trabajo que nunca ninguna persona tuvo jamás, pero cuando llegamos al reino espiritual, él era simplemente como cualquiera de nosotros porque no existen los niveles, aun el último disfrutará de la misma vida espiritual.

Quiero concluir con un pensamiento. Teniendo en mente la grandeza de Juan, quiero decirte que tú te encuentras en el Reino y espiritualmente todos somos grandes delante de Dios porque hemos sido cubiertos por medio de la justicia de Cristo. Pero aun humanamente hablando, nosotros, los que estamos en este lado de la cruz podemos aproximarnos a la grandeza de Juan. Y puedes estar diciendo, ¿qué quieres decir? Que con el mismo carácter personal de sabiduría con el que podemos vivir en el más alto nivel, es el mismo alto nivel de compromiso espiritual con el que podemos vivir. Podemos elegir el más alto nivel, podemos elegir vivir una vida consagrada, separada, devota, tratando de igualar a Cristo, honrando a Dios, como la que él eligió vivir. Y no solo eso, ¿no es cierto que nosotros tenemos el privilegio de ser habitados por el Espíritu Santo? Así como Juan disfrutó del más alto nivel de devoción espiritual y la más grande expresión de poder espiritual siendo habitados por el Espíritu Santo.

No solo compartimos su carácter personal, compartimos su llamado privilegiado porque estamos en este mundo. A él le fue dado el ministerio de conversión, de acuerdo a 2 de Corintios 5, a nosotros se nos ha dado el ministerio de reconciliación. Nuestro trabajo como embajadores de Dios... por Dios y a nombre de Cristo, de ir al mundo y predicar a Cristo a todos los lugares que vayamos, debemos llamar a los hombres a que se reconcilien con Dios por medio de la muerte sustitutoria de Cristo. Tenemos el mismo honor de guiar a las almas al Salvador quien quita el pecado. Podemos decir, "he aquí el Cordero de Dios que quita el pecado del mundo."

Y al final podemos tener la misma poderosa contribución que tuvo Juan. Dios nos puede usar para conversión. Dios nos puede usar para traer a la gente al arrepentimiento. Dios puede usarnos para hacer que la gente se convierta de la obstinación, de un corazón endurecido, de la desobediencia en incredulidad al amor de la justicia y a la obediencia a Dios. Y Dios nos puede usar para preparar a la gente que estará preparada cuando Jesús venga por segunda vez.

¡Qué gran llamado! Y también Dios nos ha llamado a esta grandeza como lo hizo con Juan.

Oración final

Padre te agradecemos por la sabiduría que nos das por medio del hombre más sorprendente y remarcable. Con él simplemente estamos escuchando cómo es que seremos nosotros, aun nos espera ver cómo este texto de Lucas se desarrolla y desde ya nuestros corazones se llenan de júbilo por esta grandeza y por el reto que tenemos en nuestras vidas a causa de nuestro llamado, el gran gozo espiritual de estar dentro de tu Reino el cual es la más grande grandeza que cualquier humano puede tener, y nosotros hemos sido llamados a la misma grandeza que Juan, en su carácter personal, su llamado privilegiado y su poderosa contribución. Úsanos como lo hiciste con él, para que podamos traer a ti la gloria y el honor, y que al mismo tiempo no tomemos nada para nosotros, como Juan decía, "Yo debo menguar para que Él crezca." Continúa enseñándonos el estándar que Tú has establecido para nuestro beneficio y para nuestro gozo y te agradecemos en el nombre de nuestro Salvador. Amén.

II PARTE
Mujeres de la Biblia

27 de Mayo, 2012

01_María, la Mujer Líder de Éxodo

Un varón de la familia de Leví fue y tomó por mujer a una hija de Leví, la que concibió, y dio a luz un hijo; y viéndole que era hermoso, le tuvo escondido tres meses. Pero no pudiendo ocultarle más tiempo, tomó una arquilla de juncos y la calafateó con asfalto y brea, y colocó en ella al niño y lo puso en un carrizal a la orilla del río. Y una hermana suya se puso a lo lejos, para ver lo que le acontecería... Y María la profetisa, hermana de Aarón, tomó un pandero en su mano, y todas las mujeres salieron en pos de ella con panderos y danzas. Y María les respondía: Cantad a Jehová, porque en extremo ha triunfado gloriosamente; ha echado en el mar al caballo y al jinete.

Éxodo 2:1-4; 15:20-21

BOSQUEJO

— Introducción

— Su familia

— Su niñez

— Su hermano Moisés

— Su esperanza cumplida

— Su respuesta

— Su legado

— Oración final

Notas personales al bosquejo

SERMÓN

Introducción

Hemos estado hablando de esta serie denominada *Héroes Inconcebibles*, estos son aquellos que tienen personalidades bíblicas, hombres y mujeres que han sido usados de manera poderosa por Dios sin que ellos lo esperaran. Dimos comienzo con Enoc quien está al inicio de Génesis, un hombre que caminó con Dios directamente hasta el cielo. Él era un predicador de justicia y estableció un modelo, si me lo permiten, para Noé, quien se convertiría en un predicador de justicia por más de 120 años, durante ese tiempo estuvo advirtiendo a la gente acerca del juicio de Dios que les llegaría. Después vimos la vida de José, otro héroe inconcebible porque fue vendido como esclavo, esperaríamos que se hubiera amoldado al mezclarse con los egipcios y que lo perdiéramos para siempre, pero Dios tenía otros planes. Todas estas biografías, y algunas pocas más que cubriremos más adelante, formarán parte de un libro titulado *Doce Héroes Inconcebibles*.

Pero por el momento quiero que me acompañen al libro de Éxodo, estos versículos siempre son retadores para mí. Quiero que escarbemos juntos hasta lo más profundo en ellos, pero para que podamos cubrir todos los relatos biográficos, tendremos que correr muy rápido y abarcar porciones muy largas de Escritura. Así que los invito a que traten de mantener la velocidad conforme avanzamos en la historia de María, ella es *La Mujer Líder del Éxodo*.

Y puede ser que se estén preguntando, ¿por qué la incluiste dentro de la lista de héroes? Y la respuesta a esto llega en las palabras del profeta Miqueas; este hablando de Dios en Miqueas 6:4 dijo, "Porque yo te hice subir de la tierra de Egipto, y de la casa de servidumbre te redimí; y envié delante de ti a Moisés, a Aarón y a María." En esta porción de la Escritura Dios mismo revela al profeta Miqueas que María jugó un rol muy importante en la historia del Éxodo.

De acuerdo a los datos de los censos, el nombre más común de mujer en los Estados Unidos de América ha sido por mucho tiempo el nombre Mary. En el mundo hispano, también el nombre María es el más común. Con esto podemos decir que María se ha convertido en el nombre más popular en el mundo occidental. Y desde luego que esto se debe a que también es el nombre de la madre de nuestro Señor: María. Ella fue usada de manera notable por Dios para que le diera vida a Su hijo, el Hijo de Dios. Muchas mujeres han recibido este nombre más que cualquier otro nombre, por lo que sabemos que es un nombre excepcional.

Pero ¿no se han preguntado a causa de quién le pusieron este nombre a la esposa de José? Aquí tienen una pista, su nombre en el griego es Miriam, o Mariam, este es el griego para María. María entonces llevó el nombre de Miriam,[1] a pesar de que la versión griega tiene una "a" debido a su sonido, Miriam es un nombre hebreo y tiene una "i." Pero es el mismo nombre. María fue llamada así a causa de Miriam, esto porque Miriam fue considerada como una de las grandes mujeres del Antiguo Testamento, una mujer que fue usada por Dios en una manera maravillosa y única, que es digna de mencionar.

Todos nosotros conocemos la historia del Éxodo, el Éxodo de Israel de Egipto, de cómo fue que Dios liberó a su pueblo de la esclavitud de manera maravillosa. Todos sabemos de Moisés y de su hermano. Estamos familiarizados con sus respetivos roles dentro de la historia de la liberación de Egipto. Pero ¿qué tanto sabemos de su hermana mayor María? La Biblia la describe como la mujer líder del Éxodo. Y el Éxodo es resaltado, por todos los escritores de la Biblia, como el evento de redención más importante dentro de la historia del Antiguo Testamento. Este fue marcado por el establecimiento del festejo de la Pascua que se hacía anualmente para conmemorar ese evento de la gran redención. Por lo tanto, siento la parte más importante dentro de la historia de la redención dentro de la historia del Antiguo Testamento, y siendo María la figura clave, esto la coloca dentro de la categoría de un héroe inconcebible, o una heroína.

Trescientos cincuenta años son muchos años, como quiera que se cuenten. Y cuando llegamos al capítulo que abre el libro de Éxodo, esta es la cantidad de años que los israelitas han estado viviendo dentro de la tierra de Egipto. Recordarán que ellos llegaron ahí a causa de una hambruna. Su hermano José ya estaba ahí, por eso se les dio comida y fueron bienvenidos. Los egipcios los recibieron con los brazos abiertos, se multiplicaron, y se les dio una zona muy fértil llamada la tierra de Gosén. Estuvieron viviendo en esa tierra durante 350 años; y los primeros años podemos decir que fueron unos años muy buenos. Fueron bien recibidos por los egipcios, pero esto cambió eventualmente y los hicieron sus esclavos. Ustedes ya conocen los pormenores de esta historia.

El libro de Génesis finaliza con el relato de los días finales de los patriarcas, de Jacob, y de su hijo José. Como recordarán, Dios, había exaltado a José a una posición de gran prominencia, entonces la familia de José recibió el favor de Faraón y este les entregó un maravilloso lugar para que

---

[1] Algunas traducciones de la Biblia (incluyendo la que usa nuestro autor) llaman *Miriam* a la hermana de Moisés, y *María* (o *Mary*, en inglés) a la madre del Señor Jesús. Reina-Valera 1960 traduce ambos nombres como *María*. Algunas otras traducciones de la Biblia también llaman *Miriam* a la madre de Jesús. En este capítulo, a excepción de este párrafo, llamaremos *María* a las dos, siguiendo el uso de RV60.

fuera su lugar de habitación. Crecieron de ser una familia de 70 miembros, cuando llegaron a Egipto, para rápidamente ser cientos de miles. Y cuando llegamos al tiempo del Éxodo, sabemos que ya podía hablarse de un par de millones de personas.

Para el momento en el que llegamos a la narrativa del libro de Éxodo, ya ha cambiado dramáticamente la actitud de los egipcios hacia los judíos que residen en Gosén. En Éxodo capítulo 1:8, se nos da a conocer el problema. "Entretanto, se levantó sobre Egipto un nuevo rey que no conocía a José." José había traído una inmensurable cantidad de bien ya que él era un descifrador de sueños, como recordarán, esto por el poder de Dios sobre él, José salvó a la nación de Egipto al prepararlos para la hambruna de siete años. Esto no sólo hizo que ellos fueran alimentados, sino que también los hizo ricos porque tenían comida en abundancia. Tenían suficiente para su pueblo y les sobraba como para vender alimento a las naciones que los rodeaban, esta fue la razón por la que floreció Egipto a causa de la buena dirección de José. Pero hubo un nuevo Faraón que no conoció a José. Fuera que no tuvo interés en absoluto por la historia de José, o porque en realidad no lo conocía, a este nuevo monarca no le importó nada acerca de José y por lo tanto veía de una manera completamente diferente a toda la familia de José.

Nosotros los llamamos israelitas, pero crecieron tanto en número que la forma en la que Faraón lo vio fue la de una amenaza para él y para su poder. Es por eso que en los versículos 9–10 dice a la gente, "He aquí, el pueblo de los hijos de Israel es mayor y más fuerte que nosotros. Ahora, pues, seamos sabios para con él, para que no se multiplique, y acontezca que viniendo guerra, él también se una a nuestros enemigos y pelee contra nosotros, y se vaya de la tierra."

En otras palabras, puede suceder que ellos nos conquisten, tomen todo lo que nos despojen y se vayan. Así que Faraón decidió que él tenía que conspirar en su contra y súbitamente ellos se encontraron pasando de un trato bondadoso a uno de esclavitud. Los egipcios asignaron comisarios de tributos que supervisaran a los Israelitas, para que los afligieran corporalmente y para que los afligieran con mucho trabajo, literalmente hicieron sus vidas insoportables y miserables. El plan egipcio, sin embargo, fracasó. No detuvo el rápido crecimiento de los israelitas. Leemos en el versículo 12, "Pero cuanto más los oprimían, tanto más se multiplicaban y crecían, de manera que los egipcios temían a los hijos de Israel."

Y conforme llegaba un nuevo Faraón al poder, este estaba determinado a encontrar soluciones más efectivas que las que su predecesor había dictado, así que cada vez se hacían más violentos contra ellos. Y en el versículo 22 encontramos, "Entonces Faraón mandó a todo su pueblo, diciendo: Echad al río a todo hijo que nazca, y a toda hija preservad la vida." Le tememos a los hombres porque ellos pueden hacer armas y ejércitos; con las mujeres no tenemos problemas.

Su familia

Ahora hagamos una pausa y entendamos el trasfondo. Y en ese ambiente cuando los hijos de Israel se están multiplicando como esclavos dentro de la tierra de Gosén, es cuando encontramos a una mujer llamada María y a su familia, que era una familia de esclavos hebreos. Esta familia, junto con todo el pueblo de Israel, habían estado sufriendo este trato tan opresivo para ellos durante ya muchos años. Y justo cuando llega un momento que podemos llamar una crueldad inesperada, llegamos al versículo 22, "todos los hijos varones recién nacidos tenían que ser ahogados en el río," todos ellos. Dicho de manera simple, todos los niños judíos tenían que ser asesinados. En ese momento todos los descendentes de Jacob claman a Dios para que los libere. Y entre estos que estaban clamando a Dios se encuentra un hombre llamado Amram, este es el padre de María (Miriam). Y María tiene un hermano menor llamado Aarón. Para Amram, la nueva política de Faraón de ahogar a los niños era algo muy personal, porque no solo tenía dos hijos, sino que su esposa Jocabed estaba embarazada con su tercer hijo. Y si ese bebé era un niño; también tendría que ser asesinado el día que naciera. Bueno, pues como sabemos, ese bebé era niño y su nombre fue Moisés.

Hay algunos elementos interesantes dentro de la historia que corresponden a la tradición judía. La tradición judía indicaba que mientras Moisés permanecía dentro del vientre, el padre de María clamaba al Señor pidiendo que rescatara al pueblo hebreo de la opresión que estaban sufriendo en Egipto. Y de acuerdo a Flavio Josefo, un historiador judío del primer siglo, dice que Dios contestó sus oraciones y que en realidad se le apareció a Amram en un sueño y le prometió que su recién nacido crecería para liberar al pueblo hebreo de su esclavitud. Esto no se encuentra en la Biblia es tradición judía. El registro bíblico no incluye esos detalles, sin embargo, en Hebreos 11:23 resalta la fe que caracterizaba a ambos, Amram y Jocabed cuando dice esto, "Por la fe Moisés, cuando nació, fue escondido por sus padres por tres meses, porque le vieron niño hermoso, y no temieron el decreto del rey." ¿Qué era lo que hacía que ellos no tuvieran miedo al mandato del rey? Es muy probable que ellos tenían la palabra del Señor de que su hijo sería salvado para convertirse en el libertador. Ellos confiaban en el Señor por lo que rehusaron a obedecer la orden brutal y sin misericordia de Faraón.

Así que ellos se las arreglaron para mantener a su hijo en secreto e hicieron esto durante tanto tiempo como pudieron hacerlo. Y como acabamos de leer, en Hebreos 11:23, "Moisés era un niño hermoso." Esto también se dice en el capítulo 2 de Éxodo, en el versículo 2, "la que concibió, y dio a luz un hijo; y viéndole que era hermoso, le tuvo escondido tres meses."

La descripción es algo más que sólo belleza física. Todos piensan lo mismo acerca de sus bebés, así que no sería sorprendente que ella pensara así del suyo. En ocasiones la gente no es veraz, pero ante un recién nacido no siempre se dan cuenta de ello. Esto nos dice más que sólo hablarnos de las características físicas de Moisés. En Hechos 7:20 dice esto, "nació Moisés, y fue agradable a Dios." Esta es una interesante declaración acerca del bebé, una frase que nos ayuda a comprender la verdadera naturaleza de su apariencia. Fue justo a los ojos del Señor, porque Él había planeado para Moisés un destino divino que era crucial. Así que la belleza física de este bebé no sólo es notoria de manera física, sino que es una belleza en su propósito que hasta fue relevante en el corazón de Dios mismo.

Pasaron tres meses, sus padres supieron que ya no podían ocultar de las autoridades egipcias a este bebé, Moisés; así que, en un acto sorprendente de fe, ellos encomendaron a Moisés al Señor e hicieron exactamente como decía el decreto de Faraón, y lo lanzaron al río. Sin embargo, ellos se aseguraron que permaneciera flotando en el río y prepararon una canasta para tal efecto.

Éxodo 2:3 nos explica lo que sucedió. "Pero no pudiendo ocultarle más tiempo, tomó una arquilla de juncos y la calafateó con asfalto y brea, y colocó en ella al niño y lo puso en un carrizal a la orilla del río." Por cierto, la palabra arquilla, es la misma que se usa en el hebreo para referirse al arca de Noé en Génesis 6–9. De hecho, es el único lugar en el Antiguo Testamento en donde esa palabra se repite. Y es interesante que, así como Noé fue preservado de la muerte en un arca, que también estaba cubierta con brea, Moisés también fue salvado al flotar en esa pequeña arca, o arquilla como dice el versículo, que también estaba cubierta con brea, lo que es una resina a prueba de agua.

El edicto de Faraón era que los niños hebreos recién nacidos debían ser lanzados al río, y eso fue exactamente lo que la madre hizo. Sabemos que ella escogió un lugar cerca de la orilla del río lo cual permitiría que el niño permaneciera más tiempo sin hundirse, lo colocó entre los juncos que crecen en la orilla, sin duda un lugar en donde su pequeña barcaza se pudiera mover, de algún modo quedaría atorada entre los juncos, viajando lentamente río abajo, y llegando de manera estratégica a un lugar en donde se realizaban los baños de la realeza. Y esto fue exactamente lo que sucedió.

Su niñez

En este punto en la narrativa de Éxodo, nuestra heroína, entra en escena, María. Ella es hija de esclavos, Amram y Jocabed. Sin duda ella es una heroína inconcebible, ya que juega un papel vital dentro de la vida de su hermano en un punto crucial en el desarrollo de nuestra historia. No sabemos exactamente cuántos años tenía en ese momento, pero sabemos que habían pasado tres meses, así que por lo menos sabemos que Moisés tenía tres meses. Ahora Dios la va a usar de una manera crucial para cumplir con los propósitos perfectos que Él tenía para su hermano y para la nación de Israel. Imagina lo difícil que hubiera sido para ella haber podido entender todo esto. Esto es sólo el inicio de su maravillosa historia.

María se encuentra en casa; escucha a su padre y a su madre orando por la seguridad de esta pequeña vida. Sabe que ellos han escuchado al Señor y que no temen a Faraón porque ellos saben que Dios tiene un plan. Basados en esta fe ellos ponen al pequeño Moisés dentro de la arquilla o canasta, y lo lanzan al río. Pero ellos la envían para que camine por la orilla y mantenga la vista en la canasta. En estos tres meses ella ha podido amar también a ese pequeño bebé, como lo haría una hermanita mayor. Ella lo quiere proteger porque es una pequeña vida, porque es su hermano, y porque posiblemente ella también sabe qué es lo que Dios tiene en mente, al menos en un sentido general. Es muy probable que ella hubiera ayudado a su madre a formar la canasta y a cubrirla, ella participó en su construcción. Y ahora su responsabilidad es ir río abajo y mantener la arquilla a la vista esperando que suceda lo mejor.

Prudentemente ella mantiene una distancia hasta que la arquilla llega justo a una zona de los baños reales y ahí, una de las hijas de Faraón, una princesa de Egipto, baja al río para tomar su acostumbrado baño. En Éxodo 2:5–6 se nos dice que ella baja al río, y que ella ve el arca entre el carrizal de juncos; acto seguido ella envía a una de sus doncellas para que se la traiga, la doncella la abre, lo que quiere decir que el arca estaba cubierta. Ve al niño, y el niño está llorando tanto que ella le tiene compasión y dice, "de los niños de los hebreos es este." Como podemos ver ella inmediatamente reconoce que este es un niño judío. Y en ese momento ella determina que, en contra del edicto de su padre, ella salvará la vida de este pequeño bebé. Dando un giro total a los eventos, de manera irónica, el bebé Moisés es recatado por la hija del hombre que había decretado que él debía morir; ahora ella le salva la vida. El relato bíblico no nos da el nombre de esta princesa. Algunos eruditos han sugerido que tal vez ella era Hatshepsut, pero este es un nombre muy común dentro de la historia egipcia. Sin embargo, hay una que eventualmente se convirtió en una de la faraonas egipcias, en una de las más famosas faraonas que tuvo Egipto. Pero sea que sepamos quién era ella o no, Dios usó a esta princesa para rescatar a Moisés y para hacer posible que él fuera educado en Egipto, para que fuera elevado en todos los aspectos del conocimiento egipcio, en su cultura y en una educación que sería algo invaluable para el papel futuro que jugaría como el libertador de Israel.

De acuerdo con Josefo, la princesa llamó a varias nodrizas egipcias porque ahora ella tenía un bebé de tres meses en sus manos y este bebé necesitaba ser alimentado. Ella trata de encontrar a alguien que pueda alimentar a este bebé y darle cariño y cuidados, el bebé sólo llora porque esto es lo que le falta. Providencialmente Dios se las arregló para que este bebé no dejara de llorar.

Y es aquí en donde María entra en acción. Recordemos que ella estaba cerca, a una distancia prudente. Entonces ella se acerca, llega hasta la hija de Faraón, sin duda de manera muy gentil, y le sugiere que el bebé judío podría ser más atractivo para una madre judía. Y de este modo, en una acción astuta y audaz, vemos en Éxodo 2:7, ella pide permiso a la hija de Faraón diciendo, "¿Iré a llamarte una nodriza de las hebreas, para que te críe este niño?" Lo cual parece muy bien a la princesa y da su afirmación. Fue así como María fue a buscar a su madre, la madre de Moisés. Llega Jocabed y el 2:9 nos dice, "a la cual dijo la hija de Faraón: Lleva a este niño y críamelo, y yo te lo pagaré. Y la mujer tomó al niño y lo crio." Una manera sorprendente de ver la providencia. Moisés regresa providencialmente a los brazos de su madre. Es aquí donde vemos cómo fue que María demostró mucha valentía. Con la determinación de algunos y algo de sabiduría por parte de otros, Dios hizo que Moisés regresara a la madre y fuera pagada por amamantar a su propio hijo. Nunca había yo sabido que alguna madre fuera pagada por alimentar a su propio hijo y, sobre todo, en ese momento de gran tribulación para los padres y lo hijos, ella no tenía que temer nada al decreto egipcio porque el niño que estaba en sus brazos era de la hija de Faraón.

Escuchen esto, es muy probable que Moisés haya vivido con su familia hasta que el tuviera nueve o diez años de edad, incluso hasta que tuviera doce. Así que todo el periodo formativo de su crecimiento fue dentro de un hogar de judíos fieles quienes amaban y confiaban en el Dios vivo y verdadero. En aquellos años cuando todo su pensamiento y sus creencias estaban siendo formadas, esto es, él estaba siendo formado alrededor de las cosas que habían sido reveladas por el Dios verdadero. En este periodo él está aprendiendo que la historia de su familia es Abraham, Isaac, Jacob y José. Esto hace que él quede identificado con su pueblo Israel, el pueblo que Dios ha elegido. En ese tiempo son construidos su carácter y sus convicciones dentro de él, y esa es la razón por la que Hebreos 11:24–25, cuando se nos dice la historia de Moisés, dice que Moisés rehusó a ser llamado hijo de la hija de Faraón; él prefirió sufrir aflicción con el pueblo de Dios en lugar de disfrutar de los placeres del pecado. Esto lo debemos atribuir a los diez o doce años que él estuvo bajo la tutela, el amor, el ejemplo y la instrucción de sus verdaderos padres.

En el tiempo que él ya ha crecido y se ha convertido en un joven, es cuando él es presentado a la princesa, Éxodo 2:10. "Y cuando el niño creció, ella lo trajo a la hija de Faraón, la cual lo prohijó (adoptó), y le puso por nombre Moisés, diciendo: Porque de las aguas lo saqué." Ahora él recibirá una educación digna de la realeza. En Hechos 7:22 cuando Esteban hace un recuento de la historia de Israel, dice, "Y fue enseñado Moisés en toda la sabiduría de los egipcios." ¿Qué significa esto? Que él tuvo una increíble educación que no estaba a disposición de los esclavos hebreos. Debió ser instruido en lecturas egipcias, lenguaje, escritura, matemáticas, y probablemente en algunos otros idiomas de las naciones que los rodeaban. Debió participar en deportes al aire libre, que se practicaban mucho entre los egipcios, cosas como montar a caballo, tiro con arco junto con todas las habilidades del ejército y los militares. Dios le estaba dando conocimiento y habilidades que usaría tiempo después cuando llevaría a Israel a la libertad.

Entonces este es el primer papel que juega María en su camino a convertirse en una persona remarcable dentro de la economía y los propósitos de Dios. Ella fue preparada por Dios para que en el momento que ella vigiló a su hermano yendo por el río, pudiera estar presente y dar una opinión que pudo regresar al pequeño Moisés a los brazos de su madre para que fuera criado por su propia familia. Él sería criado de tal manera que sus convicciones y compromisos pudieron ser hebreos y no egipcios. Él fue en gran medida como Daniel. Daniel, un hombre joven que fue criado alrededor de las cosas reveladas por el verdadero Dios, y que no pudo ser envuelto dentro de la filosofía y el poder corruptor de la riqueza de Babilonia. Del mismo modo, Moisés no se contaminó con todo lo que los egipcios le pudieron ofrecer.

Así que durante estos años María compartió su vida con sus hermanos. Su hermanito creció hasta convertirse en un joven, mientras que su otro hermano, Aarón, era tres años mayor que Moisés. Y juntos, los tres niños fueron enseñados por Dios, en la ley de Dios, y todas las historias de la familia. Dios usaría más adelante a este grupo de tres niños dentro de la historia de la redención de Israel que nos es contada en el Éxodo del Antiguo Testamento.

Su hermano Moisés

Estoy seguro que cuando llegó el día en el que Moisés se retiró para ir a vivir al palacio, María estaba ahí para despedirlo. Ella estuvo para ver cómo se iba por el río, cuando era un bebé, y seguro su corazón se dolía en ese momento. Así que en esta ocasión lo debió observar entrando a su etapa adulta conforme él se convierte en el adoptado príncipe de Egipto. Ella observó, preguntándose y esperando el momento en el que Dios cumpliría la promesa de convertir a este hombre en el libertador del pueblo de Israel.

Todos nos preguntamos acerca de qué significaría ser Moisés dentro del palacio egipcio. Pero la Biblia guarda silencio a este respecto, no nos dice absolutamente nada acerca de qué es lo que sucede en esos días con el príncipe egipcio. Solo sabemos que su educación tuvo gran influencia sobre él, esto debido a lo que Esteban dice de él en Hechos 7:22, "y era poderoso en sus palabras y obras." Pero a pesar de todo su entrenamiento egipcio, él nunca se olvidó de dónde venía, y de acuerdo con Josefo, el historiador judío del primer siglo, Moisés continúo identificándose con el pueblo hebreo al punto de que muchos de los egipcios que estaban en autoridad, constantemente eran suspicaces con él, incluso se dice que ellos buscaban oportunidades para matarlo.

Entonces, si podemos confiar en Josefo —y normalmente lo hacemos— que él transmitió adecuadamente la tradición judía, Moisés no era popular con todos los egipcios debido a su inclinación hacia el pueblo hebreo. Esto resultó ser una realidad cuando en una ocasión, después de que Egipto fue atacado por vecinos etíopes; Faraón hizo a Moisés general de su ejército, precisamente por lo que acabamos de decir, que él era poderoso en palabras y en obras. Así tiene que ser un general. Podría pelear por sí mismo y también motiva a las tropas. Así fue como Moisés se convirtió en un general dentro del ejército egipcio, y fue enviado por ellos a pelear en contra de los etíopes invasores.

Nuevamente vamos a Josefo y la historia es fascinante. Faraón vio esto como un movimiento de ganar o ganar. Si Moisés salía victorioso, los etíopes serían lanzados fuera de la tierra o bien serían desintegrados. Si Moisés fallaba entonces se ganaría su propia muerte. Esta es la razón por la que era un movimiento de ganar o ganar. La amenaza que representaba Moisés sería eliminada si él perdía la batalla, y Egipto estaría mejor si él ganaba.

Una vez más el plan de los egipcios no tendría el efecto deseado debido a sus brillantes estrategias, de acuerdo con Josefo, estrategias que llevó a cabo Moisés, este joven general. La campaña militar de Moisés tuvo un éxito arrollador, en gran manera porque no sólo derrotó a los etíopes, sino que los destruyó por completo. Y entonces cuando regresó a casa, se volvió mucho más popular que antes. Esto ocasionó que los egipcios le tuvieran mucho más miedo del que antes le habían tenido.

La narrativa bíblica retoma la historia cuando Moisés ya tiene 40 años de edad, y para entonces él ya es alguien muy conocido, alguien muy poderoso, un general muy capaz que ha tenido muchos triunfos. Para ese entonces él ya es muy popular entre la gente y muy temido por todos sus competidores.

Leemos en Éxodo 2:11, "En aquellos días sucedió que crecido ya Moisés, salió a sus hermanos, y los vio en sus duras tareas, y observó a un egipcio que golpeaba a uno de los hebreos, sus hermanos. Entonces miró a todas partes, y viendo que no parecía nadie, mató al egipcio y lo escondió en la arena." Lo mató y lo enterró. "Al día siguiente salió y vio a dos hebreos que reñían; entonces dijo al que maltrataba al otro: ¿Por qué golpeas a tu prójimo? Y él respondió: ¿Quién te ha puesto a ti por príncipe y juez sobre nosotros?

¿Piensas matarme como mataste al egipcio? Entonces Moisés tuvo miedo, y dijo: Ciertamente esto ha sido descubierto." Él pensó que se saldría con la suya, vio hacía un lado, hacía el otro, mató al egipcio y lo enterró en la arena. Pero obviamente alguien vio todo, porque aquí hay dos esclavos hebreos diciendo, "¿Piensas matarme como mataste al egipcio?"

Si regresamos a Esteban en Hechos 7:25, vemos que la motivación de Moisés no fue una motivación imprudente. Él tenía el deseo ferviente de liberar a Israel. Y vean lo que dice en Hechos 7:25: "Pero él pensaba que sus hermanos comprendían que Dios les daría libertad por mano suya; mas ellos no lo habían entendido así." De hecho, estos dos hebreos que están peleando dicen, "¿Quieres tú matarme, como mataste ayer al egipcio?" esto nos dice que para nada entienden lo que él está intentando hacer. Esto era sólo una ilustración del poder que tendría Moisés para llevar a cabo la emancipación hacía la libertad del pueblo de Israel.

Pero, claramente vemos, que aun este no era el tiempo que el Señor había señalado para que esto sucediera. Es por esto que la gente no lo entendía; el acto de violencia de Moisés, prematuro de acuerdo al plan de Dios, era el entendimiento de cómo Dios lo había comisionado a él para llevar a cabo la liberación de Israel. Al matar a este egipcio, de ningún modo puede ser tolerado o afirmado, era un acto incorrecto, injusto. Pero solo nos habla del profundo celo que Moisés tenía con su pueblo y el completo rechazo de todo aquello que Egipto les ofrecía.

Y bueno, esto llega a oídos de Faraón. Y ya conocemos la historia, ahora Faraón busca a Moisés para matarlo. De hecho, ya sospechaban de él, la gente que estaba en el poder se sentía amenazada por él y esto ha seguido así. Así que, ¿qué hace Moisés? Ya tiene 40 años de edad y decide huir. Huye a un lugar llamado Madián en donde pasa sus próximos 40 años. Es fácil hacer un recuento de su vida, 40 años en Egipto, 40 años en Madián, 40 años en el desierto.

¿Y qué hace allá? Se dedica a cuidar ovejas, se convierte en un pastor, el trabajo que es considerado el más bajo. Digamos que va de ser un príncipe en Egipto, un miembro de la nobleza, un general del ejército, un hombre educado que está en la cima de la sociedad y ahora es un humilde pastor en la parte más baja de la sociedad. Esto es necesario para formarlo y convertirlo en el hombre que Dios quiere que él sea. Ahora si lo piensan bien, Dios no puede hacerte el hombre que tienes que ser en tan solo unos meses, debemos pensar esta historia y reconocer el significado de estos 40 años.

Su esperanza cumplida

Ahora, durante todo este tiempo, María está esperando —40 años desde que lo dejo en la canasta en el río— y ahora se va; ya tiene 40 años de edad cuando deja Egipto, y va a estar 40 años en Madián. Podemos ver cuando él finalmente regresa en Éxodo 7. Él regresa de Madián y ahora tiene 80 años de edad, pero recordemos que ella es mayor que él. Hasta este momento podemos decir que ella ha estado esperando por más de 80 años.

Mientras tanto, ella se casa con un hombre llamado Hur,[2] quien era descendiente de Judá, y ya tenían una familia. Ella está inculcando en sus hijos todas las cosas que inculcaron en ella. Ocho largas décadas y ella ha estado esperando. Siempre creyó que Moisés era el libertador que Dios había escogido; pero ella no sabía cuándo tendría lugar este movimiento para liberar al pueblo de la opresión de Egipto. Y cuando Faraón hace que Moisés desaparezca, posiblemente ella pensó que nunca llegaría. Pero el Faraón que provocó la huida de Moisés ya había muerto (él murió en el capítulo 2) por lo que su esperanza debió haber ido en ascenso. Sin embargo, ya habían pasado todos estos años.

Su corazón debió haber sido muy alentado en Éxodo 4:27, cuando Aarón le dijo que Dios le había dicho que fuera a reunirse con Moisés en el desierto. Finalmente, después de 40 años en el desierto, Dios le dice a Aarón, "Ve y reúnete con Moisés, porque el tiempo ha llegado." Imaginen ustedes todo el alboroto que debió ocurrir cuando Moisés regresó. Pero ahora voy a reducir un poco la historia para hacerlo más rápido.

Moisés regresa, confronta a Faraón y Dios envía las plagas, ranas, piojos, moscas, ampollas, granizo, langostas, para afligir a los egipcios, pero Moisés se sostiene firme diciendo, "permite que mi pueblo se vaya." "Deja libre a mi pueblo." Y cuando todo esto está sucediendo, todas estas cosas horribles, cuando las plagas mortales están llegando, recordemos que todos los hebreos están fuera de Egipto en la tierra de Gosén, todos ellos están siendo protegidos por Dios. Por lo que ellos comienzan a darse cuenta, que Dios había escuchado su clamor, (Éxodo 3:7). "Nos encontramos bajo la protección de Dios y esto quiere decir que la redención se encuentra cerca."

Entonces llega la última plaga, la muerte de los primogénitos. En el capítulo 12 el ángel de la muerte llegará a todo Egipto y herirá a todos los primogénitos, ya sea de animal o de humano, y si ellos querían ser protegidos de esta plaga, si los israelitas querían la protección de Dios, tenían que degollar a un cordero. Así es instituida la pascua, el cordero de la pascua. El ángel de la muerte pasó y está instrucción es dada en Éxodo 12. María y su familia participaron de la primera celebración de la pascua, ellos sacrificaron a un cordero. Ella y su familia puso la sangre de este en los postes y en el dintel de la puerta, y comieron su carne; prepararon pan sin levadura y prepararon todo para la rápida salida de Egipto. El ángel de la muerte pasó

---

2 Hur se menciona en la Biblia, pero no como esposo de María. Este dato lo sabemos por Josefo, *Antigüedades de los Judíos* 3:54.

durante la noche, y en la mañana siguiente llega el momento de partir. Ellos han estado en Egipto durante 430 años, esto de acuerdo a Éxodo 12:41, pero ahora es tiempo de irse de ahí. Han sido liberados de su esclavitud.

Y recordarán la historia, Moisés guía a toda la gente y se van, pero unos días después Faraón cambia de opinión, Éxodo 14:5, "y el corazón de Faraón y de sus siervos se volvió contra el pueblo, y dijeron: ¿Cómo hemos hecho esto de haber dejado ir a Israel, para que no nos sirva?" Faraón cambia de idea, y ahora convoca a todo su ejército, inicia la persecución y los encuentran. Leemos en Éxodo 12:37 que había seiscientos mil hombres más las mujeres, al menos debió haber otras seiscientas mil mujeres, lo que nos dice que pudo haber más de un millón o incluso dos puesto que tenían hijos. Esta es la razón por la que decimos que debió haber habido más de dos millones de personas saliendo de Egipto. Ellos están en movimiento, pero sabemos que con este volumen de personas se debieron estar moviendo metódicamente y muy lentamente. De acuerdo con Éxodo 13, están siendo dirigidos por una nube durante el día y una columna de fuego por la noche. El ejército los atrapa y Josefo nos reporta que en adición a los seiscientos carros seleccionados que se mencionan en Éxodo 14, el ejército de Faraón consistía de cincuenta mil hombres a caballo y doscientos mil soldados a pie, esto sí que era un ejército.

En este momento el pueblo se encuentra frente al Mar Rojo y comienzan a entrar en pánico porque Faraón junto con todo su ejército se acercan a gran velocidad. Esto hace que ellos se quejen con Moisés, y de acuerdo con Éxodo 14:11–12, dicen, "¿No había sepulcros en Egipto, que nos has sacado para que muramos en el desierto? ¿Por qué has hecho así con nosotros, que nos has sacado de Egipto? ¿No es esto lo que te hablamos en Egipto, diciendo: 'Déjanos servir a los egipcios'? Porque mejor nos fuera servir a los egipcios, que morir nosotros en el desierto." Parece que tiene sentido lo que dicen, sería mejor continuar siendo esclavos en Egipto que ser un cadáver en medio del desierto. Esto parecía para ellos nada alentador, no tenían armas, no tenían entrenamiento, simple, no estaban preparados para la batalla. El ejército más poderoso del aquel tiempo se les acercaba, eran el ejército más eficiente del mundo, cientos de carros, miles a caballo, miles y miles de infantería, y ellos atrapados al frente del Mar Rojo, no había lugar para huir. La situación es completamente desesperante por lo que entran en una histeria total.

En ese momento solo Moisés es quien tiene alguna respuesta. Les dice, "No temáis; estad firmes, y ved la salvación que Jehová hará hoy con vosotros; porque los egipcios que hoy habéis visto, nunca más para siempre los veréis." Esto nos debe dejar impactados. "Jehová peleará por vosotros, y vosotros estaréis tranquilos." Dejen de quejarse y observen lo que Dios hará.

Y lo que sucedió después es un clásico de escuelita dominical, estamos completamente familiarizados con ello. Se abre el Mar Rojo; pasan en medio sobre tierra seca, lo que lo hace un milagro increíble. El simple hecho de pensar cómo esto pudo ser posible científicamente es asombroso. Hacer que el mar forme dos muros de agua y en el fondo haya un camino de tierra firme por el cual pasar es simplemente inimaginable. Sin embargo, sabemos que Dios trabaja bien con el H_2O, definitivamente sabe cómo hacerlo. De hecho, lo hizo muy bien cuando formó la creación porque en un punto de ella, había agua en el cielo y agua en el abismo. Dios manejó perfectamente bien el agua durante el diluvio, la manejo también muy bien ahí. Los actos que ahí tuvieron lugar son simplemente alucinantes, dividir el mar en dos partes y poner un camino con tierra seca en el medio, unas paredes inmensas de agua a los lados, de varios metros de altura en cada lado, y varios kilómetros de un lado al otro de las respectivas orillas. Y con esto entre dos y tres millones de israelitas con todos sus enseres y sus hijos pasan por en medio sin mojarse. Esto es sorprendente.

El Señor hizo que el mar regresara usando un fuerte viento del este durante toda una noche. Hizo que el mar se secara y que las aguas se dividieran para que los hijos de Israel pasaran por el centro del mar sobre tierra seca, las aguas eran paredes para ellos a su derecha y a su izquierda. El Señor cambió el miedo de su pueblo en un triunfo sorprendente.

Ellos pudieron llegar al otro lado, cruzaron y se detuvieron en la otra orilla del mar. El Señor levantó la nube que había bajado para que de algún modo no pudieran ser vistos por el ejército egipcio. Y los egipcios ahora se dan cuenta que ellos ya han escapado. Pienso que tal vez las plagas tuvieron un tipo de efecto educacional sobre los egipcios, ellos debieron aprender que cuando estás tratando con los hebreos estas tratando con Dios, y esto es muy peligroso. Estúpidamente los generales de ese ejército tomaron la decisión más desastrosa, sino es que la podemos considerar la decisión militar más desastrosa de toda la historia, ellos los persiguieron entrando entre las dos paredes de agua, ellos sólo pudieron gritar, "dejen que huyamos, dejen que huyamos", esto lo dijeron cuando ya estaban en el medio y se dieron cuenta de lo que les estaba sucediendo. Ellos se confundieron, dice la Escritura; no pudieron navegar con sus carros, sus animales se pusieron histéricos, se dieron cuenta de su error, y entonces dice, "El Señor peleó por ellos, el Señor peleo en su lugar." Atrapados en medio de montañas de agua, su dilema tuvo un avance mayor porque, de acuerdo con el Salmo 77, llegó repentinamente una lluvia de truenos muy severa. Para ese momento todos los israelitas han llegado a la otra orilla. Entonces Dios dice a Moisés, "Extiende tu mano," y con esto las paredes de agua reventaron con una violencia que jamás había sido vista sobre la tierra nunca antes. En un holocausto catastrófico el enorme ejército egipcio se parecía más a un montón de ratones ahogándose.

Éxodo 14:28, "Y volvieron las aguas, y cubrieron los carros y la caballería, y todo el ejército de Faraón que había entrado tras ellos en el mar; no quedó de ellos ni uno." El Señor acababa de rescatar a su pueblo de la esclavitud egipcia. Éxodo 14:31 dice, "el pueblo temió a Jehová, y creyeron a Jehová," Moisés los guio hasta aquí. Ellos vieron cómo fue que el Señor peleó por ellos.

Su respuesta

Lo que sucedió en respuesta a esto lo encontramos en Éxodo 15, esto fue una alabanza. Ellos comenzaron a cantar un hermoso himno de alabanza. Y no lo leeré para ustedes, pero si les digo que tienen que ir y leerlo por sí mismos. Éxodo 15:1–18 se llama el cántico de Moisés. Moisés y los hijos de Israel cantaron este himno. Este exalta el poder de Dios, la gloria de Dios, la supremacía de Dios. "¿Quién como tú, oh Jehová, entre los dioses? ¿Quién como tú, magnífico en santidad, terrible en maravillosas hazañas, hacedor de prodigios?" Y concluye con el versículo 18 en una declaración maravillosa, "Jehová reinará eternamente y para siempre."

Es en medio de esta alabanza de júbilo que vuelve a aparecer María. Ella continúa cerca de Moisés y vuelve a aparecer dirigiendo a las mujeres en este cantico, inicia en el 15:20, Y María la profetisa, hermana de Aarón, tomó un pandero en su mano, y todas las mujeres salieron en pos de ella con panderos y danzas. Y María les respondía: Cantad a Jehová, porque en extremo se ha engrandecido; Ha echado en el mar al caballo y al jinete." Esta es María, y es reconocida por todas las mujeres como una líder y ella las está guiando en alabanza. Se le llama profetisa porque por medio de ella Dios reveló un mensaje para su pueblo. Es la primera mujer de la Biblia a quien se le da ese privilegio de recibir y diseminar una palabra de parte del Señor. Hay sólo otras tres mujeres en el Antiguo Testamento a las cuales Dios les da el mismo privilegio: Débora, Hulda, y la esposa de Isaías.

Segundo, su mención en Éxodo 15 por encima de cualquier otra persona, sugiere que ella tenía un papel estratégico al lado de Moisés y de Aarón en los eventos del Éxodo. Esto nos lleva a Miqueas 6:4, que dice, "Porque yo te hice subir de la tierra de Egipto, y de la casa de servidumbre te redimí; y envié delante de ti a Moisés, a Aarón y a María." Ella tuvo un papel muy importante como una líder de alabanza entre las mujeres, incluso fue usada por Dios para dar a conocer su palabra. Su liderazgo, particularmente con las mujeres de Israel, es único.

Con esto podemos tener una pequeña mirada de cómo era su corazón, o su alma. Ella alababa al Señor con una emoción que salía de su corazón. Su cantico, tan corto como parece, se centra en el Señor siendo exaltado de manera muy profunda. Podemos decir que ella adora a Dios con palabras, con melodías de instrumentos, e incluso guía a las mujeres con movimientos físicos en una exuberante acción de gracias, esto sienta un precedente para las mujeres judías de muchas generaciones. Esto lo podemos ver en 1 Samuel 18. A pesar de tener más de 80 años ella es exuberante; deja que su gozo se manifieste porque ella ha estado esperando por más de 80 años para que la promesa de la liberación del pueblo por medio de su hermano Moisés se lleve a cabo.

Esto fue un parte aguas que quedó grabado en la mente de los israelitas. ¿Crees que pudieras olvidarlo si hubieses estado ahí? ¿Pudo disminuir tu amor por Dios al paso del tiempo? No creo que esto hubiese sido posible. Pero ahora ellos vagan por el desierto hacía el monte Sinaí. Acaban de ver el poder de Dios de una forma que no tiene paralelos, por medio de todas las plagas y a través de su experiencia en el Mar Rojo. Pero ahora llegan a un lugar llamado Mara y se quejan porque no les gustó el sabor que tenía el agua. ¿Así que qué hace Dios en el capítulo 15? Cambia el agua. Llegan a otro lugar que se llamaba el desierto de Zin y se vuelven a quejar ahí porque no hay comida. ¿Qué hace Dios ahí? Éxodo 16, les da maná y codornices. Y después llegan a otro lugar llamado Refidim, y una vez más no hay agua y ellos se enojan. "¿Dónde está el agua? Y Moisés golpea la roca con su callado y Dios hace que salga agua de la roca (Éxodo 17). A pesar de sus constantes quejas y molestias en contra de Dios, Dios continúa preservando y protegiendo a su pueblo. Pero ahora sucede que llegan los amalecitas a atacarlos y Dios da a los israelitas una sorprendente y absoluta victoria. Esta involucra a Aarón y a Hur, el esposo de María. Esto nos muestra que Moisés tenía el apoyo de sus hermanos e incluso de su hermano político, su cuñado.

Y, por cierto, todo lo que les he estado diciendo sucede en los primeros dos meses de su viaje dentro del desierto, sólo son dos meses los que han pasado desde que salieron de Egipto. Ustedes se saben el resto de la historia, nunca salieron del desierto. Esa generación murió dentro del desierto por su constante falta de fe, sus constantes quejas y porque ellos hicieron un becerro de oro para adorarlo y así deshonraron a Dios.

Y como una nota al pie, Dios seleccionó a un artesano del templo quien estaba relacionado con el esposo de María. Bezaleel es el nieto de Hur y María. Y si leen Éxodo 35, encontrarán que este es el hombre quien es el supremo artesano para la construcción del Tabernáculo. El Señor bendijo a María con un esposo brillante que pudo apoyar a Moisés y con un brillante nieto que ayudó a construir el Tabernáculo. Dios continúo derramando bendiciones sobre María.

Me gustaría que la historia siempre fuera así. Pero conforme llegamos a la conclusión, ocurre una experiencia triste. María se pone en contra de su hermano Moisés. Se revela en contra de la autoridad de Moisés. Esto es algo muy feo. Números 12 nos da un recuento de esto. Ella se comporta deslealmente y el Señor reacciona a ello. Vean lo que dice Números 12:6–8, "Y él les dijo: Oíd ahora mis palabras. Cuando haya entre vosotros profeta de Jehová, le apareceré en visión, en sueños hablaré con él. No así a mi siervo Moisés, que es fiel en toda mi casa. Cara a cara hablaré con él, y claramente, y no por figuras; y verá la apariencia de Jehová. ¿Por qué, pues, no tuvisteis temor de hablar contra mi siervo Moisés?"

¿Sabes a quién le está diciendo eso el Señor? A Moisés, a Aarón y a María; los reunió a los tres y les dijo, "¿Por qué, pues, no tuvisteis temor de hablar contra mi siervo Moisés? Y el Señor se fue de su presencia." Y vean esto, "y he aquí que María estaba leprosa como la nieve; y miró Aarón a María, y he aquí que estaba leprosa." En ese momento Aarón se da cuenta de su pecado, y va y le ruega a Moisés para que interceda por su hermana. María se debió unir a esta penitencia. Es muy probable que ella y Aarón fueran los instigadores del ataque a Moisés, pero la única que está leprosa es María. Esto nos puede indicar que ella fue la que instigó el ataque y no Aarón, y pudo ser que él solo haya sido su cómplice. Moisés intercede por su hermana, ahí en 12:13, y el Señor misericordiosamente la toca y la sana.

Después de esto no volvemos a saber nada de ella, sólo hasta su muerte. ¿Qué fue lo que hizo que ella se pusiera en contra de su hermano? No lo sabemos, no tenemos ninguna indicación de por qué fue. ¿Fue duro para ella como la hermana mayor estar siempre sujeta al liderazgo de Moisés? ¿Estaría ella pensando que algunas de las decisiones de Moisés no eran las mejores? No lo sabemos, no tenemos ni idea, sólo sabemos que no volvemos a escuchar de ella. A pesar de ello tenemos la tradición judía que nos dice un poquito acerca de esto.

Ella no murió sino hasta el primer mes del año cuarenta de andar vagando en el desierto. Así que ella tenía más de ciento veinte años y Números 20 nos relata esto. "Llegaron los hijos de Israel, toda la congregación, al desierto de Zin, en el mes primero, y acampó el pueblo en Cades; y allí murió María, y allí fue sepultada." Esto es todo lo que nos dice.

Gracias a Dios también tenemos a Josefo, Josefo dice que el pueblo celebró su muerte con un funeral público, seguido de 30 días seguidos de lamentos. María murió en el primer mes de ese año. Aarón murió en el quinto mes de ese mismo año. Y Moisés murió en el onceavo mes de ese año. Con la muerte de ellos tres, toda la primera generación murió. Esta fue una generación pecadora que nunca entró en la Tierra Prometida. Pero nació una nueva generación en el desierto. Estos fueron liderados por Josué.

Su legado

Finalmente, entonces, ¿cuál es el legado de esta sorprendente mujer? A ella no se le permitió entrar en la Tierra Prometida. Murió fuera de ella y fue enterrada fuera de ella. Ella fue uno de los tres hermanos que jugaron un papel muy importante, decisivo, vital en el relato de la liberación de Israel de Egipto. Siendo ella una pequeña esclava cuidó a su pequeño hermano, y como esposa y madre esperó que llegará la libertad prometida. Siendo ella una mujer anciana, probablemente de 90 años, pudo ver el poder de Dios en el cruce del Mar Rojo guiando así la gloriosa celebración de las mujeres en adoración. Dios usó a su esposo Hur para asegurar la victoria de Israel sobre los amalecitas y usó a su nieto Bezaleel para que ayudara a construir el Tabernáculo. Y a pesar de que ella se levantó pecaminosamente en contra de la autoridad de Moisés cuando estaban en el desierto y fue castigada con lepra, ella vivió los últimos años de su vida, al menos cuatro décadas, contribuyendo de manera sumisa bajo la autoridad de Moisés.

Durante todo un mes hubo luto por su muerte, lo mismo sucedió con la muerte de Aarón y la muerte de Moisés. Nos crea cierto asombro el porqué de que Miqueas identifique a María junto con Moisés y Aarón como los más importantes en esa obra de Dios llamada el Éxodo. Cuando llegamos al nuevo testamento encontramos a muchas mujeres que son llamadas con su nombre, María la madre de Jacobo y José, María la madre de Juan Marcos, y en Romanos 16:6 una mujer llamada María, en Roma.

En un comentario final, hay muchos paralelos entre María la madre de Jesús y nuestra María del Éxodo, la hermana de Moisés. No quiero exagerar, simplemente escucha. Ambas mujeres están relacionadas con grandes libertadores, María relacionada con Moisés, el principal libertador humano del Antiguo Testamento, y María relacionada con Jesús, el Mesías. Ambas mujeres cuidaron a estos libertadores cuando eran niños y sus vidas fueron amenazadas por reyes malvados. Ambas mujeres cantaron alabanzas a Dios en respuesta a su liberación, María en Éxodo 15 y María, madre de Jesús, en Lucas 1. Ambas mujeres fueron usadas por Dios en el desarrollo del plan de redención. María tuvo el privilegio de cuidar a su hermano siendo él un bebé, esto es la que fue usada por Dios para redimir a Israel, y María, madre de Jesús, fue bendecida con dar a luz a un varoncito, aquél que redimiría al mundo. De manera correcta María es considerada como una heroína, no por su propia grandeza, sino porque ella espero fielmente por años y años y años, hasta que su fe fue recompensada y aquello que esperaba fue realizado. Fue entonces cuando ella cantó su cantico al Señor porque Él había triunfado de manera gloriosa. Esta es la historia de María, hermana de Moisés.

Oración final

Padre cuando recorremos estas sorprendentes historias nos llegan tanto gozo, y a pesar que aquí tenemos una gran cantidad de material que debemos absorber, estamos plenamente agradecidos por habernos dejado esto en tu palabra. Somos realmente enriquecidos por tener en nuestras manos esta revelación divina, esta revelación consistente e inerrante que podemos extraer desde Éxodo y hasta Miqueas, de Hebreos y del Libro de Hechos, todo encaja perfectamente a pesar de que fue escrito en tiempos muy diferentes por autores diferentes, siendo muchos los autores humanos reconocemos que el único y verdadero autor es el Espíritu Santo. Permite que nosotros seamos tan fieles como lo fue María a tu palabra, para soportar fielmente hasta que todo se cumpliera. Te damos honor y alabanza por esta maravillosa historia. Amén.

Reflexiones personales

21 de Septiembre, 1986

02_La fe de Rahab

¹*Josué hijo de Nun envió desde Sitim dos espías secretamente, diciéndoles: Andad, reconoced la tierra, y a Jericó. Y ellos fueron, y entraron en casa de una ramera que se llamaba Rahab, y posaron allí. ²Y fue dado aviso al rey de Jericó, diciendo: He aquí que hombres de los hijos de Israel han venido aquí esta noche para espiar la tierra. ³Entonces el rey de Jericó envió a decir a Rahab: Saca a los hombres que han venido a ti, y han entrado a tu casa; porque han venido para espiar toda la tierra. ⁴Pero la mujer había tomado a los dos hombres y los había escondido; y dijo: Es verdad que unos hombres vinieron a mí, pero no supe de dónde eran. ⁵Y cuando se iba a cerrar la puerta, siendo ya oscuro, esos hombres se salieron, y no sé a dónde han ido; seguidlos aprisa, y los alcanzaréis. ⁶Mas ella los había hecho subir al terrado, y los había escondido entre los manojos de lino que tenía puestos en el terrado. ⁷Y los hombres fueron tras ellos por el camino del Jordán, hasta los vados; y la puerta fue cerrada después que salieron los perseguidores.*

⁸*Antes que ellos se durmiesen, ella subió al terrado, y les dijo: ⁹Sé que Jehová os ha dado esta tierra; porque el temor de vosotros ha caído sobre nosotros, y todos los moradores del país ya han desmayado por causa de vosotros. ¹⁰Porque hemos oído que Jehová hizo secar las aguas del Mar Rojo delante de vosotros cuando salisteis de Egipto, y lo que habéis hecho a los dos reyes de los amorreos que estaban al otro lado del Jordán, a Sehón y a Og, a los cuales habéis destruido. ¹¹Oyendo esto, ha desmayado nuestro corazón; ni ha quedado más aliento en hombre alguno por causa de vosotros, porque Jehová vuestro Dios es Dios arriba en los cielos y abajo en la tierra. ¹²Os ruego pues, ahora, que me juréis por Jehová, que como he hecho misericordia con vosotros, así la haréis vosotros con la casa de mi padre, de lo cual me daréis una señal segura; ¹³y que salvaréis la vida a mi padre y a mi madre, a mis hermanos y hermanas, y a todo lo que es suyo; y que libraréis nuestras vidas de la muerte. ¹⁴Ellos le respondieron: Nuestra vida responderá por la vuestra, si no denunciareis este asunto nuestro; y cuando Jehová nos haya dado la tierra, nosotros haremos contigo misericordia y verdad.*

¹⁵*Entonces ella los hizo descender con una cuerda por la ventana; porque su casa estaba en el muro de la ciudad, y ella vivía en el muro. ¹⁶Y les dijo:*

Marchaos al monte, para que los que fueron tras vosotros no os encuentren; y estad escondidos allí tres días, hasta que los que os siguen hayan vuelto; y después os iréis por vuestro camino. ¹⁷Y ellos le dijeron: Nosotros quedaremos libres de este juramento con que nos has juramentado. ¹⁸He aquí, cuando nosotros entremos en la tierra, tú atarás este cordón de grana a la ventana por la cual nos descolgaste; y reunirás en tu casa a tu padre y a tu madre, a tus hermanos y a toda la familia de tu padre. ¹⁹Cualquiera que saliere fuera de las puertas de tu casa, su sangre será sobre su cabeza, y nosotros sin culpa. Mas cualquiera que se estuviere en casa contigo, su sangre será sobre nuestra cabeza, si mano le tocare. ²⁰Y si tú denunciares este nuestro asunto, nosotros quedaremos libres de este tu juramento con que nos has juramentado. ²¹Ella respondió: Sea así como habéis dicho. Luego los despidió, y se fueron; y ella ató el cordón de grana a la ventana.

Josué 2:1–21

BOSQUEJO

— Introducción

— El castigo por el pecado

— El poder de la fe

— Oración final

Notas personales al bosquejo

SERMÓN

Introducción

Conforme preparamos nuestros corazones para la celebración de la cena del Señor, vamos a abrir nuestras Biblias en Josué capítulo 2. Sólo un recordatorio de un relato muy importante en el Antiguo Testamento: Josué, el líder del pueblo de Dios, Israel, los llevó a la tierra prometida. De hecho, el epitafio de Josué es dado al final de este grandioso libro. Este es que él era un siervo del Señor. Maravillo: un siervo del Señor.

El capítulo 2 inicia con estas palabras, "Josué hijo de Nun envió desde Sitim dos espías secretamente, diciéndoles: Andad, reconoced la tierra, y a Jericó. Y ellos fueron, y entraron en casa de una ramera," es una prostituta, "que se llamaba Rahab, y posaron allí."

Moisés había muerto, los hijos Israel habían pasado 40 años en el desierto después del éxodo de Egipto. Ahora era el tiempo para que ellos entraran en la nueva tierra prometida, y Josué quien era el comandante en jefe estaba tomando todo tipo de precauciones, como lo haría cualquier general habilidoso, para tener éxito en su invasión a Canaán. A un estilo propio envió dos espías para reconocer el lugar, particularmente la ciudad de Jericó la cual era el poblado que colindaba con lado este, justo un poco al norte del Mar Muerto, en los bancos del río Jordán.

Estos espías debían confirmar si Jericó en efecto era una ciudad formidable y si esta podía ser tomada y cómo. Dice en el verso 1 que él los envió secretamente, esto es aun sin que los Israelitas lo supieran y desde luego que los cananeos no lo sabían tampoco. No quería que el pueblo lo supiera pues esto causaría furor entre ellos, incluso cuestionarían si esta era la táctica correcta o no. Por lo que estos hombres tendrían que nadar a través del río Jordán, posiblemente en la noche, acercarse a la fuertemente fortificada ciudad de Jericó, introducirse por la puerta y encontrar un lugar para pernoctar y evaluar la situación. Ellos encontraron un lugar, la casa de una ramera. Podemos asegurar ciertamente que ellos no sabían que estaban en la casa de prostitución. Podemos decir con toda seguridad también que Dios quería que ellos fueran ahí porque ahí había una mujer quien estaba con un corazón dispuesto para recibir la verdad. Así que ellos fueron guiados a esta casa, no solo porque este era aparentemente el único lugar disponible, no solo porque había un corazón dispuesto ahí, sino porque la casa estaba localizada dando su espalda al muro que rodeaba la ciudad, y esto les proveería de una salida de escape en caso de que fueran descubiertos.

El verso 2 dice, "Y fue dado aviso al rey de Jericó," pudo haber sido Amalec, un rey muy insignificante, un rey de una ciudad, algo muy parecido

02_La fe de Rahab

a un presidente municipal, excepto por el hecho de que él tenía control militar. "Así que van al rey diciendo: He aquí que hombres de los hijos de Israel han venido aquí esta noche para espiar la tierra." No eran muy buenos espías, nunca habían hecho esto en su toda su vida. Esta era su primera vez y fueron descubiertos. "Entonces el rey de Jericó envió a decir a Rahab: Saca a los hombres que han venido a ti, y han entrado a tu casa; porque han venido para espiar toda la tierra." Desde luego que él estaba atemorizado, atemorizado por una posible invasión. Estaba enterado de que al otro lado de río Jordán estaba acampando un masiva multitud de personas, los hijos de Israel, quienes eran conocidos por todos los habitantes de la región por sus peregrinajes en el desierto, y para muchos de los habitantes de Jericó la historia de cómo ellos habían salido de Egipto era de su conocimiento. Aquí tenemos a este hombre quien está tratando de mantener su poder en esta ciudad y que se ve teniendo que enfrentar a esta masiva muchedumbre. Tal vez el número llegaría a ser de algunos millones de personas. No lo sabemos, pero sabemos que en un tiempo fueron millones. Puede ser que en este momento el número fuera más pequeño que eso, pero eran un gran número.

En el verso 4 leemos, "Pero la mujer había tomado a los dos hombres y los había escondido; y dijo: Es verdad que unos hombres vinieron a mí, pero no supe de dónde eran." Ella los escondió, antes de que los mensajeros del rey llegaran. Esto algo normal conforme a las leyes orientales de hospitalidad: ella arriesgó su vida para asegurar a sus huéspedes. Y cuando los mensajeros del rey llegaron, ella dijo...no sé de dónde eran. Verso 5, "Y cuando se iba a cerrar la puerta," y todas las puertas en una ciudad oriental siempre estaban cerradas cuando el sol se metía. Ella mintió y dijo: "siendo ya oscuro, esos hombres se salieron, y no sé a dónde han ido; seguidlos aprisa, y los alcanzaréis."

Este es un vicio común entre los paganos, se conoce como mentira. Probablemente ella no estaba consciente de su culpa moral hasta cierto punto ya que esta era una costumbre de vida. Pero aún más porque las leyes de la hospitalidad en Medio Oriente seguramente habían sobrepasado las leyes de la honestidad. Cuando alguien llegaba a tu casa, aun cuando fuera tu peor enemigo y comía sal en tu mesa, estabas comprometido a salvar su vida sin importar quien fuera. Honrar a tu invitado era una de las leyes morales más altas. Bajo la ley divina ella pecó, pero bajo la gracia de Dios, basado en su fe, él la perdonó como veremos más adelante.

De cualquier manera ella les mintió. No era necesario hacer eso, Dios los pudo salvar sin necesidad de una mentira y entonces ella, y todos nosotros perdimos la oportunidad de ver la providencia divina o al milagroso Dios actuando para salvarlos. De hecho, el verso 6 dice, "Mas ella los había hecho subir al terrado, y los había escondido entre los manojos de lino que tenía puestos en el terrado." En este particular tiempo del año, el lino que se obtenía en la cosecha se esparcía en el techo con el propósito de que se secara al sol. Y después de que este se secaba por un periodo de tiempo, entonces se juntaba y se ponía en manojos. Esos manojos serían de hasta un metro de largos y entonces se amontonarían en el techo, lugar en donde los espías estaban escondidos entre estos manojos.

En el verso 7, después de que ella les dijo que los hombres ya habían partido, según le dijo a los mensajeros, ellos los persiguieron hasta el río Jordán, sin duda este fue el lugar al que ella señaló, hacia los vados, y había muchos de ellos, dos o tres cruzando el Jordán, ellos los persiguieron hasta esos caminos. Y tan pronto como estos perseguidores salieron tras ellos, las puertas fueron cerradas. Ellos salieron y las puertas se cerraron. Cerraron las puertas para que en caso de que ellos estuvieran dentro no hubiera forma de que ellos salieran.

Verso 8, "Antes que ellos se durmiesen, ella subió al terrado, y les dijo: Sé que Jehová os ha dado esta tierra." Sorprendente. La promesa que les había sido dada a ellos era del conocimiento de esta mujer. Tal vez esto sería del conocimiento común, que este maravilloso grupo de personas que había sido liberado de Egipto, aun cuando había muchos que habían muerto ya en el desierto, otra generación había nacido y que a ellos también se les había prometido la tierra por su Dios. Ella lo creía y dijo, "porque el temor de vosotros ha caído sobre nosotros, y todos los moradores del país ya han desmayado por causa de vosotros." Todos están atemorizados a causa de ustedes. "Porque hemos oído que Jehová hizo secar las aguas del Mar Rojo delante de vosotros cuando salisteis de Egipto, y lo que habéis hecho a los dos reyes de los amorreos que estaban al otro lado del Jordán, a Sehón y a Og, a los cuales habéis destruido. Oyendo esto, ha desmayado nuestro corazón; ni ha quedado más aliento en hombre alguno por causa de vosotros, porque Jehová vuestro Dios es Dios arriba en los cielos y abajo en la tierra." Aquí tenemos un corazón que cree, creo que Dios es Dios, dice ella. "Os ruego pues, ahora, que me juréis por Jehová, que como he hecho misericordia con vosotros, así la haréis vosotros con la casa de mi padre, de lo cual me daréis una señal segura; y que salvaréis la vida a mi padre y a mi madre, a mis hermanos y hermanas, y a todo lo que es suyo; y que libraréis nuestras vidas de la muerte."

Ella muestra el pánico y el temor de los cananeos, pero junto con esto ella muestra una fe muy fuerte en el Dios verdadero. Ella estaba segura de la supremacía de Jehová y lo busca con esta suplica solemne. Verso 14 dice, "Ellos le respondieron: Nuestra vida responderá por la vuestra, si no denunciareis este asunto nuestro." Si tú no dices nada de nosotros, no le cuentes a nadie, si tú cumples tu parte en el trato, nosotros haremos que tu vida sea conservada. "Y cuando Jehová nos haya dado la tierra, nosotros haremos contigo misericordia y verdad." Esta es la súplica: "Quédate callada y nosotros haremos nuestra parte."

Verso 15 dice, "Entonces ella los hizo descender con una cuerda por la ventana; porque su casa estaba en el muro de la ciudad, y ella vivía en el muro." La parte trasera de la casa, su ventana estaba justo en el muro, ellos descendieron por la ventana, por lo tanto salieron de la ciudad. "Y ella les dijo: Marchaos al monte," había montañas al norte y al oeste, el Jordán estaba al sur este. Así que ella les está diciendo vayan en la dirección opuesta a la de sus perseguidores, hacía esas montañas de caliza. Y si has estado en la ruinas de Jericó puedes verlas con tus propios ojos, esas montañas de piedra caliza blanquizca que están ahí, marcadas con cuevas que se elevan hasta 500 metros justo frente al lado oeste de Jericó. Ellos encontrarían ahí un lugar para esconderse.

"Y ellos le dijeron," en el verso 17, "Nosotros quedaremos libres de este juramento con que nos has juramentado. He aquí, cuando nosotros entremos en la tierra, tú atarás este cordón de grana a la ventana por la cual nos descolgaste; y reunirás en tu casa a tu padre y a tu madre, a tus hermanos y a toda la familia de tu padre." Reúne a toda tu familia en tu casa y pon este cordón rojo colgando de la ventana. Ahora no quiero entrar en un juego de adivinanzas, pero puedo imaginar que ese cordón rojo era algo como la canción, o la pequeña historia acerca de, "Ata un cordón amarillo en el viejo roble," y cuando el joven aparece hay un cordón atado en cada rama. Debió haber muchos cordones rojos colgando de esa sola ventana. Ella no quería que se fueran a equivocar.

El verso 20 dice, "Y si tú denunciares este nuestro asunto, nosotros quedaremos libres de este tu juramento con que nos has juramentado." En otras palabras, si se corre la voz acerca de esto, no lo vamos a cumplir, y desde luego que no esperarían a ser capturados para decir el trato esta deshecho. Ella dijo, "Sea así como habéis dicho. Luego los despidió, y se fueron; y ella ató el cordón de grana a la ventana. Y caminando ellos, llegaron al monte y estuvieron allí tres días, hasta que volvieron los que los perseguían; y los que los persiguieron buscaron por todo el camino, pero no los hallaron." Así que la petición le fue hecha a una mujer creyente.

Vayan al capítulo 6 verso 20. Aquí llegamos a una escena más adelante en el séptimo día, en la séptima vuelta alrededor de la ciudad de Jericó. Recordaran que el Señor les dijo que tenían que ir durante siete días, marchar alrededor de ella siete veces y al séptimo día de estar haciendo esto, a la séptima vuelta las murallas de Jericó caerían entonces ellos podrían entrar para capturarla. "Entonces el pueblo gritó, y los sacerdotes tocaron las bocinas; y aconteció que cuando el pueblo hubo oído el sonido de la bocina, gritó con gran vocerío, y el muro se derrumbó. El pueblo subió luego a la ciudad, cada uno derecho hacia adelante, y la tomaron." Las paredes cayeron y ellos entraron.

"Y destruyeron a filo de espada todo lo que en la ciudad había; hombres y mujeres, jóvenes y viejos, hasta los bueyes, las ovejas, y los asnos. Mas Josué dijo a los dos hombres que habían reconocido la tierra: Entrad en casa de la mujer ramera, y haced salir de allí a la mujer y a todo lo que fuere suyo, como lo jurasteis. Y los espías entraron y sacaron a Rahab, a su padre, a su madre, a sus hermanos y todo lo que era suyo; y también sacaron a toda su parentela, y los pusieron fuera del campamento de Israel." Los trajeron pero no los dejaron entrar al campamento de Israel, los mantuvieron fuera. Esto era solo una exclusión temporal ya que ellos eran gentiles y necesitaban ser limpiados adecuadamente de cualquier corrupción que hubiera en ellos; una vez limpios estarían listos para entrar a la sociedad del pueblo de Dios.

Es por esto que el verso 24 dice, "Y consumieron con fuego la ciudad, y todo lo que en ella había; solamente pusieron en el tesoro de la casa de Jehová la plata y el oro, y los utensilios de bronce y de hierro. Mas Josué salvó la vida a Rahab la ramera, y a la casa de su padre, y a todo lo que ella tenía;" lo que nos dice que Josué escribió este libro cuando ella aún estaba viva y no había pasado mucho tiempo después de este incidente, "y habitó ella entre los israelitas hasta hoy, por cuanto escondió a los mensajeros que Josué había enviado a reconocer a Jericó."

Aquí tenemos una maravillosa historia. Dios viene para juzgar una sociedad, para destruir a una ciudad entera, pero salva a una mujer de fe a pesar que ella era igual al peor pecador de la ciudad, ella era una ramera. Este era el estilo de vida que causó el juicio de Dios sobre los cananeos y sobre la ciudad de Jericó, pero en contraste esta mujer escapa de ese juicio porque era una pecadora que creía en el verdadero Dios. Y esto es en esencia el evangelio. Todos somos igualmente merecedores del juicio de Dios, pero algunos de nosotros, por su gracia, ejercemos la verdadera fe y somos salvados de este merecido juicio.

El castigo por el pecado

Dos cosas necesitamos ver en esta historia y sólo las voy a mencionar brevemente. Una es el castigo por el pecado, el castigo por el pecado. Si había una ciudad que debiera ser destruida por el pecado, esta era Jericó. Toda la ciudad y lo que había en ella estaba destinado a destrucción. No había manera de escapar y francamente no habían sido alertados con mucha fuerza. Jóvenes y viejos que algún día tuvieron posesiones, posesiones de comodidad y lujo, al día siguiente serían capturados y completamente destruidos. Esta es una ilustración de la realidad de la paga por el pecado.

Israel era el pueblo escogido por Dios y la nación de Canaán era rechazada por él debido a su inmoralidad, su falta de piedad junto con su entrega al pecado y también a que ellos no creían en el verdadero Dios. La ciudad se caracterizaba por vicios, atrocidades, incluso el sexo era parte de su adoración. Muchos bebés eran enterrados vivos. Había orgias horribles entre ellos. Literalmente eran un cáncer para la sociedad humana. Este no solo era un acto de Dios para juicio, sino que era un acto de Dios para dar misericordia a la civilización humana al remover este cáncer. De hecho, un historiador dijo que la destrucción de los cananeos fue una gran ganancia para beneficio de la humanidad desde un puro punto de vista social y desde cualquier otro. Las crueldades y abominaciones de odio practicadas por esa gente requerían castigo y esto dio resultado en su merecida destrucción. Y el punto es, Dios castiga el pecado. No hay verdad más cierta e innegable que esta verdad, Dios castiga el pecado. El consumir un fruto prohibido siempre tiene una penalización, la perdida de Edén y la presencia de juicio. Los cananeos fueron destruidos, sus vidas se perdieron. Y cualquiera que piense que Dios no hará esto a los pecadores, está equivocado. De hecho es una blasfemia pensar que Dios se puede quedar sentado y ver con indiferencia el veneno del pecado que obra sus horrores dentro del mundo, no puede hacer esto. De hecho, Dios debe actuar en contra del pecado, lo debe hacer. Lo hace porque los pecadores se lo merecen, y también lo hace porque los santos tienen que ser preservados de los efectos del pecado de estos pecadores.

Él sabía que los Israelitas y los cananeos nunca podrían vivir juntos para su gloria. Así que esto fue un acto del amor de Dios hacia sus redimidos, Dios hizo caer un fuego consumidos en contra de aquellos que contaminarían a su pueblo escogido. Existe mucha gente, pienso, que pudiéramos decir que son como Jericó. Ellos se engordan, viven seguros dentro de su ciudad amurallada que ellos mismos han construido, rechazando a Dios, rechazando a Cristo, viviendo en pecado y en realidad ellos son tontos en espera de ver como cae sobre ellos el juicio de Dios inevitablemente.

Adam Duran nos cuenta la historia de un hombre que vivía en los campos de Escocia. Un día el hombre estaba viendo hacia el cielo, veía un águila planeando en el aire. Esa águila parecía sostenida en el aire con sus poderosas alas. Era una hermosa vista. Y al tiempo que veía esta águila, quedó sorprendido por algo sucedió. La reina de las aves no pudo continuar en el aire con el mismo poder y velocidad, su vuelo comenzó a ser como intermitente y repentinamente se detuvo, comenzó a girar sin control y el ave cayó como una piedra y se estrelló en el suelo justo a sus pies. Al mirarla de cerca el hombre vio que el águila estaba muerta, y buscando más de cerca observó que había una pequeña comadreja en medio de su pecho, comadreja que el águila había atrapado y llevado con ella como su alimento, al tiempo que ascendía con la comadreja entre sus garras, la comadreja enterró sus colmillos en el pecho de esta grande y esplendida ave, conforme volaba intentando escapar su sangre se había drenado por completo. Esta es una ilustración del pecador que piensa que vuela escapando cuando en realidad el pecado lo está sangrando hasta matarlo, haciendo ver que el juico de Dios es absolutamente inevitable. Y cuando el hombre piensa que vuela en lo alto, el pecado en realidad ha drenado su sangre de vida condenándolo a una trágica muerte.

Si tú has estudiado historia, recordarás una horrible y diabólica invención llamada "el beso de la virgen." Esta fue usada por los padres de la inquisición. Una víctima, quien debía ser castigada por haber negado la fe, era empujada frente a una imagen para besarla, y conforme la víctima se acercaba a la imagen súbitamente aparecían cientos de cuchillos para matar a la victima de manera instantánea al tiempo que unos brazos tomaban a la víctima y la presionaban contra los cuchillos. Así es el beso de la virgen del pecado. Los deleites pecaminosos de la carne llevan en este mundo a resultados que son tan terribles y tan escalofriantes que si un hombre pudiera ver estos resultados correría alejándose del pecado con toda su pasión.

De este modo vemos el juicio de Dios por el pecado en Jericó. Los horrores del pecado son solo excedidos por los horrores del juicio.

En una ocasión leí acerca de un artesano pagano quien elaboraba copas y otras cosas, él elaboraba un tipo de copa que tenía la figura de una serpiente en el fondo, de hecho era esculpida al fondo de la copa, era enredada para hacer un salto cruel, esta tenía un par de ojos escalofriantes sobre su cabeza, estaba lista para atacar, se escondía bajo el color rojo del vino. La copa era hecha de oro, esculpida de manera hermosa. Nunca sospechaba el hombre que levantaba la copa para calmar su sed, que al momento de que el líquido rojizo llegará a su fin saltaría una serpiente con ojos atemorizadores y que lo dejaría asombrado.

Pienso en el pecado y como es que el hombre ve su copa rebosando y hermosa llena de tentaciones, pero la ven como algo deseable hasta que la han bebido por completo y repentinamente salta una serpiente que de manera certera los morderá para quitarles la vida.

Así era Jericó, ellos pensaban que estaban bebiendo la copa del placer y cuando esta se vació solo encontraron el juicio, solo juicio. Lo primero que vemos en la historia de Rahab es juicio sobre el pecado. La pena es tan rápida y tan completa que sacudió a toda esa ciudad y para ser preciso, ellos estuvieron muertos antes de que pudieran reaccionar.

El poder de la fe

Pero hay un segundo dato en esta historia. No solo el juicio por el pecado, sino que segundo, el poder de la fe, el poder de la fe. ¡Qué ejemplo tan maravilloso de fe salvadora! Una prostituta, una persona que se había desviado, una mujer del peor orden confió y creyó en el verdadero Dios, al grado que ella arriesgo su vida. Para mí ella es una mujer fascinante. No tenía ninguna ventaja espiritual. No conocía acerca del Sabbat. No tenía escrituras, no tenía maestros. Vivía en una ciudad pagana y vil. Tenía corazón de prostituta. A pesar de esto, ella era como una perla hermosa que estaba cubierta por una concha fea y arrugada entre las rocas en el fondo del mar. Pero Dios pudo ver todos los desechos y notar la fe verdadera, y su verdadera fe la guio al Dios verdadero, la llevó a aceptar las advertencias de Dios, para temer el juicio de Dios, para ser salvada por medio de la misericordia de Dios. Y su fe es claramente vista en la declaración que ella hizo, "Sé que Jehová les ha dado esta tierra y sé que Jehová Dios es supremo."

Ahora si esta es fe verdadera, la fe verdadera puede ser probada ¿no es así? Su fe fue probada. Ella tuvo que poner su fe a trabajar. Ella voluntariamente puso su vida en riesgo. Lo hizo de manera voluntaria. Esta no era una fe temporal. Esta fue una fe que fue probada. ¿Ves qué fue lo que distinguió a Rahab del resto de los habitantes de Jericó? Fue su superioridad moral. No fue su superioridad intelectual, no fue su vida ejemplar, no fue su mejor disposición, fue simplemente…su fe. El mensaje que encontramos aquí es que Dios juzga a los pecadores pero salva a aquellos que creen en él. Esto es la simpleza del evangelio. Su fe es una fe que es probada y que está deseosa de pagar el precio. Esta era su fe. Ella es el precioso modelo de la simplicidad de la fe. Su fe obra en el sentido de que ella colgó el cordón rojo en la ventana para identificar su casa.

Sabes, no son nuestras buenas obras y todo maestro de la Biblia que ha estudiado el Antiguo Testamento ve en el color de este cordón un símbolo, este es la sangre de Cristo. Pero yo veo más atrás, al ver el cordón escarlata me remonto hasta el Éxodo, y justo antes de que Dios viniera con el ángel de la muerte para matar a todos los primogénitos Dios mandó, para que este ángel no entre a tu casa tienes que poner en los postes y en el dintel de tu puerta…sangre. La sangre escarlata en la puerta era el símbolo del Salvador que vendría con su sangre para salvar a pecadores que creyeran en él. Así que del mismo modo los hijos de Israel pusieron en los postes y en los dinteles un símbolo, y aquí está esta mujer quien con el mismo tipo de simbolismo coloca un cordón rojo colgando en su ventana, una vez más otro símbolo de otra analogía también, el derramamiento de la sangre de Jesucristo. El cordón rojo se convierte en el símbolo, en un sentido, de la fe de Rahab, del mismo modo que el derramamiento rojo de la sangre de Cristo, esto es lo único que Dios reconoce para la limpieza de los pecados y la salvación, así que los soldados reconocerían ese cordón rojo y esto marcaba el hecho de que ella tenía que ser salvada.

Algunos meses atrás salió publicado un artículo en una revista nacional que decía, "Yo no creo en la sangre de Cristo." Esa revista fue enviada a todo el país. Y hemos recibido un sinnúmero de cartas. Estas llegan siempre, pero en los últimos meses han estado diciendo, "¿Cómo puedes no creer en la sangre de Cristo?" He recibido cartas de pastores, hombres laicos, de estudiantes, de radioescuchas, gente quienes han recibido cintas de audio a través de los años, de amigos, de enemigos, y todos ellos preguntando, ¿Cómo es que tú no crees en la sangre de Cristo?

Puede ser que ustedes lo hayan escuchado pues anda corriendo esto por doquier, supongo. Otra veintena de artículos que iglesias imprimen, o bien personas que lo hacen de manera independiente han reimpreso lo mismo. De hecho, el otro día vi un libro de aproximadamente cien páginas que hablaba de La Herejía de John MacArthur con respecto a la sangre de Cristo. Es por esto que pensé en que debo de afirmarte que creo en la preciosa sangre de Jesucristo y sé que si tú sabes algo acerca de mí, y lo sabes pues has estado aquí muchos años, sabes esto. Esto sólo lastima pues si es que hay alguien que piensa que un buen predicador de la palabra de Dios debe sostener la muerte sacrificial de Cristo, ese soy yo. Y lo que he tratado de decir al responder todas estas cartas, pues he estado respondiendo a estas casi todos los días, es básicamente que esto no es verdad, que creo que lo que Pedro dijo acerca de la sangre preciosa de Cristo es verdad. Su sangre es preciosa porque fue derramada en su muerte por mis pecados y los tuyos. Y yo nunca negaré esto. Pero solo en caso de que alguien te haga esta pregunta, les puedes contestar que yo en efecto creo en la sangre de Cristo.

El Dr. Sweeting me preguntó esta tarde acerca de esto. Él dijo, "Me han estado llegando cartas que dicen que tú no crees en la sangre de Cristo. Sé que esto no es verdad, ¿qué está pasando entonces?

Bueno, yo creo que esto sucede cuando estás trabajando en el ministerio. Supongo que una cosa es ser atacado por los de afuera, pero cuando lo hacen personas que se llaman a sí mismas tus hermanos, es algo muy doloroso. Simplemente quiero que sepas que si alguien te pregunta acerca de esto, yo creo en que Jesucristo derramó su preciosa sangre literalmente sobre la cruz por tus pecados y los míos y por los pecados del mundo. Nunca ha habido dudas en mi mente acerca de esto. Y siempre que estoy un poco desanimado, recuerdo que también a los profetas los malinterpretaron, a los apóstoles también, y al Señor Jesucristo también, así que trato de tener en mi mente siempre Hebreos 12 que dice, "No han sufrido todavía hasta la sangre." Ustedes siguen vivos, ustedes no han sido martirizados injustamente. Y doy gracias a Dios, por el privilegio de sufrir injustamente, esto de algún modo me identifica con Cristo quien sufrió injustamente.

Pero cuando llega un momento, como este, voy a pedir a los hombres que vengan y que pasen esta copa, este es un momento muy sagrado para mí porque al tiempo que sostengo esta copa en mi mano mi mente ve la sangre de Cristo derramada por mí, y derramada por ti. Nunca he cuestionado esto. Nadie puede leer la Biblia y cuestionar esto. Y estoy agradecido con Dios de que Jesucristo derramó su vida y su sangre en su muerte sobre la cruz para mi beneficio, y sé que ustedes piensan lo mismo. Este es el punto de nuestra salvación. Lo ven, si él solo hubiera sido el pan y se hubiera hecho hombre pero nunca hubiera derramado su sangre, no habría salvación. Pero él se volvió hombre y murió y el derramamiento de su sangre fue el símbolo de su muerte sacrificial.

En efecto, Dios castiga el pecado pero Dios salva a los pecadores que creen. Esta es la simple verdad de la historia de Rahab, y es la simple historia de todo hombre que viene a Cristo. Y, amados, esta es la razón por la que estamos aquí, porque celebramos la simplicidad de esta maravillosa, maravillosa realidad. Hemos sido salvados no porque haya algo bueno en nosotros mismos, sino porque hemos creído en la salvación aun cuando somos pecadores que no valen nada. Inclinemos nuestro rostro para orar.

Oración final

Padre, te agradecemos por la simple y hermosa historia de esta mujer tan especial, una mujer que bajo cualquier estándar humano no valía la pena, y aún por cualquier estándar divino, una mujer que debía ser juzgada junto con esta malvada civilización, una prostituta. O Señor, que maravilloso es ver que tu la salvaste no por lo que ella era sino por lo que ella creyó. Permite que nosotros entendamos que nuestra salvación es por fe y solamente por fe, pero una fe que pasa la prueba y paga el precio y obedece. Y, Señor, gracias por ser quien nos da la fe. Te bendecimos por la sangre de Jesucristo, que fue derramada para la remisión de nuestros pecados, por el derramamiento escarlata que fluyo por su costado, por sus heridas, por su cabeza, un derramamiento de amor, un derramamiento de ira, murió por aquellos que creyeron. Te agradecemos Padre, que en Cristo hay perdón, aún para los que no valían la pena como lo somos nosotros.

Y ahora, Señor, conforme celebramos la cena te pedimos que nos ayudes, que nos ayudes a ver el significado de la cruz una y otra vez. Y, Señor, si hay alguien en este lugar hoy que no ha recibido a Jesucristo, quien no haya creído en él como Señor y Salvador, lo pueda hacer en este momento. Que puedan ellos abrir su corazón y recibir al hijo de Dios, aceptar su muerte y resurrección como el único medio para escapar del juicio y disfrutar de las bendiciones de la salvación eterna.

Padre, oramos también por aquellos de nosotros que hemos recibido a Cristo para que podamos ser limpiados en este momento de todo pecado. Para que podamos tener la seguridad que tuvo Rahab por medio de la fe, para que de la misma manera que ella pudo salir de su vida pasada y eventualmente ser incluida en la línea Mesiánica, así seamos nosotros. Oh Padre, que todos los que hemos puesto nuestra fe en Jesucristo podamos dejar la vida pasada y toda mancha de pecado. Ayúdanos a confesar ahora cualquier pecado conocido para que podamos celebrar tú muerte con un corazón limpio. Amén.

Reflexiones personales

11 de Mayo, 1980

03_Ana: Cómo ser una madre piadosa

¹Hubo un varón de Ramataim de Zofim, del monte de Efraín, que se llamaba Elcana hijo de Jeroham, hijo de Eliú, hijo de Tohu, hijo de Zuf, efrateo. ²Y tenía él dos mujeres; el nombre de una era Ana, y el de la otra, Penina. Y Penina tenía hijos, mas Ana no los tenía. ³Y todos los años aquel varón subía de su ciudad para adorar y para ofrecer sacrificios a Jehová de los ejércitos en Silo, donde estaban dos hijos de Elí, Ofni y Finees, sacerdotes de Jehová. ⁴Y cuando llegaba el día en que Elcana ofrecía sacrificio, daba a Penina su mujer, a todos sus hijos y a todas sus hijas, a cada uno su parte. ⁵Pero a Ana daba una parte escogida; porque amaba a Ana, aunque Jehová no le había concedido tener hijos. ⁶Y su rival la irritaba, enojándola y entristeciéndola, porque Jehová no le había concedido tener hijos. ⁷Así hacía cada año; cuando subía a la casa de Jehová, la irritaba así; por lo cual Ana lloraba, y no comía. ⁸Y Elcana su marido le dijo: Ana, ¿por qué lloras? ¿por qué no comes? ¿y por qué está afligido tu corazón? ¿No te soy yo mejor que diez hijos?

⁹Y se levantó Ana después que hubo comido y bebido en Silo; y mientras el sacerdote Elí estaba sentado en una silla junto a un pilar del templo de Jehová, ¹⁰ella con amargura de alma oró a Jehová, y lloró abundantemente. ¹¹E hizo voto, diciendo: Jehová de los ejércitos, si te dignares mirar a la aflicción de tu sierva, y te acordares de mí, y no te olvidares de tu sierva, sino que dieres a tu sierva un hijo varón, yo lo dedicaré a Jehová todos los días de su vida, y no pasará navaja sobre su cabeza.

¹²Mientras ella oraba largamente delante de Jehová, Elí estaba observando la boca de ella. ¹³Pero Ana hablaba en su corazón, y solamente se movían sus labios, y su voz no se oía; y Elí la tuvo por ebria. ¹⁴Entonces le dijo Elí: ¿Hasta cuándo estarás ebria? Digiere tu vino. ¹⁵Y Ana le respondió diciendo: No, señor mío; yo soy una mujer atribulada de espíritu; no he bebido vino ni sidra, sino que he derramado mi alma delante de Jehová. ¹⁶No tengas a tu sierva por una mujer impía; porque por la magnitud de mis congojas y de mi aflicción he hablado hasta ahora. ¹⁷Elí respondió y dijo: Ve en paz, y el Dios de Israel te otorgue la petición que le has hecho. ¹⁸Y ella dijo:

Halle tu sierva gracia delante de tus ojos. Y se fue la mujer por su camino, y comió, y no estuvo más triste.

[19] Y levantándose de mañana, adoraron delante de Jehová, y volvieron y fueron a su casa en Ramá. Y Elcana se llegó a Ana su mujer, y Jehová se acordó de ella. [20] Aconteció que al cumplirse el tiempo, después de haber concebido Ana, dio a luz un hijo, y le puso por nombre Samuel, diciendo: Por cuanto lo pedí a Jehová.

[21] Después subió el varón Elcana con toda su familia, para ofrecer a Jehová el sacrificio acostumbrado y su voto. [22] Pero Ana no subió, sino dijo a su marido: Yo no subiré hasta que el niño sea destetado, para que lo lleve y sea presentado delante de Jehová, y se quede allá para siempre. [23] Y Elcana su marido le respondió: Haz lo que bien te parezca; quédate hasta que lo destetes; solamente que cumpla Jehová su palabra. Y se quedó la mujer, y crió a su hijo hasta que lo destetó. [24] Después que lo hubo destetado, lo llevó consigo, con tres becerros, un efa de harina, y una vasija de vino, y lo trajo a la casa de Jehová en Silo; y el niño era pequeño. [25] Y matando el becerro, trajeron el niño a Elí. [26] Y ella dijo: ¡Oh, señor mío! Vive tu alma, señor mío, yo soy aquella mujer que estuvo aquí junto a ti orando a Jehová. [27] Por este niño oraba, y Jehová me dio lo que le pedí. [28] Yo, pues, lo dedico también a Jehová; todos los días que viva, será de Jehová.

Y adoró allí a Jehová.

1 Samuel 1

BOSQUEJO

— Introducción

— Una relación correcta con su marido

— Una correcta relación celestial

— Una correcta relación dentro de su hogar

— Oración final

Notas personales al bosquejo

SERMÓN

Introducción

Vayamos al Antiguo Testamente al libro de 1 de Samuel y quiero compartir contigo el perfil de una mujer piadosa llamada Ana. Creo que al menos ya han pasado tres o cuatro años desde que enseñe un mensaje acerca de esta particular mujer en un servicio de domingo por la mañana que era día de las madres, hasta donde recordamos el mensaje tuvo gran impacto y al estar pensando y hablando con mi esposa, Patricia, acerca de esto, ambos estuvimos de acuerdo en que estaría bien si pudiéramos refrescar nuestras memorias con respecto a esta persona muy amada y muy especial que es Ana, la razón es que ella presenta lo que es el patrón de una mujer piadosa. No vamos a tomar todo el tiempo desarrollando todo lo que está en el texto, pero al menos vamos a tocar la superficie de algunas cosas muy, pero muy importantes.

Obviamente yo estoy muy interesado acerca de lo que está pasando en la familia en USA en nuestros días. Como lo compartí con ustedes algunos meses atrás con el estudio de Efesios, es sorprendente para mí pensar en que solo el siete por ciento de la población de Estados Unidos vive en una familia tradicional con un padre trabajador y una madre hogareña. Y esto es realmente sorprendente.

Recientemente la conferencia de la Casa Blanca acerca de la familia cambió su nombre. Cambiaron el nombre a la conferencia de la Casa Blanca acerca de las familias porque no querían que nadie asumiera que ellos pensaban que había solo un tipo de familia con un hombre masculino y una mujer femenina. Sorprendente, verdad.

Mencione en esta mañana que pasé la semana con el Dr. Basil Jackson, él es un psiquiatra de Milwaukee, Wisconsin, y él me dijo, "un niño nunca llegará a un completo desarrollo psicológico y maduración en la edad adulta a menos que ese niño tenga una madre dentro de su casa." Este es un argumento muy fuerte hecho por un psiquiatra. Es esencial para la vida de un niño que tenga una madre dentro de su hogar, porque entonces habrá una perspectiva correcta dentro del hogar.

Pero sabemos que el hogar se está desmoronando. Un artículo reciente que habla acerca de lo que está sucediendo en las bodas dice lo siguiente: "En muchas bodas se dice, hasta que la muerte nos separe, pero esto ha sido reemplazado por, hasta que dure el amor. Muchas parejas sientes que la última es más realista." Un ministro episcopal de Akron, Ohio, dice: "los jóvenes de 19, 20, 21 no quieren hacer el compromiso de "hasta que la muerte nos separe." Ni siquiera piensan en sus bodas de plata o de oro; lo que les interesa es solo el momento y no pueden pensar en lo que les sucederá cuando hayan pasado 40 años después, es por eso que prefieren decir "hasta que nos dure el amor."

La gente se está casando con la idea de que llegará un momento en el que querrán separarse. Los padres han eludido la responsabilidad del hogar. El mes pasado en el periódico *Rochester Times Union Newspaper* apareció este artículo: "Durante el invierno... cuando las victimas del invierno son finalmente identificadas, la lista ira más allá de los dueños de hoteles en las montañas, los que esparcen sal en las calles o que andan con palas para nieve. Los que encabezarán las listas serán las madres que trabajan y sus hijos, especialmente sus hijos. Algunas madres y padres que tienen trabajos o compromisos inflexibles fuera del hogar han enfrentado el dilema, y hasta el pánico, cuando no saben qué hacer cuando sus hijos se enferman. La inflación tiene a los padres hablando se sobrevivir y ellos sostienen que los hijos tienen que comprender que sus trabajos son primero, aun cuando sus hijos se encuentres enfermos. Esto es verdaderamente un problema, una madre admitió que su trabajo era más importante para que ella y que ahora su familia ya se había acostumbrado al ingreso extra. Mi esposo, decía ella, tiene un trabajo de mucha responsabilidad y no podemos esperar que falte uno o varios días, yo tampoco puedo. Estoy compitiendo con compañeros que no tienen la misma responsabilidad, y odio decirlo, pero muchas veces he preferido enviar a mis hijos a la escuela aun cuando están enfermos.

"El gran número de niños enfermos en la escuela ya genera algo de preocupación. La mujer se preocupa dentro de su trabajo si su hijo está enfermo en la escuela o solo en casa, y se preocupan si ellos se quedan en casa cuidándolo porque ahora lo preocupante es que los despidan del trabajo. Si ellos toman sus días libres para usarlos con sus hijos enfermos, entonces deberán tomar esos días trabajando, o bien asistir al trabajo estando enfermos. Desde la perspectiva del niño la opción no es la mejor, ya sea que tenga que soportar el día de escuela estando enfermo, o soportar el estar solo en casa con su enfermedad."

La sugerencia que propone el artículo es la siguiente: "Que se pudiera formar una especie de sociedad de niñeras, un tipo de agencia formada por una iglesia o una asociación para la caridad. Esta consistiría de hombres y mujeres que pudieran estar disponibles para cuidar niños en este tipo de emergencias, algo así como un trabajador substituto."

Ahora esto se ha convertido en tal problema que en una escuela tuvieron que enviar una carta a los hogares definiendo los síntomas que son inaceptables dentro del salón de clases. El mensaje es fuerte y claro, las escuelas no quieren que los niños asistan si lo que necesitan es estar en cama. Pero, ¿qué está sucediendo con los niños que debieran permanecer en casa? Aparentemente más y más padres están dejando a sus hijos de preescolar en la casa sin que haya quien los atienda. Dice el escritor de este artículo, "yo personalmente sé que nos niños de ocho, nueve, y diez años, y hasta sé de algunos de siete años, que son dejados en casa hasta las tres o cuatro de la tarde cuando llega alguien que los cuide, y generalmente es hasta que el hermanito mayor llega de la escuela. Durante la mayor parte del día estos niños se están cuidando a sí mismos y recuperando su salud como les es posible." Pensarás que esto es terrible, pero recientemente un divorciado me dijo, encogiendo los hombros, "pero no tengo otra opción más que dejar a mi hijo solo en casa, no tengo quien me ayude. Ya me he quedado en casa unos días y las personas en mi trabajo lo han comprendido, pero ahora siento que mi jefe ya no está siendo tan paciente, creo que estoy poniendo mi trabajo en riesgo."

"La mujer con la que hable no está de acuerdo con estos arreglos. Me dice que se pone ansiosa." Espero que así sea. Y después llega la sugerencia de que tenemos que rentar un abuelo, o a un familiar, o a quien tú quieras, para que una mujer con un hijo enfermo pueda llamar a un número de emergencia, describir su problema y por medio de una cuota ellos mandarán a una ayuda rentada. "Esto no sería de ningún beneficio para quien asista a cuidar al niño…sino más bien esto beneficiaría al salón de clases para que estuviera libre de contagios y al niño enfermo para que recibiera un cuidado cálido y una compañía tranquilizadora."

¿Quién se está engañando con la ilusión de que una ayuda rentada le va a dar un trato cálido y tranquilizador? Esto más bien apunta al hecho de que nos estamos enfrentando a un tiempo increíble en donde nuestra sociedad está colocando a los niños como una prioridad de último nivel en la lista. Este es el ritmo de nuestra sociedad y con la próxima conferencia de la Casa Blanca acerca de la familia, habrá otro golpe devastador a la familia. Los que atenderán esta conferencia estarán entre homosexuales, ellos serán mayoría, porque están argumentando que la verdadera familia no es el único tipo de familias, que puede haber familias de todo tipo quienes elijan vivir en una casa sin importar quienes la formen. Esta es una situación, no solo trágica sino muy triste.

En realidad no sabemos qué respuesta dar al mundo. No creo que exista una. Pero para la iglesia esto es la reafirmación de cómo es que se debe formar la familia. En el mundo un griego llamado Demóstenes tuvo una idea muy interesante. Él sugirió que cuando un niño cometiera un error dentro de la escuela, un padre debía ser castigado. Tal vez esta sea una buena sugerencia.

La época en la que vivimos es muy triste. Uno de cada doce niños es un niño maltratado. Un escritor dijo, "Ninguna nación es más grande que sus madres, porque ellas son las formadoras de hombres." Los rabís solían enseñar, "Dios no puede estar en todas partes por eso creó a las madres." Ellas tienen un lugar especial en la sociedad, una muy alta prioridad. La Biblia exalta a las madres. La Biblia dice que las mujeres se salvarán al engendrando hijos, y me irrita verdaderamente cuando escucho a la gente que aboga por no tener hijos, en especial los cristianos, porque creo que los hijos son una herencia del Señor, y creo que las mujeres son las más beneficiadas con la maternidad. Este es un llamado enorme, alto y santo de parte de Dios. La Biblia exalta la maternidad, Sara, Raquel, Jocabed, Débora, Ruth, Elizabeth y María, la maternidad es algo grande y maravilloso.

Pero hoy, de manera muy breve, quiero que estudiemos a una mujer que tiene por nombre Ana, en 1 Samuel. Sabes, nosotros pensamos que vivimos en tiempos muy difíciles, y en muchos sentidos es cierto, pero el tiempo en el que ahora vivimos no es en ningún sentido más difícil que el tiempo en el que vivió Ana. El tiempo de Ana es el tiempo de los jueces en Israel. La situación que vivía Israel era extremadamente difícil. Sansón había muerto, y con la muerte de Sansón ya no había grandes líderes en la tierra. La tierra vivía un estado de fluctuación, desorden y confusión. Había una enorme necesidad de un gran líder dentro del caos y la pecaminosidad de esos días.

Y lo vuelvo a decir, era un tiempo que tal vez sería paralelo a nuestros días, o incluso peor. Los filisteos, quienes eran los archienemigos de los israelitas, fueron ganando terreno; el sacerdocio que supuestamente debía liderar a la gente a Dios, se había vuelto completamente corrupto. Había hombres viles y pecaminosos en el sacerdocio. Incluso en el templo mismo había escándalos morales de tal modo que los hijos de un sumo sacerdote estaban participando de orgías a los pies del templo. Era un tiempo muy torcido, un tiempo de extrema maldad, un tiempo cuando no solo el liderazgo se había ido sino que el sacerdocio estaba abandonando su llamado. La nación estaba débil, impotente y adicionalmente casi no había palabra profética, no había grandes predicadores. Era un tiempo de una enorme desviación de los estándares divinos. Por esto también era un tiempo cuando Dios necesitaba un hombre especial, y para tener un hombre especial necesita a una mujer especial, Ana era esa mujer.

Primero de Samuel 2:1, "Y Ana oró y dijo: Mi corazón se regocija en Jehová, Mi poder se exalta en Jehová; Mi boca se ensanchó sobre mis enemigos, Por cuanto me alegré en tu salvación. No hay santo como Jehová; Porque no hay ninguno fuera de ti, Y no hay refugio como el Dios nuestro."

Esta es la mejor forma en la que puedo presentar a ustedes a Ana; ella era una mujer muy especial que verdaderamente conocía a Dios. Ella tenía una perspectiva divina. Y pienso que el capítulo 2 y los primeros dos versos abren nuestro entendimiento de qué tipo de mujer era ella.

Ahora vayamos un poco atrás y conozcamos un poco los detalles en el 1:1: "Hubo un varón de Ramataim de Zofim, del monte de Efraín, que se llamaba Elcana hijo de Jeroham, hijo de Eliú, hijo de Tohu, hijo de Zuf, efrateo. Y tenía él dos mujeres; el nombre de una era Ana, y el de la otra,

Penina. Y Penina tenía hijos, mas Ana no los tenía." Así conocemos a una familia algo extraña, pues tenía dos esposas, Ana y Penina. Penina tenía hijos, y Ana no, Elcana que era un levita era su marido. Y si él era un levita quiere decir que por lo menos era el sacerdote de la familia. Esta particular mujer será la madre en la que nos queremos concentrar, no en Penina, sino en Ana. Ella nos muestra, y solo lo veremos de manera rápida, tres aspectos que son necesarios para una madre piadosa, tres cosas que son obligatorias en una madre piadosa. Número uno, una relación correcta con su marido…una relación correcta con su marido y esto lo vamos a ver iniciando con el verso 3.

Una correcta relación con su marido

Primero que nada, ella compartía con su esposo la adoración. ¿Comprendes? Este es el primer aspecto, la primera característica. Hay muchos puntos en una relación correcta con su marido. La primera, ella compartía con su marido la adoración. Verso 3, "Y todos los años aquel varón subía de su ciudad para adorar y para ofrecer sacrificios a Jehová de los ejércitos en Silo," aquí estaba el arca… "donde estaban dos hijos de Elí, Ofni y Finees, sacerdotes de Jehová," estos eran los sacerdotes que estaban ahí.

Ana tenía un esposo creyente que practicaba la adoración, adoraba a Dios de manera fiel. Subía, por lo menos cada año, y por cierto, hacer esta peregrinación a Silo era algo que se suponía que se debía hacer tres veces al año, de acuerdo a Éxodo 23 y el texto no nos dice que él lo hiciera, esto quiere decir que cuando se nos dice "y todos los años," podemos concluir que lo hacía de la manera que había sido prescrito. Él era un hombre fiel, un verdadero adorador. Ella tenía una relación correcta con su marido en el sentido de que ella era parte de su adoración. Ahora creo que los padres piadosos hacen mejores madres. ¿Creen ustedes esto? Ya que la mujer es la que responde al marido y el marido debe ser cabeza de la familia, un padre piadoso hace una mejor madre de su esposa. Cuando Elcana expresaba su adoración, ella estaba ahí. Verso 7, "Así hacía cada año; cuando subía a la casa de Jehová." Y podemos detenernos aquí, ella lo acompañaba, esta es la implicación del verso 7; cuando él iba ella iba con él.

En otras palabras, ellos tenían unidad al adorar. Y en verdad creo que para que la expresión total de una maternidad piadosa exista, debe existir también la fortaleza espiritual en el hogar. Es muy difícil, y algunos de ustedes viven en una situación en donde tienen un compañero incrédulo, y saben lo difícil que es muy difícil llevara a cabo la crianza de hijos piadosos en un hogar dividido, es muy difícil. Pero Ana lo seguía. Ahora bien, él no era un hombre perfecto. Tenía sus fallas. ¿Cuál era una de ellas? Era un polígamo, y tengo que decir que esta era una falla muy seria. Pero ¿el

Antiguo Testamento prohíbe la poligamia? NO del todo. Era un pecado, pero era culturalmente aceptado en estos tiempos antiguos y no era nada fuera de lo común que esto ocurriera, particularmente cuando tenías una esposa que era estéril y no podía tener hijos. Entonces serías presionado por la sociedad para que los tuvieras y por consiguiente para que buscaras otra esposa que pudiera tener hijos de tu propia sangre, este debió ser el caso de Ana, ella era estéril y entonces buscó a Penina quien le dio hijos. Sin embargo, a pesar de esta seria imperfección en su carácter, ellos tenían una expresión mutua de adoración.

Y voy a añadir esto, damas, también caballeros, ustedes notarán que su pareja no es perfecta pero esto no debe impedir que ustedes puedan adorar a Dios juntos en sus imperfecciones. No esperen perfección. En donde encuentran amor y la adoración del Señor, esto debe ser suficiente ya que ninguno de nosotros es perfecto. Así que primero que nada es importante saber que la relación correcta entre esposos involucra compartir adoración. Segundo, esto implica compartir amor también. El matrimonio no solo es espiritual, también es físico, emocional y psicológico. No solo compartían ellos su adoración, sino que también compartían su afecto y su amor. Regresemos al verso 4, "Y cuando llegaba el día en que Elcana ofrecía sacrificio, daba a Penina su mujer, a todos sus hijos y a todas sus hijas, a cada uno su parte." Aparentemente ella le había dado muchos hijos. "Pero a Ana daba una parte escogida;" ¿por qué? "porque amaba a Ana, aunque Jehová no le había concedido tener hijos." Él se sentía obligado con Penina, ella le había dado hijos así que le daba lo que era correcto; pero a Ana le daba un parte escogida. Este adjetivo no está incluido en la porción que le daba a Penina. Así que lo que quiera decir parte escogida, significa que era algo más magnánimo que la restricción legal que hacía que él diera a Penina, pero él hacía esto porque amaba a Ana, aun cuando Dios había cerrado su vientre. Y, desde luego, Penina, su adversaria, la había provocado constantemente para hacerla enojar porque el Señor había cerrado su vientre.

Pon a dos mujeres dentro de la misma casa y vas a tener muchos problemas de una índole o de otra. Pero ahora pon a dos mujeres dentro de una casa y ten a un marido que solo ame a una de ellas, y vas a tener muchos más problemas. Y si sucede que el marido ama más a la que no tiene hijos, la que tiene hijos se burlará de la que no los tiene porque esto significa que ella podrá tener nuevamente al marido. Esto es lo que estaba sucediendo. Y, desde luego, Ana era una mujer amorosa y sensible, por lo que dice, "Así hacía cada año; cuando subía a la casa de Jehová, la irritaba así; por lo cual Ana lloraba, y no comía. Y Elcana su marido le dijo: Ana, ¿por qué lloras? ¿por qué no comes? ¿y por qué está afligido tu corazón? ¿No te soy yo mejor que diez hijos?" Podemos ver que él sabía la razón por la que lloraba, ella lloraba porque no podía tener hijos y tenía que soportar que Penina se lo recordara constantemente. A esto él le dice, ¿no te soy yo mejor que diez hijos?

Dar una porción escogida, lo podemos traducir como dar una porción doble, este era un gesto en el este y oriente para un visitante honorario, para un huésped preferido. Elcana la amaba de una manera muy especial, su amor era su seguridad. Hay mujeres que son muy celosas, muy, muy celosas que hasta llegan al pánico con las mujeres que están fuera del hogar. ¿Puedes imaginar cómo sería vivir casada con tu marido y casado con la mujer que si le da hijos? Te diré, una mujer que puede tolerar esto, es una mujer de mucha gracia, comprensión y perdón. Este era el tipo de mujer que era Ana. Puedes decir, "¿Qué puede dar seguridad en una situación como esta? ¿Por qué? Si me entero de que mi marido, está guiñándole el ojo a otra mujer, creo que lo tomaría por el cuello. Quiero decir, esto es ridículo." ¿Sabes qué era lo que le daba seguridad en medio de esta situación imposible? Ella sabía, sin una sola sombra de duda, que él la amaba. Compartían el amor.

Así que aquí está Ana en un lugar duro para tener un hijo, en un lugar duro para estar segura, en una familia dividida y pero ella tiene la relación correcta con su marido porque ellos compartían adoración, ellos compartían amor, y estas dos cosas eliminaban el conflicto. No sé cuál sea el conflicto que estés viviendo, no creo que haya una circunstancia tan severa que el amor compartido por Dios y el amor compartido del uno al otro no puedan vencer. Me cansa saber de personas que siempre quieren salirse de su matrimonio; pero cuando todo esto es puesto en evidencia, el único ingrediente que falta son hijos, ella no tenía hijos, ¿por qué? Verso 5, "Jehová no le había concedido tener hijos." Esto estaba sucediendo de manera soberana.

Una correcta relación celestial

Entonces la primera característica de una mujer piadosa es que ella tenga la correcta relación con su marido. La segunda, ella tiene la correcta relación celestial...ella tiene una relación correcta con el cielo. Cuando tiene un problema no se desquita con su marido, no se desquita con su adversario, Penina, no se desquita con los hijos que están en la casa, no pierde el control, ella va directamente ¿a quién? Al Señor.

"Y se levantó Ana...verso 9... después que hubo comido y bebido en Silo; y mientras el sacerdote Elí estaba sentado en una silla junto a un pilar del templo de Jehová." La razón por la que Elí se sentaba todo el tiempo era porque era un hombre enorme, muy grande, un tipo gordo quien finalmente cayó de su silla, se rompió el cuello y murió. Él era un patán, eso era, ni siquiera se podía levantar de cualquier lugar en donde se sentaba, no podía ni siquiera verificar a sus hijos. Y ahí estaba él literalmente echado en una silla que se inclinaba sobre uno de los postes que sostenían el templo. Entonces ella entra, probablemente para obtener un consejo directo del sumo sacerdote, ella tenía amargura en su alma y vean el verso 10, "oró a Jehová, y lloró abundantemente." Escuchen damas, no solo necesitan tener la relación correcta con su marido sino que también requieren tener la relación correcta con el cielo. Es necesario que cuando tengan un problema vayas al Señor y se lo presenten. Ella juró un pacto, dijo, "Jehová de los ejércitos, Jehová de los ejércitos, si te dignares…" y ella comenzó a orar.

Ahora ¿qué es lo que vemos en esta correcta relación celestial? Ella tenía una pasión por hacer lo que beneficiaba a Dios, una pasión por el beneficio de Dios. ¿Y sabes qué es lo mejor para Dios? Hijos, hijos…el hecho de que ella no tuviera hijos la hacía sentirse como si Dios lo le hubiera dado a ella lo mejor de él. Los hijos son una herencia del Señor. Ella dice en el verso 11, "si te dignares mirar a la aflicción de tu sierva, y te acordares de mí, y no te olvidares de tu sierva." Todo esto para decir dame un hijo, dame un hijo, dame un hijo. Esta era la razón por la que lloraba, ella tenía una pasión por recibir lo mejor de Dios.

Y puedes preguntar "¿En realidad los hijos son lo mejor de Dios para nosotros?" Absolutamente. La gente dice, "oh, no sé si en realidad quiero traer a un hijo a esta mundo." Este mundo no es peor que en el que ella estaba viviendo. Ellos son una herencia del Señor, son una bendición. Ella no era egoísta, no quería un hijo sólo para probar su maternidad. No quería un hijo para poder mostrarlo a todos. Ella quería un hijo porque creía que ese hijo era el mejor regalo que Dios le podía dar. Ella deseaba aceptar la responsabilidad. Yo maldigo a los abortos porque los niños son un regalo de Dios. Una verdadera madre piadosa no es una madre renuente a serlo. Una verdadera madre piadosa es una que tiene pasión por los niños, alguien que los ve como un regalo de Dios, como un cumplimiento divino de lo que Dios tiene para la mujer, no para ser indulgente consigo misma, no para probar su maternidad sino porque ellos son un regalo de Dios, un don de Dios.

Así que ella tenía una pasión por obtener lo mejor de Dios. Y segundo, ella era una mujer de oración. Su relación celestial significaba que ella quería lo mejor y esta era la razón por la que oraba. Y toda la oración va hasta el verso 12, "Mientras ella oraba largamente delante de Jehová, Elí estaba observando la boca de ella." El la observó, y podemos ver que no solo estaba orando en silencio, su boca se movía todo el tiempo, estaba orando apasionadamente. ¿Por qué oraba a Dios? Porque sabía que Elcana no era quien daba hijos, sino que era Dios. ¿Escuchaste esto? Todo niño que es concebido en este mundo es un regalo de Dios. Esta es la razón por la que yo maldigo los abortos, ellos toman la vida de aquello que Dios había asegurado. Ella oraba, oraba constantemente, su pasión se había convertido en oración.

Y aquí también puedo ver en el verso 11 lo que llamaré una presentación. Ella dice, "recuérdame, no te olvides de mí Señor." En otras palabras, ella está diciendo juraré un voto, aquí está mi vida, recuérdame y dame lo que deseo, un hijo varón y yo lo dedicaré a Jehová todos los días de su vida. Ella prometió dar ese niño al Señor. Y Deuteronomio 30 dice, siempre que una mujer ofrecía como voto a un hijo al Señor, el hombre tenía que estar de acuerdo, así que Elcana debió estar de acuerdo con su oración. Ella quería una presentación, quería presentar a ese niño a Dios. Era una mujer que tenía pasión por lo mejor de Dios, era una mujer de oración, y era una mujer de presentación que quería un hijo por una razón, y era que quería dar ese hijo al Señor.

¿Puedes sentir lo mismo acerca de tus hijos? ¿Sientes que tú más grande deseo es darlos a Dios? Si no lo sientes estoy seguro que operas bajo las premisas incorrectas. También ella era una mujer de pureza. Verso 12, "oraba largamente," y verso 13, "Pero Ana hablaba en su corazón, y solamente se movían sus labios, y su voz no se oía; y Elí la tuvo por ebria. Entonces le dijo Elí: ¿Hasta cuándo estarás ebria? Digiere tu vino. Y Ana le respondió diciendo: No, señor mío; yo soy una mujer atribulada de espíritu; no he bebido niño ni sidra, niño que he derramado mi alma delante de Jehová. No tengas a tu sierva por una mujer impía; porque por la magnitud de mis congojas y de mi aflicción he hablado hasta ahora. Elí respondió y dijo: Ve en paz, y el Dios de Israel te otorgue la petición que le has hecho."

Ella era una mujer de pureza, era una mujer de virtud, no era una hija de Belial, no era una malvada, era una mujer pura. Derramó su corazón al Señor y no tomó ni vino ni ninguna bebida embriagante. Ella se refrenaba de todo esto. Entonces ella tenía una relación celestial correcta, una mujer de oración, una mujer con pasión por lo mejor de Dios, una mujer de presentación, esto quiere decir que el regalo que ella recibiría lo quería regresar, era una mujer de pureza. Y quinto, era una mujer de paciencia. Verso 18, "Halle tu sierva gracia delante de tus ojos." Entonces finalizó su oración. "Y se fue la mujer por su camino, y comió, y no estuvo más triste." ¿Por qué? Ella creía en Dios y por esto sería paciente hasta recibir la respuesta de Dios.

¿Sabes cuál fue el resultado? Verso 19, hermoso, "Y levantándose de mañana, adoraron delante de Jehová, y volvieron y fueron a su casa en Ramá. Y Elcana se llegó" se llegó significa que tuvo relaciones sexuales con ella, "a Ana su mujer, y Jehová," ¿qué? "se acordó de ella." Por lo tanto sucedió cuando se cumplió el tiempo después de haber concebido Ana, dio a luz un hijo, y le pudo por nombre Samuel." El significado del nombre Samuel es, Dios me escuchó. "Por cuanto lo pedí a Jehová." Su oración fue contestada, ella quería lo mejor de Dios, oró por ello, y ofreció esa vida de regreso a Dios. Vivió en pureza y Dios contestó su oración.

¿Cuál es la respuesta? Capítulo 2, ella estaba llena de alabanza y dijo, "Mi corazón se regocija en Jehová, mi poder se exalta en Jehová; mi boca se ensanchó sobre mis enemigos, por cuanto me alegré en tu salvación. No hay santo como Jehová; porque no hay ninguno fuera de ti, y no hay refugio como el Dios nuestro." Y ella continúa hasta el verso 10 alabando al Señor... simplemente estaba llena de alabanza a Dios.

Elizabeth hizo esto cuando ella escuchó acerca de Juan el Bautista. María lo hizo cuando escuchó acerca del nacimiento de Jesús. Y algo que me enferma en nuestros días es cuando la gente sabe que está embarazada, en lugar de alabar a Dios por este maravilloso regalo, se enfurecen al saberlo.

Una correcta relación dentro de su hogar

Una mujer piadosa tiene una relación correcta con su marido, y una relación celestial correcta. Y finalmente, una relación correcta dentro de su hogar. Regresemos ala capítulo 1 verso 21 y veamos su hogar. Dos cosas sobresalen. Primero, ella estaba dedicada a ese niño. "Después subió el varón Elcana con toda su familia, para ofrecer a Jehová el sacrificio acostumbrado y su voto." Elcana continúo regresando a Silo, "Pero Ana no subió," ella ya no subió más, "sino dijo a su marido: Yo no subiré hasta que el niño sea destetado, para que lo lleve y sea presentado delante de Jehová, y se quede allá para siempre." Ella cumplió su voto, daré ese niño al Señor tan pronto como es sea destetado, para una mujer hebrea esto sucedería entre los dos y tres años de edad, pero ella dijo no voy a ir allá hasta que este niño se pueda alimentar a sí mismo.

Esto significó que ella puso al niño como una verdadera prioridad. Alguien podría decir pero ella puso al niño por encima de la adoración a Dios. No, porque ella estaba hablando de cuidar el mejor regalo que Dios le había dado a ella, ella estaba rindiendo a Dios el servicio más algo posible. Era más importante para esa mujer quedarse ahí y cuidar a ese niño que ir a ofrecer sacrificios a Dios. Ella conocía bien sus prioridades. Se quedó en casa con el niño en una total dedicación y compromiso, entrenando, amando, instruyendo y cuidando a ese niño.

Verso 23, "Elcana su marido," quien debió ser un hombre muy comprensible, "le respondió: Haz lo que bien te parezca; quédate hasta que lo destetes; solamente que cumpla Jehová su palabra." Primero que nada ella estaba dedicada al niño, esta es la relación correcta dentro de su hogar. Madres, inviertan su vida en los hijos. Créanme, esto no era todo. Después ella dedico al niño al Señor, no solo estaba dedicada al niño, sino que dedicó al niño al Señor. Verso 24: "Después que lo hubo destetado, lo llevó consigo, con tres becerros, un efa de harina, y una vasija de vino, y lo trajo a la casa de Jehová en Silo; y el niño era pequeño." Como ya dije, era de dos o tres años de edad. Versos 25–28: "Y matando el becerro, trajeron el niño a Elí. Y ella dijo: ¡Oh, señor mío! Vive tu alma, señor mío, yo soy aquella mujer que estuvo aquí junto a ti orando a Jehová. Por este niño oraba, y Jehová me dio lo que le pedí. Yo, pues, lo dedico también a Jehová; todos los días que viva, será de Jehová. Y adoró allí a Jehová."

Esto es algo fabuloso en lo que debemos pensar, una mujer dio a su hijo al Señor guardando su promesa y el pacto que había hecho con Dios. Pero esto no quiere decir que a ella ya no le importó el cuidado de su hijo, nunca en su vida. Ella se procuró el cuidado de ese niño por el resto de la vida del niño, en realidad nunca lo dejó del todo. De hecho, conforme regresaban cada año, regresarían a él y expresarían su cuidado y amor por el niño.

Sólo resaltando algo para llegar a la conclusión, 2:11: "Y Elcana se volvió a su casa en Ramá; y el niño ministraba a Jehová delante del sacerdote Elí." Verso 18, "Y el joven Samuel ministraba en la presencia de Jehová, vestido de un efod de lino." Verso 19, "Y le hacía su madre una túnica pequeña y se la traía cada año, cuando subía con su marido para ofrecer el sacrificio acostumbrado."

Este no es el fin de la historia. El Señor nunca toma sin dar. Por lo que en el verso 21, "Y visitó Jehová a Ana, y ella concibió, y dio a luz tres hijos y dos hijas." Cinco hijos, obtuvo más de lo que ella dio. "Y el joven Samuel crecía delante de Jehová." ¿Quieres saber algo? Eli tenía tres hijos, dos de ellos eran, Ofni y Fines. Nunca en toda la historia de Elí y sus tres hijos es mencionado el nombre de la madre, y los resultados son absolutamente trágicos. El verso 22 del capítulo 2 dice, "Pero Elí era muy viejo; y oía de todo lo que sus hijos hacían con todo Israel, y cómo dormían con las mujeres que velaban a la puerta del tabernáculo de reunión. Y les dijo: ¿Por qué hacéis cosas semejantes? Porque yo oigo de todo este pueblo vuestros malos procederes. No, hijos míos, porque no es buena fama la que yo oigo; pues hacéis pecar al pueblo de Jehová...Pero ellos no oyeron la voz de su padre, porque Jehová había resuelto hacerlos morir." Y después el contraste, verso 26, "Y el joven Samuel iba creciendo, y era acepto delante de Dios y delante de los hombres." Qué contraste.

Verso 1 del capítulo 3 dice, "El joven Samuel ministraba a Jehová en presencia de Elí." Como hasta ahorita, Samuel siempre en lo positivo. El verso 19 del capítulo 3, "Y Samuel creció, y Jehová estaba con él, y no dejó caer a tierra ninguna de sus palabras. Y todo Israel, desde Dan hasta Beer-seba, conoció que Samuel era fiel profeta de Jehová." Este era Samuel; pero en contraste la triste historia de los hijos de Elí. Capítulo 4 verso 15 dice, "Era ya Elí de edad de noventa y ocho años, y sus ojos se habían oscurecido, de modo que no podía ver. Dijo, pues, aquel hombre a Elí: Yo vengo de la batalla," y le dijo, "he escapado hoy del combate. Y Elí dijo: ¿Qué ha acontecido, hijo mío? Y el mensajero respondió diciendo: Israel huyó delante de los filisteos, y también fue hecha gran mortandad en el pueblo; y también tus dos hijos, Ofni y Finees, fueron muertos, y el arca de Dios ha sido tomada. Y aconteció que cuando él hizo mención del arca de Dios, Elí cayó hacia atrás de la silla al lado de la puerta," la misma silla donde siempre había estado sentado, "y se desnucó y murió; porque era hombre viejo y pesado. Y su nuera la mujer de Finees, que estaba encinta, cercana al alumbramiento, oyendo el rumor que el arca de Dios había sido tomada, y muertos su suegro y su marido, se inclinó y dio a luz; porque le sobrevinieron sus dolores de repente. Y al tiempo que moría, le decían las que estaban junto a ella: No tengas temor, porque has dado a luz un hijo. Mas ella no respondió, ni se dio por entendida. Y llamó al niño Icabod, diciendo: ¡Traspasada es la gloria de Israel!"

¿No es este un final muy triste? Todos ellos murieron, nunca se menciona el nombre de la madre en la familia de Elí, y miren cuál fue su premio. Pero Samuel crecía y ministraba al Señor. No hay un precio lo suficientemente alto como para valorar la virtud de una madre piadosa. Ella tenía la correcta relación con su esposo, con el cielo y con su hogar. Creo que este es un buen recordatorio para cada uno de nosotros. Oremos juntos.

Oración final

Padre te agradecemos por este tiempo, un simple toque de este hermoso pasaje que es sorprendente, este es un recordatorio una vez más acerca de la alta prioridad que tú le das a la maternidad. Es como escuchar las voces de nuestros pequeños hijos, el llanto de los pequeñitos que están delante de nosotros esta noche, las canciones de los más grandes que cantan y hablan. Te agradecemos por todos ellos y oramos para que nos des la gracia y la fortaleza para criarlos como una semilla piadosa, igual que Samuel, para que ellos puedan ministrar delante de ti y para que no sean como los hijos de Elí. Que podamos comprender que esto depende de una correcta relación con tu marido, con el cielo, y con el hogar. Ayúdanos a tener este compromiso en el nombre de Cristo, amén.

Reflexiones Personales

19 de Agosto, 2012

04_Ester: Para Tiempos como Estos

Sucedió, pues, que cuando se divulgó el mandamiento y decreto del rey, y habían reunido a muchas doncellas en Susa, residencia real, a cargo de Hegué, Ester también fue llevada a la casa del rey, al cuidado de Hegué, guarda de las mujeres. Y la doncella agradó a sus ojos, y halló gracia delante de él, por lo que hizo darle prontamente atavíos y alimentos, y le dio también siete doncellas especiales de la casa del rey; y la llevó con sus doncellas al mejor departamento de la casa de las mujeres... Y el rey amó a Ester más que a todas las otras mujeres, y halló ella gracia y benevolencia delante de él más que todas las demás vírgenes; y puso la corona real en su cabeza, y la hizo reina en lugar de Vasti... Entonces dijo Mardoqueo que respondiesen a Ester: No te imagines que por estar en la casa del rey te vas a librar tú sola más que cualquier otro judío. Porque si callas absolutamente en este tiempo, vendrá de alguna otra parte respiro y liberación para los judíos; mas tú y la casa de tu padre pereceréis. ¿Y quién sabe si para una ocasión como esta has llegado a ser reina? Y Ester dijo que respondiesen a Mardoqueo: Ve y reúne a todos los judíos que se hallan en Susa, y ayunad por mí, y no comáis ni bebáis en tres días, noche y día; yo también con mis doncellas ayunaré igualmente, y entonces entraré a ver al rey, aunque no sea conforme a la ley; y si perezco, que perezca.

Ester 2:8-9, 17; 4:13-14

BOSQUEJO

— Introducción

— Oración final

NOTAS PERSONALES AL BOSQUEJO

SERMÓN

Introducción

Como siempre soy retado en algunas ocasiones, siendo honesto con ustedes, de quedarme solamente con un versículo. En esta ocasión voy a tomar todo un libro, y este es el libro de Ester. Así que tomen sus Biblias y vayamos al libro de Ester, esto forma parte de nuestra serie de "Doce héroes inconcebibles" en donde vemos algunos del Antiguo Testamento y el nuevo testamento.

Durante muchos años hemos estado estudiando este libro de Ester aquí en Grace Community Church y lo hemos encontrado como un libro maravilloso. Es uno de los dos libros de la Biblia en los cuales el nombre de Dios no es mencionado. En contraste el gobernante que es mostrado en este libro es mencionado 175 veces; Dios nunca es mencionado. Sin embargo, para cualquier lector del libro que tiene entendimiento, Dios es el principal personaje del libro. Dios se hace ver a sí mismo de maneras sorprendentes, a pesar de que no es mencionado.

Permítanme llevarlos a este tiempo en la historia. Esto va a ser un poco más lectura durante este tiempo, así que comencemos. El año era el 480 a.C. en este año un enorme ejército persa fue con determinación a enfrentar las fuerzas rebeldes de Atenas y sus aliados griegos, digamos que es Persia en contra de los poderes de Grecia.

Algunos historiadores antiguos dicen que los persas eran alrededor de un millón de soldados. Otros historiadores modernos creen que esto es una exageración y dicen que solo eran cientos de miles. De cualquier modo, Persia está mostrando un masivo poder militar.

En aquel tiempo el Impero Persa se extendía desde lo que conocemos como Libia y África, hasta Pakistán en medio de Asia. Este fue el más grande imperio de esos días, el segundo después del Imperio Babilónico. Hasta donde podemos saber el Impero Persa constaba de unos 50 millones de personas en aquellos días. Habían conquistado al Impero Babilónico/Caldeo en el 539 a.C. lo que hizo que los persas se posicionaran dominando a todo el mundo del medio oriente. Esto duró doscientos años antes de que ellos fueran remplazados por Grecia, quien después fue remplazada por Roma.

Pero inicialmente las regiones de Grecia habían sido conquistadas por los persas bajo la dirección de Darío, esto desde el 550 y los años siguientes. El ejército de Darío había sido derrotado por los atenienses dentro de la famosa batalla de Maratón en el 490 a.C. Darío estaba determinado a someter a sus enemigos griegos con toda su furia. Él tenía un enorme ejército por lo que regresará a hacer que los griegos paguen el haber ganado la batalla de Maratón, esa famosa batalla en donde un hombre corrió 42 kilómetros. Es de ahí de donde tomamos la medida para los maratones de hoy en día. Con esto vemos que el rey Darío tenía grandes intenciones de satisfacer su sed de venganza. Sin embargo, murió antes de que pudiera ejecutarla. La búsqueda de venganza ahora estaba presente en su hijo, el hijo del rey Darío. Este fue un hombre llamado Jerjes, un nombre famoso para quienes saben de historia. Vivió del 519 al 465 a.C., asciende al trono en 486, y cuando toma el trono, la primera orden que da es negociar con Egipto en Babilonia porque ellos le están dando muchos problemas y tiene que someterlos. Él no puede poner sus ojos en Grecia para ejecutar la venganza que su padre le heredó. Pero en el año 481 está listo para atacar. Así que Jerjes está listo para llevar a cabo la venganza de su padre por lo que le hicieron durante su reinado. Junta a un ejército de 250 mil hombres, acampan en lo que ahora es la moderna Turquía, y están esperando órdenes para invadir Grecia. Pero para que puedan entrar a Turquía necesitan algún medio para lograrlo. Planean cómo hacerlo y lo ejecutan, pero las cosas no se desarrollaron como Jerjes hubiera deseado. Sus ejércitos llegan a Atenas y saquean la ciudad, pero finalmente los griegos derrotan a los persas y los expulsan de Grecia.

Hubo varias batallas famosas, la batalla de Termópilas, los 300 espartanos, ustedes sabrán todo esto; la batalla de Salamis, en donde la fuerza naval de Persia es completamente devastada por los griegos. Creo que ellos perdieron tantos como 300 barcos de guerra. Todo esto para decir que ahí se lleva a cabo una batalla histórica entre el Imperio Persa, el imperio que gobernaba el mundo en aquél momento, y los griegos quienes están a punto de tomar el control del mundo siendo el siguiente gran imperio.

Jerjes pelea repetidas veces contra los griegos. Y tiene éxito en cierta medida, pero tiene más derrotas que éxitos hasta que finalmente llega un hombre con el nombre de Alejandro el Grande, quien es griego, y el impero persa es derrotado definitivamente. Alejandro el Grande conquista el mundo del medio oriente y establece lo que conocemos como el gran Imperio Griego.

Pero, ¿qué tiene que ver todo esto con el libro de Ester? Y, por cierto, hay muchos más detalles de esto en el libro *Doce Héroes Inconcebibles*, pero ¿qué tiene que ver todo esto con el libro de Ester?

Bueno tiene que ver con el libro de Ester porque el emperador a quien los griegos llamaban Jerjes, de este que he estado hablando, tiene un nombre persa diferente, su nombre es Khasayarsha; en hebreo sería Ahashverosh; pero en tu Biblia Reina-Valera 60 se llama Asuero, y este es el nombre que ustedes van a encontrar en el libro de Ester.

El Rey que encontramos en el libro de Ester no es otro sino Jerjes, el hijo de Darío quien peleó con los griegos, y quien finalmente perdió la batalla en contra del Imperio Persa ante el poder de los griegos. Este es el hombre que intentó conquistar Grecia con un cuarto de millón de soldados. Este es el hombre Asuero, el rey que vemos en el libro de Ester, quien es el mismo que se convierte en el emperador de ese imperio después de la muerte de su padre. Y él es el mismo hombre que tiene su corazón conquistado por esta mujer huérfana judía que se llama Ester. Y cuando llegó la oportunidad, ella usaría su influencia para salvar a la raza judía del genocidio. Esa es la historia de Ester, de cómo una mujer, por medio de la providencia de Dios salvó a los judíos del genocidio.

Es libro lleva su nombre, no porque ella lo haya escrito; ella no lo escribió. No sabemos quién lo escribió; posiblemente Mardoqueo su primo. Posiblemente lo escribió Esdras; o tal vez Nehemías, o incluso pudo ser otro judío que en ese tiempo estuviera viviendo en Persia, alguien que pudiera ser capaz de entender la cultura persa y al mismo tiempo alguien que pudiera entender la cultura judía, y que seguramente se deleitara en el conocimiento de ambas.

Pero sin importar quién es el autor, la realidad es que el verdadero autor es Dios. Detrás de este laberinto de eventos y actores se encuentra la divina providencia, sí la divina providencia. Así que comencemos al principio del libro. Podemos ir al capítulo 1, y como de costumbre en estas historias nos moveremos de manera muy rápida. El libro abre describiendo el imponente reino de Asuero. Este se extendía desde Etiopía, como ya dije, hasta los límites con India, toda la extensión desde la moderna Libia y hasta Pakistán. No sólo es el hijo de Darío, sino que el también el nieto de Ciro el Grande; el emperador persa quien decretó que los judíos podían regresar a su tierra después de 70 años de cautividad. Así es como comienza el libro de Ester.

Muchos judíos regresaron a Israel bajo el decreto de Ciro, el abuelo de Jerjes. Regresaron y reconstruyeron la ciudad de Jerusalén. Reconstruyeron el templo, el llamado segundo templo. Se restablecieron a sí mismos en la tierra. Sin embargo, había un gran número de estos judíos quienes habían sido deportados a Babilonia pero que permanecieron allá. Se establecieron, se esparcieron y proliferaron al grado que se encontraban en todo el Imperio Persa.

Varios años durante el rey Asuero o Jerjes, el libro de Ester abre cuando él convoca una reunión de seis meses, esto en la ciudad capital de Shushan, o Susa como es llamada aquí. Esto ocurrió en el 483 a.C., esta es una reunión estratégica para planear la guerra, una sesión de estrategia que duraría seis meses. ¿De qué se trata todo esto? El rey va a hacer sus preparativos finales para la invasión a Grecia, la que les dije que fue una derrota. Pero él va a hacer sus planes. El confía en su habilidad de dar un golpe sorpresa a Grecia, está confiando en que sus fuerzas militares van a salir triunfantes.

Así que culmina esta reunión de planeación militar que duró seis meses con un banquete de siete días. Ahora veamos en la Biblia en Ester 1 para ver esta extravagante celebración que se lleva a cabo como un festejo a una victoria anticipada. Había cortinas de lino blanco y azul, versículo 6, estaban sujetadas con cuerdas de lino fino y purpura sobre anillos de plata y columnas de mármol. Los reclinatorios de oro y de plata, sobre losado de pórfido y de mármol, y de alabastro y de jacinto. Servían las bebidas en vasos de oro, vasos que no eran iguales sino completamente diferentes, vino real en abundancia de acuerdo a la generosidad del rey. Si lo piensan esto es una borrachera y orgía de siete días.

Al séptimo día de la fiesta, Asuero, después de una semana de intoxicación y de libertinaje, decide que quiere que todos vean a su esposa, el nombre de ella es Vasti. La reina Vasti. Él manda a su esposa que se presente al séptimo día y se presente en vistiendo sus vestiduras reales.

Sorpresivamente ella dice, "no voy a ir a tu fiesta." Evidentemente consternada de que su dignidad sería manchada cuando apareciera en medio de una multitud, mayormente de hombres que estaban muy borrachos, ella no acepta la orden. Algunos han sugerido que ella pudo haber estado embarazada de su hijo, un hombre llamado Artajerjes, quien es familiar a esta historia. Ella no se sentía cómoda de que fuera a ser vista en público, no quería ser expuesta a una vergüenza pública. Esto hace que ella se vea mal con la corte real junto con la gente que se encontraba ahí. Y de acuerdo con 1:17–18, él tiene miedo de que la acción de la reina comience un movimiento de liberación femenina; de que si la reina se sale con la suya, entonces todas las mujeres van a querer hacer lo mismo.

Así que él decide degradarla, ahora ya no es la reina y se propaga por todos lados la palabra de que ella ya no es la reina. Asuero anuncia su intención de que él quiere tener a una nueva reina, se va a conseguir una nueva reina. Y hace que quede bien claro que nadie puede desobedecer al rey, ni siquiera la reina pues esto haría que quedara depuesta y remplazada.

Asuero, por cierto, tiene un temperamento muy violento y este se muestra a través de sus acciones en contra de la reina. Justo un año después, para que su inmenso ejército pudiera marchar desde Turquía en donde estaban reunidos, como ya dije, para invadir Grecia, Asuero ordena que se construyan puentes a través del Helesponto, esto es el angosto canal de agua entre el Mar Negro y el Mar Mediterráneo, lo necesitaban para poder pasar e invadir Grecia. Estos puentes fueron destruidos por una tormenta antes de que sus tropas pudieran usarlos. Asuero estaba furioso de que la tormenta hubiera destruido los puentes que él construyó. Pensó que en realidad habían sido construidos de forma inadecuada por los ingenieros, así que reunió a todos los ingenieros y les cortó la cabeza. Herodoto, el historiador griego, dice que estaba furioso con el agua al grado que envío soldados dentro del agua exigiendo que el agua de océano fuera latigueada 300 veces por insubordinación. Y luego envió soldados a que arrojaran grilletes en el agua para castigar al agua, y a otros a apuñalar a las olas con hierros al rojo vivo.

Esto es un tipo de ira irracional obviamente. Pero esto bien pudiera ser la explicación de porqué él trata a la reina de esta manera. Pasaron cuatro años y no hubo reina, de acuerdo a Ester capítulo 2:16, cuatro años pasaron antes de que él decidiera buscar a una nueva reina. ¿Por qué cuatro años? La respuesta la encontramos en su fracasada invasión de dos años a Grecia, esto fue con lo que comenzamos a hablar. La invasión a Grecia sucedió dentro de esos dos años y esto fue lo que lo ocupó tanto que no pudo dedicarse a establecer a una nueva reina. La invasión fracasada de Persia a Grecia encaja históricamente muy bien entre la destitución de Vasti entre 483 o 482 a.C. y la coronación de Ester en 479 o 478 a.C.

El rey se encuentra frustrado por su inhabilidad de conquistar Grecia, entonces regresa a casa después de dos años de esfuerzo. Y decide que debido a que la guerra ha ido tan mal, el remedio que él necesita es una reina; el rey necesita distracción. Y la distracción será seleccionar a una nueva reina. Vean el capítulo 2:1–4: "Pasadas estas cosas, sosegada ya la ira del rey Asuero, se acordó de Vasti y de lo que ella había hecho, y de la sentencia contra ella. Y dijeron los criados del rey, sus cortesanos: Busquen para el rey jóvenes vírgenes de buen parecer; y ponga el rey personas en todas las provincias de su reino, que lleven a todas las jóvenes vírgenes de buen parecer a Susa, residencia real, a la casa de las mujeres, al cuidado de Hegai eunuco del rey," esto es un harén en caso de que se lo estén preguntando. "Guarda de las mujeres, y que les den sus atavíos; y la doncella que agrade a los ojos del rey, reine en lugar de Vasti. Esto agradó a los ojos del rey, y lo hizo así." Bien, parece que esto va a ser un concurso de belleza a lo largo de todo el imperio, si asumimos que hay unos 50 millones de personas en su imperio, esto quiere decir que hay alrededor de 25 millones de mujeres entre las cuales va a escoger a una mujer. Este es el marco de la escena.

En ese punto, el texto bíblico nos presenta a los dos personajes principales de la historia, dos judíos que son primos. Ellos viven en la ciudad de Susa. Son descendientes de los cautivos originales judíos que fueron llevados por Nabucodonosor en el cautiverio babilónico. Ellos habían sido traídos a Babilonia un siglo atrás, esto es sus padres, y debemos decir que fueron traídos alrededor del 597 y los años siguientes.

El más viejo de los dos es un hombre llamado Mardoqueo y tiene unos quince años más que su joven prima, una huérfana llamada Ester. El versículo 7 dice que sus padres habían muerto cuando ella era muy joven por lo que Mardoqueo la había criado. Así que en medio de 50 millones de personas dentro del imperio persa se encuentran estos dos personajes judíos. El nombre de ella en hebreo es Hadasa, lo que significa mirto, una planta. Su nombre persa es Ester, y este puede estar relacionado con Ishtar, uno de los dioses de los babilonios, y esto puede ser por su familiaridad con la palabra persa que significa "estrella." Entendemos pues que ella tenía el nombre de Ester, ya sea a causa de la diosa babilonia Ishtar, quien era la diosa del amor, o bien por estrella. Este no era su nombre judío, sino que a los judíos que se encontraban en el exilio se les daban nombres Pesas, como en el caso de Daniel y sus tres amigos quienes originalmente se llamaban Asarias, Misael y Ananías, pero se los cambiaron por Mesac, Sadrac y Abednego, que son nombres Babilonios. Esta era su costumbre.

Ahora regresemos al texto, veamos el capítulo 2:7, dice que sucedió que esta joven virgen que se llamaba Ester era encantadora y hermosa. Por lo que ella no pasó desapercibida por el oficial del rey, así que fue llevada dentro del grupo que vivirían dentro del palacio en el harén con las concubinas y participaría dentro del concurso para ser reina. Josefo el historiador, dice que fueron 400 las vírgenes que fueron llevadas a vivir al palacio, imaginen 400. Digamos que el grupo original del total que hayan sido fue reduciéndose hasta llegar a las 400 más hermosas. Ellas fueron llevadas al palacio para que vivieran durante un año, de algún modo se les permitiría trabajar en ellas mismas durante ese año. Y en algún punto cuando ese año concluyó, ella sería presentadas al rey y él podría hacer su elección. Una de ellas sería elevada a reina. Tenían todo este año para arreglarse, lo que parecía innecesariamente largo para que se arreglaran; no sabemos exactamente a qué se dedicaron durante este año de embellecimiento. Tenían que parecer lo más hermosas que pudieran. Para ello usarían incienso, cosméticos y fragancias. Se les instruiría acerca de las normas de etiqueta real, para que supieran cómo comportarse dentro de la corte imperial y qué era lo que se esperaba de alguien que estuviera alrededor de la realeza. Y esto es un entrenamiento intensivo que duraría doce meses. Y al final de esos doce meses, cada una de las 400 mujeres tendrían una oportunidad para dar una buena impresión al rey y de este modo el seleccionara a la que sería reina.

En el momento señalado, ella se arreglaría con todo tipo de joyería y con todo tipo de vestidos que ella deseara, luego entonces sería presentada al rey. El día después de su presentación, ella regresaría al grupo de damas en espera, con las concubinas y con los miembros del harén real hasta que el rey hubiera analizado a cada una de las 400 y entonces hacer su elección.

Ester debe haber sido veinteañera, ya había cumplido con el requisito de un año, y ahora es su turno para presentarse delante de Asuero, Ester 2:16–17. "Fue, pues, Ester llevada al rey Asuero a su casa real en el mes décimo, que es el mes de Tebet, en el año séptimo de su reinado. Y el rey amó a Ester más que a todas las otras mujeres."

Seguro que ella era una dama muy especial; porque después de que él ha visto a cientos, esto serviría para distorsionar su opinión. ¿Cómo es que ella sobresale de entre cientos de mujeres? Ella obtuvo gracia delante de rey, más que todas las vírgenes, acto seguido él coloca la corona sobre su cabeza y la posiciona como reina en el lugar de Vasti. A continuación, el rey hace un gran festejo, la fiesta de Ester, para todos sus oficiales y siervos, y proclama es día como uno festivo en todas las provincias y dio regalos de acuerdo a la generosidad del rey.

Esto se parece a la historia de la Cenicienta. Ester le robó el corazón al rey y se convirtió en reina. Una huérfana de procedencia judía incierta, la hija de los exiliados, de los conquistados, ahora es exaltada a la más alta posición que ninguna otra mujer pudo haber tenido en todo el mundo en ese momento. Esto no es una coincidencia. Hay un poder que está trabajando aquí y que es mayor que el poder de Asuero. Hay un poder que trabaja providencialmente, orquestando sus propósitos personales por medio de los afectos del emperador. Es significativo que, a través de todo este proceso, Ester guarda en secreto su origen judío. Mardoqueo le dijo que así lo hiciera porque había mucho antisemitismo dentro del Imperio Persa. Pueden ver esto en 4:6. Ester revelaría finalmente que ella es judía, pero solo lo hará cuando sea el tiempo más importante y más necesario.

De este modo fue elegida Ester como reina. Ha pasado de ser una pequeña huérfana judía con pasado oscuro a ser la reina de Persia, todo esto ha sido posible debido a su belleza física y a su carisma personal. Y no mucho después de que Ester es coronada la historia se torna más fascinante; su primo Mardoqueo se encuentra sentado a la entrada del palacio, digamos que anda merodeando por el palacio, ¿por qué creo esto? Simple, ¿quién fue el que crió a Ester? Mardoqueo, él se preocupa por ella. Así que anda merodeando por el palacio para escuchar algo acerca de ella, él quiere saber cómo está ella. Y mientras anda por ahí en el palacio el versículo 21 nos dice que dos de los eunucos del rey, Bigtán y Teres, los guardias de la puerta, se enojaron y buscaron la manera de poner mano en el rey Asuero.

Él escucha un complot, un complot para matar al rey, para asesinar al rey. Estos eran oficiales del rey quienes tenían como encargo cuidar la puerta de las habitaciones privadas del rey. Tenían acceso a él y podían matarlo fácilmente. Y ya que estaban enojados, posiblemente por lo que le había hecho a la reina Vasti. Pero sin importar qué fue lo que los hizo enojar, estaban planeando quitarle la vida y Mardoqueo acababa de escuchar todo su plan. Esto nos indica que Mardoqueo estaba en lugares dentro del palacio a los que no cualquiera podría entrar, de algún modo él pudo obtener un lugar dentro del palacio en donde pudo escuchar una conversación como esta, lo que es una buena indicación de que posiblemente es tenía un tipo de posición oficial de gran prominencia dentro del gobierno imperial, es probable que está hubiera sido promovida por Ester.

Cuando supo acerca del plan en contra del rey fue y lo reportó de inmediato. El mensaje es tan importante y ya que fue conocido por Mardoqueo ahora él es quien se lo dice a la Reina Ester, y Ester se lo dice al rey a nombre de Mardoqueo. Y cuando se investigó acerca de este asunto, este fue confirmado, entonces ambos fueron colgados en la horca. Y escuchen esto, "esto fue escrito en el libro de Crónicas en presencia del rey." Los persas guardaban registro de absolutamente todo. Esta es la razón por la que sabemos tanto de esta historia. Las crónicas del rey registraron lo que sucedió, el complot, que este fue escuchado por Mardoqueo y que Mardoqueo informó a Ester, y que Ester informó al rey, y que le salvaron la vida al rey, y los dos conspiradores que fueron colgados. Las acciones de Mardoqueo fueron registradas en el libro de los registros reales.

¿Por qué hacían ellos esto? Porque ese tipo de cosas necesitaban ser premiadas y los reyes lo sabían. La lealtad necesitaba ser premiada tanto como la deslealtad necesitaba ser castigada. Y en un día futuro llegaría un tiempo cuando este hombre sería premiado por haber salvado la vida del rey. Al igual que todos los monarcas antiguos, Asuero fue cuidadoso de honrar y premiar a aquellos que demostraron lealtad a él. Esta era la forma en la que aseguraban que la lealtad permaneciera. Y con la intensión de ser capaz de hacer lo correcto, ellos guardaban un registro de los actos de valor y de servicio especial que había sido dirigido al monarca.

Todo esto se encuentra en el capítulo 2. Pero ahora llegamos al capítulo 3 en donde se nos va a dar a conocer al siguiente personaje principal dentro del libro, este es un hombre llamado Amán. Este es un hombre quien había sido exaltado por el rey, un hombre muy capaz, era persa, un hombre que estaba por encima de otros príncipes y que era superior a otros oficiales de la realeza. Hay algo muy interesante acerca de este hombre, esto es la clave dentro de toda la historia. Él era agagueo. Dice en 3:1–10, y lo dice nuevamente en el capítulo 8; y nuevamente en el 9, dice, "Amán hijo de Hamedata agagueo." Esto se repite, por lo que no es un detalle que debamos ignorar. Este es el origen de odio de Amán hacía Mardoqueo, y también de su odio a los judíos.

Para comprender por qué es importante enfatizar que era agagueo, retrocedamos un poco. Vamos a regresar algunos cientos de años, casi mil años, vayamos al Éxodo de Egipto. Los israelitas salen de Egipto alrededor del 1445 a.C., así que vamos cerca de mil años antes. Ellos son atacados en el capítulo diez y siete de Éxodo por lo amalecitas, ¿ustedes recordarán este nombre? Los amalecitas los atacaron a ellos, pero los amalecitas son descendientes de Esaú, aquel que vendió su primogenitura. Y debido a que los amalecitas atacaron a los judíos, Dios maldijo a los amalecitas, y esta maldición dice en Deuteronomio 25, "algún día ellos quedarán extintos." Dios pronuncia una maldición sobre los amalecitas, Dios, el Dios de Israel es quien pronunció una maldición en contra de los amalecitas.

Cuatro siglos después, el rey Saúl conquista a los amalecitas, recuerdan esa historia que está en 1 Samuel, él captura a su rey, aquel que tenía por nombre Agag, era el rey de los amalecitas. Se suponía que Saúl debía haber matado a Agag; pero no lo hizo. Lo dejo vivo lo cual no agradó a Dios, y por esto y otras cosas que hizo que no agradaron al Señor, el trono le fue quitado a su familia y el profeta Samuel tuvo que actuar. ¿Recuerdan lo que hizo Samuel a Agag? En 1 Samuel 15 dice, "lo partió en pedazos." Amán era agagueo, y a pesar de que había pasado ya más de un milenio desde que fueron maldecidos, y de que cientos de años habían pasado desde que Agag fuera hecho pedazos para matarlo, Amán conocía la historia de la familia y sabía lo que para ellos significaba un hombre judío, un profeta judío de nombre Samuel, quien había descuartizado a su ancestro real.

Para hacerlo aún peor, Mardoqueo es un descendiente de Cis (Ester 2:5). Cis era de la tribu de Benjamín, y Saúl también era del linaje de Benjamín. Ellos conocían su historia. Podemos decir que había una semilla profunda de odio entre los descendientes de Saúl y los descendientes de Agag por obvias razones. Y por casi 550 años que ya habían pasado, tanto Amán como Mardoqueo, Amán el agagueo y Mardoqueo el benjamita, no habían olvidado su disputa entre pueblos que era tan antigua.

La hostilidad se hace notoria en el capítulo 3:2; leamos primero el versículo 2 y después el 5 y 6. "Y todos los siervos del rey que estaban a la puerta del rey se arrodillaban y se inclinaban ante Amán, porque así lo había mandado el rey; pero Mardoqueo ni se arrodillaba ni se humillaba." Esto es lo que nos muestra que su contienda antigua salió desde lo más profundo de su corazón, Mardoqueo no tenía otra cosa que odio hacia el descendiente amalecita a quien consideraba maldito.

Cuando Amán vio que Mardoqueo no se inclinaba ni le daba honor, Amán se llenó de ira. "Pero tuvo en poco poner mano en Mardoqueo solamente, pues ya le habían declarado cuál era el pueblo de Mardoqueo; y procuró Amán destruir a todos los judíos que había en el reino de Asuero, al pueblo de Mardoqueo." Vemos que decidió que no sólo necesitaba matar a Mardoqueo, sino que si no lo hacía el pueblo de Mardoqueo vendría a matarlo, por lo que piensa que sería mejor matarlos a todos ellos, a todo el pueblo judío.

¿Qué fue lo que hizo Amán? Va con los magos y con los astrólogos y les dice, "quiero que ustedes determinen el día optimo por medio de sus fuentes místicas y me digan cuál es el día para aniquilar a los judíos, para que hagamos un genocidio a través de todo el Imperio Persa en ese día." Entonces va con el rey y le dice, "esta nación, este Impero Persa, está lleno de judíos y todos ellos representan una amenaza al emperador. Ellos son una amenaza a tu trono y a tu imperio, esta es la razón por la que deben ser aniquilados." Le dice, "tienen que ser asesinados desde aquí hasta Israel. Necesitamos ir hasta allá y matarlos a todos, aún a aquellos que se han regresado. Amán le dice que todos ellos representan una amenaza para su trono.

Y aún más, si los matamos a todos, podremos confiscar sus propiedades y todos los desechos, todo lo que ellos poseen, una vasta suma de dinero entrará al tesoro real. Por lo que Asuero dice, "muy buena idea."

Le da a Amán su sello real para que Amán pueda sellar con él los documentos que autorizarán el genocidio de judíos. Amán intenta la vía más rápida, y de inmediato despacha el decreto real. Lo envía por todo el imperio. Lo hicieron lo más pronto posible con correo a caballo. Un caballo llegaría lo más lejos posible con el mensaje. Otro caballo y otro jinete irían y muy rápido el mensaje sería esparcido por todos lados, usarían tantos caballos y tantos jinetes como fuera necesario para estar en todos los lugares del Imperio Persa porque una fecha ya había sido establecida. Vena en Ester 3:13, "matar y exterminar a todos los judíos, jóvenes y ancianos, niños y mujeres, en un mismo día" a todos ellos.

En Ester 4:3 dice, "Y en cada provincia y lugar donde el mandamiento del rey y su decreto llegaba, tenían los judíos gran luto, ayuno, lloro y lamentación; cilicio y ceniza era la cama de muchos." Un mensaje que se esparció por todo el Imperio Persa, rápidamente, de que una fecha había sido establecida para que, en cada uno de los lugares, en cada localidad persa, todos los judíos fueran exterminados.

Cuando Mardoqueo escuchó acerca de este decreto genocida rasgo sus vestidos, vistió en harapos, y puso ceniza sobre su cabeza, se lamentó públicamente. Hizo una especie de duelo público a causa de este horrendo acto, el asesinato en masa de toda la población judía.

¿Esto era una venganza simple por parte de Amán? No, esto es algo más grande que eso. Satanás está involucrado en esto. Satanás está involucrado en estos esfuerzos por desaparecer al pueblo judío y de este modo destruir los propósitos de Dios acerca de la redención. Digamos que Amán actúa a nombre de Amán.

No tardó mucho tiempo para las malas noticias llegaran a Ester, ella obtiene el mensaje, Mardoqueo informa a Ester de lo que Amán ha hecho, incluso le da una copia del decreto real. Y él le dice, "Ester, tienes que ir con el rey y rogar por la vida de tu pueblo." ¿Simple, no creen? Pero no es tan simple. En Persia nadie, incluida la reina, podía ir ante el rey sin una invitación personal. Cualquiera que se aventurara en ir ante la presencia del rey sin haber sido invitado podía ser muerto en el mismo lugar. Ester no sólo estaría rompiendo con el protocolo real, sino que ella estaría arriesgando su vida.

Veamos Ester 4:11, "Todos los siervos del rey, y el pueblo de las provincias del rey, saben que cualquier hombre o mujer que entra en el patio interior para ver al rey, sin ser llamado, una sola ley hay respecto a él: ha de morir; salvo aquel a quien el rey extendiere el cetro de oro, el cual vivirá; y yo no he sido llamada para ver al rey estos treinta días." Ni siquiera la había visto el rey en treinta días. Tenemos que ser honestos y decir que él tenía otras mujeres. Al grado que no se acerca a Ester durante un mes. Ella tenía miedo de violar potencialmente las normas de su esposo irracional que había degradado a Vasti por un solo acto de rebeldía. Mardoqueo estaba poniendo a Ester en una posición en donde ella podía perder su vida.

Y bien, Mardoqueo regresa y hace un llamado de valentía. Vean 4:13-14, estos son versículos famosos, "No pienses que escaparás en la casa del rey más que cualquier otro judío." Mardoqueo está advirtiendo a su prima la reina. Date cuenta, le dice, si lo haces arriesgas tu vida, y si no lo hacer arriesgas tu vida. Ellos van a saber de un modo o de otro que tú eres judía y estarás muerta si no haces nada. No pienses que vas a escapar. "Porque si callas absolutamente en este tiempo, respiro y liberación vendrá de alguna otra parte para los judíos; mas tú y la casa de tu padre pereceréis." Esto es confianza en las promesas de Dios, el pacto de Dios con Israel de bendecir, sostener y preservar a los judíos. Mardoqueo dice, "Mira Ester, Dios los liberará de otra manera, pero tú no sobrevivirás." Y entonces le da esta famosa línea, "¿Y quién sabe si para esta hora has llegado al reino?"

Con eso afirma la soberanía divina. Él afirma su confianza en la revelación de Dios de que él preservaría a su pueblo. Pero él también entiende que Ester puede morir y que él puede morir y que muchos judíos pueden morir si ella no realiza este acto.

Yendo al versículo 16, tomando su papel divinamente avalado, leemos en el versículo 16, "Ve y reúne a todos los judíos que se hallan en Susa, y ayunad por mí," y añade ella. "Y no comáis ni bebáis en tres días, noche y día; yo también con mis doncellas ayunaré igualmente, y entonces entraré a ver al rey, aunque no sea conforme a la ley; y si perezco, que perezca."

Aun si esto le cuesta la vida lo hará para que ella pueda ser un instrumento en la protección de su pueblo. Ester no menciona la oración, pero si menciona el ayuno. No había ayuno sin oración. Durante tres días, ella y los demás oraron y ayunaron. Sus doncellas, del mismo modo, serían otras mujeres judías quienes se le unirían en esta oración. Es así que ella se acerca al trono, debió ser un momento muy tenso, los segundos que ella esperó para saber si el rey extendería su cetro hacia ella y le daría la bienvenida a su belleza para que estuviera delante de él. Para recalcar su respuesta veamos 5:3, ella viene, él la mira, él extiende su cetro y le hace una pregunta en una típica hipérbole real. "¿Qué tienes, reina Ester, y cuál es tu petición? Hasta la mitad del reino se te dará."

Una vez más vemos que él está sorprendido con su belleza y con su presencia. Pero ella no quiere la mitad del reino, de hecho, no quiere ningún reino. Lo que ella quiere es la vida de la gente de su pueblo. Por lo que la respuesta de Ester fue una simple petición, y le dice a Asuero que haga un banquete para Amán y para ella más tarde. Y entonces él tiene que hacer aquello que ofreció. Ella no pidió la mitad del reino; lo que ella pidió solo fue un banquete para Amán, para el rey, la reina y Amán. Vean Ester 5:5-8, el rey y Amán fueron al banquete que Ester había preparado, al banquete de vino. Entonces el rey dijo a Ester, "¿Cuál es tu petición y te será otorgada? ¿Cuál es tu demanda? Aunque sea la mitad del reino, te será concedida."

"Entonces respondió Ester y dijo: Mi petición y mi demanda es esta: ⁸Si he hallado gracia ante los ojos del rey, y si place al rey otorgar mi petición y conceder mi demanda, que venga el rey con Amán a otro banquete que les prepararé; y mañana haré conforme a lo que el rey ha mandado."

¿Qué es esto? Este fue el banquete número uno y él dice, "está bien, hoy estamos aquí en el banquete, Amán está aquí, yo estoy aquí." Ostensiblemente la idea era decirle la verdad acerca de lo que Amán estaba planeando al tiempo que él estaba ahí justo frente al rey. Algo sucedió, no era el momento adecuado, y entonces ella dijo, "Esta es mi petición, ¿podemos hacer esto mismo mañana?" ¿Podemos repetir este banquete mañana? Por alguna razón que no se nos explica no era el momento apropiado. Ella dice, "reunámonos nuevamente mañana y hagamos otro banquete."

A Amán le encantó esto, un banquete al lado del rey y de la reina, un banquete privado con el rey y la reina encajaba bien con su orgullo. Amán dejo el banquete sintiéndose confiado de sí y de sus logros. No sólo Asuero lo había exaltado y elevado en su puesto, sino que estuvo de acuerdo con su petición de exterminar a los judíos, ahora el rey y la reina lo habían invitado, no solo a uno sino a dos de los más exclusivos banquetes, no había un honor más alto que pudiera ser dado a ningún ser humano que el de comer con el rey, esto es humanamente hablando. Así que Amán se va a su casa.

Yendo en el camino, pasa por la puerta real y ve a Mardoqueo lo que hace que se vuelva loco de ira. Se va a casa y dice, "me desharé de este hombre. En la mañana pondré cadalsos y lo ejecutare en la mañana, una solución perfecta, ejecutaré a este descendiente de Saúl, a este judío. Esa noche, Amán durmió profundamente, esto es sorprendente, soñó acerca de la venganza que llevaría a cabo el día siguiente.

Por otro lado, Asuero regresó al palacio, pero en un contraste total él no puede dormir. Sea lo que sea que le provocó insomnio, hace algo muy raro. Hace que le traigan los registros reales y que le sean leídos. "Vayan y traigan los libros reales." Él había reinado ya por muchos años, sus libros reales eran muchos pues antes de él había estado su padre y su abuelo. Pero aun así les dice, "traigan los libros reales."

Pudo haber habido cientos para escoger. Alguien fue y los trajo, pienso que él dijo esto será como contar ovejitas, que la monotonía de la lectura de los libros reales fuera como estar leyendo el directorio telefónico, y esto lo haría dormir. Así que alguien los trae y comienza a leerlos. Y sucede que lo que lee es el registro de las acciones de Mardoqueo cuando expuso a los conspiradores quienes planeaban matarlo. Este fue el libro real que le trajeron. Pero él se había olvidado de esto, en el capítulo 6:2-3, encontró que Mardoqueo le había dicho acerca de Bigdan y Teres, dos de los eunucos del rey, los que cuidaban su puerta, que habían planeado poner sus manos sobre él, el rey Asuero. Entonces el rey dijo, "¿qué honor o dignidad se le ha dado a Mardoqueo por esto? Y los siervos del rey que estaban con él dijeron nada se le ha dado a él." Cinco años antes Mardoqueo había reportado el complot, pero nunca fue recompensado por ello. Pero ahora Asuero quiere rectificar esto. Mientras tanto, en la mañana Amán regresa a la corte real en donde él trabaja, va al rey y le pide si puede autorizar la ejecución de Mardoqueo. Él va y piensa obtener un permiso para colgar a Mardoqueo.

Pero antes de que él pueda decir cualquier cosa, Asuero le hace una pregunta, Ester 6:6, "¿Qué se hará al hombre cuya honra desea el rey?" Él piensa que es él. "¿Qué se hará al hombre cuya honra desea el rey?" "Y respondió Amán al rey: Para el varón cuya honra desea el rey, traigan el vestido real de que el rey se viste, y el caballo en que el rey cabalga, y la corona real que está puesta en su cabeza; y den el vestido y el caballo en mano de alguno de los príncipes más nobles del rey, y vistan a aquel varón cuya honra desea el rey, y llévenlo en el caballo por la plaza de la ciudad, y pregonen delante de él: Así se hará al varón cuya honra desea el rey."

En un dramático cambio de expectativas Asuero dice, "Apresúrense entonces, y tomen la túnica y el caballo que tú sugeriste y hagan eso para Mardoqueo el judío que se sienta dentro de las puertas del rey y no dejen de hacer nada de lo que tú has hablado." Las cosas no salieron como Amán las quería. Humillación, vergüenza, ira, pero Amán no tiene alternativa, él será el hombre que guíe el desfile de Mardoqueo por toda la ciudad. Y a todos los lugares que él vaya dirá, "así se hará al hombre a quien el rey quiere honrar."

Cuando toda está desgracia acaba, se va a casa, está buscando el confort de su familia y amigos. Pero no lo encuentra, en 6:13 dice, "Contó luego Amán a Zeres su mujer y a todos sus amigos, todo lo que le había acontecido. Entonces le dijeron sus sabios, y Zeres su mujer: Si de la descendencia de los judíos es ese Mardoqueo delante de quien has comenzado a caer, no lo vencerás, sino que caerás por cierto delante de él." Estás en problemas, si este hombre judío que ha sido tan honrado por el rey, y que tú estás tratando de deshacerte de él junto con todos los de su pueblo, te encuentras en el lado equivocado de este asunto. Se te volteó la suerte.

Ya confundido, Amán regresa al palacio, el mismo día, para el segundo banquete. Se sienta tratando de estabilizar su ritmo cardiaco, pero se sienta para recibir otra horrible sorpresa. El rey, nuevamente lleno de afecto por su reina, le pregunta qué es lo que ella quiere. Y aquí en el segundo banquete, no duda en decírselo. Veamos Ester 7:3-4, "Entonces la reina Ester respondió y dijo: Oh rey, si he hallado gracia en tus ojos, y si al rey place, séame dada mi vida por mi petición, y mi pueblo por mi demanda. Porque hemos sido vendidos, yo y mi pueblo, para ser destruidos, para ser muertos y exterminados. Si para siervos y siervas fuéramos vendidos, me callaría; pero nuestra muerte sería para el rey un daño irreparable."

Asuero no puede creer lo que está escuchando. ¿Alguien amenaza la vida de la reina? Esto nos da la altura de la traición. El rey está furioso y en el verso 5 dice, "¿Quién es, y dónde está, el que ha ensoberbecido su corazón para hacer esto?"

Sentado en la meza, Amán, siente que el nudo se aprieta alrededor de su garganta. Seguramente piensa, la reina no es judía. Y entonces con su mano señala el rostro rojizo de uno de sus invitados, y dice, "El enemigo y adversario es este malvado Amán." Todo lo que podemos decir es que el rey está lleno de nauseas a causa de su furia, se levanta, y se desahoga en el jardín del palacio. Entonces se acuerda del programa que abarcaba todo el imperio y que Amán le había hecho firmar unos dos meses atrás. ¿Cómo era posible que Amán hubiera dicho eso del pueblo judío, que representaban una amenaza para el Imperio y peor aún, él había firmado el decreto que literalmente promovía la ley que involucraba el asesinato de su propia reina?

Mientras tanto Amán permanece en la mesa del banquete. Se arroja a los pies de Ester justo frente al lugar donde ella está sentada. Él se encuentra rogando por su vida. Asuero, quien regresa del jardín, cegado por la ira, interrumpe su extenso ruego por misericordia, él se encuentra a los pies de Ester pidiendo misericordia. Pero esto se ve más como un asalto a la reina a los ojos del rey cuando este regresa.

Y leemos en el versículo 8, "¿Querrás también violar a la reina en mi propia casa? Al proferir el rey esta palabra, le cubrieron el rostro a Amán." Inmediatamente cubrieron el rostro de Amán y se lo llevaron para ser ejecutado. ¿Y cómo lo mataron? Lo colgaron en el cadalso que él mando construir para Mardoqueo. Cómo puede cambiar el día para alguien. Es sorprendente que veinticuatro horas antes Amán estaba en la cima de la sociedad. Eso fue ayer, pero ahora dice el rey, "tomen todas sus propiedades, y dénselas a la reina." La reina dio todo a Mardoqueo y el rey exaltó a Mardoqueo, Ester 8:2. Y ahora veamos el 9:4, el rey exaltó a Mardoqueo y se convirtió en el rey de Persia como Daniel fue el rey de Babilonia.

¿Qué iba a hacer con respecto al decreto de matar judíos, porque una vez que el rey ha mandado un decreto, no se puede rescindir de este? ¿Qué va a hacer? Tiene que hacer otro decreto que deshaga el decreto previo. Capítulo 9:3-4, "Y todos los príncipes de las provincias, los sátrapas, capitanes y oficiales del rey, apoyaban a los judíos; porque el temor de Mardoqueo había caído sobre ellos. ⁴Pues Mardoqueo era grande en la casa del rey, y su fama iba por todas las provincias; Mardoqueo iba engrandeciéndose más y más." Ya que el rey había elevado a Mardoqueo a tal nivel de prominencia, conocían la actitud que él tendría hacia los judíos. Y seguramente se habría esparcido que la reina también era judía.

Él hizo un decreto de que todos los judíos tenían el derecho de defenderse a si mismos en contra de cualquier esfuerzo que alguien tuviera para quitarles la vida. Ellos se podrían preparar para el día que había sido establecido para su muerte. No pudo deshacer el día ya establecido pero si pudo decirle a la gente, "no tienen por que hacerlo, y los judíos pueden defenderse." El día llegó, el día del juicio, el 7 de marzo del 473 a.C. Los judíos se defendieron, hubo ataques; y hubo muertes. Más de 75 mil de los enemigos de los judíos fueron muertos cuando los judíos se defendieron y el rey los respaldó.

Era un día para recordar pero no por la razón que Amán había pensado. El gran día era el 7 de Marzo del 473 a.C., el cual estableció un festival que los judíos celebran hasta hoy. Lo celebran en ese tiempo del año, cada año, dentro de la sinagoga de los judíos. Este día es llamado "la fiesta del Purim." La palabra "purim" es del hebreo "suerte" porque Amán había echado suertes para determinar en qué día él exterminaría a los judíos. Así que ellos tomaron la palabra purim y la usaron para identificar la fiesta. Esta es una fiesta de triunfo, una celebración por el cuidado que Dios les tuvo. Vean lo que dice Ester 9:23-28, "Y los judíos aceptaron hacer, según habían comenzado, lo que les escribió Mardoqueo. [24]Porque Amán hijo de Hamedata agagueo, enemigo de todos los judíos, había ideado contra los judíos un plan para destruirlos, y había echado Pur, que quiere decir suerte, para consumirlos y acabar con ellos. [25]Mas cuando Ester vino a la presencia del rey, él ordenó por carta que el perverso designio que aquél trazó contra los judíos recayera sobre su cabeza; y que colgaran a él y a sus hijos en la horca. [26]Por esto llamaron a estos días Purim, por el nombre Pur. Y debido a las palabras de esta carta, y por lo que ellos vieron sobre esto, y lo que llevó a su conocimiento, [27]los judíos establecieron y tomaron sobre sí, sobre su descendencia y sobre todos los allegados a ellos, que no dejarían de celebrar estos dos días según está escrito tocante a ellos, conforme a su tiempo cada año; [28]y que estos días serían recordados y celebrados por todas las generaciones, familias, provincias y ciudades; que estos días de Purim no dejarían de ser guardados por los judíos, y que su descendencia jamás dejaría de recordarlos." Y ese es este día, una fiesta que consiste en dos días de celebración, regocijo, compartir comida, entrega de regalos, es una fiesta memorial en la que los judíos celebran el hecho de que ellos fueron liberados del exterminio.

Tiempo después de que Amán fue colgado, Mardoqueo y Ester continuaron floreciendo dentro de la casa real del rey Asuero. El rey exaltó a Mardoqueo como el segundo al mando, y continuó amando a su reina. En contra de toda expectativa, Ester, Mardoqueo y los judíos fueron salvados, y no solo salvados sino elevados, elevados al nivel del gobierno. En Ester 10:3 leemos, "Porque Mardoqueo el judío fue el segundo después del rey Asuero, y grande entre los judíos, y estimado por la multitud de sus hermanos, porque procuró el bienestar de su pueblo y habló paz para todo su linaje."

Sorprendente historia hasta este punto, pero llegamos a la conclusión. ¿En dónde vemos a Dios dentro del libro de Ester? Bien, el verdadero héroe de la historia, el verdadero poder detrás de la historia, nunca es mencionado, pero es Dios. Su mano providencial es manifestada en cada pequeño detalle. Su presencia es más poderosa y dominantemente visible aquí que en otra historia con este grado de complejidad dentro de la Escritura, a pesar de que Él nunca es mencionado. Su providencia es vista al filtrar de entre 25 millones de mujeres a una, una judía, elegida para ser reina. Su providencia es demostrada en Mardoqueo, quien estando en el lugar en donde el pudo escuchar el complot y así poder advertir al rey. Su providencia, su poder, su superintendente soberanía pude ser vista en la noche que el rey no pudo dormir y decide leer el registro real y después de todo pudiera ser leído para él, lo que le fue leído tenía que ver con Mardoqueo, leyó que no había sido premiado por su acción. Incluso la agenda de Amán es perfecta dentro de los propósitos de Dios.

La mano invisible de Dios es evidente en todos lados, la vemos en cada detalle. La ausencia de Dios aquí, pienso, es intencional. Es una estrategia ingeniosa usada por el escritor para llevar al lector a pensar profundamente acerca de cómo las circunstancias de la vida son ordenadas con respecto a los propósitos divinos. Estas no son coincidencias, demasiadas coincidencias. Esto es selectivo, aquí vemos un diseñador, a un coordinador, vemos que hay un poder controlador detrás de todo esto. Literalmente Dios ruge como un estruendo por todo el libro de Ester. No hay milagros en el libro de Ester, sino que toda la historia es un milagro de providencia divina. La gente, los lugares, el tiempo, las acciones, esto es más que milagroso. Ni Amán, ni Satanás usando a Amán, podría destruir al pueblo de Dios, no podría poner un fin a las promesas Abrahámicas y Davídicas, a las promesas de preservación de la nación de la que vendría el Mesías prometido y la salvación final para Israel. Nadie, sin importar cuanto ellos intenten para destruir al pueblo de Dios o los propósitos de Dios, puede tener éxito pues el pacto de amor de Dios hacía Israel será cumplido, está siendo cumplido.

Y el mensaje para ti es este, mientras que estás caminando por la vida e intentas asegurarte de que arreglas todos los pequeños detalles de la vida, debes comprender esto: que, por encima de ti, dentro de ti, detrás de ti, hay un arquitecto divino ordenando cada detalle. Y si verdaderamente le perteneces y estás con Él dentro del pacto de su amor, Él está cumpliendo su perfecta voluntad. Puedes estar confiado en esto, puedes confiar completamente en esto.

El Señor continúa sobre su trono. Estos son tiempos de retos, estamos viviendo en días de retos. Puede ser que estés desanimado por la forma en la que las cosas suceden, de hecho, las cosas que suceden en el mundo son caóticas, desconcertantes, problemáticas, perturbadoras, y de cierto modo atemorizantes. Pero no sucede así dentro del Reino, el arquitecto divino está ordenando nuestras vidas, las de aquellos que le pertenecemos y estamos dentro del pacto de amor con Él. Él está ordenando nuestras vidas para su eterna gloria, cada detalle de ellas. Que maravillosa vida tenemos cuando existe esta confianza. Oremos.

Oración final

Padre, estamos muy animados por esta maravillosa historia que hemos estudiado. Estamos tan agradecidos de que tú eres el mismo Dios hoy como lo fuiste en aquellos días. Sabemos que todas las cosas sirven para bien por medio de tu poder, para tú gloria eterna. Esto es para aquellos que te amamos y que somos llamados de acuerdo a tus propósitos. Te agradecemos porque no vivimos en un mundo en el que hay eventos al azar, sino que todos nuestros pasos son ordenados por el Señor. Te agradecemos de que tienes un plan que está funcionando para nosotros en cada detalle, todo encaja dentro de tus propósitos soberanos. Que maravilloso es saber eso, esto esta inexplicablemente llevándonos a la gloria, al cielo. Gracias por esta gran revelación que nos quita todo temor y duda, nos quita todo cuestionamiento en la vida, por lo que vivimos y descansamos en paz y con tu soberana providencia. Oramos en el nombre de Cristo. Amén.

Reflexiones personales

11 de Mayo, 1997

05_La mujer de Proverbios 31

^{10}Mujer virtuosa, ¿quién la hallará?
Porque su estima sobrepasa largamente a la de las piedras preciosas.
^{11}El corazón de su marido está en ella confiado,
Y no carecerá de ganancias.
^{12}Le da ella bien y no mal
Todos los días de su vida.
^{13}Busca lana y lino,
Y con voluntad trabaja con sus manos.
^{14}Es como nave de mercader;
Trae su pan de lejos.
^{15}Se levanta aun de noche
Y da comida a su familia
Y ración a sus criadas.
^{16}Considera la heredad, y la compra,
Y planta viña del fruto de sus manos.
^{17}Ciñe de fuerza sus lomos,
Y esfuerza sus brazos.
^{18}Ve que van bien sus negocios;
Su lámpara no se apaga de noche.
^{19}Aplica su mano al huso,
Y sus manos a la rueca.
^{20}Alarga su mano al pobre,
Y extiende sus manos al menesteroso.
^{21}No tiene temor de la nieve por su familia,
Porque toda su familia está vestida de ropas dobles.
^{22}Ella se hace tapices;
De lino fino y púrpura es su vestido.
^{23}Su marido es conocido en las puertas,
Cuando se sienta con los ancianos de la tierra.

> ^{24}*Hace telas, y vende,*
> *Y da cintas al mercader.*
> ^{25}*Fuerza y honor son su vestidura;*
> *Y se ríe de lo por venir.*
> ^{26}*Abre su boca con sabiduría,*
> *Y la ley de clemencia está en su lengua.*
> ^{27}*Considera los caminos de su casa,*
> *Y no come el pan de balde.*
> ^{28}*Se levantan sus hijos y la llaman bienaventurada;*
> *Y su marido también la alaba:*
> ^{29}*Muchas mujeres hicieron el bien;*
> *Mas tú sobrepasas a todas.*
> ^{30}*Engañosa es la gracia, y vana la hermosura;*
> *La mujer que teme a Jehová, esa será alabada.*
> ^{31}*Dadle del fruto de sus manos,*
> *Y alábenla en las puertas sus hechos.*
>
> *Proverbios 31:10–31*

BOSQUEJO

— Introducción

— Excelente como esposa

— Excelente como ama de casa

— Excelente como vecina

— Excelente como maestra

— Excelente como madre

— Excelente en santidad

— Oración final

Notas personales al bosquejo

SERMÓN

Introducción

Esta mañana vamos a hablar acerca de lo que la Biblia tiene que decir acerca de las madres, y cuál es el patrón que Dios diseñó. Es francamente sorprendente con nuestra sociedad ha cambiad o esto. Es sorprendente como la percepción de nuestra sociedad acerca de la mujer ha cambiado, como el rol de la mujer ha sido cambiado por la sociedad. Si puede ver publicidad de mujeres en revistas y periódicos antiguos, de esos que tienen muchos años, notarás que los mujeres son mostradas meciendo a un bebé, madres cocinando para la familia y usando algún producto en particular, tal vez sentadas contando historias a los niños, o bien cerca de su hogar y realizando una tarea para su amada familia. Es triste pero esto solo puede ser visto en revistas y anuncios antiguos pues en la actualidad pareciere que este tipo de escenas son solo ficción, o bien algo que sucedió en la prehistoria.

Cuando ves a las mujeres en los anuncios de actualidad, las ves vestidas en un atuendo especial para negocios y con un portafolio en la mano al ir caminando por una acera llena de edificios. Otras son mostradas con ropa deportiva haciendo aerobics, o en un traje de baño muy pequeño exponiendo su cuerpo.

¿Qué es lo que nuestra sociedad ve como aquello por lo que debemos exaltar a la mujer en nuestros días? ¿Por qué debe la mujer ser honrada? ¿A qué se parece la excelente mujer moderna? ¿Qué tipo de mujer es ella? ¿Cuál es súper mujer moderna?

Pienso que si pudiéramos escribir una composición esta sería algo así, ella trabaja, construye su carrera, demanda equidad en el pago, rechaza someterse a su marido, demanda equidad de género en todo, tiene un amorío o dos, y un divorcio o dos, hace uso de su independencia, confía en sí misma, no permite que su esposo o sus hijos amenacen sus metas personales, tiene su propia cuenta de banco, contrata a una ayudante para las labores domésticas, come 50% de las veces fuera de casa con su familia o sin ella, hace que el cereal y el café sea el desayuno común en su casa, prefiere usar comida pre-congelada que cocinar por ella misma, busca que su marido haga al menos el 50% del trabajo en casa, está bronceada, hace aerobics, viste a la moda por lo que las compras son su prioridad, se asegura de participar en el concurso de atraer la atención, pone a sus hijos en una guardería, se asegura de que cada uno de sus hijos tenga una TV y CD dentro de su cuarto para que se entretengan y no la molesten...dejando que la sociedad materialista los controle y les de todo tipo de educación inmoral por medio de la TV, ella se aferra a sus ideas y opiniones, le gusta ser escuchada y siempre está deseosa de lograr su realización.

Este es el tipo de mujer que el mundo aplaude. La verdad es que ella no puede permanecer casada, no puede estar feliz y sus hijos se meten en problemas, en ocasiones en drogas y con frecuencia este tipo de hijos se convierten en criminales. La realidad es que ella se encuentra muy lejos de poder ser la mujer excelente que Dios ha llamado a ser.

¿Cómo dice Dios que una mujer, o una madre debe ser? Bien, vayamos al capítulo 31 del libro de Proverbios, esta porción de la escritura que ha sido honrada por siglos y veamos que tiene esta que decir, porque de hecho es la palabra de Dios en donde se nos entrega la revelación de lo que es una mujer excelente.

Cuando hablamos de cómo es que una mujer debe ser, aquí está la información. Ahora entendamos que esto es el ideal, este es el modelo; no describe a una mujer en particular, solo describe lo que sería la mujer ideal.

Hay mucho que decir acerca del libro de Proverbios. Como sabes, el libro de Proverbios es una lista de proverbios o declaraciones de sabiduría popular, y a través del libro de Proverbios hay un interés muy especial en la mujer. Hay una mujer que aparece frecuentemente en el libro de Proverbios y ella es el opuesto de la mujer excelente, ella es una adultera. Ella engaña con sus labios, se olvida del pacto con su marido y seduce a alguien más, la adultera tiene labios que destilan miel, tiene una lengua suave y caza la preciosa vida de su víctima.

No solo encontramos a la adultera sino que también encontramos a la escandalosa, la bulliciosa con al que nadie quiere vivir o bien la que un hombre normal escogería, el proverbio dice: "Mejor es vivir en un rincón del terrado Que con mujer rencillosa en casa espaciosa." Está también la mujer necia, la mujer rebelde, la peleonera y todas estas son puestas ahí en contraste de la mujer virtuosa o esposa excelente de Proverbios 31.

Encontramos en el capítulo 12 verso 4 de Proverbios la siguiente idea, "La mujer virtuosa es corona de su marido; Mas la mala, como carcoma en sus huesos." No hay nada menor que una mujer excelente, y nada peor que lo opuesto.

De hecho, una esposa tiene una enorme habilidad para influenciar al esposo y a la familia. En 1 de Reyes capítulo 21 se dice algo acerca del malvado rey Acab, tal vez el más malvado de todos los reyes en los anales de la historia de Israel. Dice que Acab era tan malvado porque era incitado por su esposa Jezabel.

Hablamos del hecho de que Dios diseñó al hombre para que fuera cabeza de la familia, y esto quiere decir provisión y protección, esto significa liderazgo. Los hombres tenemos esta responsabilidad. Pero los hombres no tienen más que y tal vez no tanta influencia que la mujer.

Acab era el hombre de la casa, incluso era el rey. Era el líder, era fuerte; pero su vida se caracterizaba por la influencia que su esposa ejercía sobre él. Una esposa juega ese rol dentro de la vida de su esposo y dentro de la vida de sus hijos.

Así que contrastando a la mujer adúltera, a la mujer bulliciosa, a la mujer necia, a la mujer rebelde, a la mujer peleonera, a la mujer que incita a su marido a hacer el mal, llegamos al capítulo 31 a la esposa excelente. Y encontramos que aquí se nos da el bosquejo de cómo es esta mujer.

Pero, por cierto, solo para darles un poco de trasfondo. Veamos el verso 1, dice, "Palabras del rey Lemuel; la profecía con que le enseñó su madre." En realidad no sabemos nada acerca del rey Lemuel, pero él tuvo una buena madre Judía. Y junto con el caldo de pollo y todo lo que ella le pudo proveer, ella le dio muy buenos consejos. Esto debido que él era de la realeza, y porque él tomaría la posición de un rey, por esto ella le dijo muchas cosas que él necesitaba saber. Le dijo en el verso 3, "No des a las mujeres tu fuerza." No te involucres en relaciones sexuales con otras mujeres. En otras palabras, no cometas fornicación como si fueras soltero. Guarda tu vida en pureza. No desperdicies tu fuerza con las mujeres. Esta es una de las formas en las que un rey se destruye.

Ella le dio más consejos, como en el verso 4 no bebas; no bebas vino, no bebas vino fuerte porque este nublará tu juicio. Continua con su consejo y le dice en el verso 8, "Abre tu boca por el mudo." En otras palabras, habla por aquellos que no pueden hablar por sí mismos. Por aquellos que son oprimidos, por la gente que no se puede defender a sí misma. Por aquellas personas que son tan pequeñas y tan insignificantes que no tienen una plataforma para defenderse por sí mismos. Defiende su causa, defiende los derechos de los desventurados.

En el verso 9 le dice, "Abre tu boca, juzga con justicia, y defiende la causa del pobre y del menesteroso." Este es un consejo maravilloso de una madre a su hijo. "Permanece alejado del vino, permanece alejado de la inmoralidad sexual, no te apresures a lastimar a la gente, defiende a aquellos que no se pueden defender, ayuda a los oprimidos, da a los necesitados y trata a todos con justicia." Esta es la forma de ser un buen rey. Esta es la forma de ser un hombre grandioso. Y por sobre todo esto, y esto es lo que ocupa todo el largo de su discurso desde el verso 10 y hasta el 31, "Encuentra a una buena esposa." Al comprender las implicaciones de una mala, una bulliciosa, una peleonera, una egoísta, una malvada como Jezabel, y al comprender que su influencia va a estar ligada a él toda su vida, su madre anima a Lemuel a encontrar una esposa excelente.

El tipo de mujer que ella describe es el modelo, la mujer ideal. Ella no tiene precio. "Mujer virtuosa," verso 10, "¿quién la hallará? Porque su estima sobrepasa largamente a la de las piedras preciosas." Y ella continua describiendo a esta mujer de manera física, mental y espiritual. Aquí describe, en todas dimensiones, el carácter de una excelente esposa y madre. Ella describe a esta mujer ideal, este modelo de mujer y lo hace describiendo seis cualidades de su carácter como esposa, su devoción como hogareña, su generosidad como vecina, su influencia como maestra, su efectividad como madre y su excelencia como santa.

Este es en verdad un documento muy importante dentro de la historia judía. Obviamente este es inspirado por Dios, pero inspirado por Dios de una manera única que no es visible para ti, y te diré el porqué de esto. Hay 22 versos desde el 10 y hasta el 31 y aquí encontramos 22 caracteres del alfabeto hebreo. Cada uno de estos versos inicia con el siguiente carácter en secuencia con el orden del alfabeto hebreo, así que inicia con alef, bet, guimel, y así continúa por todo el alfabeto hebreo. La primer letra de cada uno de estos proverbios, cada verso, es la siguiente letra en secuencia. ¿Por qué? Porque de esta manera sería fácil memorizarlo. Este se convirtió en un acróstico que creó una fórmula para una memorización fácil, y para un recordatorio de estas características de tal modo que todo joven judío pudiera ser enseñado por su madre a memorizar Proverbios 31:10–31 y de este modo tener en mente el criterio y poder evaluar en todo momento a una mujer excelente. Desafortunadamente no tenemos ese beneficio en nuestro idioma. Esto sólo era un gran beneficio en hebreo.

De acuerdo con el capítulo 19, verso 14, este tipo de mujer es un regalo de Dios. Así que esto presupone oración, para que uno encuentre a este tipo de mujer. De hecho dice en el verso 10 "¿quién la hallará?" Pero quiero ser justo acerca de esto porque no quiero que pienses que este solo es un problema de hombre, el encontrar a esta mujer. También es un problema encontrar a un buen hombre. Este es solo un momento de igualdad aquí. Recordemos el capítulo 20, verso 6, "Pero hombre de verdad, ¿quién lo hallará?" Así que, caballeros, no seamos arrogantes antes que entender que el mismo problema lo enfrentan ellas. Pero siendo hoy el día de las madres, a ellas les toca hoy.

Es algo común que cuando se hace la selección para casarse, esta elección se hace con los motivos equivocados, apariencia, educación, personalidad, lo que le gusta o no, sus logros, su estilo, en lugar de fijarnos en sus virtudes, carácter, esas cosas que en realidad importan. Esta mujer tiene un valor que sobrepasa al de las piedras preciosas. La palabra en realidad describe a joyas preciosas de todo tipo. Algunas versiones traducen esta palabra como "rubíes," otros como "perlas." Pero "piedras preciosas" es la mejor traducción. Esta es sólo la palabra genérica para referirse a joyas preciosas. El punto es, esta es una muy, muy valiosa mujer, no es fácil de buscar. Entonces en el verso 11 ella comienza a describir a esta mujer.

Excelente como esposa

Primero que nada, su carácter como esposa, así que iniciemos con esto, su carácter como esposa. Verso 11, "El corazón de su marido está en ella confiado, Y no carecerá de ganancias." En el mundo antiguo, tenemos que comprender esto, en el mundo antiguo las cosas eran diferentes, aun en el judaísmo. Las mujeres no eran vistas como lo que Dios había diseñada para ellas, sino que ellas crecían y eran vistas como una segunda clase de ser humano. Y en muchas ocasiones los hombres tenían más respeto por la amistad con otros hombres, al grado que sus esposas solo eran sus sirvientas. Y en algunos casos incluso no tenían devoción por la intimidad con ellas, en su lugar tenían concubinas para sus relaciones íntimas. Así que las esposas eran mantenidas a distancia y con mucha frecuencia tratadas como sirvientas. Consecuentemente no había una devoción por su relación entre dos y no existía la confianza de pareja. Leemos en algunos documentos antiguos que era algo común en los maridos que viajaban el encerrar sus bienes preciados con objeto de que sus esposas no los tomaran.

Espero que este no sea el caso dentro de tu hogar. Pero una de las primeras cosas que leemos en todo este pasaje es que el esposo no tiene que encerar nada porque él confía en su esposa. Y la confianza está bien fundada porque ella no va a hacer nada para dañar lo que sabe que es de su propiedad. Pienso que un equivalente a nuestros días sería, "¿estás dispuesto a permitir que tu esposa se haga cargo de todo el dinero mientras que tú tienes que ausentarte dos semanas por causas de trabajo? ¿O francamente, no tienes esta opción? Dejar todo lo que son las finanzas de la casa con la plena seguridad de que ella no hará nada, nada que pueda ocasionar perdida o daño a la familia, esto es tener confianza total en ella, saber que ella nunca representará una amenaza para todo lo que se ha ganado para el soporte de la casa, de la familia. Esto es de lo que estamos hablando. Esto es hablar acerca del hecho de que existe una relación muy íntima basada en la confianza. El esposo puede ir a trabajar, se puede ir lejos, puede hacer todo lo que tenga que hacer en la absoluta confianza que tiene a su esposa, confía en su integridad, en su sabiduría y discreción para el uso de sus riquezas y el cuidado de sus intereses. Sabe que ella se preocupa por que él este confiado. Sabe que puede descansar en ella; él se va confiado porque sabe que todo lo que tiene está seguro con ella, porque ella se preocupa por él y él lo sabe. Para ellos el amor significa que ella nunca hará nada que le cause tristeza, sufrimiento, dolor o aflicción. Él no es suspicaz, no se preocupa, no es celoso porque ella es de absoluta confianza. Este es un gran cimiento para un matrimonio.

Nunca será despojado. Él nunca tendrá que convertirse en algún tipo de soldado que tiene que ir a recuperar lo que ella perdió. Nunca tendrá que engañar para ganar un poco más para compensar lo que ella ha perdido.

Nunca será tentado a robar o a falsificar alguna cuenta en algún lugar para tener que regresar lo que ella ha gastado sin pensar en las consecuencias.

Y por cierto, esto indica, y pienso que es algo importante de mencionar, que ella está a cargo de todos los asuntos del hogar. Ella está a cargo de usar y administrar los recursos dentro del hogar. Él se puede entregar a su trabajo sabiendo que ella será una buena administradora de todo eso. Esta es la parte de *oikodespotes* cuando en 1 Timoteo 5:14 dice que ella debe ser quien gobierne su casa, o en Tito capítulo 2, "cuidadosas de su casa." Y parte de esto es el cuidado de esos recursos que el esposo sale a ganar para proveerla. Ella le ayuda a que haya ganancia, no perdida. Ella tiene suficiente porque ella está entregada al cuidado de sus ganancias porque lo ama, porque se preocupa por él, porque ella busca su bien. Y esto es lo que viene en el verso 12, "Le da ella bien y no mal todos los días de su vida."

La mujer judía dice a su hijo, tú quieres una mujer que siempre te tenga como el principal interés de su corazón, quien siempre busque edificarte, quien tenga como deseo que seas el mejor hombre que puedas ser en todas tus áreas. Ella entrega todos los días de su vida para el bienestar de su esposo; tiempos buenos, tiempos malos, tiempos de plenitud, tiempos de escasez, tiempos de tristeza, tiempos de felicidad, tiempos de enfermedad, tiempos de alegría, su amor siempre está buscando el éxito de su marido. Ella se preocupa por los más altos principios espirituales y nunca fluctúa. Ella busca lo mejor y lo más noble para el hombre que es su esposo. Ella lo sirve como Sara servía a Abraham, de acuerdo a 1 Pedro 3:6, y lo llama señor. Está dedicada a él, revela su virtud por medio de un servicio consistente con su nombre. Su amor es tan profundo, tiene una pureza, un poder y una devoción que nunca cambian. Durante toda su vida su deleite y gozo son el éxito, comodidad y reputación de él. Vivir para él es su felicidad constante.

Y una nota al pie en este punto. Esto significa que cuando sea necesario, ya que ella desea que él sea lo mejor de lo mejor, ella confrontará su pecado y sus debilidades. Y amorosamente ella será como una conciencia, ella será necesariamente la voz de Dios, nunca será hostil, siempre sumisa, pero deseosa de que él camine con Dios. Ella se preocupa por confrontar su pecado y sus fallas. Esto es parte de desear que él sea todo lo que puede ser. Esto, por cierto, es la esencia de lo que dice Tito 2:4 cuando dice a las mujeres jóvenes que amen a sus maridos, esto es lo que significa. No significa que anda encima de él como cacatúa. No significa que anda emocional con él. Quiere decir que cuando amas a alguien buscas lo que más le conviene. Buscas que él sea el tipo de hombre que Dios quiere que sea, que sea todo lo que pueda ser espiritualmente, tanto como pueda ser profesionalmente en todas las formas. Buscará que sea el mejor padre, el mejor amigo, el mejor hijo, el mejor trabajador, todo lo mejor que pueda ser.

De este modo esta mujer promueve el respeto hacia su marido. Vayamos al verso 23, "Su marido es conocido en las puertas, Cuando se sienta con los ancianos de la tierra." El punto es, él es conocido como su marido y su reputación es conocida a todo lo largo y ancho de su comunidad. Él es conocido por todos. Lo que sucedió fue, dentro de las puertas de las ciudades antiguas había un tipo de área como plataforma, o como un patio, donde los ancianos de la ciudad se juntaban todos los días, y ellos tratarían los asuntos que sucedieron en la ciudad durante el día, había disputas, era como un tipo de corte publica en donde se escuchaban cuestiones acerca de todas las negociaciones del día y se despachaban. Los ancianos de la ciudad, los hombres maduros de la ciudad, se sentaban en un lugar y llevaban a cabo juicios.

El punto es que este hombre tiene amplia reputación entre los líderes de la ciudad. Es un tipo de reputación que está construida básicamente por su esposa. Ella es tan fiel a los deberes de su amor a él, que él es libre de ser el hombre que debe ser, lo que le desarrolla una gran reputación. Esta reputación está enmarcada por ella, ya que ella está haciendo todo para hacer que haga todo lo que debe hacer. Ella está contribuyendo a su desarrollo espiritual. Ella está contribuyendo a la claridad con la que él ve los asuntos de la vida. Ella le concede la sabiduría que obtiene del conocimiento de Dios, y del conocimiento que ella tiene de la palabra de Dios. Ella le es útil. Ella se preocupa por las cosas tras bambalinas de modo que él es libre de ser todo lo que Dios quiere que él sea y todo lo que debe ser para beneficio de la comunidad. De modo que él es conocido como un hombre de gran nobleza y de grande respeto debido a las contribuciones que ella ha hecho desinteresadamente para él. Y también puedes estar seguro de que ella ha hecho todo lo que puede, ya sea verbalmente para construir la reputación de él y nunca ha hecho algo para desacreditarlo. Ella sabe que no gana nada al desacreditar la reputación de su marido, no gana absolutamente nada. Si la gente pierde el respeta hacia él, ella sabe que el respeto hacia ella ha disminuido también, primero que nada porque ella habla mal de su marido y segundo porque él elige a la persona inadecuada para convertirse en lo mejor que él puede ser. No tuvo la ayuda correcta.

Esta mujer tiene carácter como esposa, tanto carácter que su esposo confía completamente en ella para el cuidadoso manejo de todo lo que es preciado e importante para la familia, tanto que ella le hace bien y no mal todos los días de su vida, haciendo que él sea todo lo que puede ser de tal modo que su reputación es impecable ante la comunidad. Este es su carácter como esposa.

Excelente como ama de casa

Segundo, su devoción a la edificación de su casa. Y esto es en realidad lo que toma la mayor parte del pasaje, su devoción a ser quien edifica su casa.

Esto es remarcable. Inmediatamente en el verso 13, es una transición interesante, "Busca lana y lino, Y con voluntad trabaja con sus manos." Vivian Gornek, posiblemente no sabes quién es ella, pero ella enseña feminismo en la universidad de Illinois, dice que "ser un ama de casa es una profesión ilegitima." Yo siempre pensé que ser una prostituta es una profesión ilegitima, pero parece que en nuestros días ser un ama de casa es considerado como una profesión ilegitima. Francamente, el más cruel y el mayor acoso sexual que está ocurriendo en nuestros días, es el acoso sexual hecho por feministas y todos sus aliados gubernamentales que están en contra del rol de la madre y el rol de la esposa dependiente. Este es verdaderamente un acoso sexual que tiene resultados devastadores.

Contrariamente, dentro de orden de Dios, esta mujer esta entregada a su hogar. Ella es la que gobierna su casa. Ella maneja el hogar. Y su entrega es remarcable, verdaderamente remarcable. El verso 13 nos dice que ella está involucrada en hacer lana y lino. Pienso que es importante notar la transición entre el 12 y el 13; el verso 12 es un verso muy espiritual. Ella ha sido la conciencia de su marido, ella le hace bien y nunca mal. Todos los días de su vida ella está entregada para que él sea todo lo que él puede ser. Busca beneficios espirituales para él, bendiciones espirituales. Ella desea confortarlo, animarlo y fortalecerlo. Y a pesar de esto la sumisión y sus virtudes piadosas no la hacen sentirse como una reclusa espiritual, no la hacen un tipo de fanática religiosa que supone que la irresponsabilidad y la holgazanería es profundamente espiritual al tiempo que elude los deberes de la casa. No se dispone a ser el teólogo residente ocupando su tiempo solo en estudio. Inmediatamente después del liderazgo espiritual del verso 12 la encontramos usando sus manos en el verso 13. No hay lugar en su vida por la auto indulgencia, no hay lugar para la pereza, no hay lugar para la inactividad. Ella está llena de energía para los deberes de la casa. Lo que sea que la casa requiera, eso es lo que ella hace.

Ella busca lana y lino. ¿Por qué? Porque ella quiere. Compra el producto en bruto, la lana y el lino, y luego lo prepara para hacer hilos y finalmente lo trabaja en el telar. Y ahí lo convierte en telas, y después lo corta para hacer ropas con ello. ¿Lana? A causa del invierno, el frio era intenso en invierno. ¿Lino? Debido a la época de calor. El lino era usado en el verano y la lana en el invierno. La aguja y la rueca servían a la familia y ella trabajaba con sus manos con gozo. No hay quejas por esto, no se molesta. Ella encuentra gozo en lo que hace. ¿Por qué? Porque ella ama a la gente por la que hace esto. Es su amor lo que la impulsa. La versión siriaca de esto dice que sus manos están activas motivadas con el placer de su corazón.

Para ella no son tareas duras, no son algo por lo que deba quejarse. No es algo que haga por la fuerza porque ella ama a la gente que sirve. Ama su trabajo porque ama a su familia, ama a su marido. El valor está conectado con aquello para quienes lo hace. Debido a tan profunda devoción por su marido y por sus hijos, ella voluntariamente se niega a sí misma y realiza las labores más insignificantes con una gran cantidad de placer porque ella entiende que son producto de su profundo amor dentro de su familia.

Verso 14, "Es como nave de mercader; Trae su pan de lejos." Algunos de ustedes estarán diciendo, "esta es mi esposa, ella encuentra la forma de manejar 30 millas para obtener el mejor precio en jugo de naranja y gasta más en gasolina de lo que en realidad ahorra." Bueno piensa que al menos ella lo intenta. Ahora entendemos el beneficio de ser limitado o sencillo siendo cuidadosos. Pero en aquellos días la idea era que tenías que caminar y caminar para obtener lo necesario. Ella camina largas distancias para obtener algo que su familia va a disfrutar. No nos dice que el precio sea el asunto, pero lo podemos asumir. Es como nave de mercader. Lo que quiero decir es que no dice que ella es como alguien que se va en viajes cortos. Ella es como un barco, hace un viaje para obtener comida que se encuentra distante, y ella tiene que caminar mucho para obtenerla. Pero debido al deleite que ella tiene en proveer esto a su familia, ella hace esto con muchas ganas. Ella encuentra plena satisfacción en el gozo de servirlos recorriendo estas grandes distancias para el beneficio de ellos, ciertamente por el mejor precio y así dar un mayor beneficio para su familia.

Ella está interesada, como podemos ver, en la buena planeación, en la administración cuidadosa, y ella no es lo hace de manera simplista, no solo da pan y agua, hay cosas que añade para hacerlo rico y disfrutable, aun si ella tiene que viajar lejos para obtenerlo.

El verso 15 dice más acerca de su devoción como ama de casa. "Se levanta aun de noche, Y da comida a su familia, Y ración a sus criadas." Esto es, se levanta aún antes del amanecer. "Una luz siempre está brillando." En los tiempos antiguos en el medio oriente, como una tarea de la mujer, ella tenía que estar añadiendo un poco de aceite a la media noche, y se tenía que levantar antes del amanecer para asegurarse que el aceite no se hubiera consumido, así hacía ella. Después de la media noche, preparaba su lámpara y se levantaba muy de mañana para moler el grano para las comidas del siguiente día, o bien preparaba lo que tuviera que preparar para su marido y sus hijos y para el resto de las personas que vivían en su casa. Su casa es más importante que su confort, está por encima de su propio descanso. Ella se levanta antes que su marido y que sus hijos de tal manera que le pueda proveer de comida a toda su casa.

Y dice, verso 15,… "Y porción a sus criadas." Esta es una frase muy interesante; la palabra "porción," algunos dirán que tiene que ver con comida, que ella es fuente de alimentación para sus criadas, pero la realidad es que ella tiene a jovencitas que trabajan para ella, por lo que esto es parte de una ilustración más grande. Recuerden que esta es una madre que está hablando a su hijo quien va a ser un rey. Así que aquí hay servidumbre; pero a pesar de que esta mujer va a ser la reina ella no es indolente o floja, trabaja mucho. Y la palabra "porción" en la Septuaginta es descrita con la palabra griega *erga* la cual significa trabajo o labor. Así que lo que significa es que ella esta levantada desde temprano asignando las labores a todas sus criadas para que ellas realicen las labores del día. Literalmente se levanta y planea todo el día de actividades, prepara la comida para el día, asigna las labores para todas las criadas quienes están ahí para asistirla. En realidad todo lo que ella hace, lo hace para administrar su casa.

Ella también es una empresaria. Veamos el verso 16, "Considera la heredad, y la compra." Noten esto, ella sabe que la heredad está en venta y lo considera. Ella considera el precio, el valor de este campo y el beneficio que este le puede traer a la familia. Entonces ella decide que es algo apropiado para hacer. Debemos enfatizar la independencia que esto muestra. Ella lo considera, piensa acerca del negocio y ella misma realiza la compra.

Puedes decir, "un momento, pero ¿de dónde obtiene ella el dinero?" "¿No simplemente lo toma de la cuenta de su esposo?" No. Ella es una mujer empresaria. Se nos dice en el verso 16 que ella obtiene ganancias, lo que nos dice que lo compra con sus propios ingresos; sus ingresos son suficientes para comprarlo y para plantar una viña en él, todo con el fruto de sus manos. Ella decidió que este era un gran terreno para plantar ahí uvas y que esto será de beneficio para la familia. Así que ella toma sus ganancias.

¿De dónde obtuvo ella esta pequeña cantidad de dinero? Bueno, ella está manejando su pequeña empresa. Vayamos al verso 24; ella es una mujer empresaria, de acuerdo al verso 24, ella está haciendo telas y las vende e incluso provee de cintas al mercader. Podemos decir que ella posee una pequeña industria de algodón. Esto me encanta, la gente dice, "Bueno, una mujer debe ser creativa, ¿no? ¿Y, qué acerca de sus talentos? ¿No los debe poner a trabajar? Si, ella se encuentra en el lugar correcto. La palabra de Dios la describe justo en la casa siendo lo suficientemente empresarial como para estar haciendo esto, ciertamente lo más probable es que la asistan sus criadas, que ellas se encuentren a su lado, que ellas estén vendiendo al mercader todo esto para que las exporte a todo el mundo. Así que ella tiene su propio negocio de exportaciones en plena operación, hasta trabaja con los mercaderes que exportan sus mercancías. Y del dinero que ella ha ganado en esta empresa, ella ha empezado a ahorrar, a ahorrar y a ahorrar, nunca lo malgasta o es indulgente consigo misma, siempre tiene como prioridad asegurar el dinero para que en el futuro sea una bendición para toda la familia. Ella finalmente llega a la conclusión de que tiene lo suficiente, el campo está en venta, y ella piensa que es la mejor inversión. Compra el campo, le planta una viña y todos salen beneficiados. Ella es una mujer que hace inversiones sabias.

Es maravilloso cuando una mujer es emprendedora y si ella tiene el tiempo, la inclinación, los talentos, las habilidades para hacer cosas dentro de su casa que pueden beneficiar a la familia, esto es una cosa maravillosa. Lo triste es cuando una mujer decide que ella debe tener una carrera a expensas de la familia, a expensas de sus hijos, a expensas de su marido y de su casa.

El verso 17 nos dice un poco más acerca de esta mujer, "Ciñe de fuerza sus lomos, Y esfuerza sus brazos." Esto no quiere decir que fue al gimnasio, quiero que esto quede claro, ciñe de fuerza sus lomos y esfuerza sus brazos, solo quiere decir que ella no es una mujer suavecita, ella es una mujer fuerte. Y lo que la ha hecho fuerte, y no estamos hablando solo de sus músculos, ella se ha hecho fuerte como resultado de su esfuerzo, como resultado de la fuerza que ha ejercido en sus diarias tareas, su trabajo la ha hecho fuerte. Esta es la razón por la que ella puede hacer tanto. Su constitución física es fuerte y sus brazos son fuertes, al grado que como dice en el verso 19 ella aplica sus manos a la rueca, "Aplica su mano al huso, Y sus manos a la rueca." Ella puede hacer este trabajo manual, puede trabajar con sus manos, y lo hace como dice el verso 13, con gozo. El verso 24 dice que ella puede hacer esas telas. La palabra telas hace referencia a cualquier tipo de ropa para vestir. Literalmente hace ropa, no solo la tela, sino desde la tela hasta la ropa. Y ella, como dice en el verso 22, su vestido es de lino fino y púrpura. Esta es una mujer que es una mujer fuerte.

Entonces en el verso 18, "Ve que van bien sus negocios; Su lámpara no se apaga de noche." Lo que esto quiere decir es que ve su ganancia como buena, que todo su esfuerzo está produciendo bienes a la familia. Ella ve que lo que ella hace es benéfico para todos y ella vive para ellos. Ella se motiva al ver la bondad de su esfuerzo, los beneficios de todos los que están a su derredor. Ella demuestra su valía no por medio de sus propios logros, no por su auto indulgencia, ella demuestra su valía por medio de los beneficios que está proveyendo en las vidas de todos aquellos a quienes ama. La familia no está organizada de tal manera que todos tienen que atenderla, sino que ella se encuentra comprometida a darse a sí misma para beneficio de todos los demás. Y para lograr todo esto en su corazón, su lámpara no se apaga de noche.

Esto es remarcable. Ella encuentra trabajo aun en las horas de oscuridad. Y si piensas en aquellos tiempos sin luz eléctrica, su trabajo debe ser duro pues sigue cociendo sus telas aún en las horas oscuras, solo usa una lámpara de aceite. Sería muy difícil permanecer caliente en las noches de invierno porque la única forma en la que se podían calentar en esa época era con una estufa dentro de la habitación, ellos tenían que estar alimentando de leña toda la noche esta estufa que se encontraba justo en medio de la habitación. Pero ella está tan entregada a las necesidades de su familia que ella está despierta hasta tarde en medio de la oscuridad haciendo todo lo que se debe hacer, duerme en la noche y se levanta temprano para preparar las actividades del día. Solo está motivada porque ve los beneficios que ella provee, motivada porque sabe que esto lo disfruta toda la familia. Ella hace esto como dicen las palabras del Nuevo Testamento, "De corazón para el Señor."

El verso 19, habla del huso y la rueca los cuales eran implementos para hacer telas las cuales, desde luego, primero se hacía el hilo y este se llevaba al telar para tejerlo. Finalmente se obtenía la tela con la cual se elaboraban ropas y otras cosas que ella produce.

Verso 21, "No tiene temor de la nieve por su familia, porque toda su familia está vestida de ropas dobles." No le teme a la nieve. ¿Acaso nieva en Jerusalén? ¿Cae nieve en Israel? Con toda seguridad. Si vivieras en Israel sabrías que cae nieve todos los inviernos, y aun cuando no llega a caer, el frio es muy duro en Jerusalén. De hecho, como una nota al pie, sabes que estoy hablando de la historia de 2 Samuel 23:20 en donde se hace referencia a un día nevado, "Después, Benaía hijo de Joiada, hijo de un varón esforzado, grande en proezas, de Cabseel. Este mató a dos leones de Moab; y él mismo descendió y mató a un león en medio de un foso cuando estaba *nevando*." Ahora sabes que hay días nevados en Israel.

En otra versión en lugar de decir que su familia está vestida de *ropas dobles*, dice que los de su casa llevan *ropas escarlata* (LBLA). Esto nos habla de que no sólo provee ropa para los días de nieve, no solo ropa de lana, es interesante que sean escarlata según LBLA, esto es un rojo profundo. ¿Por qué? Bueno, las ropas de lana que son rojo profundo tienen este color para retener el calor. Todos nosotros entendemos que las ropas oscuras retienen el calor mientras que las ropas blancas lo reflectan. No solo son ropas color intenso oscuro, negras; ella hace que se vean hermosos con este profundo color rojo buganvilias, que era el tipo de rojo de la época. Estas ropas serían de gran importancia en el invierno. Como dije, todo lo que se tenía era una especie de estufa portátil al cual se le ponía leña o carbón para calentar la habitación, y con toda seguridad la gente de la familia usaría esta ropa de lana, no solo durante el día sino que también durante la noche cuando se sentaban en la casa y cuando se iban a dormir. Este tipo de ropas era digna, era hermosa, por lo que vemos que no solo de preocupaba por lo básico, sino que también se preocupaba por que su familia tuviera un aspecto agradable y ellos se sintieran cómodos.

En el verso 22 vemos que ella hace vestidos para ella también. "De lino fino y púrpura es su vestido." ¿Qué quiere decir que ella se hace tapices? (RV60) Esto puede hacer referencia a un abrigo, un manto, una túnica, algún tipo de vestimenta exterior. También se puede referir a almohadas, sabanas, o cubiertas para la cama. Ella hace cosas para cubrirse ella misma. La implicación es que ella hace que su cama se vea hermosa. Como dato, en capítulos anteriores de Proverbios la prostituta hizo esto para seducir al hombre. Aquí la mujer virtuosa está haciendo que su cama sea un lugar de amor y confort. Ella adorna las camas de su casa para ella, para su familia, para tener confort y belleza. Y también sus ropas son de lino fino y púrpura.

Y cuando llegamos a este punto de la descripción podríamos pensar que esta mujer debe lucir muy mal, debe lucir demacrada. Esta mujer no duerme sus horas completas, se va a dormir a altas horas de la noche, se levanta muy de mañana, va al pueblo para mercar y comprar lo necesario, y cuando llega a su casa trabaja con el huso y la rueca; esta mujer debe tener las manos sucias, los brazos cansados, y su cabello debe lucir desalineado. ¿A qué hora se va a dedicar a sí misma? Es probable que su marido llegue a casa y le diga, "todo esto es perfecto, pero mi vida podrías hacer algo con tu arreglo personal."

Pero no. Esta mujer tiene aprecio por la belleza que Dios le ha dado a ella. Ella aprecia el hecho de que su marido se regocija en esa belleza, y de que disfruta esa belleza. Por lo que ella es muy cuidadosa y se asegura que su ropa no sea solo lino, sino lino fino, y no cualquier tipo de ropa o de color, la hace púrpura que es el color que siempre se asociaba con la elegancia. Esta mujer sabe cómo cuidar de ella misma de tal modo que expresa su belleza y su amor hacia su esposo. Noten como hace muchas actividades y a pesar de ello tiene tiempo para agraciarse a sí misma. Esto es muy importante mujeres, quiere decir que de vez en cuando les toca pasar por la tienda a comprarse algo bonito, ¿comprenden? Sus hombres lo agradecen. Esta mujer ha entendido qué tan importante es su apariencia, su belleza en el mejor sentido porque su corazón tiene la motivación correcta. Bueno es mejor que no diga más para no meterme en algún problema con mis palabras.

Vayamos al verso 24 en donde se nos dice más acerca de cómo está involucrada en sus empresas como toda un ama de casa, trabaja desde su casa. Ella hace estas ropas de lino y las vende, y también suple de cintas al mercader. La palabra en hebreo para "mercader" es muy interesante. Es la palabra *kanaanites* y se refiere a los fenicios quienes eran marinos mercantes en el antiguo Medio Oriente. Lo que ella está haciendo son ropas, las vende a los marinos quienes son mercaderes al ir llevando sus barcos a las costas de Palestina y distribuyendo sus bienes por todo el Mar Mediterráneo. Podemos decir que tiene un negocio de exportaciones. Cintas, son cinturones de tela, algo como fajas, una banda para la cintura. Puedes ver ilustraciones de tiempos bíblicos en las que usan largas túnicas y siempre son usadas con una especie de cinturón o faja pues este era el medio para mantener todo unido al cuerpo.

Excelente como vecina

Esta es una mujer maravillosa, su carácter como esposa es singular, su devoción como ama de casa es ejemplar. Y tercero, su generosidad como vecina, su generosidad como vecina. El verso 20 dice, "Alarga su mano al pobre, y extiende sus manos al menesteroso." No es que ellos vengan a ella, es que ella va a ellos. ¿No es esto grandioso? Ella demuestra no solo una especial devoción a su hogar, sino que muestra compasión hacia aquellos que no son suficientemente afortunados para ser parte de su hogar. Ella demuestra compasión a los pobres y a los desafortunados que tienen necesidades. Cuando dice que ella alarga su mano al pobre, esto quiere decir que ella se involucra en sus vidas, ella les provee lo que necesitan, tal vez sea comida, tal vez sea dinero, tal vez sea una capa. Ella extiende sus manos a los necesitados, no solo toca a aquellos que están cerca de ella, sino que va a aquellos que tienen necesidad. Su generosidad como vecina es vista, y lo que menos demuestra es ser una mujer egoísta.

Excelente como maestra

Cuarto, su influencia como maestra. Esto es realmente remarcable y le coloca un estándar muy alto. El verso 25 dice, "fuerza y honor son su vestidura; y se ríe de lo por venir." Y comienzo aquí aun cuando no está hablando de enseñanza porque el verso 25 es la plataforma para su enseñanza. Ella se muestra vestida en el verso 25 con un carácter espiritual, ella tiene fortaleza espiritual y honor.

¿Qué significa honor? Este se refiere al hecho de que ella está por encima de las cosas comunes. Esta más allá de cosas triviales. Su vida no es acerca de cosas que no importan. Ella tiene verdadera clase, verdadera virtud. Tiene un carácter piadoso. Es espiritualmente fuerte y se ha elevado a si misma a las cosas nobles, que verdaderamente importan. Tiene el poder de lo que es el verdadero carácter y este es expresado en el hecho que ella sonríe al futuro. Ella no tiene temor, ¿por qué? Porque ella conoce que su vida es recta delante de Dios y que esto le asegura bendiciones en su futuro.

Ustedes no debieran temer al futuro. No se debieran preocupar acerca del futuro. Si su vida es recta delante de Dios la promesa de Dios es bendición continua, ¿verdad? Ella sabe en quien confía. Sabe que su vida es correcta, que ella es pura, y por lo tanto ella se puede deleitar en el futuro que le espera. Aquellos que temen al futuro son los que tienen culpas en el presente. Si estás sobrecargado con el peso de tu propio pecado e infidelidad, tiene mucha razón en temer al futuro porque la Biblia promete que serás escarmentado, el pecado demanda juicio antes de que llegue la bendición. Esta mujer, debido a la real virtud de su vida, puede sonreír al futuro y sabe que la promesa de Dios es bendición.

Así que basada en su fortaleza espiritual, basada en la virtud y habiendo elevado sus pensamientos por encima de las cosas comunes, cosas triviales...entonces llegamos al verso 26, "Abre su boca con sabiduría... y esto es maravilloso...y la ley de clemencia está en su lengua." Ella abre su boca, y lo hace con sabiduría y esa sabiduría llega con bondad. Guía a su familia diariamente, incluyendo a su marido, con palabras de sabiduría que provienen de la ley de Dios. Proverbios 1:8 le dice a un hombre joven que siga la dirección de su madre. No da una clase formal, hay otro lugar en el que las mujeres enseñan mujeres, hay otro en el que enseñan a los niños y entendemos esto; las mujeres solo están limitadas para enseñar dentro de la iglesia, como lo podemos leer en 1 Timoteo 2. Las mujeres tienen clases que más que formales son informales, esto es dentro de su hogar. Este es un salón de clases continuo. Este provee un flujo continuo de información, al iniciar el día, al transcurrir el día, al finalizar el día, ella es una maestra todo el tiempo. Y todo lo que sale de su boca, de acuerdo con lo que dice el verso 26, la ley de clemencia está en su lengua, literalmente la Torá de clemencia está en su boca, la ley de Dios, la ley de clemencia. Clemencia, ¿qué es eso? Esta es la magnífica palabra del Antiguo Testamento en hebreo *chesed*, que se traduce como "clemencia" en RV. Misericordia podría ser también. Sin embargo la mejor traducción pudiera ser gracia. Así que ella enseña la ley, la ley de Dios a su familia con gracia. Con agrado, con bondad, su lengua está controlada porque ella habla con gracia. Y detrás de la enseñanza de la ley se encuentra la misericordia y la compasión con buena disposición. Esta es la excelente y noble mujer virtuosa.

Excelente como madre

Quinto, la hemos visto como esposa, como ama de casa, como vecina y como maestra, y quinto como madre, su bendición como madre...su bendición como madre. Dice el verso 27, "Considera los caminos de su casa, y no come el pan de balde." Debido a esa devoción a su hogar, y debido a que ella no es perezosa sino que da su vida por ellos, el verso 28 dice, "se levantan sus hijos y la llaman bienaventurada; y su marido también la alaba: 'muchas mujeres hicieron el bien; mas tú sobrepasas a todas.'" Esta es su recompensa; recibe su recompensa.

De acuerdo al verso 27 ella lleva a cabo un cuidado continuo sobre todo. Ella maneja a los hijos, controla la casa, no es perezosa, no come el producto de su pereza sino el pan de duro trabajo de amor. Y es entonces cuando la verdadera satisfacción llega a ella, le llega de las personas que ha bendecido y ahora ellos la alaban. Ellos la reverencian literalmente. Ella les ha dado todo a ellos ¿y qué es lo que obtiene? Ellos se levantan y la bendicen y la alaban. La honran, la sostienen en alta estima. Y aun su marido lo hace porque ella ha hecho a un lado su confort personal para darle confort a él, ella recibe de él la bendición suprema después de todos los años de vida, él la ama más de lo que la ha amado porque ahora entiende él como el carácter de ella mejor de lo que lo ha entendido antes.

Es tan obvio que cuando te casas al principio, hay muchos atractivos químicos, atractivos sociales, y algunas otras cosas más que hacen que una pareja se una. Pero no tienes una vida de carácter por medio de la cual conozcas a tu pareja. No puede ser que en algún punto de la vida de casados inicias diciendo, "bueno, siento que ya no te amo más, esto no va a funcionar, quiero salir de esta relación." Lo que debe suceder es que conforme avanza la relación del matrimonio este es más noble, más maravilloso, entre más años pasan esa mujer se convierte en algo más excelente, y entonces tú dices con mucho más gusto, "no te cambiaría por nadie en el mundo." Esta es la manera en la que debe de ser. Conforme envejece, y sus hijos crecen, ellos la aprecian más y más, y también su marido, todo esto por su sacrificio, ellos se levantarán y la llamarán bienaventurada. Ellos la alabarán y él dirá de ella, "Muchas mujeres hicieron el bien, he conocido a muchas mujeres, incluso muchas muy bonitas, pero no te cambiaría por ninguna de ellas.

Conforme ella envejece sus hijos crecen, ellos tienen sus propios hijos y entonces ellos se atreven a criarlos tomando el ejemplo de ella; el ejemplo de cómo ella los educó. Ella está presente en sus mentes todo el tiempo, recuerdan su tierna guía, su consejo sabio, su disciplina amorosa, su ejemplo santo, su trabajo duro, su forma de dar sin egoísmo, todas estas cosas nunca dejan de llenar los recuerdos de sus hijos, y es por esto que ellos inician llenando las mentes de sus hijos de recuerdos similares. Y esta es la manera en la que la rectitud, el buen juicio, la gracia, son pasados de generación en generación. Y permíteme decirte, ninguna mujer que sale a trabajar todo el tiempo y descuida a su hogar puede tener este tipo de influencia.

Excelente en santidad

Ella es excelente como esposa, como ama de casa, como vecina, como maestra y finalmente, ella es excelente en su santidad, versos 30 y 31. "Engañosa es la gracia, y vana la hermosura; la mujer que teme a Jehová, esa será alabada." Simple, la apariencia sobrepasa lo superficial, gracia en hebreo significa gracia externa, esto habla acerca de su aspecto. La belleza tiene que ver con su rostro. Esto es engañoso, todos pueden tener apariencia de bondad y en realidad estar escondiendo a un corazón perverso. Pero la mujer que teme a Jehová, esa será alabada.

Así que la madre de Lemuel dice, "encuentra a una mujer que tema al Señor. Ahí se encuentra el principio de la sabiduría. Ella será alabada. Dadle del fruto de sus manos, y alábenla en las puertas sus hechos." ¿Cuáles son los productos de sus manos? Todo lo bueno que ha hecho a otros, ahora esto regresará a ella. Todo su sacrificio será suyo el resto de su vida. Ella será famosa por ser una mujer piadosa, esta es su recompensa.

Bien, aquí está el espejo, veamos esto y hagamos un análisis de cómo nos vemos comparados con esto.

Oración final

Padre, te agradecemos por este gran pasaje de la Escritura. Solo hemos tocado la superficie de este. Señor, oramos por todas la mujeres que tienen amor por Cristo, que tienen el deseo de honrarte, que son sumisas a la palabra de Dios, confiamos, Señor, que Tú las guiaras para que sean las mujeres que este capítulo de la Escritura describe, para que ellas puedan criar a una generación de hijos que sobrepasen su virtud, para que ellas puedan conocer la riqueza, la rica recompensa que llega cuando los hijos y el esposo la alaban.

Gracias Señor por la gracia y la fortaleza que nos da tu Espíritu para que seamos lo que Tú quieres que seamos, en nombre de Cristo. Amén.

REFLEXIONES PERSONALES

21 de Marzo, 1999

06_María y Elisabet: Confirmando la profecía angelical

³⁹En aquellos días, levantándose María, fue de prisa a la montaña, a una ciudad de Judá; ⁴⁰y entró en casa de Zacarías, y saludó a Elisabet. ⁴¹Y aconteció que cuando oyó Elisabet la salutación de María, la criatura saltó en su vientre; y Elisabet fue llena del Espíritu Santo, ⁴²y exclamó a gran voz, y dijo: Bendita tú entre las mujeres, y bendito el fruto de tu vientre. ⁴³¿Por qué se me concede esto a mí, que la madre de mi Señor venga a mí? ⁴⁴Porque tan pronto como llegó la voz de tu salutación a mis oídos, la criatura saltó de alegría en mi vientre. ⁴⁵Y bienaventurada la que creyó, porque se cumplirá lo que le fue dicho de parte del Señor.

Lucas 1:39–45

BOSQUEJO

— Introducción

— La confirmación personal

— La confirmación física

— La confirmación profética

— Oración final

Notas personales al bosquejo

SERMÓN

Introducción

Lucas 1, este es un gran capítulo que lanza la historia del Cristo prometido, el Salvador del mundo. Ya hemos visto gran parte de la narrativa en este capítulo. La primera narrativa es la historia de la concepción milagrosa de Juan el Bautista dentro del vientre de Elisabet. La segunda historia es la historia de la milagrosa concepción de Jesús el Hijo de Dios dentro del vientre de María.

Lucas inicia el relato de su evangelio con la historia de dos concepciones milagrosas, dos mujeres quienes de acuerdo a todos los estándares humanos no hubieran podido tener nunca un hijo. Elisabet quien era estéril andaba ya alrededor de los sesenta años, posiblemente cerca de los setena e incluso ochentas, ella nunca había podido tener ningún hijo, ya había pasado el tiempo en el que ella era capaz de hacerlo con su esposo Zacarías, quien de igual manera ya había pasado el tiempo de su capacidad para ser padre; ella concibió y llevó en su vientre al gran profeta Juan el Bautista, el precursor del Mesías. La segunda narrativa es acerca de una mujer llamada María, una joven que era virgen, que alrededor de los trece años de edad se embarazó por medio del poder del Espíritu Santo, el poder de Dios creó vida dentro de su vientre sin que un hombre estuviera involucrado en lo más mínimo.

Dos mujeres embarazadas, dos madres milagrosas. Una es ya vieja, casada durante ya muchos años, sin hijos y estéril. La otra es joven, nunca había sido casada y es virgen. Una alrededor de sus años setenta, más o menos, la otra era una adolecente temprana. Algo muy interesante es que estas dos eran familiares, ambas había sido elegidas por Dios para ser los instrumentos humanos para el nacimiento de dos hombre, muy, muy singulares, uno de ellos Juan el Bautista el más grande de los profetas quien jamás hubo vivido antes; y Jesucristo, el Hijo del Hombre, Salvador del mundo.

Estas dos concepciones milagrosas, estos dos milagros dentro del vientre de dos mujeres son el lanzamiento de toda una serie de mensajes mesiánicos. La milagrosa llegada de Cristo comienza con estas dos concepciones milagrosas. Y a este punto Dios se había inyectado milagrosamente a si mismo dentro de la no menos milagrosa fuente de vida humana. Como les he dicho antes, no había sucedido ningún milagro durante un periodo de 400 años, y no ha habido series de milagros en al menos 500 años. Nadie ha escuchado acerca de un ángel, no han escuchado acerca de Dios en al menos 400 años. No ha habido milagros, Dios no ha hablado, los ángeles no se han hecho presentes hasta este día. Y entonces todo da comienzo con estas dos sorprendentes concepciones milagrosas, Elisabet, elegida para ser la madre de Juan el Bautista, el precursor del Mesías; y María, elegida para ser Madre del Mesías, el Hijo de Dios.

En ambos casos el ángel Gabriel vino para darles el anuncio. En el primer caso, el ángel Gabriel vino a Zacarías quien fue el padre de Juan el Bautista, y Zacarías recibió el mensaje de parte de Gabriel de que él y su esposa, Elisabet, juntos concebirían y tendrían un hijo quien sería el más grande profeta, el predecesor del Mesías. Después Gabriel vino a una virgen, a María, y le dio el mensaje que vimos en los versos 26 al 33, de que a ella se le daría un hijo sin la intervención de un hombre, este hijo sería el Hijo de Dios. Así que repentinamente la historia de la redención llega a un punto culminante.

Hasta este punto estas dos narrativas, a pesar de que están contenidas en los primeros 38 versos de este capítulo, han sido separadas. Elisabet vivía en un lugar de los montes de Judá, los que están alrededor de Jerusalén al sur de Israel. María vivía en Nazaret, un pequeño pueblo en Galilea, como es conocido, esto es al norte de Israel, separado por unas 75 u 80 millas más o menos. Hay increíbles similitudes en los relatos que las hacen inconfundibles.

Por ejemplo, si comparamos el relato en los versos 5 al 23 con Zacarías, Elisabet y Gabriel, y los comparas con el relato de Gabriel y María en los versos 26 al 38, notas el mismo flujo de pensamiento. Estos fluyen como relatos paralelos. Comparten el mismo tipo de progresión. Inician con una introducción de los padres o bien de la madre. Segundo, se enuncian los obstáculos que presentan para poder ser madres, ya sea la esterilidad de Elisabet, o la virginidad de María. Tercero, se menciona la aparición de Gabriel. Cuarto, hay una reacción inmediata ante la aparición de Gabriel. Y vemos que la declaración de Gabriel es la misma en los dos casos, "no temas," esta se las dice a Zacarías y a María. En ambas está la promesa de un hijo. Y en ambas la descripción del hijo. Hay una objeción en el caso de Zacarías, él no cree; y en el caso de María, ella no puede entender como sucederá eso. Hay una señal que mostrará que esto sucederá, y finalmente la retirada de Gabriel. Y ambos relatos tienen estos mismos puntos en la misma secuencia y en la misma progresión.

Si leemos los dos relatos, por ejemplo, leeremos en el primero la conversación de Gabriel con Zacarías acerca del nacimiento de Juan el Bautista, leeremos que él estaba turbado. Lo mismo se nos dice de María, ella estaba turbada. En el relato con Gabriel y Zacarías, "el ángel le dijo," en el relato de María "el ángel le dijo." A Zacarías le dijo, "no temas," a María le dijo, "no temas." A Zacarías le dijo, "tu esposa Elisabet concebirá un hijo." A María le dijo, concebirás un hijo." A Zacarías le dijo, "llamarás su nombre Juan." A María, "llamarás su nombre Jesús." A Zacarías le dijo, "él será grande." A María, "el será grande." Zacarías respondió y dijo al ángel, más adelante en el verso 24 María respondió y dijo al ángel. Y así podemos seguir, hasta el final continúan siendo relatos paralelos en casi todos sus aspectos. Dos incidentes completamente separados, separados por un número de meses pero con la misma secuencia básicamente. Lucas los pone en paralelo como si fueran relatos similares. Dos mujeres separadas por muchos años, separadas por muchas millas, separadas por circunstancias que se unen en el texto que tenemos frente a nosotros. Este es un texto maravilloso ya estas dos que no sabían nada acerca de la visita personal que les hizo Gabriel, sólo se conocían ellas y no lo otro, se reúnen y se comparten mutuamente estas experiencias paralelas.

Veamos el verso 39, "En aquellos días, levantándose María, fue de prisa a la montaña, a una ciudad de Judá; y entró en casa de Zacarías, y saludó a Elisabet. Y aconteció que cuando oyó Elisabet la salutación de María, la criatura saltó en su vientre; y Elisabet fue llena del Espíritu Santo, y exclamó a gran voz, y dijo: Bendita tú entre las mujeres, y bendito el fruto de tu vientre. ¿Por qué se me concede esto a mí, que la madre de mi Señor venga a mí? Porque tan pronto como llegó la voz de tu salutación a mis oídos, la criatura saltó de alegría en mi vientre. Y bienaventurada la que creyó, porque se cumplirá lo que le fue dicho de parte del Señor."

Aquí vemos la María y Elisabet reunidas. Esto nos provoca la pregunta, ¿cuál es el punto de su reunión? ¿Cuál es el propósito de esta? ¿Por qué María está tan animada y se precipita para ir al sur, recorrer toda esa distancia, y visitar a su ya vieja familiar Elisabet? ¿Qué significa todo esto? ¿Qué significa esto de que el bebé salta dentro del vientre? ¿Y cuál es la profecía que Elisabet entrega? ¿Cuál es el punto en todo esto?

Si se detienen y piensan acerca de esto pueden entender por qué María quería, con este leve impulso que le dio el ángel Gabriel, ir a reunirse con Elisabet tan pronto como le fuera posible. Se le acababa de decir algo que humanamente era imposible en lo absoluto, y francamente inimaginable: que ella sería la madre del Mesías. Ella sería la madre del Hijo de Dios. Ella llevaría un descendiente que sería concebido dentro de ella por el Dios altísimo mismo. Y todo esto sucedería siendo ella una virgen. Había sido elegida por Dios para ser la madre del Mesías, el Mesías sería un descendiente santo. Todo esto sucedería sin la intervención de un hombre; esto sería realizado por Dios. Esto era algo que dejaría a cualquiera consternado, esto era algo que sería más de lo que cualquier ser humano podría entender o comprender. Ninguna mujer que hubiera vivido antes había escuchado tales palabras, palabras que van más allá del entendimiento y de la comprensión. Y añadiendo más a este hecho, hacía ya mucho tiempo que no había sucedido ningún milagro, hacía mucho tiempo que Dios no hablaba y hacía mucho tiempo que ningún ángel se había hecho presente de forma visible.

El ángel sabía que esto era alarmante, era una cantidad devastadora de información. Por lo le da una señal en el verso 36, "Y he aquí tu parienta Elisabet, ella también ha concebido hijo en su vejez; y este es el sexto mes para ella, la que llamaban estéril; porque nada hay imposible para Dios."

No había milagros, no había concepciones milagrosas, a pesar de ello María le creyó al ángel. Ella tenía fe. Su fe tenía una gran medida de fortaleza, pero esto aún está más allá de cualquier comprensión. Con poca imaginación entendemos que ella necesitaba aumentar esa fortaleza para que el milagro sucediera, para concebir que los milagros son posibles y en especial este que ocurriría dentro de su vientre sin que ella entendiera lo milagroso del hecho. Esto no podía ocurrir en ningún día, en ningún punto del tiempo, esto no sería una simple experiencia física personal. Esto sucedería por medio de un milagro de Dios. ¿Cómo es que su cuerpo mortal resistiría la tensión emocional y espiritual de estar llevando en su vientre al Hijo de Dios, al Mesías? Esta joven mujer de carne y hueso, esta joven mujer que conocía su pecaminosidad y su debilidad ¿cómo podría soportar la carga emocional del honor incalculable de procrear al Hijo de Dios dentro de su vientre? ¿Podría estar completamente segura de que esto era verdaderamente una realidad después de examinar todas las evidencias? Esto no se haría evidente en su cuerpo por un periodo de tiempo, pero ella no podía esperar a que ocurriera esto, por lo que ella se apresura, se acelera para ir a ver a Elisabet para asegurarse del hecho de que esto sería hecho por Dios, que Dios lo podía hacer, que Dios lo estaba haciendo, que Dios había llevado a cabo el milagro de concepción en Elisabet; ella sería su prueba viviente de que esto era posible.

Para ella solo había una persona que sería la verificación para ella de que Dios era capaz de llevar a cabo una concepción milagrosa, y esa persona era Elisabet. Así que se nos dice en el verso 39 que ella se levantó y fue con premura a la zona de los montes de Judá, entró a la casa de Zacarías y saludó a Elisabet.

La confirmación personal

Esto es lo primero que quiero decir acerca de esto, todo esto se trata de confirmación. Y a este primer aspecto de la confirmación me gustaría llamarlo la confirmación personal. Todo este asunto de la reunión entre María y Elisabet era para confirmarle a María que las palabras del ángel eran verdad. Esto era algo difícil de creer. No solo era difícil de creer para María, sino que era difícil de creer para cualquiera. Diré algo más acerca de esto en un momento.

María quería que su fe fuera fortalecida. No quiere decir que ella no tenía fe, esto era algo difícil de imaginar para cualquier mente normal. Por

06_María y Elisabet: Confirmando la profecía angelical

lo que ella quería que su fe fuera fortalecida y Elisabet podría proveerle de una confirmación personal.

En el verso 39, ella se lanza dentro de lo que en realidad es la búsqueda de una confirmación personal. Esta le llegaría de una persona, y esta era Elisabet. El verso 39 inicia así, "En aquellos días," detengámonos aquí por un momento. Esto del tiempo es claro, es el tiempo en el que Gabriel la visitó a ella, es precisamente ese tiempo del que se habla. El tiempo de la visita de Gabriel ella se apresuró, tuvo mucha prisa, no quería perder más tiempo para poder ir con Elisabet, su vieja familiar, ella estaba embarazada, sabía que una mujer de su edad y que había sido estéril toda su vida y no podía quedar embarazada de ninguna manera. Cuando escuchó que ella estaba embarazada en el verso 36 ella ya estaba en el sexto mes de embarazo, así que para este tiempo sería más que evidente que en verdad ella estaba embarazada. Así que ella no perdió tiempo e inicio su viaje para la visita.

Como dije antes, el verso 36 indica que Elisabet ya tenía seis meses de embarazo, pero sigamos esto, vayamos al verso 56, "Y se quedó María con ella como tres meses; después se volvió a su casa." Llegó con ella cuando tenía seis meses de embarazo, y se fue cuando ella tenía nueve meses. Aparentemente justo antes del nacimiento de Juan. Verso 57, "Cuando a Elisabet se le cumplió el tiempo de su alumbramiento, dio a luz un hijo." Llegó cuando ella tenía seis meses de embarazo, se fue justo antes del nacimiento de Juan tres meses después. Por lo tanto ella no pudo perder tiempo. Si ella iba a ir con ella, quedarse tres meses y regresar a su casa justo antes de que el niño naciera, ella debió llegar allá en el sexto mes lo que quiere decir que ella salió casi de inmediato. Ella se levantó y se fue a toda prisa.

No tenemos un reporte aquí, por cierto, de la concepción de María. Debemos asumir que esto ya había sucedido, el milagro ya había sucedido dentro de ella. No se dice nada más al respecto de lo que nos dice el verso 35, "El Espíritu Santo vendrá sobre ti, y el poder del Altísimo te cubrirá con su sombra; por lo cual también el Santo Ser que nacerá, será llamado Hijo de Dios." No se nos dice en qué día o en qué hora o en cuál preciso momento. No hay alguna fanfarrea, no hay nada pero el milagro debió ya haber ocurrido. No siendo capaz de sentir nada de eso en ese punto en particular, tal vez al inicio pudo sentir algunas evidencias de ello, pero no hay suficiente tiempo para que María pudiera ya sentir algo. Ella va, pienso, con ganas de reconocer las maravillosas palabras que le había dado el ángel. Son alrededor de 75–85 millas, tal vez más, desde Nazaret hasta los montes del sur de la región de Judea. Le debió haber tomado entre tres y cuatro días para llegar allá.

Y francamente esto es algo inusual, una jovencita haciendo tal viaje, las jovencitas de su edad estaba bajo la protección de los padres y sus madres. Ellas debían estar en casa en donde ellas podían encontrar cobijo y protección. Así que el hecho de que ella vaya en este viaje que tomaría varios días es algo muy raro. No se nos dice quién fue con ella. Podemos asumir que alguien la acompañó; puede ser que haya ido por sí sola, no sabemos absolutamente nada de esos detalles.

Algunos han sugerido que ella se fue para esconder su embarazo. Pero la realidad es que en este punto ella no tenía nada que esconder. Otros han dicho que ella se fue para evadir la ira de José. Pero en ese punto no hay razón para asumir que José sabía algo porque María, recordarán, había hablado sólo con el ángel, y fue un ángel quien después le apareció a José en un sueño y le explicó lo que había sucedido. Así que ella no fue a esconder su embarazo, que hasta este punto no era visible. No se fue para huir de José quien tal vez no sabía de esto hasta este punto en particular. Se fue porque ella quería ver a Elisabet para tener una confirmación personal de que de hecho Dios podía realizar milagros de concepción y esto sería evidente en el caso de Elisabet. Quería ver si en efecto lo que el ángel había dicho era verdad y Elisabet cargaba a un niño dentro de su vientre.

Se fue al área de los montes, esto es alrededor de los edificios de Jerusalén. Si alguna vez has estado en Jerusalén podrás entender porque se le llama la región de los montes. A una ciudad, o mejor a una villa o a algún pequeño poblado de Judea, no sabemos exactamente a cual se refiere. Existe un lugar que tradicionalmente se ha conocido desde el siglo VI y que posiblemente no sea el exacto, pero se encuentra como a cinco millas de Jerusalén. Este era el lugar en donde el sacerdote Zacarías y su esposa, Elisabet, vivían y en donde el desarrollaba su función normal como sacerdote durante todo el año, excepto por las dos semanas que él servía en el templo.

Se fue y nos dice el verso 40 que ella entró en la casa de Zacarías y saludó a Elisabet. Ahora tengo que detenerme en la palabra "saludó" ya que esta se usa varias veces. La vemos nuevamente en el verso 41, en donde dice, "oyó Elisabet la salutación de María," la volvemos a ver en el verso 44, "como llegó la voz de tu salutación a mis oídos." Debemos entender que en el antiguo oriente el saludo no era "Hola, ¿cómo te va?" No era algo corto. No era una formula sencilla. Lo que incluía un saludo era una conversación larga. Esto era algo así como una ocasión ceremonial. El significado de esta ceremonia yacía en el contenido de la conversación. Les voy a dar una ilustración, puede ser que les interese usar alguno de estos saludos. Vayamos a Éxodo 18:7, "Y Moisés salió a recibir a su suegro, y se inclinó, y lo besó; y se preguntaron el uno al otro cómo estaban, y vinieron a la tienda." Este es un típico saludo en el medio oriente. Hay un abrazo el cual es una manifestación física de afecto, y después entran a la tienda para hablar de cómo es la vida de ambos dentro de ella. Esto es exactamente lo que podemos asumir que ocurrió a la llegada de María cuando se nos dice que saludó a Elisabet. Ella entró y un saludo típico y tradicional tomó lugar lo que significó horas de conversación. Y seguramente ellas tenían mucho pero mucho de qué hablar.

Seguramente Elisabet le dijo a María cómo fue que ella quedó embarazada; cómo Zacarías estaba sirviendo en el templo y se le apareció el ángel Gabriel cuando se encontraba en el altar de incienso; cómo es que había salido con este increíble mensaje de que ellos iban a tener un hijo; cómo el niño sería grande ante los ojos del Señor, que él no bebería vino ni sidra; cómo sería lleno del Espíritu Santo desde el vientre de su madre; cómo él sería el predecesor del Mesías y haría que muchos se hicieran justos. Todo esto había sido profetizado en el 1:13–17 y todo esto había sido posible no mucho después de que Zacarías había regresado a casa, pues era necesario que ellos dos estuvieran juntos para que ella quedara embarazada. Ella permaneció encerrada por cinco meses hasta que se le comenzó a notar para que la gente supiera que cuando ella decía que estaba embarazada no la tomaran por una loca. Le contó la maravillosa historia acerca de la secuencia de la conversación con Gabriel y le contó toda la historia tal y como la registró Lucas. En toda esta conversación María le debió contar la historia que era una especie de paralelismo, como vimos que lo es en muchas formas, acerca de cómo Gabriel había venido a ella en su casa en Nazaret y le había dicho que ella sería la madre del Hijo de Dios; y que esto ocurriría sin la intervención de un hombre, que Dios sería quien plantaría a un hijo dentro de su vientre; Dios sería quien crearía a ese niño sin necesidad de una concepción humana normal. Ellas debieron hablar de sus historias. Los paralelos debieron ser fascinantes para ellas. Todo esto era importante para Dios, el hecho de que hubiera tantos paralelos entre las dos historias, pues esto hacía claro que todo lo que María había escuchado sonaba completamente similar a lo que Zacarías y Elisabet habían escuchado. Y debido a que lo que había sido prometido a Elisabet había sucedido, lo que había sido prometido a María sucedería también. Los patrones eran idénticos.

Así debió ser la forma en la que ellas dos se saludaron. Esto es lo que llamé la confirmación personal. Elisabet sentada, dialogando, repasando el relato y notando cómo las historias eran paralelas, el hecho de que ella llevará ya seis meses de embarazo proveía esta confirmación personal. Si Dios pudo llevar a cabo concepciones milagrosas, aquí pudo ver su confirmación personal y fue justo con la persona que se sentó frente a ella. Con solo ver a Elisabet y comprender su condición de cómo era que una mujer que ya había pasado el tiempo en el que se podía embarazar, casada con un hombre ya viejo, había pasado por el mismo predicamento de saber la realidad de que de hecho Dios había realizado un milagro dentro de ella. Y cuando colocas a Gabriel dentro de esta mezcla, la conversación debió ser casi idéntica, está es una gran confirmación.

Ahora, hay algo más que debemos comprender. Pienso que María fue por la confirmación pero también pienso que fue a ver a Elisabet porque ella sabía que sólo Elisabet le podría creer. Pongámoslo en el contexto normal, tu hija de 13 años viene y te dice que está embarazada, le contestas ¿qué? Y te contesta, "un ángel vino a mí y me dijo que Dios me embarazó y que voy a ser la madre del Salvador." ¿Sí?

Parece como algo normal con lo que una adolescente pudiera llegar, ¿no lo creen? ¿Cómo puedes creer que eso es verdad? Al menos trata de decir algo que sea más racional. Lo que quiero decir es que hay muy poca, muy poca probabilidad de que alguien pudiera creer esto. Hasta José quien conocía a María pudo asumir lo mismo cuando supo que ella estaba embarazada. Él pudo asumir que fue violada o que había traicionado sus votos hacía él, o bien que había cometido pecado. Por lo que él se dijo, "o la mato a pedradas o me divorcio." Él la amaba, la conocía, conocía a su familia y debió haber conocido algo acerca de su carácter, incluso hubiera sido algo contradictorio a su carácter que ella cometiera este tipo de pecado. Pero la realidad es que no había otra explicación. Siendo honestos no había otra mujer en el mundo que pudiera creer la historia de María. Solo Elisabet le creería, y el único lugar al que ella pudo ir y contar su historia era con ella.

El texto no dice nada acerca de lo que pudo o no decirle a su familia o a José o a cualquier otra persona. Sólo nos dice que salió para ir con Elisabet, la única persona que pudo tener una razón de peso para creer que lo que ella estaba diciendo era de hecho una verdad. Viéndolo de esta manera entendemos que el hecho de decirlo en primera instancia a Elisabet tiene sentido.

Elisabet pudo ser de mucho apoyo para ella cuando le dijera a todos los demás. Ya que Elisabet estaba viva, ella era la confirmación personal de que Dios estaba realizando milagros de concepción. Si le dijéramos a cualquier persona, pensarían que María inventó la historia acerca de Gabriel y de ser la madre del Hijo de Dios. Nadie creería eso. Y los paralelos son asombrosos.

Así, que María y Elisabet se reúnen para proveer a María una confirmación personal. Debió ser un gran momento para ella cuando se le confirmó por medio del encuentro personal con Elisabet, que era cierto que Dios podía realizar un milagro de concepción. Y que lo que Gabriel dijo a Elisabet se hizo realidad, por lo tanto lo que Gabriel dijo a María podía ser confiable. Esta fue una tremenda confirmación.

La confirmación física

Segundo, en adición a la confirmación personal estaba la confirmación física. Físicamente sucedió algo que confirmó que María iba a ser la madre de un descendiente santo. Físicamente sucedió algo para confirmar que

María iba a llevar dentro de su cuerpo al Hijo de Dios. ¿Qué fue lo que sucedió? Verso 41, "Y aconteció que cuando oyó Elisabet la salutación de María," en medio de la conversación cuando esto está sucediendo y Elisabet está escuchando que María iba a ser la madre del Mesías, el Salvador del Mundo, el Hijo de Dios, "la criatura saltó en su vientre." Ahora detengámonos aquí por un momento.

Siendo honestos, aquí podemos especular muchas cosas porque no se nos dice más. No estoy aquí para describir la patología de este suceso. No estoy aquí para describirte que fue lo que sucedió desde el punto de vista clínico. Todo lo que te puedo decir es que cuando María estaba contando su historia a Elisabet, de cómo era que el Espíritu de Dios iba a plantar al Mesías dentro de su vientre, el bebé saltó. Este mismo término se usa en el Salmo 114:4 y es traducido en la Septuaginta con la palabra "brincó." El movimiento de un bebé dentro del vientre no es anormal. De hecho, creo que esto es uno de los placeres que experimenta la mujer al estar embarazada, sentir dentro de ella esta vida. Y conforme el niño va creciendo y creciendo, más se siente esta vida. Y ustedes saben, todos los que somos padres que nos interesó el embarazo de nuestra esposa, pusimos nuestras manos sobre su vientre y pudimos sentir esas pequeñas pataditas del niño cuando se movía. Esto es algo muy emocionante y maravilloso porque estamos sintiendo que la vida ya es un hecho por medio de esto.

Esto es normal, es decir, que el niño se mueva dentro del vientre. Pero no podemos pensar que simplemente coincidió aquí. Después de todo, ese pequeño feto es un profeta, y si lo piensan, no solo es que él sea un profeta sino que es el profeta más grande que ha habido. No sólo eso, ese pequeño profeta es Juan el Bautista y su responsabilidad es ser el predecesor del Mesías. Podemos decir que este es su primer anuncio, es una profecía silenciosa de su parte.

¿De qué estamos hablando? Regresando al verso 15 del capítulo 1 dice acerca de Juan el Bautista que será lleno del Espíritu Santo desde el vientre de su madre. ¿Ahora lo entienden? Pero, ¿por qué hizo esto? ¿Para qué aclarar que él fue lleno del Espíritu Santo desde el vientre de su madre? No habría ningún propósito en llenarlo, o pude haber un gran propósito para llenarlo desde dentro del vientre de su madre. ¿Para qué llenarlo? ¿Para qué llenaría Dios con su Santo Espíritu a ese pequeño feto sino para que el Espíritu Santo de Dios lograra algo sobrenatural por medio de él? Cuando hablamos de ser lleno del Espíritu Santo estamos hablando de obedecer la palabra de Dios y de seguir la voluntad del Espíritu Santo, es decir ser guiado por el Espíritu Santo. Esto es bueno. El Nuevo Testamento despliega esto para nuestro entendimiento. Pero hay un aspecto de la llenura del Espíritu Santo que está conectado a la profecía, veremos un poco más acerca de esto en un momento. Esto está conectado a la profecía. Ellos fueron llenos del Espíritu Santo, o el Espíritu vino sobre ellos y entonces ellos hablaron la palabra de Dios. Este es un escenario típico del Antiguo Testamento. Este pequeño feto dentro del vientre fue llenado del Espíritu Santo aun cuando estaba dentro del vientre porque este iba a hacer algo importante de manera sobrenatural dentro de los propósitos de Dios.

Esto no es la primera vez que sucede. Si vamos a Génesis 25, ¿recuerdan a Rebeca? Rebeca tenía dentro de su vientre a dos hijos. Sus nombres eran Jacob y Esaú. Dios dio profecías por medio de estos dos niños cuando aún no habían nacido en el verso 22 del capítulo 25. Dice el verso 21, que los niños que ella concibió, es decir Rebeca e Isaac, "estos niños luchaban dentro de ella." Y una cosa es que cuando nacieran pelearan entre ellos, pero estos niños comenzaron a pelear desde el vientre. Y ella dijo, "Si es así, ¿para qué vivo yo?" Así que ella fue ante el Señor y le dijo, "¿Señor sabes por qué está sucediendo todo esto dentro de mí? Y Él le contestó, "esto es profético." Y le dijo, "Dos naciones hay en tu seno, y dos pueblos serán divididos desde tus entrañas; el un pueblo será más fuerte que el otro pueblo, y el mayor servirá al menor." El conflicto que está sucediendo dentro de ti es una profecía del conflicto que sucederá cuando estos dos niños nazcan, ese conflicto continúa hasta nuestros días cuando hablamos de Israel y el mundo árabe, entre Jacob y Esaú.

Con esto vemos que cuando Dios quiere pude enviar un mensaje profético por medio de algo que está ocurriendo físicamente dentro del vientre de una mujer. Esto es algo inusual, muy inusual. Esta es la única ocasión en la que el Antiguo Testamento menciona algo así, y aquí en el Nuevo Testamento también es la única ocasión en la que se menciona algo similar. Pero después de todo, no hay una explicación humana de esto. Este es un tiempo milagroso, aquí encontramos un conjunto de concepciones milagrosas. Pero sería normal que esperáramos que hubiera cosas milagrosas sucediendo conforme Dios movía las cosas para la llegada del Salvador del mundo, el Mesías. El movimiento de un feto es algo común y normal, pero este no es un movimiento que pueda ser calificado así, esto no es con incidental, lo sabemos por el verso 44, Elisabet recibió un mensaje de parte de Dios. "Porque tan pronto como llegó la voz de tu salutación a mis oídos, la criatura saltó de en mi vientre para reacomodarse." No dice así ¿verdad? El bebé sólo estuvo motivado por gozo, alegría. Así es como Elisabet interpreta los movimientos del niño.

Juan el Bautista era un profeta verdadero. Si él no podía hablar, simplemente saltaba. Y esto era lo único que podía hacer, sólo podía saltar. Saltaba con un profundo gozo inspirado por Dios. Su madre tuvo que hablar siendo inspirada por Dios para poder interpretarlo de esta manera. Así que en una manera física Juan el Bautista, aun cuando estaba en el vientre, dio su aprobación para el nacimiento del Mesías. Esto no era simplemente el curso normal de las cosas, esta era la palabra que provenía de parte de Dios hacia el reino físico.

En Juan 3:29 Juan el Bautista está hablando acerca de Cristo y dice, "El que tiene la esposa, es el esposo." Cristo es el esposo. "Mas el amigo del esposo," este era él, él era el amigo del esposo quien lo llevó y lo dio a la esposa, Juan dice, "El amigo del esposo quien está a su lado y le oye, se goza grandemente de la voz del esposo, es mi gozo está cumplido." Si había algo que caracterizaba a Juan, esto era el gozo, gozo, gozo. ¿Por qué? Porque el esposo ha llegado, el Mesías ha llegado. Y este gozo fue promovido por el Espíritu Santo de Dios cuando él aún se encontraba dentro del vientre. Esto es lo que da el tono de su ministerio.

Juan el Bautista, en este momento también es el más pequeño de los profetas que nunca antes había existido. Pesaba más o menos unos 800 gramos. Era el profeta más extraño de todos pues su piel era transparente, a pesar de que todas sus partes ya estaban formadas, esa pequeña vida, esa pequeña vida de un profeta, el más grande de los profetas que jamás había vivido, estaba siendo usado por Dios por medio del poder del Espíritu Santo para indicar el gozo que había por el hecho de que el Mesías ya había sido concebido en María. Literalmente Dios dio una confirmación física a María por medio del movimiento de ese niño y que fue interpretado así por Elisabet.

María necesitaba saber, y ahora tiene una confirmación personal de que Dios realiza milagros de concepción y de que lo que le dijo Gabriel era verdad, esto por medio del testimonio de Elisabet. Ahora ella tiene una confirmación física de que Dios puede obrar dentro del vientre porque ella ve la reacción en el vientre y que es interpretado para ella como el movimiento del Espíritu Santo de Dios sobre ese feto para producir el gozo que produce el movimiento, el salto.

La confirmación profética

Y eso es todo lo que puedo decir acerca de este punto, de hecho me tomó todo un día resolver esto. Pero hay otro punto de confirmación, personal, física y profética.

Aquí está la confirmación que llega de manera profética. Una revelación de Dios por medio de palabras. Hasta este punto ha sido por medio de una persona, Elisabet, de manera física, por medio del movimiento del niño, pero ahora viene la confirmación directa por medio de las palabras del Señor. Veamos el verso 41, "y Elisabet fue llena del Espíritu Santo." Ya nos estamos acostumbrando a ver esto, el ser lleno del Espíritu Santo. Esto le sucedió a Juan cuando él estaba en el vientre pero ahora aquí está la evidencia de ello cuando se movió con gozo. Elisabet está llena del Espíritu Santo, y nos dice inmediatamente en el verso 42, "y exclamó a gran voz, y dijo."

La idea de ser lleno del Espíritu Santo es frecuentemente conectada al mensaje hablado de Dios. Segundo de Samuel 23:2 es una de muchas ilustraciones que hay en el Antiguo Testamento. "El Espíritu de Jehová ha hablado por mí, Y su palabra ha estado en mi lengua." El Espíritu del Señor habló por medio de mí y su palabra estuvo en mi lengua. Aun estos que escribieron la Escritura, de acuerdo al testimonio de Pedro, en 2 Pedro 1:21, "los santos hombres de Dios hablaron siendo inspirados por el Espíritu Santo." Toda la escritura es dada por medio de la inspiración de Dios. Así que nosotros sabemos que Dios llena a ciertas personas para producir la revelación que Él decide que sea dada.

En el verso 67, por ejemplo, Zacarías, el esposo de Elisabet, tuvo una experiencia similar. "Y Zacarías su padre fue lleno del Espíritu Santo, y profetizó, diciendo." Este es un escenario típico, cuando alguien es lleno con el Espíritu Santo. Esto significa que el Espíritu Santo está completamente al control. Y esto resulta en un revelación entregada, primero la llenura del Espíritu, y después la revelación.

Si avanzamos dentro del relato de Lucas 2, ya ha nacido Jesús y sus padres lo llevan al templo para la ceremonia acostumbrada, la costumbre de la ley. Y ellos conocen a un hombre ahí que tiene el nombre de Simeón, verso 25, quien es un hombre justo. Simeón, verso 27, "Y movido por el Espíritu, vino al templo." Aquí nuevamente el Espíritu de Dios viene sobre Simeón. Él llega, en el verso 28, y toma a este pequeño bebé, Jesús, en sus brazos, bendice a Dios y dice, de sus labios sale una revelación que proviene del cielo. Él estaba lleno del Espíritu cuando esto sucedió.

Así que la idea de ser lleno con el Espíritu en el caso de Elisabet, en el caso de Zacarías, en el caso de Simeón es para indicar que lo que ellos hablaron era revelación divina. Esto es algo familiar para el Antiguo Testamento.

Regresando al capítulo 1 verso 42, Elisabet, habiendo sido llenada con el Espíritu Santo, el Espíritu de Dios llega justo en ese momento y toma todo el control, "Y exclamó a gran voz…" Probablemente ella no acostumbraba a hablar así. Ciertamente esto no hubiera sido de ninguna ayuda pues en este caso su esposo estaba sordo como una piedra, Dios lo había hecho sordo, recuerdan que esto fue a causa de que él no creyó el mensaje de Gabriel. Dios lo dejo sordera de modo que no hubiese importado que tan fuerte gritara ella, ella no estaba tratando de que él la escuchara. Ella estaba gritando por dos razones, pienso, con entusiasmo, acerca de esta increíble verdad que ha sido puesta en su mente y entregada por medio de ella, y también, pienso, para enfatizar la autoridad de esto. Ella literalmente gritó en griego, ella gritó esta confirmación profética gloriosa. La palabra "gran voz", si ves en tu concordancia y la sigues en todos los pasajes podrás, notar cuantas veces es asociado con la revelación divina. Esto nos muestra la idea de que Dios quiere asegurarse de que lo que tiene que decir, sea escuchado. Es por eso que dice "a gran voz." Así que ella abre su boca y lo que sale es esta revelación que en realidad es un himno de alabanza. Este es el primero de cinco. Elisabet da uno y después en el verso 46 María da otro. Más adelante Zacarías dará uno más. Y a continuación en el capítulo 2 los ángeles dan otro. Finalmente Simeón da el quinto de ellos. Hay cinco himnos de adoración rodeando la concepción del Mesías dentro del vientre de María, himnos maravillosos de adoración. Los veremos más de cerca cuando estudiemos esa sección de Lucas.

Veamos su himno comenzando en el verso 42, "y exclamó a gran voz, y dijo: Bendita tú entre las mujeres, y bendito el fruto de tu vientre. ¿Por qué se me concede esto a mí, que la madre de mi Señor venga a mí? Porque tan pronto como llegó la voz de tu salutación a mis oídos, la criatura saltó de alegría en mi vientre. Y bienaventurada la que creyó, porque se cumplirá lo que le fue dicho de parte del Señor."

Así de simple, esto simplemente salió de su boca con gran voz. Este es un himno de bendición, es un himno de adoración. Este es un pronunciamiento de bendición sobre María, pronuncia una bendición sobre el hijo de María, pronuncia una bendición sobre Elisabet. Y después pronuncia una bendición al final sobre todos los que creen en la palabra de Dios. Bendice en todas direcciones.

Primero, "Bendita tú entre las mujeres." Esta es una construcción simple en el hebreo que significa tú eres la mujer más bendecida de todas las mujeres. Eres la mujer más bendecida. ¿Por qué? Bien pues en la cultura hebrea, en el mundo judío una mujer ganaba su grandeza por medio de los niños que ella engendraba. En el capítulo 11 de Lucas sale esto nuevamente. Jesús está hablando, verso 27, "Mientras él decía estas cosas, una mujer de entre la multitud levantó la voz y le dijo." Una de las mujeres que estaban dentro de la multitud habla con gran voz y dice, "Bienaventurado el vientre que te trajo, y los senos que mamaste." Esta era una forma judía típica de honrar a una madre porque se hacía notoria la grandeza de su hijo. Es por eso que Elisabet dice, tú eres la más bendita porque tú tienes al más grande de todos los niños.

Aquí hay humildad porque a Elisabet se le acaba de decir que su hijo también sería grande, pero no tan grande. Su hijo sería el predecesor del Mesías pero el hijo de María sería el Mesías. Elisabet reconoce la superioridad del privilegio de su joven parienta. Ella reconoce que María es aún una más grande beneficiaria de la bondad de Dios y ella tendrá un llamado más grande, un privilegio más grande y un hijo más grande. Y esto de alguna manera fue en contra de las perspectivas tradicionales, esto era como un retroceso de la convención social normal. Lo que quiero decir es, lo viejo es menos que lo joven, y el viejo da honor al más joven. El privilegio de María es más grande que el de Elisabet del mismo modo que Jesús es más grande que Juan. Pero María es la que es verdaderamente bendecida, y Elisabet lo sabe. Ella es una mujer justa que también está encantada con la idea de no sólo ser quien lleva al predecesor del Mesías, sino que también se siente igual por el hecho de que el Mesías llegó a ella y ella pudo reconocerlo como lo dice en el verso 43, como "mi Señor." Una cosa es llevar dentro a un profeta, y otra muy diferente es llevar dentro al Señor.

Bendita eres, María, entre todas las mujeres, tú fuiste elegida para llevar al Salvador del mundo y en el verso 42, también, "Bendito el fruto de tu vientre," ese niño es bendito. Tú eres bendita y Él es aún más bendecido. El Mesías, el Salvador del mundo, el niño más bendecido que jamás antes había nacido, aquél que recibirá toda la bendición celestial sin mezcla, sin reducciones, aquél que será libre de pecado, aquél que heredará todo lo que el Padre posee, aquél al que se le dará una humanidad redimida para adorarlo, glorificarlo y servirlo para siempre, aquél que será el objeto de alabanza eterna en la gloria, este es el más bendecido. Tú eres bendita y tu hijo es bendito. Un niño, dice literalmente, el niño que tú llevarás dentro, se traduce como el fruto de tu vientre, refiriéndose al niño que ella llevará. Esta es una frase que es familiar en el Antiguo Testamento.

Esto nos indica otra confirmación. Este es el Espíritu de Dios llenando a Elisabet y catapultando su tono normal de voz, por lo que grita hasta el máximo nivel de su voz esta palabra profética que proviene de Dios, y esta palabra profética que proviene de Dios afirma no sólo que María es bendita sino que ella también está cargando al Mesías bendito. Y más aún, el niño que está dentro de su vientre es definido en el verso 43 como "mi Señor." Esta es una confirmación profética.

El verso 43 es una especie de bendición de Elisabet hacia ella misma. Es una sorpresa, ella dice, ¿cómo es que me ha sucedido que la madre de mi Señor haya venido a mí? ¡Oh! Ella realmente es bendecida, el niño es bendito y yo soy bendecida. Asombro, humildad, sorpresa, ella no es digna y lo sabe. Esta declaración, "la madre de mi Señor," es una declaración muy grande. Esta es una confirmación profética de que en el vientre de María se encuentra el Señor, es el Señor de Elisabet. No se trata de un asunto familiar, esto se trata acerca del Señor de Elisabet. Y "Señor" se usa para referirse a Dios unas 25 veces en Lucas 1 y 2. No puede haber otra conclusión que la de que el niño es también Dios. Dios es llamado Señor 25 veces. Este es un título divinamente exaltado. Cuando estamos diciendo que Jesús es Señor, estamos diciendo también que Jesús es Dios.

Una nota aquí. Dice en el verso 43 que Elisabet está en asombro por todo esto, "que la madre de mi Señor haya venido a mí." Por favor note esto, María es la madre de su Señor, pero en ningún lugar de la Escritura

06_María y Elisabet: Confirmando la profecía angelical

María es llamada la madre de Dios, nunca. Nadie es la madre de Dios. Dios siempre ha existido. Dios nunca fue producido, nunca fue concebido, nunca nació, nunca fue generado. El Dios eterno siempre ha existido. Dios no tiene una progenitora. Cuando la gente dice, "María, la madre de Dios," ellos no están hablando de la María de la que se habla en las Escrituras. Ella fue la madre de Jesús, el hombre. Ella no es la madre de Dios. La deidad es una realidad en Jesús, pero no está confinada a Jesús. María fue la madre del hombre Jesús, ella no es la madre de Dios. Este es un error terrible. El que residía en María era un humano, un niño físicamente quién era dentro de su persona el mismo Dios, quién siempre ha existido, el Dios eterno, el Hijo quien había vivido desde toda la eternidad.

Bien, en el verso 44, ya lo hemos visto. Está la explicación de Elisabet y está vino del Señor. "Porque tan pronto como llegó la voz de tu salutación a mis oídos, la criatura saltó de alegría en mi vientre." Dios le reveló que esta no era solo un movimiento común y normal del niño, sino que Dios el Espíritu Santo se había movido en ese pequeño profeta y lo había hecho saltar con gozo, afirmando con esto que Dios había obrado dentro del vientre de Elisabet y obraría dentro del vientre de María.

Elisabet cierra después de haber bendecido a María, de haber bendecido a Jesús, y de haber pronunciado una bendición para sí misma por haber sido aquella a quien la madre del Señor había venido. El verso 45 es algo así como una bendición general, es como para ampliar todo. "Y bienaventurada la que creyó" —cualquiera— "porque se cumplirá lo que le fue dicho de parte del Señor." "Bienaventurada la que creyó," seguramente se refiere a María, y desde luego que María es bienaventurada porque ella creyó. Pero como puedes ver, no dice "bienaventurada eres tú María." Solo dice, "bienaventurada la que creyó," y lo pone en tercera persona. Quienquiera que crea que Dios cumple sus promesas será bienaventurado, bendecido. Es por eso que la bienaventuranza comienza con María, continua con el niño, incluye a Elisabet y va más allá.

María es un maravilloso ejemplo para nosotros. Ella no es la madre de Dios, ella no es la reina del cielo. Pero ella es un modelo de creyente y fue bendecida no solo porque tuvo el privilegio, no solo porque ella fue elegida para llevar dentro de sí al Mesías. Ella fue bendita no solo por lo que Dios hizo a ella sino también por la forma en la que ella respondió, ella fue bienaventurada, bendecida, porque ella creyó. Si la contrastamos con Zacarías, Zacarías escuchó el mensaje que le dio el ángel y no creyó, por lo tanto no fue bienaventurado. En vez de eso fue maldecido, Dios lo hizo mudo y sordo. Y podemos asegurar que Elisabet sabía esto, e incluso pudo haber estado viendo a Zacarías cuando dijo esto, "bienaventurada la que creyó." No sé si él podía leer los labios mientras estuvo sordomudo, pero Elisabet pudo haber dicho, "Bienaventurada la que creyó." Es decir, "Si quieres ser bendecido, cree."

Esto es lo que tienes que hacer con María, no hacerla la reina del cielo, no la haces una corredentora con Cristo, no la haces la responsable de la entrada hacía Jesús, como si ella fuera una mediadora. No la haces como si fuera la única que puede convencer a Jesús de que conteste la oración penitente de un pecador. No la haces la madre de Dios. Lo que haces es ver a María como alguien que es un modelo de fe. Ella creyó que llegaría el cumplimiento de lo que se le había hablado de parte del Señor. Y debido a que ella creyó esto, ella buscó a Elisabet, la fue a ver y entonces obtuvo toda esta confirmación.

¿Qué es lo que quieres de María? Sólo esto, ella no va a escuchar tus oraciones. Ella nunca ha escuchado las oraciones de nadie. Ella no está atendiendo esto. Sólo Dios escucha las oraciones, ella no fue puesta con tal propósito. María establece el ejemplo para nosotros. Ella nos muestra cómo es que los creyentes debemos responder cuando Dios habla, escuchas, crees, obedeces, y entonces estallas en adoración (verso 46). Ella es una creyente modelo. Ella escuchó, ella creyó, ella obedeció, y ella adoró. ¿Qué más podemos decir? Y benditos son todos, él, ella o cualquiera que hace lo mismo. Ella es un maravilloso ejemplo. Escuchó la verdad de Dios, la creyó, la obedeció y ella, como respuesta, adoró. Esta es la María que tienes el derecho de hacer parte de tu vida, solo un ejemplo entre muchos otros fieles creyentes.

Ella recibió su confirmación y debió haber regresado regocijándose tres meses después. Aparentemente ella no se quedó a ver el nacimiento, no lo necesitaba. Para entonces ella misma ya llevaba tres meses de embarazo. Era tiempo para que ella regresara y siguiera con su propia vida.

Esta es la forma en la que debemos seguir nuestras vidas. Nosotros no recibiremos mensajes como los que ella recibió, pero te diré algo, Dios nos habla..., por medio de su palabra. Y entonces la pregunta sería, ¿creemos, como María, que habrá un cumplimiento de todo lo que Dios nos ha dicho? ¿Crees en su Palabra? ¿La obedeces? ¿Lo adoras a causa de ello? Este es el punto.

Oración final

Padre, te agradecemos por este tiempo de estudio al enfocarnos en esta gran historia, este es un relato emocionante. Gracias por la forma en la que Tú la pusiste en términos simples, pero profundos, de manera que los podemos ver. Te agradecemos por la forma en la que hiciste llegar a nuestro Salvador. Gracias porque fue a través de María que nos trajiste al Salvador, concebido virginalmente, nacido virginalmente para que diera su vida por la gente, de quienes nosotros somos parte, te alabamos por todo esto. Amén.

Reflexiones personales

28 de Marzo, 1999

07_La adoración de María

⁴⁶Entonces María dijo:
Engrandece mi alma al Señor;
⁴⁷Y mi espíritu se regocija en Dios mi Salvador.
⁴⁸Porque ha mirado la bajeza de su sierva;
Pues he aquí, desde ahora me dirán bienaventurada todas las generaciones.
⁴⁹Porque me ha hecho grandes cosas el Poderoso;
Santo es su nombre,
⁵⁰Y su misericordia es de generación en generación
A los que le temen.
⁵¹Hizo proezas con su brazo;
Esparció a los soberbios en el pensamiento de sus corazones.
⁵²Quitó de los tronos a los poderosos,
Y exaltó a los humildes.
⁵³A los hambrientos colmó de bienes,
Y a los ricos envió vacíos.
⁵⁴Socorrió a Israel su siervo,
Acordándose de la misericordia
⁵⁵De la cual habló a nuestros padres,
Para con Abraham y su descendencia para siempre.

Lucas 1:46–55

BOSQUEJO

— Introducción

— La actitud de la adoración

- La adoración es interna
- La adoración es intensa
- La adoración es habitual
- La adoración es humilde

— El objeto de la adoración

— La razón de la adoración

- Por lo que Dios está haciendo por ella
- Por lo que Dios hará por otros
- Por lo que Dios ha hecho por otros en el pasado

— Oración final

Notas personales al bosquejo

SERMÓN

Introducción

Continuamos con el estudio del evangelio de Lucas, Lucas conocido como el amado médico quién escribió uno de los cuatro evangelios, una de las cuatro historias de la vida y las obras de Jesucristo. Cuando estudiamos tan de cerca este libro quedamos enamorados de él, y sólo hemos estudiado el primer capítulo y aún nos queda mucho por delante, en este libro hay mucha riqueza del testimonio inspirado del Espíritu Santo.

Y para que podamos introducir nuestras mentes dentro del pasaje que tenemos delante de nosotros, solo quiero darles un poco del trasfondo de Lucas capítulo 1. La historia de Jesús que se narra en Lucas comienza con una pareja, un pareja que andaba ya por sus años 60s, o 70s y probablemente en los 80s años de edad. Ella era estéril, nunca había tenido un hijo, sus nombres eran Zacarías y Elisabet. Zacarías era un sacerdote que vivía en la región montañosa de Judea, tal vez en la región de Jerusalén, en la parte sur de la tierra de Israel. Durante algunas semanas tenía la responsabilidad de dejar su ministerio local como sacerdote, ir al templo, y servir dentro del templo. Cada uno de los sacerdotes hacía esto durante un periodo de tiempo una vez al año. En una ocasión, cuando él estaba ahí le apareció el ángel Gabriel. Nadie había visto a un ángel por más de 450 años. Dios no había hablado para nada durante más de 400 años. No había habido ni un solo milagro durante 400 años, y tal vez no había sucedido ninguno por más de 500 años, interesante no había habido milagros, en plural. Su vida era algo común, normal y con mucha rutina. No había habido ninguna intervención por parte de Dios desde hacía siglos hasta este momento.

Entonces el ángel Gabriel dejo la presencia de Dios para venir a Zacarías, justo al tiempo que le tocaba servir en su oficio como sacerdote dentro del templo. Él le anuncia a Zacarías que él y su esposa van a tener un hijo, y que ese hijo va a ser el predecesor del Mesías, el más grande profeta que nunca antes había existido, este es Juan el Bautista.

Y desde luego que siguiendo al predecesor, después de Juan el Bautista vendría el Mesías. Esta era un muy importante e increíble noticia como parte del palan de redención que en este momento alcanzaba su crescendo. Dios se estaba moviendo dentro de la historia para traer al Mesías, al Señor, al Salvador, al Cordero que quitaría el pecado del mundo.

De este modo la primer parte de Lucas capítulo 1 es la historia del anuncio del nacimiento de Juan el Bautista a Zacarías y a Elisabet. De algún modo esta historia llega a su fin cuando Elisabet está embarazada. Dios dio a Zacarías y a Elisabet la capacidad de producir un hijo y ese hijo ahora se encuentra dentro de su vientre, y ella tiene seis meses de embarazada cuando su historia termina.

Es entonces cuando una nueva historia comienza en el verso 26 con una jovencita. En esta ocasión no es una mujer ya vieja, en esta ocasión es una mujer joven, no estaba casada por lo que era una virgen, probablemente de unos 13 años de edad, la cual tenía por nombre María. Ahora viene a ella el mismo ángel Gabriel, en está ocasión al norte de Galilea como a unas 75 u 80 millas separado de donde vivían Elisabet y Zacarías. Dios envía este ángel con otro anuncio de una concepción, en esta ocasión la virgen concebirá sin la intervención de un hombre, Dios mismo crearía dentro de su vientre un hijo quien sería el Hijo del Altísimo, a él se le daría el trono de su padre David. Él reinaría sobre la casa de Jacob y su reino no tendría fin. Él sería en una palabra el Mesías, el Salvador de mundo, el Hijo de Dios.

De este modo nos son relatados estos dos milagros de concepción. Uno en el caso de Elisabet junto con su marido, y otro en el caso de María sin la intervención de un hombre. La última vez vimos cómo fue que estas dos mujeres se reunieron. María había escuchado de Gabriel y se había enterado de que iba a ser la madre del Hijo de Dios, supo que Dios iba a llevar a cabo dentro de ella un milagro de concepción, un informe parecido al de Elisabet. Ella no lo pudo haber sabido de otro modo, se le dice acerca de Elisabet quien al momento está embarazada con seis meses a pesar de ser de edad avanzada, como ya dije, tendría entre 60 u 80 años de edad. Cuando el ángel deja a María ella se apresura, como vimos en el verso 39, para ir a la zona montañosa de Judea para reunirse con Elisabet.

Vimos algunas cosas relacionadas con esto que son absolutamente críticas. ¿Quién creería a una niña de 13 años de edad que había sido embarazada por Dios mismo? ¿Quién le creería? Bueno, solo habría una persona quien verdaderamente la entendería pues ella misma había recibido un milagro de concepción de parte de Dios. ¿Quién creería que una niña de 13 años de edad había sido visitada por el ángel Gabriel? Bueno, del mismo modo solo pudo ser Elisabet pues ella había sido visitada por Gabriel también. ¿Quién creería a una mujer que decía que sería madre del Mesías? Les diré quién: una mujer ya vieja a quien se le acababa de decir que sería la madre del predecesor del Mesías. Y si el predecesor ya había sido concebido, el Mesías no podía estar muy atrás de él.

Era entonces muy importante que María visitara a Elisabet. Y la razón por la que ellas dos debían reunirse era para la confirmación de este mensaje increíble. La última vez vimos cómo fue que esa reunión tuvo lugar y cómo fue que María recibió su confirmación personal. El ángel vino a ella y le creyó, pero seguramente en medio de su fe había algunas ligeras dudas y preguntas de cómo era que iba a suceder, y cómo sabría ella que ya había sucedido. Podemos decir que el milagro iba más allá de lo que ella podía concebir en su mente, ¿qué involucraba todo esto? Sólo podemos imaginar las emociones que se arremolinaban, que se agitaban en la mente de María. El ángel le dijo que ella tendría un hijo dentro de su vientre que sería creado ahí por Dios. Ese hijo sería el Mesías de Israel, el Salvador del mundo, Dios hecho hombre. Por un lado ella pudo estar pensando acerca del privilegio, pues seguramente debió haber muchas madres judías quienes desearían ser la madre del Mesías. Ella sabía que ese honor era algo singular, este honor era único.

Por otro lado, ella solo tenía 13 años, y ya estaba comprometida con otro hombre joven que se llamaba José. Súbitamente ella ahora estaba en la posición de no casarse, embarazada y esto no solo era penoso, sino que hasta su vida estaba en riesgo. Deuteronomio 22 pedía la ejecución en condiciones como esta, y la sociedad de su tiempo demandaba un divorcio al estar en esta condición. José estaría seguro que este no era su hijo. ¿Habría una desgracia ahí? ¿Sería ella una repudiada? ¿La apedrearían? ¿Se divorciaría? ¿Cómo haría para que la gente le creyera esto? Todos estos pensamientos giraban alrededor de su mente, a pesar de que ella lo creía estos pensamientos debieron estar presentes en su mente.

A pesar de los temores, a pesar de las preguntas, ella se sometió voluntariamente al plan de Dios. En el verso 38 ella dijo al ángel Gabriel, "He aquí la sierva del Señor; hágase conmigo conforme a tu palabra." Esto nos muestra su fe, ella se somete completamente. Algunas mujeres se hubieran jactado. Otras se pudieron haber rebelado. Pero la respuesta de María es la correcta. Ella modestamente, silenciosamente acepta la voluntad de Dios para ella, y deja todas sus preocupaciones a Dios. Entonces ella va inmediatamente, dice el verso 39, a visitar a Elisabet y ahí es donde ella recibe su confirmación personal.

Les dije que ella recibió una confirmación en tres partes. Primero, una confirmación personal cuando ella pudo ver el milagro del nacimiento, o bien el milagro de concepción que había ocurrido también a Elisabet ya que ella podía ver que ahora Elisabet tenía seis meses de embarazo. Ahí estaba la confirmación personal de que los milagros de concepción eran posibles y de que Dios haría eso, por lo que Elisabet era una prueba personal de eso.

Después estaba la confirmación física cuando el bebé que estaba dentro de Elisabet, Juan el Bautista, saltó de gozo cuando él escuchó el mensaje acerca de la concepción del Mesías. Literalmente Dios, usando la animación física de ese feto, confirmó que de hecho esto era verdadera palabra de Dios.

Después estaba la confirmación profética. La confirmación personal vino de Elisabet. La confirmación física vino del aun no nacido Juan el Bautista. La confirmación profética vino de Dios mismo quien llenó a Elisabet con su Santo Espíritu y ella habló la palabra de Dios, como recordamos en los versos 42–45.

Todo esto removió cualquier rastro pequeño de duda que hubiera dentro de la mente de María, todo esto borró cualquier miedo o pregunta ligera. Esta era la confirmación final de que lo que el ángel le había dicho era una realidad total y que ella cargaba dentro de su vientre los comienzos de la vida del Mesías, el Salvador del mundo. Todas sus dudas habían sido borradas, todas sus preguntas, hasta cierto punto, habían sido respondidas, su fe había sido establecida como una roca sólida, esta es la razón por la que en el verso 46 ella literalmente explota en alabanza, la alabanza se desborda fuera de su boca.

Esto es lo que ella dice, "Engrandece mi alma al Señor; Y mi espíritu se regocija en Dios mi Salvador. Porque ha mirado la bajeza de su sierva; Pues he aquí, desde ahora me dirán bienaventurada todas las generaciones. Porque me ha hecho grandes cosas el Poderoso; Santo es su nombre, Y su misericordia es de generación en generación A los que le temen. Hizo proezas con su brazo; Esparció a los soberbios en el pensamiento de sus corazones. Quitó de los tronos a los poderosos, Y exaltó a los humildes. A los hambrientos colmó de bienes, Y a los ricos envió vacíos. Socorrió a Israel su siervo, Acordándose de la misericordia De la cual habló a nuestros padres, Para con Abraham y su descendencia para siempre."

A esto se le conoce como el Magnificat de María, esto de la palabra en latín que significa "exaltar" y que ocurre en el verso 46 como "engrandece." Nosotros solo le llamamos la alabanza de María.

María es un modelo de creyente. Ella escuchó la palabra del Señor, la creyó, y se sometió a ella. Ahora ella alaba a Dios por ello. María es un modelo de creyente quien escucha la palabra de Dios, la cree con todo su corazón, actúan en base a ello sin importar las consecuencias que pueda esto traerle, deja todas sus preocupaciones a Dios y como consecuencia estalla en alabanza.

La alabanza de María es un clásico ejemplo de adoración pura. No hay ninguna otra mejor en el Nuevo Testamento. De hecho, esta también es llamada el Himno de la Encarnación. Es un himno de alabanza a Dios quien está encarnando a Cristo, y en el caso de María está dentro de su vientre.

Ahora, sólo unos pensamientos generales de lo que acabamos de leer, esta es la alabanza de María. Está llena de ecos de la Escritura. Y nos revela que María, esta jovencita en su adolescencia, tenía su corazón y su mente literalmente saturadas de la palabra de Dios del Antiguo Testamento. El canto contiene muchos ecos de la oración de Ana en 1 de Samuel 1 y 2. Ana es la que había orado a Dios para que le diera un hijo y Dios trabajo maravillosamente en su vida para darle un hijo al cual llamó Samuel. El salmo que María derrama aquí contiene varias referencias a la ley, a los Salmos y a los escritos de los profetas. Esto indica que esta jovencita conocía el Antiguo Testamento. Este es un gran testimonio de su vida y su devoción; este es un gran testimonio acerca de sus padres, de cómo fue que ella fue educada para amar la Palabra de Dios y saberla bien. Y esto no quiere decir que antes de ofrecer esta alabanza ella fue a encontrar su concordancia de tal modo que pudiera mencionar esta mezcla de versos. No, estos simplemente fluyeron de su mente al tiempo que alababa.

Por ejemplo ella inicia en el verso 46 diciendo, "Engrandece mi alma al Señor," lo que es un eco del Salmo 34:2, "En Jehová se gloriará mi alma." En el verso 47 ella dice, "Y mi espíritu se regocija en Dios mi Salvador." El cual es un eco de Isaías 45:21, "Y no hay más Dios que yo; Dios justo y Salvador; ningún otro fuera de mí." En el verso 48 ella dice, "Porque ha mirado la bajeza de su sierva," lo que es un eco de 1 Samuel 1:11, "Jehová de los ejércitos, si te dignares mirar a la aflicción de tu sierva, y te acordares de mí, y no te olvidares de tu sierva," que son palabras de Ana. También esto es reminiscente del Salmo 136:23, "en nuestro abatimiento se acordó de nosotros, Porque para siempre es su misericordia." Nuevamente en el verso 48 ella dice, "Pues he aquí, desde ahora me dirán bienaventurada todas las generaciones," lo que es un eco de Lea en Génesis 30 verso 13, "Para dicha mía; porque las mujeres me dirán dichosa." En el verso 49 ella dice, "Porque me ha hecho grandes cosas el Poderoso," lo que es un eco de Salmo 126:3, "Grandes cosas ha hecho Jehová con nosotros, estaremos alegres." Y luego en el verso 49 ella dice, "Santo es su nombre," que es una cita directa del Salmo 111:9, "Santo y temible es su nombre." Y así continúa porque se nota que ella es versada en el Antiguo Testamento conforme ella va desarrollando y dando a conocer su familiaridad con la Escritura y la aplica a su propia situación.

Esto nos hace comprender que ella entiende la historia de Israel. Ella comprende cómo es que Dios ha ejercido su poderoso brazo en el verso 51 y cómo en el pasado él ha esparcido a los soberbios. Él ha hecho caer a los gobernantes. Él exalta a los humildes. Él ha llenado a los hambrientos con buenas cosas, enviado a los ricos con las manos vacías. Ella comprende cómo ha sido la historia de Israel y cómo es que Dios los ha ayudado, verso 54, se ha acordado de la promesa de misericordia; en el verso 55, por el pacto abrahámico. No sólo conoce la Escritura, ella conoce la teología de pactos. Conoce la teología del pacto abrahámico. Entiende que esta fue como una garantía eterna hecha a Abraham por medio de la cual todas las generaciones serán bendecidas. Sabe mucho de la Escritura y también tiene mucho entendimiento de la teología. Había leído, había escuchado, había memorizado, había meditado en las sagradas Escrituras y cuando su corazón explotó en alabanza no fue trivial ni fue algo que ella inventara. Simplemente la escritura salió de su boca. Su alabanza era lenguaje de la escritura, esto mostraba la abundancia de su mente y su familiaridad con los textos. De

07_La adoración de María

la abundancia de la mente habla la boca, dice Mateo 12:34 y cuando habló reflejó que su corazón estaba lleno de la palabra de Dios.

María, esta pequeña jovencita conocía la Escritura de Dios, al Dios de Israel de una manera profunda y personal; conocía Su Palabra, la entendía, la había estudiado, se había aferrado a sus promesas y a sus pactos. Y esas promesas llenaban sus pensamientos y su corazón. Y cuando dice en el verso 48, "desde ahora me dirán bienaventurada todas las generaciones," ella está hablando de ella misma como la receptora, no como la dispensadora de la bendición. No dice que todas las generaciones mirarán a ella para ser bendecidos. Ellos me considerarán bendecida por lo que yo recibí. Nunca es ella la dispensadora de bendición. Nunca es ella la dispensadora de la gracia divina. Es al Señor a quien ella magnifica en el verso 46. Es Dios mi Salvador a quién su espíritu exalta en el verso 47. Ella canta de las grandes cosas que Dios ha hecho ha hecho en ella en el verso 49. Dios ha hecho grandes cosas para su beneficio. Ella se regocija por la gran misericordia que Dios le ha tenido.

Y como pueden ver nada de esto da la tonta idea de que María deba ser un objeto de nuestra adoración. María no se identifica a sí misma como un objeto de adoración, en su lugar ella adora a Dios. Trágicamente, es irónico que alguien la hiciera objeto de adoración, la hicieran el objeto de alabanza. En una ocasión una mujer de la multitud trató de hacer eso, está registrado en Lucas 11. En medio de la multitud una mujer clamó a Jesús, "Bienaventurado el vientre que te trajo, y los senos que mamaste." Y podemos decir que eso era verdad. Ella era bendecida, pero la respuesta inmediata de Jesús es para no elevar a María. Su respuesta en Lucas 11:28 fue esta, "antes bienaventurados los que oyen la palabra de Dios, y la guardan." La ruta hacia la bendición es por el camino de la obediencia a la Palabra de Dios. Eso era verdad para María, es una verdad para cualquiera y para todos.

Esta es la clave para el entendimiento de la alabanza de María. Esta es una expresión de una fe enorme. Es una expresión de su amor por Dios, de su adoración a Dios, de su entendimiento de la escritura, de su entendimiento de las promesas de Dios, los compromisos de Dios. Una jovencita en circunstancias increíbles, con inmensos retos y dificultades, y a pesar de ello está entregando su adoración al Dios que ella conoce y al que ella cree.

Lo que obtenemos de esto es todo el legado de María nos dejó en un ejemplo de lo que debiera ser el modelo del creyente. Como ya dije, ella no escucha tus oraciones, ella no contesta oraciones. Ella no es la corredentora. Todas las cosas que el mundo dice de María tergiversan lo que verdaderamente es ella. Ella quedaría horrorizada si se enterara que la gente le rinde adoración. Ella es un modelo de un verdadero adorador quién adora al único que es digno de ser adorado. Ella no es el objeto de adoración, ella es la que rinde adoración.

La actitud de la adoración

Te voy a mostrar tres cosas que aprendemos acerca de la adoración de María. Número uno es la actitud de la adoración. María es una ilustración perfecta de la actitud de la oración. Te voy a dar cuatro sub puntos de esto que nos muestran, al menos para mí, la actitud de la adoración.

La adoración es interna

Número uno, la adoración es interna. Notarás en el verso 46 que María dice, "Engrandece mi alma al Señor." En el verso 47, "Y mi espíritu se regocija en Dios mi Salvador." Más profundo que su boca, más profundo que sus labios se encontraba su alma y su espíritu. Estos términos son en realidad intercambiables dentro de la Escritura, estos dos tienen que ver con la persona interior. Con todo su ser interior, su mente, emociones, voluntad, ella los tiene todos, todas sus facultades mentales, todos sus sentimientos emocionales, todos esos elementos de su ser dentro de ella son mostrados juntos como elementos de una gran orquesta que va en un crescendo de adoración, todo desde su ser más íntimo. La adoración comienza con una actitud. Es el corazón interno de la alabanza de adoración lo que es la esencia de la verdadera adoración. La adoración externa, la hueca observancia superficial es intolerable para Dios. Isaías 29:13 dice, "Porque este pueblo se acerca a mí con su boca, y con sus labios me honra, pero su corazón está lejos de mí." Esto es quitarle la adoración a Dios. Jesús dijo Dios es espíritu y aquellos que lo adoran lo deben adorar en espíritu y en verdad. Esta tiene que surgir desde el interior.

El verdadero adorador es aquél quién su corazón está entregado a adorar a Dios con total sinceridad, aquél que desde lo más íntimo tiene profunda gratitud a Dios. Y es de ahí de donde debe de salir, no de la superficie. No puede ser hueco. No pude ser en ningún sentido superficial. Esto es intolerable para Dios. Debe salir desde el profundo interior del alma y del espíritu. Como si fuera inalterable por las circunstancias se eleva por lo que conocemos que es verdad acerca de nuestro Dios y sus grandes obras. Es interna. Construyamos algo más acerca de esto.

La adoración es intensa

Segundo, es intensa. En el verso 46 dice, "Engrandece mi alma al Señor," algunas traducciones dirían, "hace grande," otras, "magnifica." La palabra es *megalunei*. *Mega* en otras palabras, significa hacer grande, amplificar, causar que algo se inflame, o causar que algo crezca, extender algo. *Mega* también se usa con algo que se hace más audible, es usada para la palabra "grande" y "largo" y por lo tanto implica la intensidad aquí.

María no está simplemente adorando a Dios profundamente en una forma común, sino con una amplificación, agrandando, con una actitud de agrandar desde su corazón. Y después llega la palabra "regocijar" en el verso 47, "mi espíritu se regocija," o se regocijó, *agaliao* en el griego, quiere decir sobre regocijado. Esta es otra palabra hiperbólica nuevamente, es otra palabra que quiere decir gozo en exceso, o como es traducida en otro lugar "gozo inefable," un gozo extremo, un gozo grandioso. De este modo es más visible aquí la intensidad. Este es un tipo de cosa que está saliendo de dentro de esta jovencita.

María no solo adora de manera interna, ella es también intensa. Lo ven, con María no hay necesidad de manipular la adoración, y la verdadera adoración dentro de nosotros es exactamente lo mismo. No es algo que tengas necesidad de inducir en la superficie. No sé qué piensen ustedes pero yo no necesito escuchar música estridente con una melodía emocional o psicológica para que salga de mi la adoración a Dios. Tiene que ser algo más profundo que esto. No puede ser inducida por cierto tipo de música, por sonidos en el órgano y con ventanas emplomadas, etc. Esta es una de las razones, para ser honesto con ustedes, y esta es una de las razones por las que tengo un tipo de desagrado hacia este tipo de cosas. No es necesario observar con detenimiento esta escena para darnos cuenta que no hay ningún tipo de equipo de sonido. Es un lugar austero, y esto no quiere decir que sea algo erróneo en sí mismo, es simplemente para asegurar que la adoración no está unida o atada a sonidos producidos por medio de algún amplificador; de hecho, y sé que probablemente no estarán de acuerdo con migo en esto, pero muchos de los lugares que he visto alrededor del mundo y que se han preocupado mucho por tener todo tipo de equipos electrónicos, son lugares en donde la verdadera adoración no está sucediendo. La adoración es algo que sale del corazón, no es algo que tengas que inducir.

La música que presentamos en esta iglesia, *Grace Community Church*, no es un tipo de música que tenga la intención de manipular tus emociones, es música que tiene la intención de hacer algo dentro de tu mente; es música para hacerte pensar, no para hacerte sentir. Queremos que pienses en las grandes verdades de tal modo que tú puedas adorar a Dios basado solamente en las cosas que son verdad acerca de Él, esto es la adoración en verdad y en espíritu.

Por lo tanto, la adoración que María ofreció no era algo que necesitara algún tipo de inducción externa para que fuera generada. Era algo que provenía del corazón y basado en la contemplación de lo que Dios estaba haciendo en su vida, y veremos un poco más acerca de esto en un momento. Ella adoraba por lo tanto internamente y lo hacía con intensidad. Ella no podía resistir el exaltar al Señor y toda esta actitud de supremo gozo.

Pueden viajar por todo el mundo y encontrarán estatuillas de María y santuarios dedicados a ella por todos lados. Yo los he visto en iglesias, catedrales, dentro de casas, incluso en los lobbies de los hoteles, hasta dentro de las habitaciones he llegado a encontrar algo así. Las he visto en restaurantes, en las orillas de las carreteras, en los lugares donde atracan barcos, y en rutas que pudiéramos decir que conducen a lugares remotos. Este es el resultado de la exaltación que hace la iglesia Católico Romana de María diciendo que ella concibió de manera inmaculada, que ella tuvo una vida sin pecado, que ella fue una virgen perpetua, y que debido a su vida sin pecado ella no murió sino que ascendió al cielo en lo que ellos llaman la ascensión de María. Ellos han enseñado que ella es la reina del cielo y que ella es corredentora con Cristo. Pero tristemente todo esto es ajeno a lo que las escrituras enseñan, nada de esto se encuentra en la Biblia y todo esto hace que la historia de María se casi imposible de entender. María no es alguien que deba ser adorado, María es alguien que era una pura y verdadera adoradora de Dios. Aquí está exaltando a Dios intensamente, no es una adoradora superficial. Nadie la induce a esto, todo es espontaneo. No es generado por circunstancias exteriores que fueran como premoniciones para ella, esta es generada por una actitud interna, surge desde dentro con gran intensidad.

La historia de Israel puede mostrarnos un contraste de esto. Todo lo que tenemos que hacer es ir y leer Malaquías. Si leemos el primer capítulo de Malaquías del verso 7 al 14, Dios acusa a la comunidad judía, el pueblo judío es acusado porque estaban trayendo sacrificios contaminados. En lugar de traer corderos sin defecto, estaban trayendo a los que tenían defectos. Estaban ofreciendo a Dios lo peor de sus rebaños. Toda su adoración, todos sus sacrificios eran una farsa de superficialidad, por lo que Dios, en Malaquías 1 dice, "En que ofrecéis sobre mi altar pan inmundo. Y dijisteis: ¿En qué te hemos deshonrado? En que pensáis que la mesa de Jehová es despreciable. Y cuando ofrecéis el animal ciego para el sacrificio, ¿no es malo? Asimismo cuando ofrecéis el cojo o el enfermo, ¿no es malo? Preséntalo, pues, a tu príncipe; ¿acaso se agradará de ti, o le serás acepto? dice Jehová de los ejércitos."

El profeta Amós, el pastor de Tecoa, enviado por Dios para exponer y denunciar la apostasía y la hipocresía de Israel dijo esencialmente lo mismo, en Amós 5:21. "Aborrecí, abominé vuestras solemnidades, y no me complaceré en vuestras asambleas. Y si me ofreciereis vuestros holocaustos y vuestras ofrendas, no los recibiré, ni miraré a las ofrendas de paz de vuestros animales engordados. Quita de mí la multitud de tus cantares, pues no escucharé las salmodias de tus instrumentos."

Tenemos también al profeta Isaías en el capítulo 1:11–14, "¿Para qué me sirve, dice Jehová, la multitud de vuestros sacrificios? Hastiado estoy de holocaustos de carneros y de sebo de animales gordos; no quiero sangre de bueyes, ni de ovejas, ni de machos cabríos. ¿Quién demanda esto de vuestras manos, cuando venís a presentaros delante de mí para hollar mis atrios? No me traigáis más vana ofrenda; el incienso me es abominación; luna nueva y día de reposo, el convocar asambleas, no lo puedo sufrir; son iniquidad vuestras fiestas solemnes. Vuestras lunas nuevas y vuestras fiestas solemnes las tiene aborrecidas mi alma; me son gravosas; cansado estoy de soportarlas." Y así continua acusándolos de su superficialidad.

En contraste a todo esto encontramos a María quién amó a Dios profundamente en su corazón y quién supo de Dios y lo conoció muy bien. Y quién en respuesta a esta gran misericordia de Dios, a esta gran bendición de Dios de hacerla la madre de Mesías para traer al mundo al Salvador del mundo, al cordero de Dios, al prometido y glorioso rey, simplemente explota en adoración y no solo por esto está ella agradecida, sino porque lo que iba a iniciar Dios era la historia de la redención por medio de la llegada del Mesías. Ella está llena de gozo y su adoración es interna e intensa.

La adoración es habitual

Hay una tercera cosa acerca de esta adoración de María. Es habitual, es interna, es intensa y es habitual. Voy a tomar esto del verso 46 en donde tenemos un verbo en el tiempo presente, magnificar o exaltar, y analizándolo es un verbo en presente continuo por lo cual está acción es continua. Aquí tenemos a alguien que está en el flujo de una vida de adoración a Dios en una forma ininterrumpida. Las circunstancias fluctuantes no detienen la verdadera adoración porque no importa lo que suceda circunstancialmente eso no cambia a Dios, ¿correcto? Nada puede cambiar a Dios, no cambia su palabra y no cambia sus propósitos. No cambia sus promesas y por lo tanto no cambian nuestras responsabilidades, esta es la razón por la que el apóstol Pablo dijo, "dad gracias siempre." Las circunstancias de la vida pueden ser difíciles pero tu actitud deber ser de adoración continua porque nada que sea eterno puede cambiar. Su adoración fluye sin interrupciones.

Pablo dice que él ha aprendido a estar contento con cualquiera que sea su estado. Él aprendió en toda situación a ser agradecido. Toda su vida era una exaltación del Señor, si vivo, vivo para el Señor; si muero, muero para el Señor. Ya sea que viva o que muera, soy del Señor. Nunca nada cambió esto, no había fluctuación.

Esta es la manera en la que debemos vivir la vida. Esta es una expresión de adoración que nunca cesa y que es habitual. Diré algo más acerca de esto pero, pasé unos días de esta semana caminando por el desierto de Sonora, en Arizona, con algunos naturalistas. No sé qué sería lo que ellos estaban pensando, pero sí sé lo que yo estaba pensando, estaba pensando en Dios. Durante todo el tiempo, cada vez que ellos levantaban una piedra y me explicaban todo el ecosistema de un escorpión, lo único que yo podía pensar era acerca de la inteligencia de Dios.

Ellos me decían acerca de las montañas y las mesetas y todo eso, pero en lo único en que yo podía pensar era en Dios. Yo estaba sorprendido y sólo me decía a mí mismo, "esto es inexplicable, no hay límite para la mente de Dios. Todo lo vi desde la perspectiva de Dios. Nos decían acerca de toda la civilización del pueblo que vivió ahí, enumerando los cientos de miles que desaparecieron, y hablando acerca de las cosas que ellos hacían a manera de religión. No fue muy sorprendente para mí que ellos hayan desaparecido, probablemente el plan de Dios y el juicio de Dios cayó sobre ellos. Yo solo fui capaz de ver a Dios en todo y todo eso era una oportunidad para adorar a Dios, para alabarlo al ver sus manifestaciones. Así es como debe ser, quiero decir, así es como debe ser la vida de cada uno de nosotros, esta es la perspectiva de una adoración habitual. Si para ti la adoración solo sucede el domingo por la mañana, la realidad es que no está sucediendo. Si tenemos que inducirla de alguna manera, ¿a qué estás jugando? Debe ser una forma de vida dentro de la cual ves cada manifestación de Dios. Como David dijo, "siempre he puesto al Señor delante de mí."

La adoración es humilde

La adoración que podemos ver en María es una adoración interna, intensa y habitual. Y una cuarta cosa, es humilde. Y lo diré sin temor de contradicción. Solo la gente humilde adora.

Puedes preguntarte, ¿a qué te refieres con eso? Bueno, verás, la gente orgullosa no puede adorar a Dios, están demasiado ocupados adorándose a sí mismos. Y justo al inicio de los diez mandamientos Dios dijo, "No tendrás dioses ajenos." Y el dios dominante que compite por el trono del gobierno divino, eres tú. La adoración solo puede provenir de un corazón humilde, esto es lo correcto, solo de un corazón humilde. Esto es lo que dice Santiago 4:6, "Dios resiste a los soberbios y da gracia a los humildes." El orgullo se opone a la adoración. Solo hay dos cosas que pueden entorpecer la adoración: una es la ignorancia, la segunda es el orgullo.

Su adoración puede ser entorpecida si no conoces al Dios que están adorando. Esto es algo muy triste, hay mucha gente que dicen que son cristianos y que tal vez muchos de ellos estén sentados en iglesias donde no se enseña mucho, por lo que ellos no conocen mucho acerca de Dios. Su conocimiento de la Biblia es muy hueco, muy limitado, muy superficial, y hasta infantil. Son bebés espirituales. Y están siendo extraviados de adorar a Dios en el mayor sentido porque simplemente no saben lo suficiente acerca de Dios, para ser, literalmente, estimulado por esa realidad.

07_La adoración de María

Y otra cosa que se erige como un estorbo, una vez que se cruza la barrera de la ignorancia y conoces a Dios, y entiendes la palabra de Dios, otra cosa que interrumpe la adoración, que la interrumpe severamente al grado que repentinamente la suspende en su totalidad es el orgullo. El orgullo es la adoración de uno mismo para decirlo de manera simple. Quieren una definición de orgullo, aquí la tienen, adoración de uno mismo. La adoración de uno mismo compite con la adoración a Dios. La gente orgullosa no pude ser agradecida porque según ellos nunca obtienen lo que piensan que merecen, sin importar lo que ellos obtengan. La gente orgullosa no pude ser agradecida porque ellos constantemente recuerdan todas las cosas que ellos han considerado erróneas hacía ellos. La gente orgullosa no puede ser un verdadero adorador de Dios porque ellos quieren contraatacar a cualquiera que los ofende, esto hace que ellos se amarguen. La gente orgullosa encuentra muy difícil el poder ser llena de adoración porque constantemente reflejan que ellos han sido tratados mal, incluso por Dios.

Así que cualquiera que se considere un verdadero adorador es una persona que no es egocéntrica. Entre menos egocéntricos sean, será más probable que puedan adorar a Dios. Si solo pudieran cruzar la barrera de su ignorancia y enseñarles quién es Dios, y entonces pudieran lidiar con el pecado del orgullo, será cuando verdaderamente podrás adorar en espíritu y en verdad. De hecho, la Biblia dice que Dios odia el orgullo. Y cuando llegas a Jesús, de acuerdo a las bienaventuranzas, él te dice, "bienaventurados aquellos que son pobres de espíritu," esto quiere decir que se dan cuenta de su bancarrota, de que no son nada. "Bienaventurados los que lloran," se lamentan de su valor nulo. "Bienaventurados los que son mansos." "Bienaventurados los que tienen hambre y sed de justicia," porque ellos saben que no tienen nada que ofrecer. Son los mansos y humildes los que adoran.

Esta es María, veamos más en el verso 48, "Porque ha mirado la bajeza de su sierva." Y lo que sigue es sorprendente, "Pues he aquí, desde ahora me dirán bienaventurada todas las generaciones." ¿Lo pueden creer? ¿No es sorprendente? Dios me ha mirado cuando yo no soy nadie, es lo que ella dice. Y esto es algo que es imposible de pensar, solo por su misericordia, yo, una absoluta doña nadie, una humilde esclava que no es nadie, y generación tras generación después de esto van a notar como es que Dios puede bendecir a quienes son como yo, un/una nadie. Esto es lo que ella está diciendo.

Como dije al principio, cualquier otra mujer que hubiese sido escogida para ser la madre del Mesías estaría mostrando su orgullo por esto; pero nunca vemos esto con María. Solo se muestra completamente sorprendida de que Dios la hubiera usado para esto. Ella sabía que era pecadora. Ella sabía que no era nadie. Por lo tanto supo que esto era misericordia. Veamos el verso 49, "Porque me ha hecho grandes cosas el Poderoso," en otras palabras, el poder de Dios se ha manifestado en mi vida produciendo a un niño dentro de mí. Y aquí viene la parte que tenemos que resaltar, "Santo es su nombre." Esto es como lo que resalta todo lo que ella dijo, es como si dijera, "no soy nadie, y en el futuro todas las generaciones me van a considerar como alguien que fue bendecida por Dios a causa de que el Poderoso vino a mi vida y me dio a este niño, y lo más sorprendente es que Él es santo y aun así Él ha condescendido trabajar en mi vida.

Lo ven, fue la santidad de Dios la que operó en contra de su pecaminosidad, y esto le resonó en la mente. Este es el punto, esto la dejó completamente sorprendida. Primero que nada, socialmente ella no era nadie, ella dice que Él ha considerado su bajeza. Bajeza que hace referencia a la humillación del ser. Ella no era nadie, era una simple muchacha de un pueblito que se llamaba Nazaret. Ella no era nadie, no era importante dentro de la sociedad, no tenían ningún grado de importancia. Y aun después de que todo esto sucedió ella no se sintió importante en ningún sentido. No se subió a ningún trono, la iglesia temprana nunca la puso sobre algún pedestal o trono. Nunca se le dieron honores, no vemos que se le den honores en ningún lugar dentro del libro de Hechos de los Apóstoles. Ella simplemente se mezcló dentro de la iglesia como si fuera cualquier otra. Era una mujer muy simple.

En efecto era de la línea real de David, pero debemos entender que había muchas personas que eran de la línea real de David y que estaban, por así decirlo, en oculto. Su secreto íntimo era que ellos eran de la línea real de David, pero esto era un secreto para todos los demás y muchos de ellos se encontraban dentro de los pobres. Ella era una mujer común y estaba comprometida con un hombre también muy común, de hecho, era un aprendiz de carpintero. ¿Qué hacía un carpintero? Hacía yugos para las bestias de carga, hacía arados, hacía duelas y bastones, mesas y sillas, incluso podía hacer trabajo de mampostería. Todo esto lo hacía un trabajador muy común.

Pero no era su estatus social lo único que la describía. A pesar de que ella misma dice que es una mujer de bajo nivel social, y de que eso se refiere a ella como un tipo de humillación al estado de su ser, esto no estaba limitado a su estatus social, esto tiene que ver más con su carácter espiritual. Ella se reconoce como pecadora, reconoce que ella es pecadora. ¿Cómo es que Dios el todopoderoso, quién es perfectamente santo se relacione con esta mujer? Esto es simplemente algo mucho mayor a lo que ella es capaz de comprender. Ella no tiene una percepción de sí misma como alguien que deba ser exaltada, ella percibe a Señor como exaltado dentro de la humilde percepción que tiene de ella misma. Ella simplemente está sorprendida de que Dios haya venido a ella, esta humilde doña nadie, esta esclava. El hecho de que todas las generaciones la llamarán bienaventurada y de que esta bendición singular y única que Dios puso sobre ella la tiene sorprendida, el hecho de que el Todopoderoso haya hecho este acto portentoso de plantar al Mesías dentro de su vientre. Un pensamiento de sorpresa que rebasa a cualquier pensamiento, Él es santo y a pesar de ello sigue interactuando con ella.

Este es el asunto, este es el tipo de humildad que la convierte a ella en una verdadera adoradora. Cuando te encuentras abrumado con tu pecaminosidad y reconoces la santidad de Dios, entonces es cuando eres bendecido y te puedes dar cuenta de que un Dios santo ahora trabaja en tu vida. Esta es la humildad. Si María tuviera que ser exaltada, si ella debiera ser bendecida, como lo dice el verso 42, sería por el hecho de que Dios vio su completa falta de valor, su pecaminosidad, su bajeza y después le dio una misericordia muy especial.

En Isaías 57:15 dice, "Porque así dijo el Alto y Sublime," este es Dios hablando, "el que habita la eternidad, y cuyo nombre es el Santo: Yo habito en la altura y la santidad, y con el quebrantado y humilde de espíritu." Dios dice yo estoy en el cielo, y ¿adivina quién está con Él? Esto con los humildes, habito con el quebrantado y humilde de espíritu.

¿Cuál es entonces la actitud de adoración? Esta es interna, es intensa, es habitual y es humilde. La actitud correcta para la adoración es un profundo sentimiento de corazón que surge de una intensa actitud y gozo a causa de la misericordia de Dios que explota de dentro de una forma habitual de un alma humilde que es abrumada por su propio sentimiento de reconocer que no vale nada. Esta es la actitud de adoración.

El objeto de la adoración

Segundo, veamos ahora el objeto de la adoración. Una vez más esto nos lo enseña María por medio de su ejemplo. El objeto de la adoración se encuentra claramente declarado en el verso 46, "Engrandece mi alma al Señor." Nota como es que ella define al Señor en el verso 47. "Y mi espíritu se regocija en Dios mi Salvador." Podría haber dicho muchas otras cosas, Dios mi ayudador, Dios mi fortaleza, Dios mi sabiduría. Pudo haber dicho muchas otras cosas acercad de Dios pero la realidad es que la adoración se enfoca en Dios como Salvador. Permíteme explicarte: si yo creo que Dios fue el Creador, y lo creo, desde luego, pero si yo estuviera limitado a ello, si yo creyera y mi creencia en Dios estuviera limitada a que es el Creador, sería algo difícil que yo lo adorara. Podría yo decir, "Bueno, ¿sabes?, tú tienes una mente perfecta, eres un Dios sorprendente porque tú hiciste todo esto." Pero no tendría mucho por qué adorarlo si Él nunca hubiera hecho nada para liberarme de mis pecados y del juicio eterno. ¿Cuál sería el punto? Yo creo que siempre estaría yo diciendo, "Bueno, qué bien que hayas hecho todo esto, pero ¿no hay algo que puedas hacer con respecto a mi pecado?" Como las naciones del mundo que tienen sus deidades, podría yo temer a Dios y tratar de apaciguarlo, o bien de hacer la paz con Él. O como los profetas de Baal, podría yo estar tratando de despertarlo de su sueño para que viniera a ayudarme, al menos de vez en cuando.

Pero si Dios no me ofreciera salvación de mis pecados y del juicio eterno en el infierno, sería más difícil que yo estuviera motivado a adorarlo. Francamente, estaría muy desilusionado. Esta es la razón por la que al final adoramos a Dios porque Él es el Creador, no porque Él sea el sustentador de la vida, no porque Él trajo a este mundo muchas cosas para hacernos ricos. Lo adoramos porque al final Él nos salva del pecado y del infierno. Ahí es donde María se encuentra. "Mi alma exalta al Señor y mi espíritu se regocija en Dios mi Salvador." Ella supo que en la llegada del Mesías la realidad de la salvación llegaría a su término. Ella sabía que lo que sucedería era que el Mesías nacería, el Cordero de Dios, el que llevaría nuestros pecados. Dios nos redimiría por medio de este niño, el nombre de este niño sería Jesús, Él salvaría a su pueblo de sus pecados, como dice Mateo 1. Así que ella sabía que era lo que iba a suceder. La salvación estaba sucediendo. Por lo que ella está adorando a Dios como el Dios Salvador y cuya salvación está llegando a este punto de la historia por medio de su Hijo.

Y como ya dije, no habría ningún punto para adorar a Dios si nosotros muriéramos y nos fuéramos al infierno. En lugar de adorarlo lo odiaríamos, lo despreciaríamos, nos sentiríamos engañados por Él. La adoración es primariamente, substancialmente, fundacionalmente porque reconocemos que Dios es nuestro Salvador, el que nos libra de pecado. Dios es un salvador, eso lo hemos dicho muchas veces. Dios es un Salvador por naturaleza. Incluso es un Salvador temporalmente, eso es porque los pecadores no mueren exactamente al minuto después de que pecan. Los pecadores pueden oler los pastos y las flores, y ver el cielo azul, comer buenas comidas, y sentarse en una silla confortable, amar a sus esposas y tener hijos bendecidos, besar un bebé, e incluso tomar unas vacaciones. Y ellos pueden vivir todo esto debido a que Dios por naturaleza es un salvador. Primera de Timoteo 4:10 dice, "Él es el Salvador de todos los hombres," temporalmente y físicamente, Él les da una gracia salvadora.

¿A qué me refiero con esto? A que justo en el momento que pecas debieras morir: la paga del pecado es muerte; el alma que pecare, esa morirá. Pero no mueres porque Dios es un Dios salvador y por naturaleza Él demuestra esto a un nivel físico. Tristemente hay personas que aceptan el hecho de que viven y continúan viviendo su vida, y que disfrutan de su gracia común, pero que nunca lo ven como el Salvador de sus almas eternas. Pero a pesar de ello, Él hace ver su naturaleza salvadora al salvar a los pecadores temporal y físicamente para guiarlos al arrepentimiento, como dice Romanos 2, de modo que entonces los pueda salvar espiritual y eternamente.

María está diciendo, "Dios es mi Salvador," no sólo de las enfermedades y de los problemas de la vida. Dios es mi Salvador del pecado, esto es lo que ella está diciendo. Dios es el Salvador de mis pecados. Este niño sería llamado Jesús, Mateo 1:21, porque él salvaría a su pueblo de sus pecados. María está adorando a Dios como una pecadora porque ella se encuentra tan abrumada por saber que Dios la salvará de sus pecados; sabía que esto dependía sólo de la gracia.

Así que la actitud de adoración, que hemos visto, y el objeto de la adoración, que también hemos visto; el objeto de la adoración es Dios nuestro Salvador. Sin importar lo que nos venga en la vida, sin importar los problemas que tengas, a la luz del final, no hay de qué preocuparnos. Tu salvación es eterna y segura.

La razón de la adoración

El tercer elemento de la adoración que María ilustra es la razón o el motivo de adoración. Ella adora desde el fondo de su corazón, con intensidad, habitualmente, humildemente; ella adora al Dios que es el Salvador, ella adora por tres razones.

Por lo que Dios está haciendo por ella

Esta es una muy buena ilustración. Veamos el verso 48, "Porque ha mirado la bajeza de su sierva; Pues he aquí, desde ahora me dirán bienaventurada todas las generaciones." La adoración en realidad comienza aquí; inicia con lo que Dios está haciendo con tu vida, y es justo aquí en donde María inicia su adoración. Es lo que Dios está haciendo en mi vida lo que me provoca a adorarlo. La persona que verdaderamente adora a Dios es aquella que ha experimentado el poder salvador de Dios, la misericordia de Dios. Ella es creyente, aquí tenemos una verdadera creyente. Y con toda seguridad ella era creyente antes del nacimiento de Cristo o de la cruz, ella era una verdadera creyente. Ella ha sido ya salvada de sus pecados por medio de la fe en el verdadero Dios. Ella era una genuina penitente, aun a su corta edad ella ya ha llegado al conocimiento de la ley de Dios. Y ella sabía que no cumplía con las demandas de esa ley. Ella dice, "Dios, mi Salvador." Y ahora ese trabajo de salvación podrá ser completado cuando Dios, quién la ha salvado a ella de sus pecados, colocará sus pecados sobre el Mesías quien tomará su lugar. Ella sabía que era pecadora, reconoció su necesidad, sabía que Dios era su Salvador y es en base a este conocimiento que ella lo adora.

Justo ahí es donde la adoración inicia, inicia personalmente. Como todos nosotros quienes somos salvados de nuestros pecados, comenzamos adorando a Dios por lo que Él ha hecho por nosotros. Ciertamente la sangre de David corría por sus venas, pero por muchas generaciones, esta raza real estuvo aislado entre los pobres, abrigando el secreto de su descendencia real pero viviendo de acuerdo a su estatus social de su momento. Ella no vio mucho su bajo estatus social sino que se fijó en su bajo estado espiritual. Estaba completamente sorprendida, verso 48, "Porque ha mirado la bajeza de su sierva." Literalmente, Él se ha fijado en mí. Dios me miro, alguien sin valor, una doña nadie sin derechos, sólo con pecados, y me salvó. Su adoración comienza siendo muy personal por lo que Dios ha hecho con ella. Esto es lo que la dejo maravillada.

Versos 48-49, "Pues he aquí, desde ahora me dirán bienaventurada todas las generaciones. Porque me ha hecho grandes cosas el Poderoso; Santo es su nombre." Algunas traducciones dicen, El poderoso me ha hecho grandes cosas, sabe que la salvó y que la llamó a esta vocación. La adoración verdadera inicia con lo que Dios ha hecho en tu vida. Y si tú no estás adorando a Dios, tal vez necesitas regresar y ser agradecido una vez más por lo que Dios ha hecho. Necesitas repasar una vez más la grandeza de Su salvación. ¿Se te ha olvidado la gracia de Dios sobre ti? ¿Qué tanto ha trabajado en tu vida? ¿Se te ha olvidado que el Poderoso ha hecho grandes cosas a tu favor y que santo es su nombre? ¿Has olvidado que el Santo Dios se detuvo para salvar a un completo pecador como lo éramos todos? Si no puedes ser agradecido por eso, tal vez sea porque no has reconocido que estás centrado en ti mismo. El alma gozosa, siente profunda alabanza y adoración abrumante; literalmente el corazón se derrama en alabanza a Dios cuando entiende y recuerda la gran salvación que recibió.

Por lo que Dios hará por otros

Así que primero que nada, la razón para su adoración era lo que Dios había hecho por ella. Segundo, la razón para su adoración se extiende hasta lo que Dios hará por otros, a lo que Dios hará por otros. No solo está sorprendida por el trabajo que Dios ha hecho con ella en su vida, sino que veamos el verso 50, "Y su misericordia es de generación en generación a los que le temen." Aquí ella está citando el Salmo 103:17. Y ella nuevamente está mostrando su familiaridad con el Antiguo Testamento. Ella dice, "no es sólo para mí, sino que esta misericordia de Dios, esta salvación de Dios, va a llegar generación tras generación tras generación a la gente que teme, que reverencia a Dios. Donde quiera que encontremos adoradores sinceros, en donde quiera que estén estos que verdaderamente adoran a Dios, que verdaderamente vienen a Dios por misericordia y gracia; para ellos está dispuesta esta misma salvación. Esta alabanza comienza con ella, como siempre lo hace, y después va más allá de ella y adora a Dios por lo que Él va a hacer en el futuro para traer esta misma salvación a todos aquellos que le teman. Otra manera de llamar a los salvos, a todos los que creen, todos aquellos corazones serán llenos con un respeto profundo y reverente por la persona de Dios, por su voluntad y tendrán un compromiso total con darle solo a Él la gloria. Ella está adorando a Dios no solo por su propia experiencia personal de salvación, sino por la que llegará a todos en el futuro.

Por lo que Dios ha hecho por otros en el pasado

Tercero, y pienso que esto es hermoso. Ella adora a Dios por lo que ha hecho por otros en el pasado. Comenzando con ella ahora se mueve más allá y después hace un retroceso. Verso 51, "Hizo proezas con su brazo." Aquí encontramos siete verbos en el tiempo aoristo. Hizo proezas, esparció, quitó, exaltó, colmó, envió y socorrió. Ella evidentemente está viendo hacia el pasado y está adorando a Dios por lo que Él hizo en su vida, por lo que hará en la vida de las generaciones que vendrán de gente que le temerá, y ella adora a Dios por lo que Él ha hecho antes en la historia. Ella mira hacia el pasado en la historia de la redención.

Esta es una forma típica de adoración judía, puedes encontrar esto por todos los Salmos. Es muy típica, de hecho ellos adoraban a Dios básicamente en dos categorías. Ellos adoraban a Dios porque Él era, recitando sus atributos, y por lo que Él había hecho, recitando sus obras. Ella recorrió la historia. El tiempo no me lo permite, pero créanme que si ella hubiese tenido tiempo hubiera ido y mostrado todo tipo de ilustraciones desde el Antiguo Testamento acerca de esto. Sin embargo ella dice, puedo recordar y ver aquellos tiempos en los que Él ha hecho poderosas obras con su brazo poderoso. La historia de Israel evidencia eso. Él ha esparcido a todos aquellos que fueron orgullosos con los pensamientos de su corazón. Por ejemplo, ¿cuántos de ustedes pueden recorrer la historia y ver lo que Dios hizo a faraón en Egipto? ¿Cuántos de ustedes pueden ir al libro de Daniel y ver lo que Él hizo a Nabucodonosor quién fue orgulloso y se enalteció en su corazón? Dios hizo que se comportara como una bestia. Dios hizo eso como defensor de su pueblo. El verso 52 nos dice, "Quitó de los tronos a los poderosos." Podríamos revisar la historia y ver cómo fue la toma de la tierra de Canaán y cómo fue que Dios usó a sus hijos de Israel para poseerla y hacer que esta se convirtiere en la posesión de Dios. Hubo muchos líderes y gobernadores que fueron destronados. Y en su lugar, dice el verso 52, "exaltó a los humildes." Él ha llenado a los hambrientos de muchas cosas buenas, y ha lanzado a los ricos con las manos vacías. Cuántas veces la mano del juicio divino cayó sobre los ricos y poderosos, sobre aquellos que habían prosperado por medio de sus actos egoístas. Cuántas veces, verso 54, "socorrió a Israel su siervo." Todo esto es historia.

Y así continúa, yendo a repasar la historia, seguramente teniendo algunas ocasiones especificas en mente. Pero debió estar haciendo un recorrido general de toda la historia de Israel. Su enfoque era la historia de Israel y la historia de la redención de Dios, también cómo fue que Dios cambió el orden social que era normal en aquella época. Los orgullosos con todos sus pensamientos, las imaginaciones de sus corazones, el poder que tenían al estar en las posiciones de poder y en sus tronos, el rico con todas sus posesiones, los derribó y los derrotó. Dios ha ejercido su poderoso brazo al derrotar a los orgullosos y al destruir el poder de los ricos y poderosos. Y por otro lado, Él ha llenado a los hambrientos con comida, con cosas buenas, y esto como tú sabes se toma del Salmo 107. Junto con esto Él ha exaltado a los humildes, verso 52, y le ha dado ayuda, socorro, a Israel su siervo, verso 54.

Dios cambia el orden natural, los más poderosos, los más ricos, y todos los intelectuales orgullosos no pueden soportar los propósitos de Dios. Dios los ha destruido y ha dado misericordia a los humildes, a los débiles, a los hambrientos, a los desechados, a los esclavos vagabundos que son Israel. Todo esto es algo muy bueno, el verso 54 dice, "acordándose de la misericordia," la palabra clave es misericordia. Lo hace recordando su misericordia. Él es misericordioso con los pecadores. Y tanto cuando más permanezcas en soberbia, en auto suficiencia, y que confíes en tus riquezas, en tu trono, en tus logros, en tu auto exaltación, Dios te va a derribar. Pero si tu corazón está hambriento y reconoces tu bancarrota espiritual, entonces Dios va a cambiar tu situación y Él te va a exaltar.

María vio una historia de misericordia en el pasado. Ella estaba experimentado misericordia en el presente. Y pudo ver la misericordia para las generaciones venideras. Ella ha repasado la historia de la redención. Adora a Dios quién es un Salvador, quién la está salvando a ella, quién salvara a muchas generaciones y que ha salvado a generaciones pasadas. María nos está presentando un himno increíble. Ella ve la historia de la redención como el cumplimiento del pacto abrahámico en el verso 55. Podemos decir que ella era una teóloga. "De la cual habló a nuestros padres, para con Abraham y su descendencia para siempre."

Si vas al libro de Génesis en el capítulo 12 y la sección siguiente y podrás leer la promesa que Dios dio a Abraham de que por medio de su descendencia todas las naciones del mundo serían bendecidas. Dios estaba prometiendo salvación en ese pacto. Y María está diciendo, Dios quien prometió en Génesis 12 salvación a Abraham y por medio de él está trayendo esta salvación misericordiosa a mi vida, y así lo hará con las generaciones que vendrán, así lo ha hecho en las generaciones pasadas. Dios es un Dios Salvador y ese propósito salvador alcanzará su culminación cuando Jesús vaya a la cruz para morir y cargar con los pecados de las personas en tres categorías, el presente, el pasado y el futuro. Así que este himno de adoración es un ejemplo de cómo y porqué debemos adorara a Dios. Vemos su actitud, vemos el objeto y las razones de su adoración. "Esta encarnación, este hijo es Dios mismo mostrándome misericordia, a mí y a las generaciones que me seguirán, fue para las generaciones en el pasado, ya que Jesús era el salvador de todos aquellos que creyeron en todas las generaciones que Dios cargó sus iniquidades, nuestras iniquidades, sobre Él.

Como pueden ver, María es como uno de nosotros, ella no debe ser adorada, ella es como nosotros. Ella escuchó la palabra de Dios y la creyó, ella actuó y como respuesta derramó una adoración con mucho agradecimiento. Esta es la manera en la que debe vivir todo creyente.

Oración final

Padre, te agradecemos nuevamente por otro pasaje de la escritura que inunda nuestras mentes con una verdad espiritual. Gracias por María, por el ejemplo que ella fue. Es como cualquiera de nosotros, en efecto fue bendecida de manera singular, al ser la madre de Tu Hijo, pero sigue siendo como uno de nosotros, una pecadora salvada por gracia y misericordia, sobrecogida con su falta de valor, deseosa de obedecer Tu palabra y saturada de alabanza. Ayúdanos a seguir su ejemplo. Amén.

REFLEXIONES PERSONALES

_Índice de citas bíblicas

Génesis
Génesis 1:11	105
Génesis 3:9	37
Génesis 4:17	15
Génesis 5	15
Génesis 5:21-24	11
Génesis 5:24	26
Génesis 6–9	185
Génesis 6:8	24
Génesis 10	105
Génesis 12	316
Génesis 15	128
Génesis 25	286
Génesis 30:13	302

Éxodo
Éxodo 1:8	183
Éxodo 2	185
Éxodo 2:1-10	179
Éxodo 2:3	185
Éxodo 2:5–6	186
Éxodo 2:7	187
Éxodo 2:10	187
Éxodo 2:11	189
Éxodo 3:7	191
Éxodo 4:27	191
Éxodo 7	191
Éxodo 12	191
Éxodo 12:37	192
Éxodo 12:41	192
Éxodo 13	192
Éxodo 14	192
Éxodo 14:5	192
Éxodo 14:11–12	192
Éxodo 14:28	194
Éxodo 14:31	194
Éxodo 15	194
Éxodo 15:1–18	194
Éxodo 15:20-21	179
Éxodo 17	195
Éxodo 18:7	282
Éxodo 19	32
Éxodo 20	20
Éxodo 23	129
Éxodo 23:7	224
Éxodo 32	129
Éxodo 35	195

Levítico
Levítico 10	132
Levítico 10:1–9	132
Levítico 10:8	165
Levítico 10:9	165
Levítico 17	40

Números
Números 3:10	37
Números 6	166
Números 6:24–26	133
Números 12	196
Números 12:6–8	196
Números 18:7	37
Números 20	129, 196

Deuteronomio
Deuteronomio 5:29	172
Deuteronomio 7	163

Índice de citas bíblicas

Deuteronomio 11	163
Deuteronomio 22	60, 300
Deuteronomio 25	242
Deuteronomio 30	228

Josué
Josué 2	204
Josué 2:1-21	202
Josué 6:20	207

Jueces
Jueces 6	128
Jueces 16	167

1 Samuel
1 Samuel 1	135, 218
1 Samuel 1:11	302
1 Samuel 8	31
1 Samuel 10:8	36
1 Samuel 11:13	35
1 Samuel 12:25	38
1 Samuel 13:2	35
1 Samuel 13:5	36
1 Samuel 13:15	36
1 Samuel 14:6	47
1 Samuel 14:13–14	39
1 Samuel 15	234
1 Samuel 15:14	41
1 Samuel 18	195
1 Samuel 20:14–16	45
1 Samuel 23:16–17	31
1 Samuel 23:16-18	29
1 Samuel 31:2	45

2 Samuel
2 Samuel 1:25–27	45
2 Samuel 4:4	46
2 Samuel 9	46
2 Samuel 23:20	267

2 Reyes 2
2 Reyes 2	18
2 Reyes 20	128

1 Crónicas
1 Crónicas 8	46
1 Crónicas 21	129
1 Crónicas 28:9	21

2 Crónicas
2 Crónicas 26	37
2 Crónicas 32	129

Ester
Ester 1	237
Ester 2:5	243
Ester 2:7	240
Ester 2:8-17	233
Ester 2:16	239
Ester 2:16–17	240
Ester 3:13	244
Ester 4:3	244
Ester 4:6	241
Ester 4:11	244
Ester 4:13-14	233
Ester 5:5–8	246
Ester 6:6	247
Ester 6:13	247
Ester 7:3–4	247
Ester 9:23–28	249
Ester 10:3	250

Salmos
Salmo 2	75, 84
Salmo 34:2	302
Salmo 58:11	21
Salmo 77	193
Salmo 93	193
Salmo 96	193
Salmo 97	193
Salmo 99	193
Salmo 103:17	314
Salmo 107	316
Salmo 111:9	302
Salmo 114:4	285
Salmo 119:10	21
Salmo 126:3	302
Salmo 136:23	302
Salmo 139	193

Índice de citas bíblicas

Proverbios
Proverbios 1	53
Proverbios 1:8	270
Proverbios 1:8-33	49
Proverbios 2	53
Proverbios 2:11	59
Proverbios 3:9	66
Proverbios 3:27	68
Proverbios 4:20-24	64
Proverbios 5:2	65
Proverbios 6:1	67
Proverbios 8:17	21
Proverbios 10:4	66
Proverbios 10:11	65
Proverbios 10:13	58
Proverbios 11:18	21
Proverbios 12:4	257
Proverbios 18:24	59
Proverbios 20	164
Proverbios 21:17	164
Proverbios 23	164
Proverbios 31	64
Proverbios 31:4	166
Proverbios 31:6	165
Proverbios 31:10	254
Proverbios 31:10–31	259

Isaías
Isaías 1:1-14	306
Isaías 5	89
Isaías 6:1	37
Isaías 6:1-8	87
Isaías 29:13	304
Isaías 40:3	169
Isaías 45:21	302
Isaías 53	89
Isaías 55:7	82
Isaías 57	77
Isaías 57:15	311

Jeremías
Jeremías 1:4	168
Jeremías 13	75
Jeremías 29	83
Jeremías 29:12–13	21

Ezequiel
Ezequiel 18	51

Daniel
Daniel 3	129
Daniel 4	75
Daniel 4:1	75
Daniel 4:9	78
Daniel 4:18	80
Daniel 4:24-28	71
Daniel 4:26	81
Daniel 6	129
Daniel 8	129
Daniel 9	129
Daniel 10	129

Amós
Amós 2:9	79
Amós 3:3	22
Amós 5:21	306
Amós 9:13–15	164

Jonás
Jonás 1:1-17	101
Jonás 1:3	104
Jonás 3:4	82
Jonás 4:1	113

Miqueas
Miqueas 6:4	181

Malaquías
Malaquías 1	306
Malaquías 1:7-14	306
Malaquías 3	169
Malaquías 4:6	171

Mateo
Mateo 1	312
Mateo 1:21	313
Mateo 3:4	159
Mateo 11	130
Mateo 11:11	160
Mateo 12:30	26
Mateo 12:34	303

Índice de citas bíblicas

Lucas
Lucas 1:15-17	155
Lucas 1:18-25	119
Lucas 1:39-45	275
Lucas 1:46-55	295
Lucas 2	289
Lucas 3	171
Lucas 7:28	160, 173
Lucas 11:27	289
Lucas 11:28	303

Juan
Juan 1:6	169
Juan 1:15	169
Juan 1:21	169
Juan 1:29	169
Juan 2	164
Juan 3:29	287

Hechos
Hechos 1	142
Hechos 7:20	185
Hechos 7:22	188
Hechos 7:25	190
Hechos 12	75, 128
Hechos 12:7	140
Hechos 12:25	137, 142
Hechos 13	147
Hechos 13:4-5, 13	137
Hechos 13:13	144
Hechos 13:21	34
Hechos 15	144
Hechos 15:39	145
Hechos 16	145
Hechos 24:25	82

Romanos
Romanos 1	73
Romanos 1:18	73
Romanos 1:28	73
Romanos 1:32	74
Romanos 2	312
Romanos 2:13	161
Romanos 16:6	197

1 Corintios
1 Corintios 1:26-27	15

2 Corintios
2 Corintios 5	174
2 Corintios 6:14–15	22

Gálatas
Gálatas 1:15	168
Gálatas 4	143

Efesios
Efesios 4	22
Efesios 5:18	164, 165

Colosenses
Colosenses 4:10	143
Colosenses 4:10–11	146

1 Timoteo
1 Timoteo 2	270
1 Timoteo 2:5	82
1 Timoteo 3	61
1 Timoteo 5:14	261
1 Timoteo 5:23	164

2 Timoteo
2 Timoteo 1:5	141
2 Timoteo 4:9–11	146

Tito
Tito 2:4	261

Filemón
Filemón 1:10-18	137
Filemón 1:11-13	149
Filemón 1:12-16	149
Filemón 1:24	146

Hebreos
Hebreos 11	15, 212
Hebreos 11:5	26
Hebreos 11:5-6	15

Hebreos 11:23	184		**2 Pedro**	
Hebreos 11:24–25	187		2 Pedro 1	128
			2 Pedro 1:21	288
Santiago				
Santiago 4:6	308		**Judas**	
Santiago 4:10	161		Judas 1:14-15	15
1 Pedro			**Apocalipsis**	
1 Pedro 3:4	161		Apocalipsis 11	170
1 Pedro 3:6	261			
1 Pedro 4:3	165			

Índice temático

A

A gran voz 53, 275, 279, 288-289.
Aarón 121, 123, 125, 132, 165, 181, 184, 188, 191, 194-197.
Abel 16, 21.
Abías 121, 125.
Abismos 59, 110, 193.
Aborto 73, 227.
Abraham 19, 22, 123, 128, 160, 187, 261, 295, 301, 302, 316.
Abrahámicas, promesas 250, 302, 316.
Aceptación 230, 306.
Acoso sexual 263.
Adán 16-18, 20-21, 25, 37.
Adoración 26, 55, 81, 108, 110, 197, 209, 224-226, 229, 289, 292, 295-296, 301, 303-304, 308-311, 313-317.
Adulterio 60-63.
Afecto 44-45, 145, 225, 241, 247, 282.
Agua 25, 63, 68, 77, 103-105, 109-112, 114, 122, 163-165, 185, 188, 193-195, 201, 206, 238-239, 164.
Águila 83, 209.
Alfabeto hebreo 259.
Altísimo 75-76, 80-81, 83-84, 160, 171, 279, 281, 299.
Ama de casa 262-264, 268, 270-271.
Amalecitas 41, 195, 197, 204, 242-243.
Amán 242-250.
Amor 20-21, 23, 42, 44-47, 56, 58, 62, 64, 107, 109-110, 112, 142, 150-152, 163, 171, 174, 187, 195, 201, 209, 213, 220-221, 225-226, 230, 240, 250-251, 256, 260-264, 268, 270-272, 303.
Ancianos 32, 61, 150-151, 166, 244, 253, 262.
Ángel 26, 59, 79, 80, 95, 119, 121, 124-134, 140, 157-158, 160, 162, 170, 173, 191, 211, 275, 277-283, 289, 291, 298-301.
Animales 25, 34, 41, 90, 114, 133, 193, 306.
Antiguo Pacto 230, 245, 250, 302, 316.
Antioquía 142-144, 151.
Apocalipsis 122, 129, 170.
Apóstol 58, 122, 124, 134, 139, 141, 143-152, 212, 307, 310.
Apostólico 147.
Arca de Noé 185.
Arquitecto 250-251.
Arrepentimiento 32, 82, 105-106, 113-114, 171-172, 174, 312.
Artajerjes 238.
Asuero 236-250.
Auto-indulgencia 263, 266.
Aves 24, 79, 81, 83, 209.

B

Babilonia 77, 82-84, 89, 93, 107, 147, 188, 236-237, 239-240, 248.
Bautista, Juan el 112, 127, 129-130, 155, 157, 159-160, 168, 170-171,

173, 229, 277-278, 285-287, 298, 300.
Belial 22, 228.
Belleza 185, 239, 241, 245, 268, 271.
Benaía 267.
Bernabé 141-142, 143-146.
Bestias 29, 79, 81, 310.
Bienaventurado 254, 270-271, 275, 279, 289, 291, 295, 301-303, 309-310, 313-314.
Boantropía 80.
Bondad 54, 107, 111, 183, 266, 270-271, 289.
Brea 185.
Bruce, F. F. 151.
Buenas Nuevas 119, 121, 129-130, 136, 146, 152.

C

Caín 15-16, 25.
Cainán 17.
Caldeos 77-78, 235.
Campamento 208.
Canaán 89, 204, 209, 315.
Cananeos 204, 206, 208-209.
Cárcel 140-141, 146-149, 159.
Carpintero 310.
Carrera 107, 146, 256.
Castigo 37, 57-58, 60, 130-131, 134, 150, 157, 202, 208-209.
Castigo físico con vara 57-58.
Celestial 21, 27, 95, 126, 146, 152, 218, 226-229, 290.
Ceremonias 165, 282, 288.
Chipre 144.
Clemencia 254, 270.
Colosas 145-146, 149, 150-151.
Comadreja 209.
Compañerismo 20, 22.
Compasión 80-8, 104, 111, 115-116, 186, 269-270.
Compromiso espiritual 173.
Comunidad 262, 306.
Concepción 134, 157, 167-168, 277-278, 280-284, 286-287, 289, 299-300.

Concilio 27.
Concubina 240, 260.
Condenación 25, 37-38, 51, 66, 94, 96, 106, 116, 230.
Confianza 41, 45, 55-56, 116, 123, 144-145, 245, 251, 260.
Consagración 167-168, 173.
Conversión 23, 113, 162, 168, 171-172, 174.
Corazón 20, 21, 24, 27, 38, 42-43, 45, 51, 56-58, 68, 73, 79, 83, 95, 112, 121, 126-127, 133, 144, 146, 150, 156, 158, 171-172, 174, 185, 188, 191, 194, 201, 204, 206, 211, 213-214, 217, 223, 225, 228, 237, 241, 243, 248, 253, 260-261, 263, 266-268, 271, 295, 301-308, 311, 313-316.
Cordero 127, 162, 169, 174, 191, 298, 306.
Cordero de Dios 127, 169, 307, 312.
Cordón rojo 207, 211.
Creador 115-116, 311-312.
Cristian 23, 53, 57, 106, 108, 141, 151, 223, 308.
Culpa 37, 40, 90, 96, 109, 133, 150, 202, 205, 269.

D

Daniel 75-84, 124, 129, 161, 188, 240, 148, 315.
David 21, 31, 41-47, 81, 123, 161, 299, 308, 310, 314.
Davídicas, promesas 250.
Deberes de la casa 263.
Débora 194, 223.
Demonios 77.
Demóstenes 222.
Descendencia 18, 44, 247, 249, 295, 301, 314, 316.
Deseos de la carne 23.
Desertor 144, 146-149, 152.
Desierto 105, 122, 159, 167, 169, 190-192, 195-197, 204-206, 307.
Desobediencia 32, 37-38, 171-172, 174.

Destino 75, 139, 143, 185.
Diablo 68-69, 143.
Diluvio 16-18, 24, 26, 82, 85, 158, 160, 193.
Dinero 49, 51, 62, 66-69, 142, 150, 158, 244, 260, 265, 269.
Disciplina 57-58, 271.
Divorcio 222, 256, 284, 300.

E

Edén 20, 37, 209.
Éfeso 151.
Egipto 32, 62, 107, 181-183, 186, 188-192, 194, 197, 201, 204-206, 236, 242, 315.
Egocéntrico 309.
Egoísta 124, 227, 258, 269, 315.
Elcana 217-218, 223-230.
Elección 24, 162, 168, 240, 259.
Elegido 31, 33, 42, 44, 97, 125, 157, 162, 187.
Elí 217, 224, 226-228, 230-231.
Elías 18, 27, 121, 124, 126-127, 155, 158, 161, 169-170.
Elimas 143.
Elisabet, de Zacarías 119, 121, 123, 126, 131, 134, 157, 161, 168, 275, 277-291, 298-300.
Embarazo 134, 157, 168, 184, 229, 238, 277, 281-285, 292, 298-300.
Embriaguez 62, 91-93, 163-165, 228.
Emprendedora, mujer 266.
Encarnación 301, 317.
Enfermedad 14, 35, 60, 143, 157, 164, 221-222, 229, 261, 306, 313.
Enfermedades venéreas 60.
Enoc 13, 15-27, 160, 181.
Enseñanza 52-53, 57, 148, 269-270.
Envidia 74.
Equipos de sonido 305.
Esaú 242, 286.
Escándalo 233, 257.
Escarlata 211, 213, 267.
Escéptico 128.

Esclavo 33, 149-151, 181-182, 185, 188, 190, 197, 316.
Escuela 13, 221-222.
Esencia 73, 90, 139, 208, 220, 261, 304, 306.
Esparta 236.
Espera 16, 36-37, 39-40, 83, 90-91, 95, 114, 119, 121, 125, 127, 132, 133, 141, 149, 151, 157, 169, 174, 181, 186, 188, 191, 195, 197, 209, 221, 236, 240, 269, 280, 286.
Esperanza 35, 73, 78, 81, 84-85, 90, 94, 106, 110-111, 114, 157, 190-191.
Espíritu malo 42.
Espíritu Santo 20, 52, 75, 78, 80-81, 116, 121, 126-127, 148-149, 152, 155, 158, 162, 167-168, 174, 198, 272, 275, 277, 129, 281, 283, 285-288, 290-291, 298, 301.
Espiritualidad 18, 23-24, 26, 52-54, 58, 60, 77, 95, 125, 143, 147-148, 162, 172-174, 211, 224-225, 261-263, 269, 280, 308, 310, 312, 314, 316-317.
Esposa 45, 61, 63-64, 123-124, 126, 133, 149, 157, 182, 184, 194, 197, 220, 224-225, 238, 255, 257-264, 268, 270-271, 278, 282, 285, 287, 298.
Esteban 188-190.
Ester 233, 235-250.
Estéril 121, 128, 134, 157, 225, 227, 278, 280-281, 298.
Eunice 141.
Eva 20.
Evangelio 97-98, 108, 112, 116, 124, 130, 139, 143, 148, 150, 152, 161, 170-172, 208, 211, 277, 298.
Evidencia 108, 128, 151, 162, 168, 226, 287, 315.
Exaltación 34, 45, 63, 95, 146, 148, 182, 194, 223, 229, 241-242, 246, 248-249, 256, 290, 295, 301-303, 305-307, 310-312, 315-316.
Extranjero 139.

_Índice temático

F

Fama 158-159, 230, 248.
Familia 24, 27, 31, 33-34, 38, 41, 43, 45-47, 60-61, 108, 126-127, 131, 134, 141, 145, 149-151, 159, 163, 168, 172, 182-184, 187, 188, 191, 202, 207, 218, 220-222, 224, 226, 229, 231, 238, 243, 247, 249, 256-257, 260, 262-268, 277, 281, 283-284, 288, 290.
Fanfarria 122, 134.
Figura 16, 182, 210.
Filemón 146, 149-151.
Filisteos 35-42, 45, 223, 231.
Finees 217, 224, 231.
Fortaleza 34-35, 139, 145, 224, 231, 269, 272, 280, 311.
Fugitivo 137, 139, 149-152.
Futuro 16, 44, 106, 122, 141, 145, 158, 170, 186, 242, 265, 269, 310, 314-316.

G

Gabriel, Arcángel 119, 121, 129, 278-279, 281, 283-284, 287-288, 298-300.
Galilea 124, 278, 299.
Gedeón 39, 128, 161.
Generación 16, 21, 24-25, 27, 46, 51-53, 67, 69, 76, 83-85, 97, 106, 112-113, 159, 195-196, 206, 249, 271-272, 295, 301-303, 309-310, 313-317.
Genocidio 237, 243-244.
Gozo 21, 23, 51, 121, 126, 146-147, 157, 174, 195, 198, 261, 263-264, 266, 286-288, 291, 300, 305, 307, 311.
Gracia 17, 21, 24-25, 46, 51, 54, 57, 69, 84, 106, 111, 113-114, 116, 126, 135, 144, 152, 168, 205, 208, 218, 226, 228, 231, 241, 246, 248, 254, 270-272, 303, 308, 312-314, 317.

Grandeza 50, 81, 84, 107, 155, 157-162, 168, 173-174, 197, 289, 314.
Grano 165, 264.
Griego 19, 129, 160, 171-172, 182, 222, 235-236, 238, 288, 305.

H

Habacuc 108.
Heredad 91, 253, 265.
Herencia 21, 46, 123, 159, 223, 227.
Hermano 15, 45-46, 59, 113, 139, 141, 144, 150-151, 167, 179, 182, 184, 186, 188- 190, 195-197, 201-202, 206-208, 212, 250.
Herodes Agripa 25, 139-140, 142, 159.
Herodes el Grande 121, 159.
Hijo de Dios 20, 43, 85, 160, 162, 168, 181, 213, 277-281, 283-285, 291, 299, 312, 317.
Hijos 13, 15-17, 20-21, 23-24, 26-27, 31-33, 38, 40-41, 43-44, 46-47, 49, 51-69, 77, 81, 83, 121, 123-128, 130-132, 134-145, 141, 143-145, 147-150, 155, 157-158, 160, 162, 165-166, 168, 170-172, 181-185, 187, 191-192, 201, 204, 217, 221-231, 236-238, 242, 249, 256-261, 264-266, 270-272, 277-281, 283, 286, 289-290, 298-301, 312, 315, 317.
Hijos de Israel 121, 126, 155, 158, 166, 170, 171, 183-184, 193-194, 196, 201, 205, 211, 315.
Himno 194, 289, 301, 316.
Hipocresía 64, 306.
Hipócrita 64, 114.
Holgazanería 263.
Holocausto 37, 41, 97, 122, 193, 306.
Homosexualidad 73-74, 222.
Hospitalidad 205.
Huérfanos 237, 239, 241.
Humildad 41, 47, 55-56, 96, 129, 135, 157, 190, 289-290, 295, 301-302, 308-311, 313, 315-316.

I

Icabod 231.
Ideología 159.
Idolatría 41, 90, 106, 112, 116.
Ídolos 41, 76-77, 108.
Ignacio 151.
Ignorancia 33, 152, 306, 309.
Impaciencia 123.
Imperfecciones 116, 225.
Impíos 25-27, 82, 96, 170, 208, 214.
Imposible 16, 19, 226, 229, 280, 306, 309.
Impureza 74.
Imputada, justicia 22.
Incienso 121, 125, 132, 157, 240, 283, 307.
Incredulidad 31, 108, 128, 130, 131, 152, 158, 172, 174, 224.
Infierno 18, 25, 69, 112, 115, 143, 312.
Iniquidad 64, 74, 81, 92, 96-97, 98, 106, 171, 307, 317.
Inmoralidad 74, 209, 256, 258.
Inspiración 52, 146, 150, 259, 286, 288, 298.
Integridad 31, 56, 143, 260.
Intoxicación 165, 238.
Inversiones 67, 265.
Isaac 19, 123, 160, 187, 286.

J

Jacob 19, 123, 160, 182, 184, 187, 286, 299.
Jacobo 197.
Jafet 16, 24.
Jericó 122, 201, 204-205, 207-211.
Jerjes 236-238.
Jerusalén 83, 89-90, 123, 125, 140-145, 148, 157, 237, 267, 278, 282, 298.
Jezabel 257-258.
Jocabed 184-185, 187, 223.
Jordán 36, 201, 204-207.
Josué 196, 201, 204, 208.

Juan el Bautista 112, 127, 129-130, 155, 159-173, 229, 277-278, 285-287, 298, 300.
Juan Marcos 139, 141-147, 197.
Judaísmo 108, 123, 260.
Judas 15, 24.
Judea 121, 159, 281-282, 298-299.
Juramento 39-40, 202, 207.
Justicia, de Dios 161-162, 172.
Justicia, propia 171-172.
Justificación 13, 32, 37, 41, 92, 124, 150, 161-162, 168.

L

Lámpara 253, 264, 266.
Liberales, comentaristas 113.
Libertador 184, 186, 188, 191, 197.
Licantropía 80.
Licor 162, 165-167.
Liderazgo 31-32, 34, 36, 41-43, 51-53, 73-77, 80-81, 84, 92-93, 144, 149, 151, 166, 179, 181-182, 194, 196, 204, 223, 257-258, 262-263, 315.
Lino 201, 205-206, 230, 238, 253, 263, 266-268.
Luz 22-23, 75, 92, 98, 107, 121, 140, 157, 169, 171, 185, 266, 313.
Luz, dar a 15, 185, 197, 218, 228, 230-231, 281.

M

Madre 44, 51-52, 54, 61, 64, 121, 126, 131, 141, 144, 147, 155, 158, 162, 167-168, 181-182, 185-188, 197, 201-202, 206, 209, 217, 220-231, 254, 256-259, 264, 270-271, 275, 277-281, 283-286, 289-292, 299-300, 307, 309, 317.
Madurez espiritual 23.
Magnificat 301, 303-304, 307.
Malaquías 107-108, 169-172, 306.
Maldad 24, 43, 74, 82, 104-105, 143, 223.

Índice temático

Maltratado 189, 222.
Mandamientos 20, 37, 40, 52, 57, 121, 146, 157, 172, 244, 308.
Mar Negro 238.
Mar Rojo 192-193, 195, 197, 201, 206.
Mardoqueo 237, 239, 241-250.
Marido 60-62, 134-135, 217-218, 224-227, 229-231, 253, 256-258, 260-264, 266, 268, 270-271, 299.
Maternidad 223-224, 227, 231.
Matrimonio 64, 68-69, 225-226, 260, 271.
Matusalén 17-18, 23.
Melquisedec 160.
Menesteroso 253, 258-269.
Mentira 64-65, 205.
Mercaderes 253-254, 264-265, 268.
Mesiánico 129, 214, 277.
Mesías 108, 122-124, 126-127, 129, 131, 134-135, 157, 161, 164, 168-173, 250, 277-280, 283, 285-287, 289-291, 298-301, 307, 309, 311-313.
Miguel, Arcángel, 129.
Milagro 18, 76, 78, 109-110, 112, 123-124, 126, 128, 134-135, 140-141, 157, 164, 169, 193, 205, 250, 277-287, 298-300.
Ministerio 27, 106, 108, 119, 121, 124, 126, 133, 142-143, 146-148, 157, 159, 161, 165-166, 170-174, 212, 287, 298.
Miriam 141, 182, 184.
Misericordia 17, 21, 45, 54, 56, 67, 74, 80-82, 84-85, 106-108, 110-111, 113, 116, 126, 130, 133, 152, 171, 184, 196, 201, 206-207, 209, 211, 248, 270, 295, 301-303, 307, 309, 311, 313-314, 316-317.
Místico 77, 125.
Modelo 165, 181, 211, 257-259, 291-292, 301, 303.
Moisés 19, 123, 128, 132, 161, 179, 181-197, 204, 282.
Mudo 119, 121, 123, 130-131, 133, 258, 291.

Muerte 16, 20, 26-27, 46, 60-61, 63, 75, 89, 91, 97, 111, 113, 115, 133, 148, 150-152, 166, 171, 174, 185, 189, 191, 196-197, 201, 206, 210-214, 220, 223, 237, 248-249, 312.
Mujer 15, 45, 60-64, 119, 121, 123, 128, 134, 141, 157, 159-160, 166, 179, 181-1 84, 187, 194, 197, 201, 204-211, 213, 217, 220-231, 237, 239, 241, 244, 247, 253-272, 277-286, 289-290, 299, 303, 309-310.
Música 42, 305.

N

Naturaleza 22, 25, 54, 89, 103, 144, 185, 312.
Nazareo, voto 166-167.
Negocio 62, 152, 253, 256, 265-268.
Nerón 148.
Nieve 196, 221, 253, 267.
Noé 16, 18, 24, 26, 82, 105, 160, 181, 185.

O

Obediencia 16, 20-21, 32, 37-38, 41-42, 45, 47, 57-58, 60, 64, 68, 81, 84, 104, 109, 123-124, 135, 162, 171-172, 174, 184, 238, 285, 292, 303, 317.
Obras 16, 19, 25, 32, 84, 122, 150, 189, 211, 298, 304, 315.
Obstinación 41, 172, 174.
Ofni 217, 224, 230-231.
Ofrenda 16, 37, 125, 132, 306-307.
Onésimo 137, 139, 148-152.
Opresión 81, 183-184, 191, 258.
Órdenes sacerdotales 123, 125.
Orgías 209, 223.
Orgullo 40-41, 71, 75, 80-85, 114, 116, 123, 131, 228, 246, 308-310, 315-317.
Oscuridad 25, 34, 62, 75, 92, 95-96, 98, 110, 122, 171, 201, 205, 230, 241, 266-267.
Ovejas 41, 112, 190, 208, 307.

P

Pablo 15, 22, 58, 141-152, 161, 164, 166, 168, 171, 307.
Paciencia 65, 82, 123, 222, 228.
Pactos, teología de 302.
Padres 31, 49, 51-60, 64-65, 67-69, 121, 126, 135, 151, 155, 158, 162, 171-172, 184-187, 210, 221, 224, 239, 278, 281, 285, 288, 295, 301-302, 316.
Pafos 143-144.
Paganos 75-78, 105-106, 115-116, 205, 210.
Palabra de Dios 57, 131, 167, 292, 302-303.
Pánico 39, 103, 126, 144, 192, 206, 221, 226, 226.
Pascua 182, 191.
Patriarca 123, 182.
Paz 21, 37, 39, 43, 44, 62, 68, 76-77, 94, 130, 171, 217, 228, 250-251, 306, 312.
Pecado 22, 41, 55-56, 65, 82, 92-93, 96-97, 113, 116, 123, 127, 131, 161-162, 164, 169, 174, 187, 196, 202, 208-210, 213-214, 225, 261, 269, 284, 290, 298, 309, 311-313.
Pedro 122, 128, 140-143, 147-148, 161, 165, 171, 212, 261, 288.
Penina 217, 224-226.
Penitencia 196, 292, 313.
Pentecostés 142.
Perdón 21-22, 68, 82, 94, 96, 98, 106, 108, 113, 116, 146, 150-152, 162, 171, 205, 203, 226.
Peregrinaje 142, 205, 224.
Persecución 139, 192.
Piedad 115, 209.
Piedras preciosas 54, 253, 258-259.
Placeres 59, 91, 93, 159, 165-166, 210, 263-264.
Pobre 66, 68, 123, 132, 253, 258, 269.
Poderoso 45, 54, 58, 75-76, 84, 95, 114, 129, 169, 189, 192, 295, 301-302, 309-310, 314-316.
Porción 47, 181, 225-226, 257, 264-265.
Precursor 127, 277-278.
Predicación 27, 94, 104-105, 108, 111-112, 127, 131, 143, 147-149, 170-171, 174, 181, 212, 223, 283.
Prioridades 51-52, 54, 222, 229, 231, 256, 265.
Privilegio 34, 47, 51, 91, 123, 125, 127, 131-132, 135, 148, 152, 155, 157, 161, 168-174, 194, 197, 212, 289-291, 300.
Profecía 17, 107, 162, 164, 170, 258, 275, 279, 285-286.
Profeta 31-32, 34, 37, 42, 75, 89, 95, 103-116, 122-123, 127-128, 135, 157, 160-161, 164, 168-171, 196, 212, 230, 243, 277-278, 285-287, 290-291, 298, 302, 306, 312.
Prohibido 27, 63, 209.
Prójimo 61, 67-69, 189.
Promesa 34, 39, 47, 57, 82, 85, 96, 119, 121, 130, 161-162, 168, 188, 195, 206, 230, 245, 250, 269, 278, 291, 302, 303, 307, 316.
Prostituta 204, 211, 213, 263, 267.
Pureza 20-21, 26, 61, 63, 228, 258, 261.
Purim 249.

R

Ramera 61-62, 201, 204, 208.
Raquel 223.
Raza humana 122.
Rectitud 21, 25, 59, 92, 124-125, 127, 161, 168, 269, 271.
Redención 26, 122, 124, 126, 129, 132, 134, 182, 188, 191, 197, 244, 278, 292, 298, 303, 307, 315-316.
Regeneración 85.
Reptil 24.
Repudiar 300.
Reputación 261, 262.
Restauración 20, 84, 145-148, 150-152.
Resurrección 135, 170, 172, 213.
Revelación 16, 20, 23, 73, 75, 77-78, 80-81, 83, 92, 95, 115, 125-127, 129, 168, 181, 187-188, 196, 198, 241, 245, 251, 257, 261, 287-289, 301.

Reverencia 54, 85, 133, 270, 314-315.
Robar 59, 150, 241, 261.
Rol de la mujer 181, 256, 258, 263.
Roma 139, 145-149, 197, 235.

S

Sabbat 211.
Sabiduría 23, 31, 49, 52-65, 77, 92, 95, 131, 173-174, 187-188, 254, 257, 260, 262, 270-271, 311.
Sacerdote 32, 37, 40, 119, 123-126, 129, 131-133, 157, 160, 165-166, 207, 217, 223-224, 227, 230, 282, 298.
Sal 205, 221.
Salmodia 306.
Salvación 14, 16, 20-21, 23, 27, 35, 39, 47, 82, 84-85, 97-98, 106, 110-113, 116, 212-124, 127, 130, 134-135, 139, 147, 149-150, 152, 162, 167-168, 170-171, 174, 184-186, 192, 201, 205, 206, 208, 211, 213, 223, 229, 237, 242, 249-250, 277, 284-286, 290, 292, 298-299, 300, 301, 304, 307, 311, 312-317.
Sangre 16, 40, 42, 59, 109, 110, 191, 202, 210-213, 225, 306, 313.
Sansón 35, 161, 167, 223.
Santidad 20-22, 38, 53, 55, 95, 133, 166, 194, 254, 271, 310-311.
Santificación 152, 162, 167-168.
Santísimo, Lugar 125, 132, 157.
Santo 20-23, 27, 52, 54-55, 75, 78-81, 93, 95, 97, 110, 116, 212, 124-125, 129-132, 146, 162, 167, 209, 223, 229, 271, 279, 281, 284, 288, 295, 301, 302, 310-311, 314.
Santo de Israel 92-93.
Sara 223, 261.
Segunda Venida 170.
Sem 16, 24.
Serpiente 210.
Sexo 60, 63, 209.
Shekinah 95.

Sidra 121, 126, 132, 155, 158, 162-167, 217, 228, 283.
Siervo 33, 43-44, 46, 151-152, 192, 196, 204, 217-218, 227-228, 241, 243-244, 247-248, 295, 300-302, 309, 313-316.
Siete 37-38, 64, 79, 81, 83-85, 193, 207, 220, 222, 237-238, 242, 315.
Siglo 32, 106, 124, 139, 157, 184, 189, 239, 243, 257, 282, 298.
Silas 144-145.
Silo 217, 224, 226, 229.
Simeón 288-289.
Simiente 97.
Soberanía 32, 54-55, 83-84, 95-96, 106, 115-116, 131, 168, 226, 245, 250-251.
Sociedad 14, 18, 25-26, 51-52, 58, 135, 142, 158-159, 164, 172, 190, 208-209, 221-222, 225, 248, 256, 300, 310.
Sodoma y Gomorra 122.
Sol 114-115, 122, 171, 205-206.
Sonido 134, 182, 207, 305.
Sufrimiento 165, 184, 187, 212, 260, 307.
Sumisión 55, 197, 261, 263, 272.
Sumo Sacerdote 123, 125, 223, 227.
Superficialidad 94, 108, 114-115, 220, 271-272, 304-308.
Suspicaz 43, 189, 260.
Sustitutorio 174.

T

Talmud 133.
Tapices 253, 267.
Templanza 163.
Templo 35, 95, 110, 123, 125, 130, 132-134, 157, 165-166, 195, 217, 223, 226, 237, 282, 288, 298.
Tentaciones 59, 62, 68, 132, 210.
Tierra prometida 196-197, 204.
Tigris 105, 111.
Timoteo 61, 141, 146-147, 161, 164, 166, 261.

Tinieblas 22, 25, 59, 62, 75, 92.
Todopoderoso 310.
Torbellino 93.
Tradición 39, 65, 184, 189, 196, 220, 282, 289.
Trajano, Emperador 159.
Transfiguración 128.
Transformación 82, 139, 147.

V

Vara 40, 58, 84.
Vecindad 32, 59, 90, 126, 189, 254, 259, 268-271.
Vejez 31, 37, 42, 119, 121, 123, 126, 128, 172, 207, 208, 230-231, 239, 283, 289.
Venganza 36-37, 40, 68, 236, 244, 246.
Vino 91-92, 121, 126, 132, 158, 162-167, 210, 217, 228-229, 238, 246, 258, 283.
Violencia 24, 59, 65, 68, 83, 103, 106, 183, 190, 193, 238.
Virgen 210, 239-241, 277-279, 299, 306.
Virginal 292.
Virtud 26, 47, 56, 159, 165, 228, 231, 253, 257-259, 261, 263, 267, 269, 270, 272.
Viudedad 141.
Votos 62, 109, 111, 166-167, 217-218, 228-229, 284.

Y

Yugo 310.

Z

Zacarías 119, 121, 123-133, 157, 161-162, 166, 168, 171, 275, 277-280, 282-283, 288-289, 291, 298-299.

Colección
John MacArthur

Sermones temáticos sobre escatología y profecía

Sermones temáticos sobre Jesús y los Evangelios

Sermones temáticos sobre hombres y mujeres de la Biblia

Sermones Temáticos sobre Pablo y liderazgo

Sermones temáticos sobre grandes temas de la Biblia

Sermones temáticos sobre Isaías 53

12 sermones selectos de John MacArthur

Lecciones prácticas de la vida